DE LA
NATURE.
TOME SECOND.

DE LA NATURE.

Par J. B. ROBINET.

Τῆς φύσεως γραμματεὺς ἦν τὸν κάλαμον ἀποβρέχων ἔννουν. Suid. de Arist.

TOME SECOND.

A AMSTERDAM,
Chez E. van HARREVELT.
M. DCC. LXIII.

PRÉFACE.

Il y a des matieres si délicates, qu'on ne sauroit presque y toucher sans jetter l'allarme dans les esprits. Alors quelle que soit la droiture d'un Auteur, & quelque circonspection qu'il apporte dans la maniere de traiter son sujet, il s'expose toujours aux reproches les plus vifs. Un mot échappé, mal reçu, mal interpreté, est une étincelle qui tombe sur des matieres combustibles, & cause un incendie considérable. Les gens d'un zele méfiant, & d'un esprit méticuleux, soupçonnent par-tout de l'erreur, &, qui pis est, de la mauvaise intention. Leurs soupçons ont été quelquefois justifiés : c'est assez pour leur persuader qu'ils sont toujours justes. Il faut qu'il y ait du mal par-tout où ils en supposent : il n'y a le plus souvent que celui qu'ils y mettent. De cette disposition d'un très grand nombre de personnes trop promtes à intéresser la Religion dans les sujets qui lui sont les plus étrangers, il arrive qu'on n'ose traiter des choses sérieuses & importantes, qu'en tremblant, & d'une maniere qui annonce que l'ame n'est point dans cet état de calme & de liberté si nécessaire dans la recherche du vrai.

Cette réflexion n'a point encore ici d'application, & j'espere qu'elle n'en aura point du

PRÉFACE.

tout. Je parle aux hommes avec autant de confiance & de liberté, que je pense devant Dieu. Ma droiture m'excuse au tribunal du Très-haut: & si j'ai besoin de justification aux yeux des hommes, je la trouverai dans le discernement & la bonne foi de mes Lecteurs. Je ne me les représente point comme des tyrans qui loin de souffrir patiemment qu'on cherche la vérité, tendent des embuches à la simplicité d'un auteur, pour la surprendre, & avoir occasion de le persécuter. J'aime mieux leur supposer assez de jugement & de bonne foi pour distinguer l'homme droit qui cherche sincérement la vérité, de l'impie & du libertin qui ont intérêt à l'obscurcir; le paisible raisonneur qui respecte les sentimens d'autrui, expose naïvement les siens, & voit sans chagrin qu'on donne la préférence aux autres, de ces esprits impérieux qui voudroient nous asservir sous un joug qu'ils refusent de porter; le philosophe discret qui n'a point cherché à ébranler la foi de ses concitoyens, mais plutôt à la rendre ferme & inébranlable en l'éclairant, de l'ennemi de toute Religion qui prétend y substituer un scepticisme commode; celui en un mot, qui se propose d'épurer la notion de la Divinité en la dégageant d'une foule d'idées humaines dont elle lui semble surchargée, de l'impie qui voudroit anéantir toute idée de Dieu.

PRÉFACE

J'ai senti combien il étoit à charge de penser autrement que les autres. J'ai souhaité de me rapprocher du sentiment ordinaire sur les attributs de la Divinité, & de m'en rapprocher par raison & par conviction. Qu'exiger de plus? Mais pouvons-nous maîtriser la maniere dont les objets nous affectent?

C'est un grand préjugé contre un auteur, que de le trouver sans cesse en contradiction avec ses maîtres: cette singularité est presque toujours taxée d'orgueil. Rien au contraire ne prévient plus en sa faveur que de le voir suivre ces génies vastes & sublimes, qui doués d'une force supérieure de penser, semblent devoir emporter tous les autres esprits dans la sphere de leur activité. Je ne saurois faire assez de cas de l'estime des gens qui jugent par prévention, pour affecter des sentimens que je n'ai pas.

Je puis me défier de mes lumieres, & je m'en défie. La preuve en est sensible. Si l'amour du vrai ne dominoit en moi l'amour-propre, je m'en tiendrois à ma façon de penser: j'en ferois mon idole: je l'adorerois en secret, craignant de la voir renversée si je l'exposois en public.

Il naît de l'amour pur de la vérité & du sentiment que l'on fait tout ce qui dépend de soi pour la connoître & la suivre selon sa capacité, une certaine confiance accompagnée de joie intérieure qui fait surmonter toute considération humaine. Après tout, l'avantage d'être desabusé si l'on se trompe, ou confirmé dans son opinion si elle est juste, vaut bien les risques d'essuyer une critique sage & modérée, même une critique chagrine & emportée.

Je n'attache à mon sentiment que le caractere de certitude qu'il peut avoir. J'avoue qu'il en a un très fort dans mon esprit, ce qui me fait prendre quelquefois le ton affirmatif; mais en voyant tant de grands hommes se tromper avec la meilleure intention du monde, après avoir fait tout ce qu'on peut moralement pour éviter l'erreur, & du reste intimement convaincus d'avoir rencontré le vrai, ne devons-nous pas craindre l'illusion? J'ai examiné mes idées dans la simplicité du sens commun & de la raison naturelle. Je les livre à la discrétion des savans, dans le dessein de les méditer encore de nouveau : car je m'occuperai toujours avec un nouvel attrait de ces grands objets. Comme je publie aujourd'hui les raisons qui me semblent fortifier mon sentiment, si plus de connoissances acquises & de nouvelles réflexions me donnoient à connoître dans la suite que j'ai pris pour le vrai ce qui n'en avoit que l'apparence, une fausse honte ne m'empêchera point de

PRÉFACE.

e publier. Il y a moins de honte à se trom‑
er, que de gloire à reconnoître son erreur.
els sont mes sentimens. Si quelqu'un m'en
upposoit d'autres, il pourroit me juger d'après
lui, mais il me jugeroit mal.

Combien de vérités aujourd'hui incontesta‑
bles, n'ont été dans leur nouveauté que des
paradoxes, ou même des hérésies! Combien
d'erreurs reconnues pour telles de nos jours,
ont passé pendant plusieurs siecles pour des
vérités! En fait d'opinions, il ne faut ni s'ef‑
frayer de la nouveauté, ni se laisser séduire
par l'antiquité, quelque respectable qu'el‑
le soit.

On m'a reproché ailleurs trop de précision,
comme si j'avois plutôt voulu faire entrevoir
la vérité, que la montrer. On dira peut-être
que je suis tombé ici dans le défaut contraire.
A la bonne heure. Plein de mon sujet, j'ai
écrit avec cette confiance que donne une in‑
tention pure, sans me rien déguiser de ce
qui pouvoit m'être contraire. Les raisons
se pressoient, & j'avoue qu'il m'a été impossi‑
ble de mettre plus d'ordre dans leur tumul‑
tueuse abondance. La confusion des lumieres
n'en obscurcit point l'éclat. Les raisons s'éclai‑
rent par réflexion. Les esprits sont si différens
que celle qui frappe les uns, ne touche pas mê‑

me les autres. Mais dans la grande variété, il y en a toujours quelqu'une qui fait impreſſion & par qui les autres ont leur effet. Traitant une matiere auſſi difficile & auſſi délicate, ayant preſque tout contre moi, la raiſon exceptée, il n'étoit pas queſtion d'effleurer légérement mon ſujet, il falloit au contraire l'enviſager ſous toutes les faces, en approfondir tous les points, répondre à tout, ou tout prévenir, autant que je le pouvois, montrer au moins que je n'avançois rien indiſcrétement, ſans l'examen le plus réfléchi, le plus détaillé, le plus droit. Il y a des hommes que le préjugé aveugle au point, qu'il faut, pour les éclairer, les plonger dans un fleuve de lumieres.

Ayant expoſé ailleurs la marche que j'ai ſuivie dans cette diſcuſſion importante, je me trouve diſpenſé d'en parler ici. On peut conſulter la Table analytique de ce Tome, ſur le Chapitre LXXXIX. Je joins ſeulement à cette courte Préface, une Lettre que j'écrivis le 18 Mai 1762 à l'Editeur du Journal des Savans qui ſe réimprime dans cette ville, laquelle fut inſérée dans le ſecond Volume du même mois pag. 520.

„ Il eſt temps de mettre fin aux conjectures
„ du Public ſur l'auteur du livre intitulé *De la*
„ *Nature.* Je déclare donc nettement que

PRÉFACE.

j'ai fait cet ouvrage, quel qu'il soit, bon ou mauvais; & je vous prie, Monsieur, de vouloir bien inférer cette déclaration dans votre Journal. Je ne m'attendois pas néanmoins à être obligé de me justifier d'avoir gardé l'anonyme.

„ *Ne vous nommez pas*, me disoit-on ; *l'espece de violence que la Renommée fait à un Auteur qui se cache, est peut-être le triomphe le plus flatteur qu'elle puisse lui rapporter.* On me l'a dit, & mon amour-propre s'est laissé prendre à ce piege. Voilà ma foiblesse, en voici la peine. On me soupçonne de n'oser avouer un livre que j'osai composer & publier. Ceux qui font de pareils jugemens ne sont ordinairement guere disposés à croire aux protestations. Ils me croiront s'ils veulent : mon silence, qu'ils ont si malignement interpreté, n'a point eu d'autre principe que la condescendance dont je viens de parler. Je sacrific volontiers mon sentiment à celui d'autrui, quand l'évidence ne s'y oppose pas, mais je n'ai en vérité point assez de force d'esprit pour m'occuper plusieurs années d'un travail que je n'oserois reconnoître, ni assez de constance pour soutenir si long-temps une pareille contradiction avec moi-même.

PRÉFACE.

„ Mon livre a été succeſſivement attri-
„ bué à des Auteurs (*) célebres par des
„ Ouvrages que je conviens être beaucoup
„ au-deſſus du mien, c'étoit lui faire trop
„ d'honneur. La différence ſembloit devoir
„ les mettre à l'abri du ſoupçon, & pour-
„ roit me ſervir d'excuſe. Cette différence-
„ là même les autoriſoit auſſi à n'être rien
„ moins que flattés des mépriſes du Public ;
„ quelques-uns s'en ſont plaints amérement.
„ Je n'en ſuis que plus obligé de me hâter de
„ diſſiper les ſoupçons dont ils s'offenſent.

„ Si j'ai fait un mauvais livre (a), il eſt
„ juſte qu'on m'en impute, à moi ſeul, tout
„ le mal, de quelque eſpece qu'il ſoit ; & je
„ regrette ſincérement que mon ſilence ait
„ donné lieu de l'imputer à d'autres. Plus le

(*) Il n'en ai pour garant qu'une vingtaine de lettres écrites de Paris, de Londres, de Geneve, &c. tant à moi qu'à quelques perſonnes qui me les ont communiquées. On lit auſſi dans *The Gazetteer and London daily Advertiſer* Numb. 10345. Friday, *June*, 18, 1762, au n. 16. d'u-ne liſte de Livres, cette annonce *De la Nature par l'Auteur des Mœurs*. 8. 1761.

(a) „ Les Auteurs de la *Bibliotheque des Sciences &
„ des Arts*, l'ont ainſi annoncé : c'eſt un *Livre fort ſin-
„ gulier, dont il y auroit beaucoup de bien & beaucoup de
„ mal à dire*. On conçoit aiſément quel avantage je pour-

PRÉFACE.

mal seroit grand, plus je me serois un devoir de probité de m'en déclarer l'unique auteur. Au-reste mes intentions étoient si droites que je n'ai point du tout de peine à faire cet aveu. Si l'équilibre des biens & des maux, ou tel autre article semble à quelques-uns sujet à de fâcheuses conséquences, qu'ils soient persuadés que mon esprit ne les a point vues, que mon cœur les desaprouve, que quand j'y réfléchis je me confirme de nouveau que je n'ai rien dit
„ de contraire aux vérités respectables : qu'ils
„ prennent garde que ces conséquences fâ-
„ cheuses ne soient plutôt dans leur imagi-
„ nation que dans mon livre. S'ils vouloient
„ bien s'en tenir à ce que je dis précisément,
„ je crois qu'ils me rendroient la justice qui

„ rois tirer d'un pareil jugement, si j'étois jaloux de m'en
„ prévaloir. Partisan de l'équilibre du bien & du mal, je
„ pense bien que mon livre y est soumis comme toutes les
„ choses humaines. Du bien sans mal, du mal sans bien :
„ deux chimeres. Plus de mal que de bien, plus de bien
„ que de mal : point d'équilibre. Avec peu de bien & peu de
„ mal, mon ouvrage rentreroit dans la classe inférieure
„ des Etres qui, ayant peu de bonnes qualités, en ont
„ aussi peu de mauvaises. Mais beaucoup de bien & beau-
„ coup de mal, c'est le partage de l'espece la plus excel-
„ lente. Qu'y a-t-il de meilleur & de pire que l'homme ?

„ m'est due. Ce n'est pas trop demander,
„ puisque je ne veux jamais dire ni plus ni
„ moins que ce que je dis.

„ Pourquoi ne juger presque jamais les
„ gens sur ce qu'ils disent, mais sur ce qu'on
„ leur fait dire, jamais sur ce qu'ils pensent,
„ mais sur ce qu'on leur fait penser? Avec
„ cette méthode on pourroit faire mentir la
„ Nature & déraisonner le bon-sens. Un écri-
„ vain a mis des années entieres à méditer &
„ approfondir son sujet, il l'a laissé mûrir dans
„ sa tête, il a consulté les morts & les vi-
„ vans, il a corrigé, effacé, effacé encore,
„ en un mot il ne s'est contenté que de la
„ précision la plus scrupuleuse de choses &
„ de mots, il n'a livré son ouvrage à l'im-
„ pression qu'après l'avoir touché & retou-
„ ché, qu'après lui avoir fait subir l'épreuve
„ la plus rigoureuse. Le livre paroît après
„ un travail si long & si pénible; & l'on pré-
„ tend le juger en un quart-d'heure, quelque-
„ fois sans avoir jamais réfléchi sérieusement
„ sur les mêmes matieres, quelque délicates,
„ abstraites & difficiles qu'elles soient!

„ J'ai souhaité que ceux qui me jugeroient,
„ le fissent avec autant de circonspection que
„ j'en ai apporté moi-même à ne rien avan-
„ cer qu'après une mûre & profonde médi-

PRÉFACE. xv

„ tation. On trouvera peut-être bien de la
„ simplicité dans ce souhait. Moi, je trouve-
„ rois le Public bien peu reconnoissant, s'il
„ défendoit à un homme la modique satisfaction
„ de se rappeller les peines & les précautions
„ infinies qu'il a prises pour ne le point
„ tromper.

„ L'abondance des choses ne m'avoit pas
„ permis de les traiter toutes avec un égal
„ développement. Une douzaine de lettres
„ que l'on m'a écrites sur des points impor-
„ tans, & dont quelques-unes, quoique très-
„ volumineuses, ne m'ont point paru lon-
„ gues, m'a fourni l'occasion de les éclaircir
„ davantage. L'extrait de ces lettres & de mes
„ réponses, souvent identiques, parce que la
„ vérité est une, fera une cinquieme partie
„ au livre *De la Nature*, j'y en ajouterai trois
„ autres. La sixieme traite sur-tout de la
„ coéternité & de la coinfinité de la Nature
„ à son Auteur, dans le sens que j'ai dit *no-*
„ *te* (1) : matiere toute neuve encore, car
„ ceux que l'ont traitée, s'étant décidés pour
„ ou contre avant l'examen, il est arrivé qu'ils
„ n'ont presque pas touché au fond de la
„ question. Je ne promets pas de m'en tenir
„ aux idées communément reçues. Nos pen-
„ sées sont à nous. Je laisse aux autres les

„ leurs; qu'ils me permettent d'expofer naïve-
„ ment les miennes, & ne donnons tous la
„ préférence qu'au vrai. Mais il eſt plus qu'in-
„ utile d'annoncer les choſes de ſi loin. Je
„ vous ſalue, Monſieur, & ſuis &c.

Je ne donne aujourd'hui que la cinquieme Partie; la ſixieme & les ſuivantes tarderont le moins que je pourrai.

A Amſterdam le 2 Août 1763.

ERRATA.

Page	Ligne	Faute	Liſez.
38	12	il	ils
41	8	ait-il	a-t-il
107	13	il	ils
128	10	eſpeecs	eſpeces
131	19	pour quoi	pourquoi
134	5	cenſés	ſenſés
147	5	nouveux	noueux
185	10	portent	porte à
192	18	ſubſtanee	ſubſtance
224	24	principe	principe,
236	1	diffétence	différence
246	24	dont	donc
375	25	elles	ils

DE LA NATURE.

CINQUIEME PARTIE.

DE L'AUTEUR DE LA NATURE

ET

DE SES ATTRIBUTS.

Pour servir d'éclaircissement & de développement au Chapitre troisieme de la premiere Partie.

CHAPITRE I.

Extrait de ce qui a été dit dans le Chapitre troisieme de la premiere Partie, sur la nature des attributs de Dieu, & sur l'impossibilité où nous sommes de les exprimer par des termes qui leur conviennent.

Avant que de parler de la Nature, j'ai osé parler de son Auteur; non par un sentiment d'orgueil, pour m'efforcer de pénétrer cet Etre impénétrable, mais pour me convaincre par moi-même de la nécessité d'ignorer ce qu'il est, & m'y soumettre avec cet esprit humble & respectueux qui adore en silence un abyme de perfection qu'il ne peut comprendre.

DE LA NATURE.

J'allois traiter de l'équilibre néceſſaire du bien & du mal. Perſuadé que l'homme eſt fait pour donner dans tous les écarts, j'ai du craindre, au moins j'ai craint qu'un plus hardi que moi ne voulût étendre à la cauſe une idée que je reſtraignois à l'effet. Dans un ſiecle où les accuſations en matiere de religion ſont ſi légérement intentées, pouvois-je m'expliquer trop clairement ſur l'Eſſence infinie & toute-parfaite? Pouvois-je être trop attentif à écarter tout ſoupçon de Manichéiſme dans une recherche auſſi délicate que celle de l'origine du mal? La différence que je conçois entre les perfections de l'infini, & les qualités du fini, devant ſervir de baſe aux argumens ſur leſquels je me propoſois d'établir la néceſſité du mal & de ſon égalité avec le bien, je me ſuis cru obligé de commencer par faire voir que la bonté, la juſtice, la ſageſſe, l'intelligence, &c. n'étoient pas de la même

---

(a) ,, Quoique l'homme ait une grande diverſité de penſées, qui ,, ſont telles que les autres hommes en peuvent recueillir auſſi bien ,, que lui, beaucoup de plaiſir & d'utilité; elles ſont pourtant toutes ,, renfermées dans ſon eſprit, inviſibles & cachées aux autres, & ,, ne ſauroient paroître d'elles-mêmes. Comme on ne ſauroit jouir ,, des avantages & commodités de la ſociété ſans une communica-
,, tion de penſées, il étoit néceſſaire que l'homme inventât quelques ,, ſignes extérieurs & ſenſibles, par leſquels ces idées inviſibles dont ,, ſes penſées ſont compoſées, puſſent être manifeſtées aux autres. ,, Rien n'étoit plus propre pour cet effet, ſoit à l'égard de la fécon-,, dité ou de la promptitude, que ces ſons articulés qu'il ſe trouve ,, capable de former avec tant de facilité & de variété. Nous voyons ,, par là comment les mots qui étoient ſi bien adaptés à cette fin ,, par la Nature, viennent à être employés par les hommes pour ,, être ſignes de leurs idées, & non par aucune liaiſon naturelle ,, qu'il y ait entre certains ſons articulés & certaines idées, (car en ,, ce cas-là il n'y auroit qu'une langue parmi les hommes) mais par ,, une inſtitution arbitraire en vertu de laquelle un tel mot a été ,, fait volontairement le ſigne d'une telle idée. Ainſi l'uſage des mots ,, conſiſte à être des marques ſenſibles des idées; & les idées qu'on ,, déſigne par les mots, ſont ce qu'ils ſignifient proprement & ,, immédiatement.

CINQUIEME PARTIE.

nature, ni du même ordre, dans l'infini, que dans le fini; que penser, vouloir, être bon, sage, intelligent, libre, &c. (si toutefois ces termes humains peuvent exprimer des attributs de la Divinité) n'avoient aucune sorte d'analogie, dans Dieu, avec la pensée, la volonté, la bonté, la sagesse, l'intelligence & la liberté de l'homme.

Nous n'avons & ne pouvons avoir d'autre notion de ces qualités, que celle que nous nous en formons d'après la considération de ce que nous éprouvons en nous-mêmes, ou de ce que nous remarquons dans les autres créatures. Cette notion n'est donc jamais que celle de la volonté, de la sagesse, de l'intelligence, de la liberté, &c. telles en nature qu'elles conviennent à des hommes. J'en ai conclu que ces mêmes termes appliqués à Dieu n'avoient aucun sens dans notre bouche, parce qu'ils ne présentoient aucune idée à notre esprit (a).

―――――――――

„ Comme les hommes se servent de ces signes, ou pour enrégi-
„ trer, si j'ose ainsi dire, leurs propres pensées afin de soulager leur
„ mémoire, ou pour produire leurs idées & les exposer aux yeux
„ des autres hommes, les mots ne signifient autre chose dans leur
„ premiere & immédiate signification, que les idées qui sont dans
„ l'esprit de celui qui s'en sert, quelque imparfaitement ou négli-
„ gemment que ces idées soient déduites des choses qu'on suppose
„ qu'elles représentent. Lorsqu'un homme parle à un autre, c'est
„ afin de pouvoir être entendu; & le but du langage est que ces
„ sons ou marques puissent faire connoître les idées de celui qui
„ parle, à ceux qui l'écoutent. Par conséquent c'est des idées de
„ celui qui parle que les mots sont des signes, & personne ne peut
„ les appliquer immédiatement comme signes à aucune autre chose
„ qu'aux idées qu'il a lui-même dans l'esprit: car en user autrement,
„ ce seroit les rendre signes de nos propres conceptions, & les
„ appliquer cependant à d'autres idées, c'est-à-dire faire qu'en même
„ tems ils fussent & ne fussent pas des signes de nos idées; & par
„ cela même qu'ils ne signifiassent rien du tout. Comme les mots
„ sont des signes volontaires par rapport à celui qui s'en sert, ils ne
„ sauroient être des signes volontaires qu'il emploie pour désigner
„ des choses qu'il ne connoît point; ce seroit vouloir les rendre
„ signes de rien, de vains sons destitués de toute signification. Un

J'ai bien quelque notion de ces expressions, *agir*, *penser*, *vouloir*, & autres, lorsque j'en raisonne par rapport à la créature. Dès que vous les appliquez à Dieu, je ne les entends plus, & je me trouve dans l'impossibilité d'y attacher aucun sens : quel sens pourroient avoir pour moi des mots que je ne comprends pas?

Vous me dites que vous les entendez : il faut vous croire. Je n'en conçois pas mieux comment vous pouvez entendre des termes auxquels vous faites signifier des attributs que vous convenez vous être tout-à-fait incompréhensibles, & il le sont réellement en tout ; ou comment des termes que vous comprenez, expriment dans votre bouche des perfections que vous ne comprenez pas. Ignorant ce qui se passe dans votre esprit, je n'oserois nier ce que vous prétendez ; mais plus j'y réfléchis, plus il me semble que de deux choses l'une est nécessaire : ou que des termes, qui sont supposés énoncer quelque chose d'incompréhensible, ne soient pas compris ; ou qu'un discours, que l'on entend, n'exprime pas quelque chose d'incompréhensible.

Le sens d'un discours ou d'un mot n'est-il pas, dans l'esprit de celui qui le comprend, la représentation intellectuelle de la chose exprimée par le discours ou le mot? Dès lors si le sens d'une telle expression est clair, précis, intelligible, la chose

---

„ homme ne peut pas faire que ses mots soient signes, ou des qua-
„ lités qui sont dans les choses, ou des conceptions qui se trouvent
„ dans l'esprit d'une autre personne, s'il n'a lui-même aucune idée
„ de ces qualités & de ces conceptions. Jusqu'à ce qu'il ait quel-
„ ques idées de son propre fonds, il ne sauroit supposer que cer-
„ taines idées correspondent aux conceptions d'une autre personne,
„ ni se servir d'aucuns signes pour les exprimer ; car alors ce seroient
„ des signes de ce qu'il ne connoîtroit pas, c'est-à-dire des signes d'un
„ rien. Mais lorsqu'il se représente à lui-même les idées des autres
„ hommes, par celles qu'il a lui-même, s'il consent de leur donner
„ les mêmes noms que les autres hommes leur donnent, c'est toujours
„ à ces propres idées qu'il donne ces noms, aux idées qu'il a & non
„ à celles qu'il n'a pas.

CINQUIEME PARTIE.

exprimée l'est de même: ou si l'objet dit désigné par telle expression est incompréhensible, telle expression n'offre rien à l'esprit, & on ne sauroit lui attacher aucun sens clair & positif, le seul dont il s'agit ici.

Telle est la doctrine du chapitre troisieme de la premiere partie de mon livre, que j'ai exposée assez simplement en ces termes: (*)

„ Nous sommes accoutumés à dire: Dieu bon,
„ Dieu juste, Dieu sage, Dieu intelligent. On
„ nous a encore appris que Dieu aime, qu'il hait,
„ qu'il punit, qu'il récompense. Mais assurément,
„ ou ces façons de parler sont vuides de sens dans
„ notre bouche, ou elles expriment mal les attributs
„ de la Divinité. Si l'on entend par bonté, sa-
„ gesse, justice & intelligence divines, des qualités
„ semblables, à l'extension près, à celles qui se
„ rencontrent dans les hommes, on tombe dans
„ un antropomorphisme subtil qui n'en est que plus
„ dangereux. Des traits si peu relevés défigurent
„ la Majesté Suprême, au lieu de la peindre.

„ La sagesse qui pour nous est un choix judi-
„ cieux entre le bien & le mal, un éloignement
„ sincere de celui-ci & la pratique volontaire de
„ l'autre; la sagesse peut-elle convenir à celui qui
„ par son essence est incapable de mal?

„ Cela est si nécessaire dans le langage, qu'à cet égard l'homme
„ habile & l'ignorant, le savant & l'idiot se servent des mots de la
„ même maniere, lorsqu'ils y attachent quelque signification. Je veux
„ dire que les mots signifient dans la bouche de chaque homme les
„ idées qu'il a dans l'esprit, & qu'il voudroit exprimer par ces mots
„ là". (Locke, *Essai philosophique concernant l'entendement humain*, Livre III, Chapitre II. qui a pour titre *De la signification des Mots*.). Ainsi le mot *Dieu*, dans la bouche d'un enfant, d'un ignorant, d'un philosophe, d'un théologien, ne signifie pas ce que Dieu est en lui-même, mais l'idée que cet enfant, cet ignorant, ce philosophe, & ce théologien ont de Dieu.

(*) Voyez Tome I. pages 15-20 de la premiere Edition, & pages 11-14 de la seconde, dans laquelle j'ai fait quelques changemens peu considérables & non essentiels, comme on en jugera en comparant ces deux Editions.

,, L'intelligence qui inſtruit, qui éclaire, qui
,, découvre la vérité & diſſipe les preſtiges de l'er-
,, reur, appartient-elle à un eſprit qui n'a rien à
,, comprendre, qui voit tout dans lui, qui ſait tout
,, parce qu'il a tout fait ? Ou ſoutiendra-t-on qu'une
,, ſombre lueur qui nous égare, ſoit un rayon
,, échappé de la lumiere univerſelle & inacceſſible ?
,, Quelle eſt cette juſtice inconcevable qui dé-
,, fend expreſſément de punir les enfans des fautes
,, de leurs peres, & ordonne au Roi d'Iſraël d'exé-
,, cuter à la rigueur l'interdit porté contre les Ha-
,, malécites, plus de quatre cens ans après leur
,, crime; c'eſt-à-dire, ſur des hommes qui ne pou-
,, voient avoir participé à l'impiété de leurs ancê-
,, tres; ſur des enfans à la mamelle, dont l'inno-
,, cence les en rendoit encore moins reſponſables!
,, Quelle étrange bonté dans le Créateur de faire
,, à l'homme des dons empoiſonnés dont il prévit
,, l'abus; de vouloir qu'il ſoit ſollicité ſans ceſſe
,, au mal par un penchant fatal qu'il lui donna,
,, réſolu de le châtier avec la plus terrible ſévérité,
,, s'il a le malheur d'y ſuccomber! Qu'elle confine
,, de près à la malice! Et cependant qu'elle eſt ſu-
,, périeure à ce tendre ſentiment qui nous porte à
,, procurer aux autres tout le bien qui eſt en notre
,, pouvoir! Ici la raiſon confondue ſe tait.
,, Sans doute Dieu eſt ſaint & trois fois ſaint.
,, Mais c'eſt l'infinité même de ſa ſainteté, qui l'é-
,, leve ſi fort au-deſſus de notre conception. Un
,, peu plus bas & plus proche de nous, un peu
,, moins inconcevable, elle ne ſeroit plus digne de
,, lui. J'ai interrogé ceux qui prétendent le mieux
,, connoître, & ils m'ont répondu que, ſemblable
,, au ſoleil dont les rayons touchent le limon & la
,, fange ſans en être ſouillés, il ne craint point que
,, le mal, qu'il peut prévenir & qu'il n'empêche
,, pas, porte atteinte à ſa pureté ; au lieu que
,, l'homme ſeroit coupable de laiſſer commettre le
,, crime qu'il dépend de lui de réprimer.

CINQUIEME PARTIE.

„ En vain on emploieroit toute la force du génie
„ à presser, pour-ainsi-dire, les actions les plus
„ vertueuses, à en extraire ce qu'elles ont de plus
„ pur & de plus droit, pour en former une idée de
„ la sainteté divine. Ce qui rehausse le mérite de
„ celles-là, c'est la liberté pour le mal: imperfec-
„ tion qui ne se trouve pas dans l'Etre saint par sa
„ nature.

„ S'il est vrai que Dieu aime & qu'il haïsse, con-
„ venez aussi que ces affections dans lui ne ressem-
„ blent en rien, même pour le fonds, aux passions
„ des mortels. S'il se repent d'avoir créé l'homme,
„ cette repentance n'a rien de commun avec le cha-
„ grin que l'on conçoit d'une fausse démarche, ou
„ d'une disgrace imprévue. De quoi s'affligeroit ce
„ maître absolu? Il a tout arrangé. Rien n'arrive
„ contre sa volonté. La révolte d'un ver de terre
„ porteroit-elle l'épouvante au trône de l'Eternel?
„ Il n'acquiert point de nouvelles lumieres: la droi-
„ ture n'a pas besoin de rectifier ses sentimens, ni
„ de réformer ses opérations. Comment donc con-
„ noître la maniere dont le mal moral l'affecte,
„ dont il compatit à nos miseres? Où en est le
„ type?

„ Pourquoi s'obstiner à vouloir déchirer le voile
„ sacré dont cet objet invisible se plaît à s'enve-
„ lopper. Il parle de lui-même dans les livres saints.
„ Est-ce pour nous découvrir ce qu'il est, ou pour
„ nous mettre dans l'impossibilté de le connoître
„ jamais? Ses termes sont moins proportionnés à
„ sa grandeur qu'à notre foiblesse; de plus sublimes
„ ne seroient pas entendus. Mais ceux que nous
„ entendons, pris à la lettre, feroient un tissu de
„ contradictions; & la liberté que l'on a prise de
„ les interpreter, a engendré toutes sortes d'er-
„ reurs. Que de théologiens & de peintres sont
„ les apôtres de la superstition! les uns en peignant
„ la Divinité sous une forme humaine; les autres

,, en la faisant agir selon les vues & les caprices
,, de l'homme." (b)

On desire que je m'explique d'une maniere encore plus détaillée sur cette erreur subtile & dangereuse, dont je semble faire un crime commun

---

(b) ,, Quelle idée pouvons-nous avoir de la Divinité & de ses attributs? Quoi! Dirons-nous que Dieu est sage ? La sagesse consiste dans la connoissance du bien & du mal pour éviter l'un & pratiquer l'autre : mais quel besoin peut-il avoir de cette sagesse, lui qui étant le souverain bien est tout-à-fait incapable de mal? Lui attribuerons-nous la raison & l'intelligence qui nous menent du connu à l'inconnu? Mais rien ne peut être obscur à l'égard de Dieu. La justice qui rend à chacun ce qui lui est dû, est faite pour la société, & ne peut convenir à un Etre absolument indépendant. La tempérance & la force lui conviennent aussi peu, puisqu'il est également au-dessus de la volupté corporelle & de la douleur."
Voyez le texte latin de Ciceron (au Livre troisieme de son Traité *De Naturâ Deorum*), qui commence ainsi: *Qualem autem Deum intelligere nos possumus, &c.* Montaigne en l'adoptant le rend ainsi :
,, Nous disons bien *puissance, vérité, justice* : ce sont paroles
,, qui signifient quelque chose de grand ; mais cette chose-là nous
,, ne la voyons aucunement, ny ne la concevons. Nous disons
,, que Dieu craint, que Dieu se courrouce, que Dieu ayme,

Immortalia mortali sermone notantes.

,, Ce sont toutes agitations & esmotions qui ne peuvent loger en
,, Dieu selon notre forme : c'est à Dieu seul de se cognoistre &
,, interpreter ses ouvrages : & le fait en notre langue, impropre-
,, ment, pour s'avaller & descendre à nous, qui sommes à terre
,, couchés. La prudence comment lui peut-elle convenir, qui est
,, l'eslite entre le bien & le mal, veu que nul mal ne le touche ?
,, Quoi la raison & l'intelligence, desquelles nous nous servons
,, pour par les choses obscures arriver aux apparentes : veu qu'il
,, n'y a rien d'obscur à Dieu? La justice qui distribue à chacun ce
,, qui lui appartient, engendrée pour la société & communauté des
,, hommes, comment est-elle en Dieu? La tempérance comment ?
,, qui est la modération des voluptés corporelles, qui n'ont aucune
,, place en la Divinité ? La fortitude à porter la douleur, le la-
,, beur, les dangers, lui appartiennent aussi peu : ces trois choses
,, n'ayant nul accès près de lui. Par quoi Aristote le tient égale-
,, ment exempt de vertu & de vice." *Essais de Michel Seigneur de Montaigne : Apologie de Raimond de Sebonde.*
Saint-Augustin s'exprime autrement & d'une maniere plus générale, mais qui pour cela n'en est pas moins décisive. Je ne parle point, dit-il, de ce grand Dieu que l'on connoit mieux en ignorant ce qu'il est. *Non dico de summo illo Deo qui scitur melius nesciendo* (Lib. II.

CINQUIEME PARTIE.

à tous ceux qui, sentant de la répugnance à avouer qu'ils ignorent ce qu'il leur est impossible de savoir, aiment mieux altérer & falsifier les desseins de Dieu pour les réduire à leurs vains raisonnemens, rétrecir ses vues pour les faire entrer

---

e Ordine). Et ailleurs il blâme ouvertement une recherche trop curieuse de la Nature Divine, & s'élevant contre ces scrutateurs indiscrets de la Divinité, ces hommes, ajoute-t-il, ne voient pas qu'en s'imaginant penser à Dieu dont ils ne peuvent se former d'idée, ils ne pensent qu'à eux; leurs foibles esprits ne s'élevent point jusqu'à cette Essence incompréhensible. Ce n'est pas de Dieu qu'ils nous parlent, ce n'est pas lui qu'ils comparent à lui : ce sont eux qu'ils comparent à eux-mêmes. *Profecto non Deum, quem cogitare non possunt, sed semetipsos pro illo cogitantes, non illum sed se ipsos, non illi sed sibi comparant.*

Mr. Rousseau de Geneve s'explique ainsi sur la même matiere : „ Dieu est intelligent; mais comment l'est-il? L'homme est intelli„ gent quand il raisonne, & la suprême intelligence n'a pas besoin „ de raisonner; il n'y a pour elle ni prémisses ni conséquences, il „ n'y a pas même de proposition : elle est purement intuitive, elle „ voit également tout ce qui est, & tout ce qui peut être ; toutes „ les vérités ne sont pour elle qu'une seule idée, comme tous les „ lieux un seul point, & tous les tems un seul moment. La puis„ sance humaine agit par des moyens, la puissance Divine agit par „ elle-même : Dieu peut parce qu'il veut, sa volonté fait son pou„ voir. Dieu est bon, rien n'est plus manifeste : mais la bonté de „ l'homme est l'amour de ses semblables, & la bonté de Dieu est „ l'amour de l'ordre ; car c'est par l'ordre qu'il maintient ce qui „ existe, & qu'il lie chaque partie avec le tout. Dieu est juste, j'en „ suis convaincu, c'est une suite de sa bonté; l'injustice des hommes „ est leur œuvre & non pas la sienne : le mal moral qui dépose „ contre la Providence aux yeux des Philosophes ne fait que la „ démontrer aux miens. Mais la justice de l'homme est de rendre „ à chacun ce qui lui appartient, & la justice de Dieu de demander „ compte à chacun de ce qu'il lui a donné.

„ Que si je viens à découvrir successivement ces attributs dont je „ n'ai nulle idée absolue, c'est par des conséquences forcées, c'est „ par le bon usage de ma raison : mais je les affirme sans les com„ prendre, & dans le fond c'est n'affirmer rien. J'ai beau me dire „ Dieu est ainsi; je le sens, je me le prouve, je n'en conçois pas „ mieux comment Dieu peut être ainsi". (*Emile, ou de l'Education, suite du Livre IV.*)

N'ayant dessein de tirer mes preuves que de la force de la raison & non de l'autorité, je n'allegue les citations que l'on vient de lire dans cette note & dans la précédente, que comme des éclaircissemens de ma pensée, afin de me faire mieux comprendre.

A 5

dans le cadre étroit de leur conception, & abaisser la sublimité de ses perfections pour les mettre à leur portée, que de reconnoître ingénuement l'insuffisance de leur raison. Je n'avois pas cru cette discussion nécessaire. Le vrai en est sensible de lui-même. J'y vais entrer toutefois, moins parce qu'on l'exige (c'est peut-être un piege qu'on me tend), que pour m'ouvrir la voie de l'instruction, tirant ainsi un bien effectif d'un mal réel ou imaginaire. La matiere est délicate & difficile. Puisse mon Lecteur me prêter autant d'attention, que j'ai pris de soins pour éviter toute sorte d'équivoque & d'obscurité, sans me flatter d'avoir toujours réussi ! Dans les endroits qui pourroient lui faire de la peine, s'il en rencontre quelques-uns de cette espece, qu'il se souvienne que mon but est d'épurer l'idée que nous pouvons avoir de Dieu, je veux dire de la dégager de tout ce qui est au-dessous de Dieu. C'est dans cet esprit que j'écris, & selon cet esprit qu'il faut me lire & me juger.

CHAPITRE II.

A quoi se réduit la notion que l'on a communément des attributs de Dieu, & de quelle maniere cette notion se forme.

J'IMAGINOIS que le Lecteur réfléchissant que nous n'avons d'autre notion des attributs divins, que celle

---

(c) J'examinerai dans la suite s'il y a réellement des qualités & puissances de telle nature, qu'il soit absolument plus avantageux de les avoir que de ne les avoir pas ; ou en d'autres termes, si quelque chose est meilleure que son contraire ?

(d) Je desirerois que l'on voulût bien se donner la peine de relire ce chapitre-ci après ceux où j'apprécie l'idée que quelques-uns disent avoir de l'infini, & la faculté que nous avons d'étendre nos idées :

CINQUIEME PARTIE.

qui se forme en nous de la connoissance de nos propres facultés, conviendroit de lui-même, sans que je me misse en devoir de le lui démontrer, que cette notion n'est que celle d'un Etre qui n'est pas Dieu, celle de l'homme aggrandie jusqu'à une extension chimérique, ou affranchie par une illusion de l'imagination, des bornes qui lui sont nécessaires.

Locke avoit dit : ,, Après avoir formé par la
,, considération de ce que nous éprouvons en nous-
,, mêmes, les idées d'existence & de durée, de
,, connoissance, de puissance, de plaisir, de bon-
,, heur, & de plusieurs autres qualités & puissances,
,, qu'il est plus avantageux d'avoir que de n'avoir
,, pas (c), lorsque nous voulons nous former l'idée
,, la plus convenable à l'Etre suprême qu'il nous
,, est possible d'imaginer, nous étendons chacune
,, de ces idées par le moyen de celle que nous
,, avons de l'infini (d), & joignant toutes ces idées
,, ensemble nous formons notre idée complexe de
,, Dieu.....
,, Si je trouve que je connois un petit nombre
,, de choses, & quelques-unes de celles-là, ou
,, peut-être toutes, d'une maniere imparfaite, je
,, puis former une idée d'un Etre qui en connoît
,, deux fois autant, que je puis doubler encore
,, aussi souvent que je puis ajouter au nombre,
,, & ainsi augmenter mon idée de connoissance en
,, étendant sa compréhension à toutes les choses
,, qui existent ou qui peuvent exister. J'en puis
,, faire de même à l'égard de la maniere de con-

---

je crois que l'on en seroit mieux disposé à entendre ce qui doit suivre. Ce n'est pas que je prétende tracer aux autres la route que leur esprit doit tenir. Je leur indique la marche du mien, pour les mettre en état de reconnoître plus aisément si je m'écarte du vrai : car je peux me tromper, mais sûrement, je ne veux ni me faire illusion, ni tromper personne.

» noître ces choses plus parfaitement, c'est-à-
» dire, toutes leurs qualités, puissances, causes,
» conséquences, & relations, &c. jusqu'à ce que
» tout ce qu'elles renferment, ou qui peut y être
» rapporté en quelque maniere, soit parfaitement
» connu : par où je puis me former l'idée d'une
» connoissance infinie ou qui n'a point de bornes.
» On peut faire la même chose à l'égard de la
» puissance que nous pouvons étendre jusqu'à ce
» que nous soyons parvenus à ce que nous appel-
» lons infini, comme aussi à l'égard de la durée
» d'une existence sans commencement ou sans
» fin, & ainsi former l'idée d'un Etre éternel. Les
» degrés ou l'étendue dans laquelle nous attribuons
» à cet Etre suprême que nous appellons Dieu,
» l'existence, la puissance, la sagesse & toutes les
» autres perfections dont nous pouvons avoir quel-
» que idée, ces degrés, dis-je, étant infinis &
» sans bornes, nous nous formons par-là la meil-
» leure idée que notre esprit soit capable de se
» faire de ce Souverain Etre; & tout cela se fait,
» comme je viens de le dire, en élargissant ces
» idées simples qui nous viennent des opérations
» de notre esprit par la réflexion, ou des choses
» extérieures par le moyen des sens, jusqu'à cette
» prodigieuse étendue où l'infinité peut les porter.
» Car c'est l'infinité qui jointe à nos idées
» d'existence, de puissance, de connoissance, &c.
» constitue cette idée complexe, par laquelle nous
» nous représentons l'Etre suprême le mieux que
» nous pouvons. Car quoique Dieu dans sa pro-
» pre essence, qui certainement nous est inconnue,
» à nous qui ne connoissons pas même l'essence
» d'un Caillou, d'un Moucheron ou de notre pro-
» pre personne, soit simple & sans aucune com-
» position ; cependant je crois pouvoir dire que
» nous n'avons de lui qu'une idée complexe d'exi-
» stence, de connoissance, de puissance, de féli-
» cité, &c. infinie & éternelle ; toutes idées dis-

… tinctes, & dont quelques-unes étant rélatives font composées de quelque autre idée. Et ce font toutes ces idées, qui procédant originairement de la sensation & de la réflexion, comme on l'a déjà montré, composent l'idée ou notion que nous avons de Dieu.

„ Il faut remarquer, outre cela, qu'excepté l'Infinité, il n'y a aucune idée que nous attribuyons à Dieu, qui ne soit aussi une partie de l'idée complexe que nous avons des autres Esprits; parce que n'étant capables de recevoir d'autres idées simples que celles qui appartiennent au corps, excepté celles que nous recevons par la réflexion que nous faisons sur les opérations de notre propre esprit, nous ne pouvons attribuer d'autres idées aux Esprits que celles qui nous viennent de cette source, & toute la différence que nous pouvons mettre entre elles en les rapportant aux Esprits, consiste uniquement dans la différente étendue, & les divers degrés de leur connoissance, de leur puissance, de leur durée, de leur bonheur, &c. (*)

CHAPITRE III.

Suite du chapitre précédent.

JE pourrois substituer au témoignage de Locke, le témoignage de tous les métaphysiciens qui se sont appliqués à rechercher l'origine véritable de l'idée que nous pouvons avoir de Dieu. Je me contenterai d'y joindre le suivant. Si vous exceptez ceux qui ont soutenu le système insoutenable des idées innées, nous ne trouverez personne qui ne

---

(*) *Essai philosophique concernant l'Entendement humain.* Livre II. Chap. XXIII. §. 33--36.

reconnoisse que cette notion, telle qu'elle est, & dont il faut bien nous contenter faute de mieux, se forme en nous de la maniere indiquée par le Philosophe Anglois.

„ .... J'avoue ingénûment que n'ayant qu'une
„ idée très imparfaite des choses même les plus
„ imparfaites & les plus bornées, j'ai toujours
„ cru que nous ne pouvions jamais acquérir une
„ idée positive de l'infini ; que quelques grands
„ efforts que nous fassions pour nous représenter
„ l'infinité d'un espace, d'une durée, d'un nombre
„ ou d'une perfection, nous ne saurions la saisir &
„ l'embrasser, ensorte que nous puissions nous flat-
„ ter d'en avoir une idée distincte & précise. Il
„ m'a toujours semblé que l'idée que nous avons
„ de l'infini est toujours fort vague, fort obscure
„ & qu'elle ne consiste proprement que dans la
„ négation des bornes dans un objet que nous
„ concevons n'être limité par quoi que ce soit.
„ Ainsi nous nous représentons la puissance de Dieu
„ comme infinie, c'est-à-dire que nous la conce-
„ vons si étendue que rien ne sauroit en arrêter
„ l'efficace, ou en restreindre les objets. En re-
„ cherchant l'origine de l'idée que j'ai de Dieu, il
„ me paroît qu'elle est formée des idées que j'ai
„ des qualités répandues dans les divers êtres, soit
„ matériels soit spirituels, qui m'environnent. Je
„ vois un ordre admirable entre les parties de l'u-
„ nivers, je vois des rayons d'intelligence, de
„ sagesse, de justice, de bonté dans les hommes;
„ je vois que dans le monde tout concourt à notre
„ bien, j'en conclus que l'Auteur de toutes ces
„ merveilles doit nécessairement posséder ces qua-
„ lités diverses ; que parce qu'il en est l'unique
„ source, il doit les posséder dans le plus haut
„ degré d'excellence ; & ne pouvant imaginer un
„ point où leur activité s'arrête, ne pouvant con-
„ cevoir aucun obstacle assez puissant pour en in-
„ terrompre le cours, je nie que ces perfections

„ aient en Dieu des bornes, je les conçois infinies
„ en lui, sans pouvoir me représenter leur infinité
„ même." (*)

Je ne vois pas la différence que l'on met ici entre *se représenter l'infinité* d'une perfection, & *la concevoir infinie*. Il faut suppléer à la lettre, & au lieu de *je les conçois infinies en lui*, lire, *je conçois qu'elles doivent être infinies en lui, sans pouvoir me représenter leur infinité même*. Autrement il y auroit une contradiction dans les termes, puisque concevoir une chose infinie c'est se la représenter infinie, c'est se représenter son infinité même. J'aurois souvent occasion de relever de semblables inexactitudes dans les meilleurs livres de métaphysique; mais je perdrois trop de temps. Je l'emploierai mieux en tâchant de n'en point laisser de pareilles dans les miens. Au moins je suis tout disposé à les reconnoître & à les corriger.

CHAPITRE IV.

Application particuliere des principes exposés ci-dessus, à la notion de la sagesse divine.

JE ne veux pas m'en tenir à de simples spéculations sur une matiere aussi importante.

L'Etre infini est présent par-tout par son essence & par sa connoissance. „ Or, par-tout où sa con-
„ noissance infinie se trouve, elle doit nécessaire-
„ ment avoir une vue distincte & parfaite de tout
„ ce qui existe, & il n'y a rien dans l'univers qui
„ puisse échapper à sa pénétration. Comme par sa
„ présence sans bornes il environne toutes choses,
„ par ses regards à qui rien n'échappe, il pénetre

(*) *Bibliotheque des sciences & des beaux-arts* pour les mois de janvier, fevrier, mars 1754.

„ toutes les parties de leur substance.... Ajoutez
„ à cela que toutes choses lui étant non seulement
„ présentes mais dépendant entiérement de lui , &
„ ayant reçu de lui & l'existence & toutes les fa-
„ cultés dont elles sont revêtues, il est évident
„ que comme il connoît toutes les choses qui sont,
„ il doit aussi connoitre toutes les choses possibles.
„ Seul existant par lui-même, & seul auteur de
„ toutes les facultés dont tous les différens êtres
„ qui sont dans l'univers sont revêtus, il est clair
„ qu'il doit parfaitement connoître tout ce que
„ peut, ou ne peut pas produire chacune de ces
„ facultés qu'il a lui-même données. Voyant d'ail-
„ leurs d'un seul point de vue toutes les composi-
„ tions, toutes les divisions, tous les changemens,
„ toutes les circonstances & toutes les dépendances
„ possibles des choses : instruit parfaitement de
„ toutes les relations possibles qu'elles ont entre
„ elles, & de tous les moyens qu'il faut mettre en
„ usage pour qu'elles parviennent aux fins auxquel-
„ les elles sont destinées, il est certain qu'il doit
„ avoir une connoissance infaillible de ce qui est
„ le meilleur & le plus propre dans tous les cas
„ possibles ; & qu'il doit parfaitement savoir les
„ voyes qu'il faut prendre & les moyens qu'il faut
„ employer pour arriver aux fins qu'il se propose.
„ Voilà ce que nous entendons par une sagesse
„ infinie (*)." A la bonne heure ; mais ce que nous
entendons par une sagesse infinie, n'est point véritablement une sagesse infinie. Une sagesse infinie
est incompréhensible pour nous, & une sagesse
incompréhensible ne s'exprime point par des termes
que nous entendons,

Quoi

(*) *De l'Existence & des Attributs de Dieu, &c.* par Mr. Clark Docteur en Théologie. Onzieme Proposition : *La Cause suprême, l'Auteur de toutes choses est infiniment sage.*

Quoi qu'il en soit, cet exposé sublime ne m'offre que les traits embellis d'une vertu toute humaine, qui consiste dans la connoissance & la discussion judicieuse du rapport des moyens aux fins, fondé sur les qualités des choses. La sagesse de l'homme en est le premier élément, & notre idée de la sagesse de Dieu ne seroit, sans l'infinité que nous lui attribuons témérairement, que l'idée de notre sagesse.

1. Nous n'occupons dans l'espace, que la portion d'étendue remplie par la portion de matiere qui ous est appropriée. Notre présence pourtant n'est ar tout-à-fait aussi bornée. Nous nous regardons comme présens par-tout où nos sens, notre connoissance, notre pouvoir & notre être moral enfin, emblent prolonger notre être physique. Cette étendue nouvelle a aussi ses limites qu'il ne nous est pas possible de franchir. Les surfaces des corps arrêtent nos regards : la transparence de l'air prend de l'opacité à une certaine distance pour nous intercepter les objets qui sont au delà. L'esprit le plus pénétrant trouve encore dans le pays de la science, des régions couvertes d'épaisses ténebres qu'il ne peut percer. Quel est le pouvoir du despote le plus puissant? Toute autre volonté peut résister à la sienne, sans jamais fléchir. Travaillant sur ce fonds, nous en écartons toute idée d'imperfection & de limite. Nous nous figurons un Etre infini, présent par-tout par son immensité, sa connoissance, & son action illimitée, qui a une vue distincte & parfaite de toute ce qui existe, dont les regards pénetrent l'intérieur de toutes les choses.

2. Un ouvrier habile dans son art connoît son ouvrage. Un machiniste par exemple fait, au-moins usqu'à un certain point, l'usage & les propriétés de la machine qu'il a inventée & construite, la méchanique des ressorts & leur force, la meilleure maniere de les employer pour parvenir, s'il se peut, au *maximum* de l'effet qu'on s'en promet. De cette

idée agrandie naît celle d'un Dieu créateur qui ayant tout fait, les Etres & leurs qualités, doit connoître parfaitement tout ce que peut ou ne peut pas produire chacune des facultés qu'il a lui-même créées.

3. Lorsque nous nous proposons quelque fin, nous cherchons les moyens d'y parvenir, nous les examinons, nous les discutons, nous les apprécions : nous balançons les hazards & les suretés, les inconvéniens & les avantages, les obstacles & les facilités, les présomptions pour & contre : nous envisageons tout ce qu'il nous est possible d'imaginer de circonstances, de changemens, de positions, chacun dans la mesure de ses lumieres : nous nous supposons successivement dans tous ces cas, & nous considérons alors ce qu'il y a à craindre ou à espérer des diverses causes qui influent sur les événemens de la vie, des passions des hommes & de l'interêt qui les excite ; des occasions qui déterminent les gens sans principes, & c'est le grand nombre ; du hazard dont nous faisons trop souvent une idole capricieuse. Malgré tant de précautions, de vues & de combinaisons, notre prudence se trouve souvent en défaut, parce que l'homme ne prévoit pas tout, ne regle pas tout, ne peut presque rien empêcher ; au-lieu que ,, Dieu voyant d'un seul point de vue toutes les compositions, toutes les divisions, tous les changemens, toutes les circonstances & toutes les dépendances possibles des choses : instruit parfaitement de toutes les relations possibles qu'elles ont entre elles, & de tous les moyens qu'il faut mettre en usage pour qu'elles parviennent aux fins auxquelles elles sont destinées, il est certain qu'il doit avoir une connoissance infaillible de ce qui est le meilleur & le plus propre dans tous les cas possibles ; & qu'il doit parfaitement savoir les voyes qu'il faut prendre, & les moyens qu'il faut employer pour arriver aux fins qu'il se propose".

CINQUIEME PARTIE.

Il ne s'agit pas encore d'examiner si la sagesse de Dieu n'est que cela. Au moins il est constant que c'est-là tout ce que l'on entend par une sagesse infinie. Le Docteur Harris (j'en pourrois citer mille autres à sa place) se sert presque des mêmes mots pour nous peindre la toute-science & la toute sagesse. Elevées au plus haut dégré, dit-il, la connoissance consiste à connoître toutes choses, à les connoître toutes en elles-mêmes, dans la réalité de leur essence, de leur espece & de leurs propriétés; & la sagesse à les connoître & à les employer selon les rapports qu'elles ont entre elles, selon leurs correspondances réciproques, selon qu'elles sont propres aux moyens & aux fins. Elles deviennent ainsi, l'une la science infinie, & l'autre la sagesse infinie. Or la raison nous porte nécessairement à admettre ces deux perfections dans Dieu (*).

L'Homme agit par des moyens: Dieu agit par lui-même. Dieu agit par lui-même, ce que nous ne comprenons pas. L'homme agit par des moyens, & la sagesse par rapport à lui consiste à choisir & employer les moyens les plus propres pour arriver au but qu'il se propose. C'est cela seul que nous comprenons, & dont nous formons l'idée prétendue d'une sagesse infinie, comme si une qualité humaine étoit susceptible de l'infinité.

Tout semble aisé à comprendre, lorsqu'on s'arrête à la superficie des choses: tout devient difficile & mystérieux, quand on pénetre plus avant. Les philosophes font de vains efforts pour définir convenablement le mot *agir*. Il est indéfinissable, s'ils veulent faire entrer, dans sa définition, la vertu & le principe d'agir que nous ne comprenons pas. Il est indéfinissable, s'ils prétendent que sa définition

---

(*) Voyez la *Réponse aux Athées* par le Docteur Harris, II. Partie qui a pour titre: *Examen des difficultés que l'on feroit contre la nature & les attributs de Dieu*.

convienne également à Dieu & à la créature (*e*). Dieu est la cause unique, le seul principe actif. La Nature est l'acte unique de cette cause. Agir & créer ne seroient donc qu'une même chose pour Dieu, & une même incompréhensibilité pour nous. Dieu n'agissoit-il point avant qu'il créât, avant qu'il produisît hors de lui cette grande machine que nous appellons le monde ? Comment put-il produire le monde hors de lui, s'il étoit par-tout par l'immensité de son essence ? Comment auroit-il fait l'espace pour le remplir, sans agrandir d'autant son existence ? Dieu, s'il ne produit plus rien, reste-t-il oisif & sans action ? Dieu immuable a-t-il pu passer de l'inaction à l'action ? Ou comment ce passage s'est-il fait sans changement dans Dieu ? Ou, si l'acte de Dieu est éternel, simple & uniforme, pourquoi le monde n'est-il pas éternel ?

Ces questions insolubles à la raison nous avertissent de ne point appliquer à Dieu, pour expliquer dans lui ce que nous ne comprenons pas, des termes faits uniquement pour désigner des phénomenes naturels & sensibles. Ce que je dis ici du mot *agir*,

---

(*e*) Malgré l'observation que j'ai faite à la fin du chapitre III, je ne puis m'empêcher de m'arrêter un moment à discuter la définition du mot *agir*, donnée par un philosophe moderne, laquelle il dit également convenable à la matiere, à l'ame & à Dieu.

Qu'est-ce qu'*agir* ? Par rapport aux créatures, répond-il, *agir* est en général *la disposition d'un Etre entant que par son entremise il arrive actuellement quelque changement* ; car il est impossible de concevoir qu'il arrive naturellement du changement dans la Nature, que ce ne soit par un Etre qui agisse, & nul Etre créé n'agit, qu'il n'arrive du changement ou dans lui même ou au dehors.

On dira, poursuit-il, qu'il s'ensuivroit que la plume dont j'écris actuellement devroit être censée agir, puisque c'est par son entremise qu'il se fait du changement sur ce papier qui de non-écrit devient écrit : à quoi je réponds que c'est de quoi le torrent même des philosophes doivent convenir, dès qu'ils donnent à ma plume en cette occasion le nom de *cause instrumentale* ; car si elle est *cause* elle a un effet, & tout ce qui a un effet *agit* ; puisque agir & avoir un effet, c'est formellement la même chose. D'où il conclut que sa définition d'*agir* convient très bien à ce qui est dit *agir* à l'égard des corps.

Il prétend qu'elle convient encore mieux à ce qui est dit *agir*

je le dirai dans la suite de tous les autres, tels que *sagesse, bonté, intelligence, liberté, être, &c.* que nous appliquons témérairement à Dieu, avant de nous être assurés si cette application est légitime.

CHAPITRE V.

Qu'il est impossible à l'homme, dans l'économie présente, d'avoir d'autre notion des perfections divines, que celle qu'il s'en forme d'après les facultés des créatures.

APRES avoir constaté à quoi se réduit la notion que nous avons des perfections de Dieu, & de quelle manière cette notion se forme en nous, il est bon de considérer qu'il ne nous est pas possible d'en avoir une meilleure. La perfection de la philosophie ne consiste pas seulement à savoir tout ce qui est à sa portée, mais à s'assurer encore que ce qu'elle ignore surpasse ses lumières.

---

l'égard des esprits, soit au dedans d'eux-mêmes par leurs pensées & leurs volitions, soit au dehors par le mouvement qu'ils impriment à quelque corps, parce que chacune de ces choses est un changement qui arrive par l'entremise de l'ame; qu'enfin cette même définition peut convenir également bien à l'action de Dieu & à Dieu, dans ce que nous en pouvons concevoir: nous concevons qu'il agit entant qu'il produit quelque chose hors de lui; car alors c'est un changement qui se fait par le moyen d'un Etre existant par lui-même.

Il n'est pas besoin de beaucoup de savoir pour découvrir le foible & le faux de ce raisonnement. Pour que la définition du mot *agir*, convînt également & au même sens, à l'action des corps, à celle des esprits créés & à celle de Dieu, il faudroit que l'action des corps, celle des esprits créés & celle de Dieu se ressemblassent au-même égard. Quelle inconséquence, d'admettre une différence infinie entre l'action de Dieu & celle des créatures, de reconnoître que nous comprenons ce que c'est qu'agir par rapport aux créatures, & que cette expression appliquée à Dieu ne nous offre point d'idée claire, ainsi que l'admet & le reconnoît le même auteur, & prétendre neanmoins que la définition du mot *agir* convienne également & à l'action de Dieu & à celle des Etres créés!

Je ne sais si l'on a fait une attention assés particuliere au dernier paragraphe du long passage de Locke, que j'ai rapporté ci-dessus: il renferme un grand sens, & est bien propre à faire entendre ma pensée.

Il faut remarquer, dit cet illustre philosophe, qu'excepté l'infinité, il n'y a aucune idée que nous attribuyons à Dieu, qui ne soit une partie de l'idée complexe que nous avons des autres esprits; parce que n'étant capables de recevoir d'autres idées simples que celles qui appartiennent au corps, excepté celles que nous recevons par la réflexion que nous faisons sur les opérations de notre propre esprit, nous ne pouvons aussi attribuer d'autres idées aux esprits que celles qui nous viennent de cette source; & toute la différence que nous pouvons mettre entre elles en les rapportant aux esprits, consiste uniquement dans la différente étendue, & les divers degrés de leur connoissance, de leur puissance, de leur durée, de leur bonheur, &c. Car, ajoute-t-il, que les idées que nous avons, tant des esprits que des autres choses, se terminent à celles que nous avons de la sensation & de la réflexion, c'est ce qui suit évidemment de ce que dans nos idées des esprits, à quelque degré que nous les portions au delà de celles des corps, même jusqu'à celle de l'infini, nous ne saurions pourtant y démêler aucune idée de la maniere dont les esprits se découvrent leurs pensées les uns aux autres... comment n'ayant point de corps, ils peuvent être maîtres de leurs propres pensées, & les faire connoître ou les cacher comme il leur plaît (*).

Si nous ne pouvons avoir des idées distinctes des différentes natures, conditions, états, puissances & diverses constitutions par où ces esprits créés

---

(*) Voyez ci-devant chapitre II, & l'*Essai concernant l'Entendement humain*, à l'endroit cité, & encore Liv. IV. chap. III. qui traite de l'*Etendue de la Connoissance Humaine*.

diffèrent les uns des autres & de nous; si nous sommes dans une ignorance absolue sur ce qui concerne leurs différentes espèces & diverses propriétés, que sera-ce du Père des esprits & de ses attributs divins infiniment plus éloignés de notre portée!

Privés des facultés nécessaires pour pénétrer la constitution intérieure & la vraie nature des choses, incapables d'une connoissance immédiate, n'ayant pas même l'idée de ce que peut être une telle connoissance, nous ne pouvons avoir aucune notion qui n'ait pour principe une idée simple acquise ou à la faveur des sens, ou par la méditation de notre propre esprit qui se replie sur lui-même pour contempler ses opérations.

Dans la Nature, & dans la Nature seule, est le type de tout ce que nous pouvons concevoir positivement, clairement & distinctement, notre expérience n'étant jamais que de choses naturelles.

Dès lors si nous voulons donner de la sagesse, de l'intelligence, de la bonté ou telle autre puissance à un Etre quelconque, l'idée de ces perfections à quelque degré que nous les portions, aura toujours pour base l'idée de la sagesse, de l'intelligence, de la bonté, de la justice, telles quant au fonds que nous les avons reconnues parmi les hommes. Jamais nous ne parviendrons à nous en former d'autre idée. L'étendue & la durée ne font rien à leur essence. Puis donc que toute la différence que nous pouvons imaginer entre les qualités d'un tel Etre & les nôtres, se réduit à des degrés d'étendue & de durée, notre esprit ne les dénature point en les agrandissant: portées à telle extension qu'on voudra, elles sont encore des qualités humaines.

Nous avons la faculté d'ajouter à nos idées, & non celle d'en changer le fonds. Notre imagination est à leur égard, comme ces verres qui grossissent les objets sans en altérer la forme. Et de même que la loupe & le microscope ne grossiroient aucun objet si on ne leur en soumettoit aucun, notre entendement, quelques efforts qu'il fît, n'imagineroit jamais de lui-même une qualité dont il n'auroit en aucune connoissance expérimentale, dont rien ne lui auroit porté l'empreinte.

L'entendement asservi au corps, & par le corps à tous les autres objets sensibles, n'a que deux moyens d'avoir des idées, le sentiment de ses facultés, & l'expérience de celles des autres Etres. Il n'a qu'un moyen d'en composer l'idée des perfections divines : c'est d'épurer & d'exalter les vertus des créatures.

L'Apôtre S. Paul ne dit-il pas expressément que nous ne connoissons naturellement le Créateur que par les créatures? Je le demande à ceux qui seroient tentés de m'opposer la révélation que je ne contrarie en rien. Qu'ils me lisent jusqu'au bout : alors il leur sera permis de se donner libre carriere sur ce point, ou plutôt, je m'assure qu'ils en auront perdu tout prétexte, sinon toute envie.

CHAPITRE VI.

Imcompréhensibilité de la Nature Divine.

Nouvelles réflexions propres à confirmer l'impossibilité où nous sommes d'avoir des notions convenables des attributs de Dieu.

„ Gré'goire de Naziance, dit Mr. de Beauso-
„ bre, passe avec raison pour un des plus subtils
„ Théologiens de l'Antiquité. Il traite de la Na-
„ ture Divine dans un de ses Discours (*Orat.*
„ *XXXV.*) & prépare d'abord son auditeur à l'en-
„ tendre développer une matiere si obscure & si
„ profonde. Il lui fait remarquer que les Attributs
„ négatifs ne donnent proprement aucune idée de
„ l'Essence Divine, parce qu'ils expriment ce

,, qu'elle n'eſt pas & non pas ce qu'elle eſt. Dire,
,, par exemple que Dieu eſt incorporel, immaté-
,, riel, c'eſt dire qu'il n'eſt point compoſé de ma-
,, tiere, qu'il n'eſt point corps. Mais ce n'eſt pas
,, mieux exprimer ce qu'il eſt, que ſi l'on répon-
,, doit à quelqu'un qui nous demanderoit quel nom-
,, bre fait celui de cinq, que ce n'eſt ni deux, ni
,, trois, ni quatre, ni vingt C'eſt la comparaiſon
,, dont ſe ſert Saint Grégoire. Après un tel début,
,, ne devroit-on pas s'attendre à trouver dans ſon
,, Diſcours des notions claires, diſtinctes de la Na-
,, ture Devine? Cependant tout aboutit à nous di-
,, re, d'un côté, que cette Nature eſt incompré-
,, henſible à l'Eſprit humain, & de l'autre, que
,, tous les termes que l'on emploie pour l'expliquer,
,, préſentent toujours à notre eſprit l'idée de quel-
,, que choſe de ſenſible, tant il eſt impoſſible à des
,, Etres corporels d'approcher les Etres intelligens
,, que par le moyen des choſes corporelles (*)".

Le même Mr. de Beauſobre venoit de dire que es plus ſavans & les plus éloquens Peres reconnoiſſent non ſeulement que la Nature Divine eſt inexlicable, mais qu'on ne peut en parler ſans ſe ſerir d'expreſſions qui ne conviennent qu'aux ſubſtances corporelles.

En effet combien de philoſophes convertis, & de docteurs élevés dans le ſein du chriſtianiſme ont revêtu la Divinité d'une forme humaine, & l'ont définie, avec Epicure, un animal immortel & bienheureux! Combien ont prétendu qu'elle étoit un feu intelligent, ou une lumiere intelligente! Combien l'ont crue une ſubſtance éthérée, d'une extrême ſubtilité! Combien ont ſoutenu, avant & après Tertullien, que Dieu étoit corps, bien que Dieu fût eſprit, que tout eſprit étoit corps, & avoit une

---

(*) *Hiſtoire critique de Maniclée & du Manichéiſme*, par Mr. de Beauſobre.

figure qui lui étoit propre (*f*)! Images qui ne s'élevent point au-dessus de la Nature corporelle.

Les plus subtils, suivant la doctrine de Platon sur la Divinité, en ont fait un Etre tout-à-fait incorporel & inétendu. D'où ont-ils extrait cette idée d'inétendue & d'incorporéité? Ils ont cru concevoir ou sentir leur ame inétendue & incorporelle; & de quelque maniere qu'ils s'expliquassent à eux-mêmes cette conception, in-intelligible pour tout autre, elle a été pour eux le type de la spiritualité pure de Dieu.

Le grand nombre de théologiens & de philosophes anglois, qui, en admettant l'immatérialité de Dieu, le croient néanmoins réellement & immensément étendu, dans sa divine façon d'être, substanciellement présent par tout, orné de la forme la plus excellente dans son espece, ont-ils d'autre moyen de concevoir cette étendue immatérielle, que par analogie à l'étendue de la matiere, cette toute-présence substancielle que par comparaison à

___

(*f*) *Quis enim negabit Deum esse corpus, etsi Deus spiritus est? Spiritus etiam corpus sui generis in suâ effigie.* Tertul. adversus Prax. Cap. VII.

Un moderne en rapportant ce passage de Tertullien, en conclut que non seulement Tertullien croyoit Dieu corporel, mais qu'il en prouvoit encore l'existence de la même maniere que les Stoïciens, c'est-à-dire, qu'il assuroit que Dieu étoit esprit, parce qu'il étoit corps (Voyez *Mémoires secrets de la République des Lettres* ou le *Théatre de la Vérité.* Tome II.). Il me semble qu'on ne peut tirer cette conclusion des paroles de Tertullien, à moins qu'on n'en force le sens naturel: car il y a bien de la différence entre dire que Dieu est corps, quoiqu'il soit esprit, & assurer que Dieu est esprit parce qu'il est corps. Il donne bien à entendre qu'il croit que tout esprit est corps dans son espece, ayant une forme qui lui est propre, ou plutôt il le dit formellement; mais il n'assure pas que tout corps soit esprit, & on ne peut pas lui prêter légitimement cette pensée. Tertullien se trouvoit justement dans l'impossibilité dont St. Augustin fait mention par rapport à lui-même; il ne pouvoit concevoir l'incorporéité pure; il ne pouvoit concevoir l'esprit comme tout-à-fait destitué de corps & de forme; d'où il inféroit que tout esprit étoit corps, & que Dieu étoit corps, quoiqu'il fût esprit. Est-ce là assurer que la préfence réelle du corps dans le lieu, cette forme la plus excellente dans fon efpece que fur le modele des formes matérielles? Ils fe donnent bien de garde de confondre l'étendue, la préfence, & la forme de Dieu, avec celles du corps; mais ils manquent d'idées pour les concevoir autrement.

L'eſſence inacceſſible & à l'imagination & à la raiſon intellectuelle, s'altere ſi on la repréſente par des notions priſes des choſes ſenſibles; & ſi, pour la repréſenter, on s'éloigne de ces mêmes notions, on tombe infailliblement dans des obſcurités impénétrables, dans des contradictions palpables. Qu'eſt-ce que ,, d'être par-tout & de n'être nulle part; ,, d'être tout entier les unes des autres, & d'être ,, néanmoins parfaitement unique? Peut-on bien ,, concevoir qu'une ſubſtance, qui eſt toute entiere ,, dans chaque point de l'immenſité de l'eſpace, ne ,, ſoit pas auſſi infinie en nombre que le ſont les ,, points de l'eſpace, dans leſquels (chacun deſ- ,, quels) elle eſt toute entiere (g)".

Dieu eſt eſprit, parce qu'il eſt corps? J'aimerois mieux penſer que le ſentiment de Tertullien étoit au fond celui de nos philoſophes qui ſoutiennent que Dieu, quoiqu'il ſoit eſprit, eſt néanmoins étendu & figuré dans ſa divine maniere d'exiſter, laquelle nous eſt tout-à-fait incompréhenſible. Mais tenons-nous en à la lettre (j'entends le ſens naturel de la lettre) lorſqu'il s'agit de juger des opinions d'autrui, & ne nous expoſons point à leur donner nos penſées, en voulant interpreter les leurs.

(g) Voyez l'*Hiſtoire Critique de Manichée & du Manichéiſme*, où l'Auteur cite cet endroit des Confeſſions de St. Auguſtin: *Tu anim, Deus, ubique totes es, & nuſquam locorum es.* Conf. L. *VI.* 3. On lit encore dans les Méditations du même Pere. *Qui in omnibus locis ſine loco haberis, & omnia contines ſine ambitu, & ubique es præſens ſine ſitu & metu.* St. Auguſtin étoit aſſurément un génie du premier ordre; je n'oſerois avancer qu'il ne concevoit pas ce qu'il diſoit, je n'ai point auſſi de peine à avouer que je ne comprends pas comment il concilioit des idées auſſi contradictoires que celles qu'on vient de rapporter. On dira peut-être: La contradiction n'eſt que dans les mots, parce que le langage ne peut rendre toutes les nuances des conceptions de l'eſprit. Que ſignifie ce ſubterfuge? Que dans ce paſſage *in omnibus locis ſine loco haberis*, le mot *locus* n'eſt pas pris

Ceux-là pensent plus raisonnablement, à mon avis, qui sans se perdre dans des profondeurs inconcevables, regardent la Divinité comme une essence qui n'a rien de commun avec toutes les autres essenses, & dont les vertus par conséquent, n'ont rien d'analogue à leurs propriétés, quoiqu'il nous soit impossible d'en rien concevoir sans cette analogie.

CHAPITRE VII.

Antropomorphisme spirituel.

En quoi consiste cette erreur générale, ou presque générale.

J'ai voulu faire voir à quoi se réduisoit la notion vulgaire des attributs ou perfections de Dieu; de quelle maniere elle se formoit; qu'elle n'étoit que l'ouvrage de l'imagination qui réunissant & agrandissant des idées simples en composoit de complexes; qu'il étoit impossible à l'esprit humain d'en avoir une notion plus sublime. Une juste défiance de mon jugement m'a fait emprunter des autorités de poids. Cependant je suis bien éloigné d'engager le Lecteur à s'en tenir au sentiment d'autrui. Qu'il médite plutôt & qu'il juge par lui-même.

Philosophes & théologiens qui lirez mon livre, daignez vous souvenir que je vous expose librement mes pensées, mais que je n'ai garde d'en vouloir

---

les deux fois au même sens; que tantôt il a un sens naturel, que nous concevons & qui désigne le lieu des corps, & que tantôt on lui suppose un autre sens convenable à la maniere d'être des esprits, auquel nous ne concevons absolument rien. Voilà justement ma pensée; les mots deviennent obscurs, impénétrables, & n'ont plus aucune sorte de signification, lorsque les détournant de leur sens naturel

CINQUIEME PARTIE.

faire la regle des vôtres. Je les foumets à votre examen. Si je me trompe, je fuis tout prêt à me foumettre à la peine que méritent les ignorans. Ils méritent d'apprendre de ceux qui font plus habiles qu'eux (*).

Guillaume King, Evêque de Londonderry difoit au commencement de ce fiecle, que l'on n'avoit que de fauffes idées des attributs de Dieu, & que nous n'en aurions jamais de plus claires, de plus diftinctes, ni de plus complettes, que celle qu'un aveugle pourroit avoir de la lumiere (†). Ce favant prélat entrevoyoit l'antropomorphifme fubtil dans lequel donnent la plupart des hommes fans y penfer & fans le vouloir. Pourquoi n'a-t-il pas infifté davantage fur cette erreur qu'il croyoit capitale & comme univerfelle ? S'il l'avoit fait, je ferois difpenfé d'y fuppléer aujourd'hui. Il fentoit combien il eft difficile de fubftituer de nouvelles opinions à des fyftêmes confacrés par une longe habitude : il jugeoit peut-être fes contemporains trop attachés au préjugé fur ce point, pour entreprendre de l'ébranler, ou fe flatter de le combattre avec fuccès. Je m'attends bien auffi que plufieurs perfonnes éprouveront de la répugnance à céder à la doctrine que je propofe, quoique je doive convenir qu'elle me femble démontrée. Je les prie de me fupporter avec cette confiance que mérite un homme qui cherche fincérement la vérité, & qui n'a aucune forte d'intérêt à prêcher le menfonge.

Cet antropomorphifme fpirituel, tel que je le conçois, & tel que je l'ai déja expofé dans les chapitres précédens, confifte à admettre de l'analogie

---

on prétend leur faire fignifier des chofes au deffus de la Nature.

(*) C'eft le jugement de Socrate, dans la *Republique de Platon*, ou *Dialogue fur la Juftice*, Livre premier.

(†) Voyez le Traité intitulé : *De origine mali. Auctore Guilielmo King. S. T. D. Epifcopo Derenfi. Juxta exemplar londinenfe. Brem.e 1704.*

entre les perfections de Dieu & celles de l'homme; à soutenir que la différence qu'il y a entre Dieu & l'homme, n'est pas proprement une différence de nature, mais une différence selon le plus & le moins, par rapport aux qualités que l'on fait entrer dans les idées complexes de l'Etre divin & de l'Etre humain: à prétendre que l'intelligence, la bonté, la justice, &c. sont de la même nature dans Dieu que dans l'homme; en un mot à attribuer à Dieu les vertus morales de l'homme, bien qu'on les suppose infinies dans Dieu.

Cela posé, je vais examiner dans un esprit droit & pacifique, combien cette notion des perfections divines est illusoire. Je remonterai à la source du mal: je l'envisagerai dans ses suites, tant celles qu'il a eues que celles qu'il peut avoir: j'entrerai dans quelques considérations propres à dissiper l'illusion: puis je répondrai aux objections qui m'ont été faites, & à d'autres qu'on pourroit y ajouter.

CHAPITRE VIII.

PREMIERE SOURCE DE CETTE ERREUR.

La foiblesse de l'entendement humain.

ON a traité assez amplement de l'impuissance où nous sommes de concevoir autrement les attributs de Dieu, que par analogie aux facultés des créatures. Il ne s'agit plus que de montrer comment l'imbécillité de notre conception accrédita de tout temps la notion vulgaire des perfections divines.

Toutes, ou presque toutes les erreurs philosophiques découlent de cette source féconde des opinions humaines. L'homme qui raisonne est naturellement porté à croire que ce qu'il conçoit d'une telle maniere, est réellement ainsi. L'antiquité m'en fourniroit mille exemples frappans. Souvent les meilleurs raisonneurs, parmi les modernes, n'apportent d'autre preuve de leurs sentimens que leur maniere de concevoir. Ceux qui attribuent la mobilité aux esprits, répetent avec confiance, d'après leur maître, qu'ils ne connoissent le mouvement que sous l'idée d'un changement de distance d'un Etre par rapport à d'autres Etres considérés en repos; qu'ils trouvent les esprits, non plus que les corps, ne sauroient opérer qu'où ils sont, & que les esprits opérant en divers temps & dans différens lieux, ils sont contraints d'attribuer le changement de place à tous les esprits, au moins à tous les esprits finis. Ils ajoutent qu'un esprit est un Etre aussi réel que le corps, aussi capable de changer de distance par rapport à un autre Etre, & conséquemment tout aussi capable de mouvement qu'un corps; qu'ils conçoivent une distance & un changement de distance entre deux esprits, & par ce moyen leur mouvement, l'approche où l'éloignement de l'un par rapport à l'autre; enfin qu'ils ne peuvent comprendre que leur ame unie à leur corps ne se meuve pas avec lui quand il change de place.

Le sentiment de Platon sur la Divinité a été, pendant longtems, regardé comme faux, parce qu'il étoit in-intelligible, & comme in-intelligible étoit qu'il faisoit Dieu incorporel. L'in-intelligibilité étoit le fondement de cet axiome: Ce qui n'est pas corps n'est rien.

La grande raison dont s'appuie le systême moderne qui fait de l'étendue un attribut de Dieu, c'est qu'un Etre absolument inétendu est un Etre absolument inconcevable; que l'existence réelle & la non-étendue sont deux idées contradictoires; qu'en un mot il est impossible de concevoir la toute-puissance active, l'omni-présence & l'immensité dans un Etre qui n'est pas réellement, substanciellement & immensement étendu. Tel est l'orgueil de notre esprit, il veut tout subjuguer, tout asservir à ses foibles lumieres.

Quand on réfléchit, on sent à chaque pas que l'on fait dans la science des choses naturelles, la nécessité de recourir à une premiere cause. Tout nous rappelle à cet Auteur de tout. Mais il habite une gloire inaccessible. Comment pénétrer jusqu'à lui ? Un nuage impénétrable l'enveloppe de toutes parts : une voix se fait entendre : *Je suis celui qui est, & personne ne peut déchirer le voile qui me couvre.* Cette imperscrutabilité ne fait qu'irriter nos desirs. Nous redoublons d'efforts : nobles & téméraires efforts qui sont toujours impuissans ! Toutes nos pensées rampent à terre, quelque peine contentieuse que nous prennions pour les exhausser. Notre esprit travaille, il veut s'élever, il s'épuise & retombe. Nous rentrons dans nous-mêmes, ou bien nos regards inquiets errent autour de nous sur les autres créatures qui nous environnent. Quelques rayons d'intelligence, de bonté, de sagesse & d'ordre, se manifestent : tels sont les traits sont lesquels les perfections divines viennent se peindre dans notre imagination grossiere. Ces qualités sont insuffisantes dans leur état naturel, l'expédient est de les supposer infinies, & de prétendre les diviniser par cette supposition abusive. Homme, à qui fais-tu ressembler ton Dieu, & quelle similitude oses tu lui approprier ?

Si nous connoissions quelque chose de plus relevé que l'intelligence, la sagesse, la justice, la bonté, &c. nous en ferions honneur à la Divinité. De ce que nous ne concevons rien de plus grand que ces vertus élevées au plus haut point, nous concluons avec confiance qu'elles résident dans l'Auteur de la

Na-

(*h*) ,, On peut dire qu'il y a une certaine Analogie entre la Nature ,, de Dieu & celle de l'Homme''. C'est un des principes du *Nouveau Systême concernant la nature des Etres spirituels*, principe que l'Auteur n'a pas plutôt avancé, qu'il se réfute incontinent par cette note :

CINQUIEME PARTIE.

nature. Depuis quand la force de notre conception est-elle la mesure des attributs de Dieu?

Dans nos idées des esprits, nous ne démêlons rien absolument de la maniere dont ils se communiquent leurs pensées: toutefois nous sommes également éloignés & de nier qu'ils aient la puissance de se les entre-communiquer, & d'affirmer qu'ils se les entre-communiquent, comme nous, par des signes corporels, gestes, paroles ou écriture. On l'a vu ci-devant. Mallebranche qui s'est efforcé de deviner comment se faisoit cette communication, n'a rien dit de concevable, quand il n'a rien dit d'analogue aux moyens dont nous nous servons nous-mêmes pour nous faire connoître mutuellement ce qui se passe dans nous. Ce philosophe n'en concluoit pas que cette communication se fît entre les purs esprits, comme entre les ames revêtues d'un corps humain. Pourquoi donc donner à Dieu des vertus de la même nature que celles de l'homme, parce qu'on n'en peut concevoir d'une nature plus sublime pour les lui attribuer? Où est la nécessité que nous concevions l'espece des perfections de cet Etre au dessus de toute catégorie? Dieu est: l'existence de l'effet prouve l'existence de la cause: l'induction est nécessaire. Est-il aussi légitime d'argumenter des qualités de l'effet aux qualités de la cause, quand l'un & l'autre sont de deux ordres aussi distans que le fini l'est de l'infini? Les savans les plus portés & les plus intéressés à reconnoître de l'analogie entre les manieres d'être de Dieu & celles de l'homme, conviennent néanmoins qu'on ne peut pas dire qu'il y ait analogie entre la nature divine & celle de l'homme, absolument & à prendre ces termes en rigueur métaphysique (*b*). Ils tombent dans l'obscurité &

,, L'Auteur ne dit pas qu'il y a analogie entre la Nature Divine &
,, l'Humaine, absolument & à prendre ces termes en rigueur méta-
,, physique. Il convient qu'il n'y a point d'analogie entre l'Infini &
,, & le Fini, entre le Parfait & l'Imparfait; mais il croit qu'on peut

dans la contradiction, dès qu'ils veulent nous expliquer en quel sens mitigé l'analogie est admissible.

Il faut bien que Dieu soit intelligent, puisqu'il a toutes les perfections; il faut bien que l'intelligence divine ressemble à la nôtre pour le fonds, quant à sa nature, & à l'extension près, puisque n'ayant point l'expérience d'une autre sorte d'intelligence, il ne nous est pas possible d'en concevoir une autre....

Depuis que je fais mes délices de l'étude de la philosophie, j'admire que tant d'hommes savans & judicieux reposent ainsi à l'ombre de l'erreur, avec toute la sécurité que donne l'évidence.

Comment donc s'élever à la contemplation des perfections divines? Quel en sera le type, si vous nous ôtez celui que nous en croyons appercevoir dans les qualités des créatures? Comment concevoir les premieres si elles ne ressemblent en rien à celles-ci?.. Je vous entends: le sentiment de votre ignorance vous est insupportable; vous lui préférez le mensonge.

,, dire, sans déroger aux idées que nous devons avoir des Perfections
,, & de la Nature de l'Etre suprême, qu'il y en a par rapport
,, l'Etendue qu'il attribue également à Dieu & à l'Ame humaine,
,, par rapport aux premieres & secondes qualités qui résultent
,, cette Etendue, au moins dans notre maniere d'envisager un sujet
,, environné de tant de difficultés insurmontables à la foiblesse
,, l'Esprit humain''. *Essai d'un nouveau Systême concernant la nature
des Etres Spirituels.* Tome I. *Remarques pour servir d'explication*

CHAPITRE IX.

SECONDE SOURCE DE LA MEME ERREUR.

L'abus des abstractions.

L'INBE'CILLITE' de notre esprit nous fait souvent une nécessité de l'abstraction. Nous ne pouvons embrasser d'une seule vue toutes les faces d'un objet; nous sommes donc forcés de les voir séparément, quoiqu'elles ne soient point séparées entre elles. Pourrions-nous même les bien voir, si nous en voyions plus d'une à la fois? Jusques-la l'usage des abstractions est d'une grande utilité pour le progrès de nos connoissances. Décomposer ainsi idéalement un tout, c'est se mettre en état de mieux connoître les différentes parties dont il résulte. Si cet exercice s'étoit toujours borné à porter l'attention de l'esprit successivement sur toutes les qualités d'une chose, les unes après les autres, pour les mieux pénétrer, qu'y auroit-il de répréhensible dans cette méthode analytique? Rien sans doute.

Abstraire une qualité du sujet, dans qui & par qui elle existe, ce n'est pas une opération qui ait la vertu de faire que cette qualité puisse exister sans sujet, hors de la pensée. Mais regarder comme réellement séparé ce qui ne l'est qu'abstractivement; raisonner de la chose abstraite, ou de

---

plan abregé du nouveau Système, pag. 61 & 62.

Le germe de ce nouveau système est dans la *Cosmologie sacrée* de Mr. Grew, au Livre II, ainsi que je le ferai voir en parlant de cette étendue, qu'on donne aux esprits & à Dieu même, comme je le disois tout-à-l'heure, sur ce principe, qu'il n'est pas possible de concevoir autrement l'immensité & la toute-puissance active de Dieu. Pourquoi chercher à concevoir l'inconvenable? Cette curiosité est une base bien foible.

l'objet de l'abſtraction, comme ſi elle avoit une exiſtence à part; la tranſporter inconſidérément d'un ſujet à l'autre, ſans faire attention qu'inſéparable de celui dont on la détache, elle eſt incompatible avec celui auquel on prétend l'unir, voilà ce que j'appelle un abus réel des abſtractions: abus que j'oſe reprocher à une infinité de gens.

Ils ſe ſont formé une idée quelconque de l'intelligence, d'après les opérations de la ſubſtance qui penſe en eux. Cette idée n'eſt que celle de l'intelligence humaine, ainſi qu'il eſt évident. Ils s'accoutument enſuite à conſidérer cette faculté, hors du ſujet intelligent. Ils ne font pas réflexion

---

(*f*) „ Comme on n'emploie les mots que pour être des ſignes extérieurs des idées qui ſont dans l'eſprit, & que ces idées ſont priſes de choſes particulieres, ſi chaque idée particuliere que nous recevons, devoit être marquée par un terme diſtinct, le nombre des mots ſeroit infini. Pour prevenir cet inconvénient, l'eſprit rend générales les idées particulieres qu'il a reçues par l'entremiſe des objets particuliers, ce qu'il fait en conſiderant ces idées comme des apparences ſéparées de toute autre choſe, & de toutes les circonſtances qui font qu'elles repréſentent des Etres particuliers actuellement exiſtans, comme ſont le tems, le lieu, & autres idées concomitantes. C'eſt ce qu'on appelle *Abſtraction*, par où des idées tirées de quelque Etre particulier devenant générales repréſentent tous les Etres de cette eſpece, de ſorte que les noms généraux qu'on leur donne, peuvent être appliqués à tout ce qui dans les Etres actuellement exiſtans convient à ces idées abſtraites. Ces idées ſimples & préciſes que l'eſprit ſe repréſente, ſans conſidérer comment, d'où & avec quelles autres idées elle lui ſont venues, l'entendement les met à part avec les noms qu'on leur donne communément, comme autant de modeles auxquels on puiſſe rapporter les Etres réels ſous différentes eſpeces ſelon qu'ils correſpondent à ces exemplaires, en les déſignant ſuivant cela par différens noms. Ainſi, remarquant aujourd'hui dans de la craye ou dans la neige, la même couleur que le lait excita hier dans mon eſprit, je conſidere cette idée unique, je la regarde comme une repréſentation de toutes les autres de cette eſpece, & lui ayant donné le nom de blancheur, l'exprime par ce ſon la même qualité, en quelque endroit que je puiſſe l'imaginer, ou la rencontrer: & c'eſt ainſi que ſe forment les idées univerſelles, & les termes que l'on emploie pour les déſigner." *Eſſai philoſophique concernant l'Entendement humain,* Livre II. Chapitre XI. §. 9.

Ne peut-on pas, d'après cette explication de Locke, appliquer le nom de blancheur avec l'idée générale ou abſtraite de la blancheur,

CINQUIEME PARTIE.

qu'elle en est tellement inséparable, que sans lui elle n'est rien; que si dans cet état d'abstraction quelques-uns l'ont prise pour le type de plusieurs intelligences, de toutes les intelligences possibles, elle ne l'est au-moins que des intelligences de la même espece, qui résident ou peuvent résider dans des sujets semblables en nature à celui dont elle est abstraite. Car les facultés d'un sujet participent de sa nature: participation si intime, si exclusive de toute autre essence, qu'elles ne pourront jamais sympathiser avec un sujet d'une nature différente (*i*). C'est sur ce principe que les facultés de l'esprit répugnent à la matiere. Ils passent par

---

à cette même couleur dans quelque sujet qu'elle se trouve? Et de même le nom de pensée, & l'idée générale ou abstraite de la pensée, ne conviennent-ils pas à la pensée quel que soit le sujet qui pense? Loin que ce soit-là un abus de l'abstraction, c'en est l'usage le plus légitime & le plus utile....

J'en suis tout-à-fait d'accord. Quel que soit le corps blanc, craye, neige, ou lait, sa couleur est toujours de la blancheur. De même assurément quel que soit le sujet qui pense, François, Turc ou Chinois, chrétien, musulman ou payen, Pierre, Paul ou Jaques, sa pensée est toujours pensée. Je ne me suis pas mis dans la nécessité de nier ces sortes de vérités. Que peut-on inférer de plus du passage rapporté?

Locke dit que l'idée abstraite ou générale de la blancheur représente à l'esprit la blancheur en quelque endroit que la blancheur puisse se rencontrer. L'idée abstraite ou générale de l'intelligence est dire au même sens, type représentatif de toutes les intelligences possibles. L'idée abstraite de la blancheur est prise de l'idée d'une blancheur particuliere: l'idée abstraite de l'intelligence est prise de l'idée d'une intelligence particuliere, qui est la nôtre. Nous n'appliquons légitimement l'idée abstraite de la blancheur, qu'à la blancheur du lait, de la craye, de la neige, du papier, ou de toute autre substance matérielle que nous connoissons pour blanche, ou au moins comme susceptible de le devenir. N'appliquons donc aussi l'idée abstraite de l'intelligence, qu'aux Etres que nous connoissons pour intelligens, aux Etres qui ne sont ni au-dessus, ni au-dessous de l'intelligence. L'idée abstraite (& le mot) de blancheur n'exprime & ne représente qu'une couleur de la même espece que celle qui a été observée dans le sujet qui a fourni telle abstraction. L'idée abstraite de l'intelligence (ainsi que le mot *intelligence*) ne représente non plus que les intelligences de l'espece de celle dont cette idée a été prise: elle ne représente que des intelligences humaines.

C 3

dessus tous ces obstacles; l'intelligence abstraite, être purement idéal & sans réalité, reçoit dans leur imagination une existence à part. Elle ne tient plus à la substance intelligente qui est l'ame; ainsi isolée, elle leur paroît un élément applicable à tout, susceptible de tout. Ils l'élevent, par supposition, jusqu'à l'infinité: je dis par supposition, puisque l'infini n'entre réellement dans aucune de leurs perceptions. Par ce raffinement illusoire de subtulité & d'abstraction, ils parviennent à se persuader que l'idée de l'intelligence qu'ils reçoivent de la réflexion qu'il font sur leur propre pensée, agrandie jusqu'à une extension gratuite, devient une notion exacte de ce que nous appellons l'intelligence divine.

CHAPITRE X.

Examen de cette proposition:

Les esprits finis & créés conviennent avec l'esprit infini & incréé qui est Dieu, par l'attribut commun de la pensée.

L'EXAMEN de cette assertion va mettre dans un nouveau jour ce qui vient d'être dit de l'abus des abstractions.

,, Les esprits finis & créés conviennent avec
,, l'esprit incréé & infini qui est Dieu, par
,, l'attribut commun de la pensée" (*).

_____

(*) La même chose m'a été objectée plusieurs fois sous d'autres termes: cette proposition telle qu'elle est ici énoncée se trouve dans l'*Essai philosophique sur l'ame des bêtes*, du feu Ministre Boullier, Tome II. p. 57. Ce qui suit dans la même forme, marqué de

CINQUIEME PARTIE.

Q'entend-on ici par ce mot *pensée* ? Est-ce la ensée en général, la pensée abstraite, ou bien une ensée particuliere, telle espece de pensée ? Il faut ue ce soit l'un ou l'autre. Ce n'est surement pas e dernier: nulle pensée particuliere, nulle espece e pensée déterminément telle ne peut être commune à Dieu & aux esprits créés: ce sentiment st unanime. Il s'agit donc de la pensée en général, e la pensée abstractive. Mais on ne pense point n général; la pensée abstractivement prise est une chimere, un rien. Ce qui n'est rien peut-il être un attribut commun à Dieu & à l'ame humaine ? La pensée en général n'est pas plus une réalité que le mouvement en général. Qu'est-ce que le mouvement en général ? Le mouvement sans aucun dégré de vitesse, sans aucune direction, sans aucun corps mu ? C'est une pure fiction, comme la pensée sans aucun Etre pensant, sans aucun objet.

> „ Il ne s'agit ni de la pensée en général, ni
> „ d'aucune pensée particuliere, ni de telle
> „ espece de pensée; mais de la faculté de
> „ penser que l'on croit commune à Dieu &
> „ aux esprits créés".

J'ai déja répondu. Entend-on la faculté de penser en général, ou telle faculté de penser en particulier, celle par exemple qui convient à notre ame, la seule dont nous ayons une idée, & qui ne convient probablement à aucune autre sorte d'esprit qu'à l'esprit humain ? La faculté de penser en général est une abstraction. Il faut quelque chose de plus qu'une abstraction pour fonder une ressemblance entre deux Etres, ou bien cette ressemblance ne

---

guillemets, n'en est pas extrait. J'y reviendrai dans la suite. Les idées se pressent dans l'esprit avec confusion & une sorte d'incohérence: défaut que je tâche d'éviter sur le papier.

sera qu'abstracte c'est-à-dire imaginaire, & ne pourra, sans témérité, être supposée réelle. Quant à notre propre faculté de penser, on n'a pas encore prétendu, je crois, que Dieu fût une intelligence humaine.

„ L'abstraction représente l'essence des choses:
„ ce qui constitue essentiellement la pensée
„ est commun aux pensées de Dieu & à cel-
„ les de l'homme".

Ne parlons point d'essences. L'abstraction est une subtilité de notre esprit qui, ayant une idée présente, idée simple, très particuliere, prise d'un objet particulier, la dépouille de tout ce qu'elle a de particulier, & conséquemment de réel: car rien, absolument rien, n'existe en général. Une telle subtilité peut-elle être représentative de l'essence des choses ? Les mots génériques expriment nos abstractions: si nos abstractions représentent les essences, ou nous connoissons ces essences, ou nous n'entendons pas les mots génériques dont nous nous servons.

Mon intelligence, ma pensée & ce qui la constitue essentiellement, sont toutes choses humaines qui ne peuvent m'être communes avec Dieu.

„ Lorsqu'on dit que les esprits finis & créés
„ conviennent avec l'esprit incréé & infini
„ qui est Dieu, par l'attribut commun de la
„ pensée, cela signifie seulement que Dieu
„ pense & que l'homme pense. Quoique
„ réellement nulle pensée, & nulle espece
„ de pensées ne puissent être communes à
„ l'esprit incréé & à l'esprit créé, & que
„ les pensées de Dieu soient infiniment au
„ dessus de celles des hommes; de quelque
„ espece que soient les pensées de l'Etre

,, suprême, & celles de la créature, les unes
,, & les autres sont toujours des pensées;
,, c'est tout ce que l'on veut dire".

Dieu pense? Quel sens donnerez-vous à cette expression? Comment concevez vous la pensée? Comme une modification de votre ame, d'après le sentiment que vous avez d'une telle opération de votre ame. N'y ait-il pas de la témérité à avancer qu'il y ait rien dans Dieu, qui ressemble à une modification de votre ame, à une opération de notre ame?

J'imagine dans Dieu une idée simple qui exprime l'universalité des choses. Voilà, ce me semble, la plus sublime conception qu'il nous soit possible d'avoir de ce que nous appellons intelligence divine; ce qui en approche le plus, si l'on peut dire que quelque chose approche de celui qui est éternellement à une distance infinie de tout ce qui n'est pas lui. Et bien, je suis encore forcé d'ajouter que ce mot *idée* appliqué à Dieu n'a rien de commun, pour la signification, avec ce que je nomme idée dans l'entendement humain. L'idée, telle que je la comprends, telle que je la puis comprendre, est une modification de mon esprit; je croirois proférer un blasphême, si j'attribuois rien de semblable à Dieu. Cette discrétion qui me retient, m'empêche aussi de condamner ceux qui soutiennent un sentiment opposé au mien. Je parle d'après ce qui se passe dans moi. J'ignore comment les autres sont affectés des mêmes considérations. Aussi je n'ai garde de les juger.

Quoique réellement nulle pensée, nulle espece de pensées ne puissent être communes à l'esprit incréé & à l'esprit créé, & que les pensées de Dieu soient infiniment au dessus de celles des hommes; de quelque espece que soient les pensées de l'Etre suprême & celles de la créature, les unes & les autres sont toujours des pensées?... Il y a ici abus visible des termes. Incapables de comprendre ce qui est dans Dieu, & manquant de termes pour l'exprimer, nous transportons à cet Etre si élevé au dessus de la Nature, des mots qui n'énoncent que des choses naturelles : ce que je vais expliquer dans le chapitre suivant.

„ Dieu n'est donc pas un Etre pensant?"

Vous ne cherchez pas sans doute à empoisonner mes paroles. Qu'il me soit permis de vous demander à mon tour si vous comprenez ce que Dieu est, si ne comprenant pas ce que Dieu est vous pouvez l'exprimer, si ne pouvant pas exprimer ce que Dieu est vous attachez quelque sens à ces paroles : *Dieu est un Etre pensant.* Je les trouve tout-à-fait insuffisantes pour exprimer ce que vous leur faites signifier. Ne viens-je pas de vous répéter que penser est une puissance de notre ame, & que les puissances de notre ame seroient des imperfections dans Dieu? Tout ce que je pourrois vous accorder, c'est que, selon notre façon grossiere de raisonner sur un sujet qui surpasse la portée de notre raison, il y a dans Dieu un attribut que nous distinguons de ses autres attributs, lequel ni vous, ni moi, ni personne au monde ne comprend, que nous désignons tous par les mots d'*Intelligence*, & de *faculté de penser*, avec cette différence entre nous, qu'il me semble, à moi, que cet attribut est d'une nature supérieure & infiniment supérieure à tout ce que telles expressions offrent à mon esprit; au lieu que vous le supposez, vous, semblable pour le fonds & en nature à votre propre intelligence.

CHAPITRE XI.

TROISIEME SOURCE DE LA MEME ERREUR.

L'imperfection du langage & son influence sur les opinions.

ui, ma raison m'apprend que les perfections de ieu ,, ne peuvent point être renfermées dans la , même catégorie que celles de l'homme : qu'il n'y , a rien d'univoque entre nos vertus & celles de , Dieu; que par conséquent nous ne pouvons juger , de celles-ci selon l'idée que nous avons de la vertu"; ue cette mesure des qualités humaines, excellente ans la société des hommes, est tout-à-fait inappliable à la sublimité incompréhensible des perfections e Dieu, & ne peut convenir qu'aux qualités de 'ordre pour lequel elle a été faite.

Nous n'avons qu'un langage, un langage humain, roportionné à nos foibles conceptions. Nous sommes forcés par-là d'user des mêmes mots pour désiner certains attributs de la Divinité & certaines acultés de l'homme. Parce que l'expression est la nême, nous nous accoutumons trop aisément à y ttacher la même idée dans l'une & l'autre circonance; c'est-à-dire à nous représenter sous la même ppréhension les attributs de Dieu & les facultés de 'homme, parce nous exprimons par un même mot es attributs & ces facultés.

Nous n'avons que des idées humaines : il est tout simple que notre langage, signe de nos pensées, en ait l'imperfection, qu'il soit borné comme elles, purement humain, & incapable de rien exprimer de surnaturel. La signification propre des mots ne sauroit être plus étendue, que les conceptions de l'esprit.

Qui doute que si, par impossible, nous étions doués tout-à-coup de la force d'entendement requise pour comprendre les perfections divines; qui doute que les termes dont nous nous sommes servis jusques-ici pour les désigner, ne nous parussent infiniment au-dessous d'elles? Nous chercherions desormais de tout autres expressions pour en parler. Non: nous ne chercherions plus à les exprimer. Nous reconnoîtrions qu'il y avoit de la folie à appliquer à Dieu des termes que nous entendions, pour exprimer dans lui ce que nous ne comprenions pas.

L'influence du langage sur les opinions opere ici d'une façon plus marquée que par tout ailleurs. L'Etre qui existe par lui-même est souverainement parfait. Le souverainement parfait, le parfait absolument tel, sont pour nous des inconnus, puisque rien de pareil n'affecta jamais ni nos sens ni notre esprit. Tout ce qui nous est connu sous le nom & l'idée de perfection, n'est que perfection relative. L'oubli de ce dernier principe nous fait abuser étrangement du premier, savoir, que Dieu est souverainement parfait. Partant de celui-ci on entre dans une longue énumération des différentes perfections que l'homme est capable d'avoir & d'imaginer, & l'on en charge la Divinité qui devient, graces à notre imagination, bonne, juste, intelligente, &c. Cependant aucune des perfections que l'homme peut avoir & imaginer, n'est absolue ni souveraine. Il seroit donc plus légitime de raisonner ainsi: Dieu est souverainement parfait; donc on ne lui doit attribuer que des perfections souveraines; donc il n'est ni bon, ni juste, ni intelligent, puisque ces qualités ne sont qu'humaines & relatives. On croit parer l'inconvénient en les supposant infinies dans Dieu. A la vérité, l'infini est l'extrême & l'absolu: il faut avouer que la perfection infinie est la perfection absolue & souveraine. Cela prouve, si je ne me trompe, que comme il y auroit une conradiction manifeste à supposer absolue une perfection qui n'est que relative de sa nature, il y en a aussi à la supposer infinie.

Je n'approfondis pas davantage une considération qui reviendra naturellement ailleurs. Ce que j'en ai dit suffit pour apprécier les mots de *sage*, *bon*, *juste*, *intelligent*, &c. d'*amour*, de *haine*, de *repentir*, & autres appliqués à la Divinité. Tous ces mots n'ont été inventés que pour exprimer des relations d'homme à homme, des affections & qualités naturelles. Ils n'ont point de force pour signifier des attributs divins. On s'en sert pourtant à cet effet. L'usage a assez d'empire sur l'opinion, pour persuader qu'ils sont également significatifs pour Dieu & pour l'homme. On se flatte d'avoir suppléé à leur insuffisance intrinseque en leur associant des épithetes privatives, telles que celles d'*incréé*, d'*immense*, d'*infini*, d'*inépuisable* : termes nouveaux qui ne dénaturent point les autres, qui n'y ajoutent rien, qui ne font qu'en exclure certaines circonstances particulieres, qui par conséquent ne signifient d'eux-même qu'une privation & n'offrent rien de positif à l'esprit (*).

Quand j'ai dit : Dieu voit tout dans lui, Dieu fait tout parce qu'il a tout fait (†), je ne prétendois pas que les termes *voit* & *connoît*, exprimassent véritablement la perfection divine que je désignois par eux, & que l'on veut qu'ils expriment. Ce que nous nommons vue & connoissance dans cette Etre suprême, n'est ni vue ni connoissance : celui qui n'a point d'yeux pour voir, n'a aussi aucun moyen de connoître. Analysez bien l'idée que renferme le mot *connoître*, vous verrez si elle convient à un autre esprit qu'à notre ame. L'ame connoît ou perçoit les objets, lorsque leurs images lui sont

---

(*) Voyez ci-devant Chapitre VI. page 24.
(†) Voyez Tome premier, premiere partie, Chapitre troisieme, & ci-devant Chapitre premier, page 6.

portées par le ministere des sens ou de la réflexion, au moyen de quoi il se forme dans elle un type idéal, une représentation spirituelle des choses. L'ame connoît encore lorsque comparant deux idées qui lui sont présentes, elle saisit leur convenance, ou leur disconvenance, ou tel autre rapport qui est entre elles. C'est à quoi se réduit la notion du mot *connoître*. Mais, si vous n'admettez dans Dieu, ni sensation, ni réflexion, ni une multiplicité d'idées, ni confrontation d'idées, ni apperception de leur rapport, comment Dieu connoît-il? Ou plutôt de quelle maniere le mot *connoître* peut-il lui convenir. On s'en sert, faute de mieux: à la bonne-heure: je n'en blâme que l'abus qui consiste à concevoir la connoissance de Dieu sous l'image de celle de l'homme, parce qu'on emploie un même terme pour designer l'une & l'autre.

Mr. Grew (*) qui vouloit que nous ne puissions avoir une véritable idée de la Divinité, sans la connoissance de la Trinité, s'efforçoit en conséquence d'éclaircir ce mystere & de l'expliquer naturellement, pour nous élever par lui à une notion plus juste de la Divinité. Le génie de l'auteur promettoit beaucoup. Il croyoit donc que Dieu en pensant à lui-même en formoit des images substancielles, & que le Fils & le Saint-Esprit n'étoient que des images substancielles du Pere. Je ne demanderai point comment Dieu dont la pensée est immuable & simple comme lui, peut former deux images substancielles de lui-même, ni pourquoi, si la premiere image substancielle produite immédiatement par le pere, en engendre une semblable à elle, ce troisieme Etre n'en produit pas un quatrieme, & ainsi de suite jusqu'à une progression infinie. Je m'attache uniquement à ce qui appartient à mon sujet; à faire voir que le célebre physicien anglois transportoit à

(*) Cosmologia Sacra, *or a Discourse of the Universe, as it is the Creature and Kingdom of God, &c.* By Dr. Nehemiah Grew.

Dieu, gratuitement & fans le vouloir, la maniere dont il concevoit les opérations de fon ame. „ Il croit
„ que Dieu en penfant à lui-même, en forme des
„ *Images fubftancielles*. Mais fi on lui dit que l'idée
„ que Dieu a de lui-même eft fa propre fubftance
„ qui fe contemple immédiatement elle-même,
„ comment prouvera-t-il le contraire? S'enfuit-il
„ que Dieu produit un Etre dont l'exiftence eft
„ réellement diftincte, lorfqu'il fe contemple lui-
„ même, puifque l'idée qu'il en a, comme par-
„ lent les hommes, n'eft à proprement parler que
„ fa propre nature? Quand on dit que Dieu con-
„ temple fon Image, c'eft une façon de parler hu-
„ maine, tirée de notre maniere de concevoir, dans
„ laquelle les images ou les idées que nous avons
„ des chofes, font diftinctes de la nature de notre
„ ame; mais, comme l'Auteur le reconnoît, la ma-
„ niere d'entendre de Dieu n'eft pas la même que
„ la nôtre. On ne peut donc pas dire que Dieu
„ entend d'une certaine maniere, parce que c'eft
„ ainfi que nous entendons; mais comme nous
„ n'avons point d'idée claire & affurée de l'*Intellec-*
„ *tion* de Dieu, il ne nous eft pas permis de rien
„ affurer de particulier de la maniere dont elle fe
„ fait (*)". J'ajoute que nous devons pas même
affurer que Dieu entend, parce que nous entendons. Les mots n'ont point de fignification par
eux-mêmes: ils n'ont que celle que nous leur attachons, & l'on convient qu'aucune de celles que
nous donnons au mot *entendre*, ne convient à l'Etre
ineffable.

C'eft une néceffité pour les favans & pour les
ignorans, de ne pouvoir difcourir de Dieu, fans
mettre des mots à la place des idées qui leur manquent; & il femble que ce foit un malheur attaché
à cette fubftitution, de n'avoir plus d'autre idée de
la Divinité, que celle que préfentent les mots.

(*) *Bibliotheque choifie de* J. le Clerc, *Tome I. p.* 238 & 239.

CHAPITRE XII.

QUATRIEME SOURCE DE LA MEME ERREUR.

La doctrine des idées éternelles & universelles de vérité, de vertu, de justice, d'ordre, &c.

RIEN n'est plus familier aux métaphysiciens, que de prendre des abstractions pour des réalités. S'ils se défioient un peu plus de cette manie scientifique, ils s'épargneroient une foule de méprises qu'elle occasionne. Parmi ces méprises je dois mettre d'abord l'idée que quelques-uns se forment de la vérité, qu'ils regardent comme éternelle, nécessaire, immuable, indépendante de toute pensée, de tout esprit créé & incréé, de toute existence des choses. Un mot pourroit les desabuser.

Qu'est-ce que la vérité? La conformité de la pensée avec son objet. D'autres disent que la vérité est l'existence réelle des choses en tant que conforme aux idées que nous en avons. Cette seconde définition me paroît moins exacte, & sujette à quelque contestation. Quoi qu'il en soit, que l'on admette l'une ou l'autre, il s'ensuit toujours qu'il n'y a point de vérité sans pensée, sans esprit qui pense, & sans objet à quoi il pense. La vérité ne subsiste donc pas par elle-même, pas plus que la blancheur sans un sujet blanc, pas plus que l'idée de la blancheur sans un esprit où elle réside.

Elle est tout aussi peu universelle. Puisque rien n'existe en général, ni la pensée, ni son objet, ni l'Etre qui pense; la conformité de la pensée, avec son objet est telle précisément, elle est la conformité de telle pensée avec tel objet, dans tel entendement : dès lors la vérité réelle est très singuliere, & n'a rien d'universel.

On

On s'imagine considérer la vérité abstractivement la pensée, à l'objet de la pensée, & à la substance pensante, la considérer comme la conformité d'une pensée quelconque avec un objet quelconque, dans quelque intelligence que ce soit. Mais, par malheur, il n'y a point de telle conformité: comment donc la contempler ? Une telle idée de la vérité seroit une idée sans objet, une pure chimere.

Dira-t-on que cette idée n'est pas une chimere, puisqu'elle est une précision de l'esprit ? Cette raison est toute contre l'universalité des idées. Car 1°. toutes nos distractions ou précisions sur les caracteres d'un objet particulier, ne le rendront jamais universel; donc l'idée que nous nous en formerons ne pourra pas l'être. 2°. Nos idées, en tant qu'elles sont des opérations d'un esprit fini, ne peuvent être ni éternelles, ni universelles: l'universalité, la nécessité, l'éternité, l'immensité, &c. ne sont point dans l'ouvrage d'un esprit créé. 3°. Nous envisageons ici les idées comme types des choses, & ces types, ou images, des choses que nous nous en formons d'après nos connoissances, ne peuvent jamais représenter que ce que nous en savons. 4°. Demander si l'on ne peut pas considérer la vérité abstractivement à la pensée, à l'objet de la pensée, & à la substance pensante, & s'en former ainsi une idée universelle, c'est demander si l'on ne peut pas considérer le néant comme la négation de tout, & s'en former ainsi une idée universelle. La vérité abstracte n'est que la négation de toute vérité réelle, & la négation de toute vérité réelle n'est point l'idée universelle de la vérité.

L'esprit a la faculté d'abstraire, c'est-à-dire de fixer un seul côté d'un sujet sans faire attention à ses autres faces, d'en examiner une partie séparément, sans égard à ses différens rapports avec le tout à quoi elle appartient. Autre chose est de contempler un sujet sans songer à ses relations & appartenances, & autre chose de supposer que le

Tome II. D

rapport de conformité entre deux Etres puisse exister indépendamment de ces deux Etres, comme font certainement ceux qui admettent une idée éternelle & universelle de la vérité, absolument indépendante de toute pensée, de tout esprit créé & incréé, de toute existence des choses. Il n'y a point d'impossibilité, il n'y a point de contradiction absurde à quoi on ne pût donner ainsi de la réalité, en faisant abstraction de tout ce qui rend telles entités impossibles & contradictoires.

L'opinion de l'universalité de nos idées a pris une telle importance sous la plume de nos philosophes modernes, que quelques-uns la regardent comme la clé de toute la métaphysique. Le respect du à leurs méditations subtiles ne permet pas de l'abandonner qu'après un examen sérieux. Je vais donc lui consacrer quelques chapitres. Ayant donné autrefois dans cette chimere, j'en suis plus en état de l'apprécier, & je dois me justifier vis-à-vis de moi-même de cette variation de sentiment. Sa liaison avec l'objet principal qui m'occupe à présent (car ce n'est qu'à force de ces sortes d'abstractions que l'on parvient à renfermer sous la même image intellectuelle les perfections divines & nos vertus) m'est un nouveau motif d'apporter à cet examen, toute l'attention dont je suis capable.

CHAPITRE XIII.

Exposition du sentiment ordinaire sur la nécessité & l'éternité des idées de la justice & de la vérité.

LA verité est la conformité qu'il y a entre les choses & les signes représentatifs de ces mêmes choses; ces signes sont, ou des pensées, ou les expressions de ces pensées. Il n'y a de pensées vraies, que celles qui représentent les choes telles qu'elles sont : il n'y a de propositions vraies, que celles qui énoncent les choses telles qu'elles sont. On peut donc dire que la vérité est le résultat de la Nature, ou la raison des choses.

Avant que le monde existât, il étoit possible; & avant l'existence des signes qui expriment les choses, ces signes étoient possibles : il y avoit donc dès lors conformité entre les essences possibles, & les signes possibles qui devoient en être l'expression; cette conformité est la vérité même ; il faut donc avouer l'idée d'une vérité primitive, antérieure à la création de l'univers, & à toutes les notions que les hommes ont pu se donner ou recevoir d'ailleurs, & tout-à-fait indépendante de la volonté de tous les Etres.

Etant le résultat de la Nature, & la raison des choses, elle n'est pas plus arbitraire que celles-ci: il n'est pas plus en notre pouvoir de varier la vérité, que de changer l'économie naturelle, ou, ce qui est le même, de faire qu'une chose ne soit pas ce qu'elle est. Pouvons-nous empêcher que tous les rayons du cercle ne soient égaux? Ils se sont indépendamment de nos raisonnemens & de nos paralogismes. Cette vérité qui résulte de l'essence du cercle, est absolument indépendante de nous. Les théorèmes géométriques ne sont point l'ouvrage du géomètre. Ils sont avant lui & indépendamment de lui. Nous pouvons bien les contredire, mais nous ne pouvons pas faire qu'ils n'existent & qu'ils n'aient toujours existé. Nous aurons beau dire que tous les rayons du cercle ne sont pas égaux. C'est une absurdité : tout ce que nous dirons n'empêchera pas qu'ils ne le soient en effet.

La vérité supérieure à nos caprices, à nos idées, à nos préventions, est encore au dessus de la puissance de l'Etre incréé. Dieu ne peut pas changer les essences, & il ne lui est pas possible de changer le résultat de ces essences.

La nature des choses demeurant la même, il est nécessaire que la raison de cette nature subsiste toujours dans le même état. Les essences restant immuables, le résultat des essences l'est aussi, & il le sera jusqu'à ce que les choses cessent d'être ce qu'elles sont : ce qui n'arrivera jamais, ce qui ne peut arriver, puisqu'il implique contradiction.

Il y a une si grande ressemblance & un accord si parfait entre la justice & la vérité, que presque tous les philosophes anciens ont confondu l'une avec l'autre, & fait consister la vertu dans l'amour de l'ordre qui est la vérité (k). Wollaston a fort bien développé cette ressemblance, & l'a poussée jusqu'où elle pouvoit aller : il n'admet point d'autre justice que la vérité (*).

Platon avoit coutume de dire que la sagesse consistoit dans la ressemblance de l'homme avec les Dieux ; & Platon interrogé comment le sage pouvoit ressembler aux Dieux, répondit que c'étoit en aimant la vérité, ne mettant aucune différence entre se sage & l'homme vrai.

La justice & la vérité avoient le même symbole jérogliphique chez les Egyptiens (†) : c'étoit assez faire entendre que l'une & l'autre ne faisoient qu'une même chose selon eux.

Raisonnons du juste & de l'injuste, comme du vrai & du faux. La vérité n'est autre chose que la conformité entre la constitution naturelle des choses & les signes qui en sont l'expression. L'équité est de même la conformité des actes des Etres intelligens avec leurs relations naturelles.

La proposition qui énonce les rayons du cercle égaux, est vraie, parce qu'elle exprime une propriété réelle du cercle. De même l'hommage que

―――――――――――――――

(k) *Nullae duae res inter se tam amicae & concordes sunt, quam virtus & veritas.* Vives Lib. II. de Animâ.

(*) Ebauche de la Religion naturelle.

(†) C'étoit le Soleil.

la créature rend à fon Auteur, eft jufte, parce que cet hommage eft fondé fur le rapport néceffaire de l'Etre créé à l'Etre créateur.

Les principes d'équité, comme ceux de la vérité, font éternels, immuables, antérieurs à tout. Avant que Dieu créât un Etre libre & intelligent, il y avoit un rapport néceffaire de dépendance de la créature à fon Dieu, fondé fur l'exiftence actuelle de l'un, & fur la poffibilité de l'autre. Il étoit jufte dès lors que, fuppofé que Dieu créât des intelligences, elles reftaffent dans la dépendance à fon égard. Il faut donc avouer des rapports d'équité antérieurs à la loi pofitive, dit l'Auteur de l'Efprit des Loix (*), comme par exemple, que fi un Etre intelligent avoit créé un Etre intelligent, le créé devroit refter dans la dépendance qu'il a eue dès fon origine.

Cette équité primitive n'eft rien moins qu'arbitraire, pas plus que les rapports néceffaires des Etres entre eux. Perfonne ne peut empêcher ni altérer ceux-ci : perfonne ne peut changer l'autre. L'écroulement du monde ne fuffiroit pas pour anéantir l'idée de la juftice. Elle étoit avant la naiffance du monde, & elle furvivroit à fa deftruction. Dieu anéantiffant tous les Etres intelligens, n'empêcheroit pas qu'il n'y eût des rapports au moins poffibles entre eux, & ainfi l'idée de juftice qui en réfulte néceffairement, fubfifteroit encore dans tout fon entier. Elle eft empreinte en caracteres de feu dans le fein de l'éternité, & rien ne pourra l'effacer (†).

C'eft ainfi que je raifonnois à quinze ans, féduit par les grands noms de Platon, de Wollafton, de Clark, de Montefquieu, & enchanté des belles

---

(*) Livre I. chapitre premier.
(†) Tout ce qu'on vient de lire de ce chapitre, eft extrait d'un ouvrage fruit de ma premiere jeuneffe, que j'ai condamné à un éternel oubli. Ce feul lambeau prouve l'équité de mon jugement.

choses que ces philosophes & d'autres ont enseignées touchant la nature de la vérité. Tout cela me paroît aujourd'hui plus subtil que profond, plus imaginaire que réel. Venons au principe. Le principe détruit fera tomber le système.

CHAPITRE XIV.

Faux principe de ce système.

JE disois donc avec la plupart des métaphysiciens: Quand je détruirois dans ma pensée toutes les intelligences du monde, je pourrois toujours imaginer la vérité : quand j'anéantirois dans ma pensée tous les Etres, je pourrois toujours imaginer leurs rapports : quand toutes les pensées & tous les objets seroient détruits, je pourrois toujours imaginer la conformité de la pensée avec son objet : quand il n'y auroit ni Créateur ni créature, il seroit toujours juste que la créature dépendît du Créateur (*).

M'entendois-je bien ? Il est à croire que je cédois plutôt à l'autorité qu'à la conviction. Ce qui me montre à présent l'excès de l'illusion dont j'étois dupe, c'est qu'on pourroit accorder impunément le principe, sans qu'il fût possible d'en tirer aucun avantage en faveur du système des idées éternelles & immuables de la vérité & de la justice.

Quand je détruirois dans ma pensée toutes les intelligences du monde je pourrois toujours imaginer la vérité : quand j'anéantirois dans ma pensée tous les Etres, je pourrois toujours imaginer leurs rapports?... Mais ce que j'imaginerois alors seroit une pure abstraction, & non une réalité : j'imaginerois ce qui n'existeroit pas. D'ailleurs cette

---

(*) Voyez les *Elémens de Métaphysique* IV. Entretien.

CINQUIEME PARTIE. 55

abstraction ne seroit sûrement pas indépendante de mon esprit qui la feroit: elle ne seroit ni plus ancienne, ni plus étendue, ni plus nécessaire que lui. Où voyois-je donc son indépendance, son éternité, son immensité, sa nécessité?

Je me trompois étrangement: si je détruisois dans ma pensée toutes les intelligences du monde, comment pourrois-je imaginer la vérité? Mon intelligence n'est-elle pas comprise dans toutes les intelligences du monde? Ne seroit-elle pas supposée détruite avec elles? Supposée détruite, elle ne pourroit plus rien imaginer. Les idées n'existent que dans les intelligences. Qui suppose l'anéantissement de toutes les intelligences, suppose aussi la destruction de toutes les idées. Celle de la vérité, ni aucune autre, n'a point de privilege particulier qui puisse la faire exister par elle-même, hors d'une substance pensante.

Puis-je détruire dans ma pensée toutes les intelligences du monde? Une telle supposition est le comble de la contradiction. Elle seroit une opération de mon intelligence qui imagineroit toutes les intelligences détruites, même la mienne. Qu'est-ce que détruire son intelligence par une imagination de son intelligence, & prétendre ensuite que cette intelligence détruite imagine encore ce qui n'est pas & ne peut être? Que d'absurdités entassées les unes sur les autres!

Quand il n'y auroit ni Créateur ni créature, il seroit... Non, rien ne seroit. Quand il n'y auroit ni Créateur ni créature il seroit toujours juste que la créature dépendît du Créateur... Si cette proposition peut avoir un sens, c'est celui-ci: Quand il n'y auroit ni Créateur ni créature, il seroit juste que néant dépendît du néant. Et qu'est-ce que cela veut dire? O imbécillité de l'enfance! Je prenois pour une idée sublime, la plus futile des chimeres.

CHAPITRE XV.

Sentiment de Locke sur la maniere dont nos idées s'universalisent.

Il suit d'un passage rapporté ci-devant note (1), que, selon Locke, tout objet particulier qui frappe nos yeux ou qui nous est présenté par le sens intime, est un type auquel nous comparons tout objet reconnu ou imaginé semblable; & que cette comparaison en fait une idée universelle. Cette idée ne représente plus tel objet numérique, elle représente tous les objets semblables, tant les actuels que les possibles.

La conclusion me paroît trop étendue. Si l'idée que j'ai d'une figure particuliere se généralise par la comparaison que j'en fais avec d'autres figures semblables que je vois ou que j'imagine, elle ne m'en représente pas davantage que je n'en vois ou imagine. Or ni mes sens ni mon imagination ne m'offriront jamais l'universalité des figures semblables à celle qui frappe mes yeux dans ce moment. Cette figure est un cercle. Dans la supposition que ce soit la confrontation d'une figure avec ses similaires qui généralise l'idée, si je ne compare le cercle pris pour modele, qu'à deux autres cercles, mon idée ne m'en représentera que trois en tout. Ne nous repaissons pas d'illusions. Cette idée est dans moi, c'est mon idée, ou elle n'est rien. Comment donc pourroit-elle être universelle, quand elle ne représente réellement qu'un certain nombre d'individus semblables? Peut-elle représenter ceux qui ne m'ont point affecté? Elle croîtra, il est vrai, à mesure que je rencontrerai ou imaginerai d'autres Etres auxquels elle sera applicable; mais ses bornes seront toujours déterminées par les termes de la comparaison qui l'étendra.

CINQUIEME PARTIE. 57

L'essence du cercle peut être répétée dans une infinité d'individus. Je l'accorde. Ma pensée ne m'offre pourtant pas ce nombre infini de cercles, & elle devroit me le représenter, pour que j'eusse droit de la dire universelle. Cette infinité de cercles est possible, mais elle n'est pas dans mon esprit, ni dans la pensée de mon esprit. L'Etre possible n'est même rien que dans la puissance qui peut le réaliser. Je ne reconnois pour idée universelle du cercle, que celle qui comprend tous les cercles actuels & possibles. Puis donc que l'on veut que cette possiblité aille jusqu'à l'infini, l'idée qui comprendra tous les cercles actuels & possibles, représentera la figure circulaire répétée dans une infinité d'individus. Cette idée peut être dans une intelligence infinie : notre esprit n'en est surement pas capable.

La notion des possibles n'a point de bornes. Aussi n'avons-nous point de notion qui comprenne l'immensité des possibles, de quelque espece que ce soit.

Le caractere propre de l'idée est d'énoncer la possibilité de son objet, & non de représenter son objet autant de fois répété qu'il peut l'être.

Pour revenir au sentiment de Locke, je conçois que nos idées se généralisent par la comparaison que nous faisons de telle figure numérique avec toutes les figures semblables que nous rencontrons ou imaginons : par cette comparaison la premiere figure devient le modele des autres. L'idée en est plus générale dans l'esprit qui lui en compare un plus grand nombre de semblables. Elle n'est universelle dans aucun esprit fini. Pour qu'elle le devînt, il faudroit que la comparaison s'étendît, dans cet esprit, à toutes les figures semblables actuelles & possibles : opération qui excede les forces de l'esprit fini.

D 5

CHAPITRE XVI.

Sentiment de Mallebranche sur l'universalité de nos idées.

Ce philosophe ayant une fois admis l'universalité, la nécessité, l'éternité, pour qualités propres de l'idée, persuadé d'ailleurs que ces caractères ne pouvoient se trouver que dans Dieu, se vit comme forcé de dire que nous voyions tout dans la substance divine qui nous étoit intimement & sans cesse présente, & que nous y voyions les formes comme des images universelles.

Quelques efforts que fasse Leibnitz pour justifier cette opinion de Mallebranche, ou au moins pour lui donner un sens raisonnable (*), il ne prouve point que l'on soit fondé à considérer nos idées comme quelque chose hors de nous, ni à prendre des notions de notre esprit, des modifications de notre ame, pour des perfections qui sont en Dieu, auxquelles nous participons par nos connoissances.

Quand même la substance de l'Etre qui voit seul l'immensité des possibles, nous seroit intimement & sans cesse présente, ou comme l'objet immédiat externe des ames, ou le seul moyen d'intelligence, ou le lieu des esprits ; quand nous verrions dans Dieu tout ce que nous voyons, nous n'y verrions pourtant que ce que l'étendue de notre vue pourroit y découvrir. Notre vue, bornée comme elle l'est, y découvrira-t-elle l'immensité des possibles ?

Concluons, avec Mallebranche, que la nécessité, l'éternité, l'universalité ne résident que dans Dieu;

(*) Voyez un Lettre de Leibnitz à Mr. Remond, dans le Recueil de diverses pieces sur la Philosophie : la Religion naturelle, &c. par Mrs. Leibnitz, Clark, Newton & autres. T. II. pag. 539.

contre lui ; que la foible portée de notre vue ne nous permet pas de voir ces infinis dans leu.

Je vois une courbe : telle figure numérérique n'est que ce qu'elle est. J'en vois une seconde : je les compare ; elles se ressemblent : je connois qu'elles ont une courbure égale : mon idée ne me représente encore que deux figures. Elle m'en représentera davantage, si j'en vois ou imagine un plus grand nombre de semblables. Néanmoins la notion que je me fais ainsi de telle espece de courbure, ne sera jamais applicable à l'universalité des courbes de même nom, ni par rapport à moi, ni en elle-même. Elle ne le sera point par rapport à moi qui me sens dans l'impuissance d'énumérer toutes les copies qu'on en peut tirer. Elle ne le sera pas en elle-même : mon idée n'est en soi qu'une modification de mon esprit dont aucune faculté n'embrasse l'infini.

On prend le change. Ce n'est pas notre idée qui est un type universel. C'est l'essence des choses qu'une force inépuisable peut répéter infiniment, & qui par-là est en soi le modele de tous les individus possibles de la même espece. Notre idée n'est pour nous que l'image du nombre précis d'Etre semblables qu'elle comprend. Notre idée ne nous représente point les essences que nous ne connoissons pas. Elle ne représente que ce qui nous affecte, & nous n'avons point de commerce avec les essences.

CHAPITRE XVII.

De la raison universelle dite commune à toutes les intelligences.

UNE autre subtilité puisée dans l'abyme des abstractions, c'est cette raison universelle, immuable, nécessaire, infaillible, qui éclaire tous les esprits, qui regle toutes les intelligences, que Dieu même est contraint de suivre: ce bien commun à toutes les substances intelligentes, à Dieu qui connoît toutes les vérités, à l'homme qui en connoit quelques-unes.

Ecoutons l'inventeur de cette belle chimere nous en parler lui-même:

„ La *Raison* de l'homme est le *Verbe*, ou la
„ sagesse de Dieu même: car toute créature est
„ un être particulier, & la raison de l'homme est
„ universelle.

„ Si mon propre esprit étoit ma Raison & ma
„ lumiere, mon esprit seroit la Raison de toutes
„ les intelligences: car je suis sûr que ma raison
„ éclaire toutes les intelligences. Personne ne peut
„ sentir ma propre douleur: tout homme peut
„ voir la vérité que je contemple; c'est donc que
„ ma douleur est une modification de ma propre
„ substance, & que la vérité est un bien commun
„ à toutes les esprits.

„ Ainsi, par le moyen de la Raison, j'ai, ou
„ je puis avoir quelque société avec Dieu, & avec
„ tout ce qu'il y d'intelligences, puisque tous les
„ esprits ont avec moi un bien commun, la Raison.

„ La vérité & l'ordre sont des rapports de gran-
„ deur & de perfection, réels, immuables, néces-
„ saires, rapports que renferme la substance du
„ Verbe Divin; celui qui voit ces rapports, voit

„ ce que Dieu voit... Ces rapports sont les mê-
„ mes vérités éternelles que Dieu voit... La Raison
„ est consubstantielle à Dieu...

„ La Raison universelle est toujours la même;
„ L'ordre est immuable... La Raison est immua-
„ ble, incorruptible, infaillible : elle doit toujours
„ être la maîtresse : Dieu même la suit...

„ L'ordre est la loi inviolable des esprits, &
„ rien n'est réglé s'il n'y est conforme... Elle est
„ gravée dans le cœur de l'homme, il ne faut que
„ rentrer en soi-même pour s'en instruire... J'avoue
„ néanmoins que l'ordre immuable n'est pas de
„ facile accès. Il habite en nous, mais nous
„ sommes toujours répandus au dehors... L'ordre
„ est une forme trop abstraite pour servir de mo-
„ dele aux esprits grossiers... Il faut tâcher de faire
„ taire ses sens, son imagination, & ses passions...
„ rentrer en soi-même pour consulter la Raison, &
„ contempler la beauté de l'ordre... (*)

J'aime à voir un des plus célebres métaphysiciens de son siecle, se complaire ainsi vainement dans un monde mystique qui n'a pas plus de réalité que les espaces imaginaires. Quand on croit contempler l'essence de Dieu en elle-même, on peut se flatter d'y découvrir les idées de toutes choses, les vérités éternelles, & l'ordre immuable, cette regle souveraine de toutes les volontés, qui oblige même le premier des Etres. Mais, disoit un adversaire de cette mysticité, „ je m'y suis pris de mon mieux
„ pour consulter la Raison universelle des Intelli-
„ gences, qu'on dit qui ne manque point de ré-
„ pondre clairement à ceux qui l'interrogent avec
„ application. J'ai imposé, pour la mieux interro-
„ ger, le plus grand silence qu'il m'a été possible
„ à mes sens & à mes passions. J'ai tenu la bride

(*) Voyez sur-tout les deux premiers chapitres du *Traité de Morale*, par l'Auteur de la Recherche de la Verité.

„ courte à mon imagination. Je me suis bien ras-
„ furé contre les vaines frayeurs que pourroient
„ me caufer les nouveaux objets du Monde Intel-
„ ligible. Je me fuis élevé au-deffus des préjugés.
„ J'ai mis fous les pieds les autorités les plus célé-
„ bres & les plus univerfelles. Je me fuis dit cent
„ fois que je pouvois découvrir en un feul jour
„ plus de verités en marchant par la nouvelle rou-
„ te, que tous ceux qu'on appelle favans n'en
„ avoient découvert depuis la création du mon-
„ de... Je me fuis enfuite livré à l'efprit pur.
„ J'ai déterminé les fujets fur lesquels je fouhaitois
„ d'être éclairé. Je les ai divifés & réduits à leurs
„ moindres termes. Je me fuis armé de réfolution
„ pour ne confentir jamais à rien, que l'évidence
„ ne m'y forçât. Après cela j'ai fixé mes regards
„ du côté que devoit luire le foleil qui brille aux
„ Intelligences. J'ai foutenu mon attention. J'ai
„ pouffé des defirs ardens. J'ai fait de ferventes
„ prieres à la Vérité, afin qu'elle fe montrât & me
„ parlât. Je l'ai fommée de fe découvrir par tou-
„ tes les loix de l'union de mon efprit avec elle...
„ J'ai attendu en filence... Cependant j'avoue in-
„ génûment que je ne l'ai ni vue ni entendue...
„ Au contraire un certain bon fens... m'a prefque
„ toujours répondu que je perdois mon temps, &c."
Qui de nous ne le perdroit à attendre ou pourfuivre
un phantôme?

Il ne s'agit pas ici de la raifon particuliere de
chaque homme, je veux dire de la faculté plus
ou moins étendue que chacun de nous poffede,
comme moyen de parvenir à la fcience, & de diftinguer le vrai du faux: faculté créée & faillible.
Toutefois elle eft complete dans fon efpece, malgré fon imperfection. Elle nous fuffit, humainement
parlant. Elle eft l'appanage de l'humanité, comme
l'inftinct convient aux brutes. La brute n'eft capable que d'inftinct, & ne fauroit être élevée à la
raifon. L'ame n'eft capable que de raifon, &

CINQUIEME PARTIE. 63

ne sauroit parvenir à un état au-dessus de l'Etre raisonnable. C'est que chaque chose doit rester dans les bornes de son espece. Il n'y a point de confusion des rangs dans la Nature.

Dieu a donné à chaque intelligence des facultés & des lumieres, selon l'exigence naturelle de chacune dans son ordre. En ce sens il éclaire tous les esprits. On ne dira pas pour cela que toutes les intelligences forment une société spirituelle qui consiste dans une participation de la même substance intelligible, ou de la raison consubstancielle à Dieu. L'harmonie du monde intellectuel veut plutôt que chaque esprit n'ait que les facultés de son espece qui le rend inhabile à participer à celles d'une espece supérieure. L'homme a la raison. Les esprits purs ont ... j'ignore quelles facultés possedent les esprits purs : je sais que Dieu est infiniment au-dessus de la raison.

Y auroit-il des regles de conduite communes à Dieu & à l'homme, à Dieu qui est absolument indépendant, à l'homme qui est dépendant en tout? Ne sont-ce pas les obligations de celui-ci qui montrent sa dépendance? Si Dieu étoit soumis aux loix qui obligent la créature, le pourrions-nous dire indépendant? Le seroit-il?

Si l'on peut dire que Dieu, lorsqu'il agit, suive quelques principes, ou quelques loix, ces principes & ces loix ne peuvent être que ce qu'on appelle la sagesse de Dieu, qui n'est elle-même que Dieu sage : car la sagesse de Dieu, considérée hors de la substance divine, n'est rien. Participions-nous à cette sagesse, nous qui ne sommes point des parties de la substance divine?

Celui qui a fait le monde, a fait tous les rapports des Etres qui composent le monde. Si ces rapports fondent des regles de conduite pour les agens libres raisonnables, il est aussi incontestable que ces regles ne sont pas avant les rapports dont elles émanent, & que les rapports des Etres entre eux ne font ni plus anciens, ni plus néceſſaires, ni plus immuables que ces mêmes Êtres.

La raiſon, telle qu'elle eſt dans l'homme, eſt quelque choſe de réel, & auſſi quelque choſe de très particulier. C'eſt, comme j'ai dit, la faculté de connoître, ou plutôt de ſe démontrer à ſoi-même ce que l'on doit à Dieu, ce que l'on ſe doit, ce que l'on doit à ſes ſemblables: trois ſortes de devoirs fondés ſur la conſtitution intérieure de notre être, à laquelle il eſt juſte & bon que nous nous conformions (*l*). La raiſon priſe abſtractivement, conſidérée hors des Etres raiſonnables, d'après un notion préciſe de l'ordre, n'eſt ni particulière ni univerſelle, ni éternelle ni temporelle, ni néceſſaire ni contingente, ni immuable ni variable. Elle n'eſt point.

Toute juſtice vient de Dieu qui nous a conſtitués tels que nous ſommes, avec nos beſoins, nos relations, & nos devoirs naturels. Notre raiſon vient de Dieu: c'eſt une faculté qu'il nous a donnée; mais notre raiſon (non plus que nos beſoins, nos relations & nos devoirs) n'eſt point conſubſtancielle à Dieu. Suppoſé qu'il y eût une raiſon néceſſaire,

éter-

(*l*) Tout le monde avoue des rapports naturels entre les Etres, qui ſont tous des parties liées du grand tout, des pieces de l'ordre des choſes qui doivent garder leur rang, afin de ne point troubler la ſymmétrie de l'univers par leur confuſion. Ces rapports ſont obligatoires pour les Etres libres & intelligens, ou ce qui revient au même, les Etres intelligens ſont tenus d'agir ſelon leur nature.

Douter que l'homme ſoit obligé d'agir conformément à ſa nature, c'eſt douter qu'un triangle doive avoir trois angles. Un triangle qui en a plus ou moins, eſt un triangle qui ne l'eſt pas: c'eſt une contradiction abſurde. Un Etre créé qui n'eſt pas tenu d'agir ſelon ſa nature d'Etre créé, eſt une abſurdité auſſi manifeſte. Cet Etre, s'il n'étoit pas obligé de ſe borner aux droits de l'Etre créé, pourroit donc uſer de ceux de l'Etre incréé. Mais les droits de l'Etre incréé lui ſont perſonnels: ils ne peuvent appartenir qu'à lui, autrement ce ne ſeroient plus les droits de l'Etre incréé. Il eſt donc contradictoire que la créature uſe légitimement des droits qui ſont propres du créateur ſeul. Ce principe prouve que l'homme doit ſe conformer à

ernelle, immuable, ce seroit une perfection de Divinité, & cette raison-là ne seroit pas la nôtre. a nécessité, l'éternité, l'immutabilité ne conviennt point à la nature humaine. Je reviens souvent ce principe, parce qu'il est admis de tout le onde, & que faute de se le rappeler au besoin, on nfond ce qui est de l'homme avec ce qui est de ieu, tandis que les vertus de l'un & les attributs l'autre sont absolument inalliables.

CHAPITRE XVIII.

Troisieme système sur ce qui constitue l'universalité de nos idées.

RIEN n'est plus propre à montrer la futilité des écs universelles, que les variations des métaphyciens sur la maniere dont elles se forment. Les pinions fausses n'ont qu'une vogue passagere : tôt u tard le prestige se dissipe ; mais trop souvent erreur est remplacée par l'erreur.

---

acun de ses rapports naturels avec les autres Etres. Il ne lui est plus permis de les contredire, qu'il ne lui est possible de les anger. Chacun de ces rapports lui impose une obligation réelle. Je demande quel est l'état où doit rester une chose quelconque. est sans contredit l'état qui lui convient le plus. Nul état ne lui nvient davantage que celui qu'exige sa nature. Que l'agent raisonable reste donc dans l'état que demande sa constitution interne, u'il agisse conformément à cette constitution originelle.

Tout ce qui est contraire à notre nature, contribue autant qu'il eut, à la détruire, ou du moins à la dépraver. L'état qui lui est ppofé est toujours un état de violence ; & il est tel parce que ce est pas celui où nous devons être. De-là vient que lorsqu'il nous rrive de vouloir, ou d'agir, en opposition à nos relations naturelles vec les autres Etres, nous éprouvons une certaine répugnance, une eine, un chagrin intérieur que nous ne pouvons nous déguiser, & ni nous avertit que nous ne sommes pas dans notre affiette naturelle, & dans la disposition qui nous convient.

Il a plu à Locke de transformer, comme par u[ne] forte de magie, des fenfations particulieres en d[es] perceptions univerfelles. Que notre idée, confidé rée comme type, foit appliquée ou comparée [à] tous les individus que nous voyons ou imagino[ns] femblables à l'original qui nous l'a fournie, el[le] devient plus ou moins générale : elle n'eft po[int] univerfelle pour toutes les raifons que j'ai dévelo[p] pées. La principale eft qu'une perception de not[re] ame n'embraffe point l'infinité des figures femb[la] bles qu'une puiffance infinie peut tracer.

Mallebranche avoit fort bien fenti que l'imme[n] fité ne pouvoit réfider dans aucune figure indiv[i] duelle, ni être le caractere d'aucune opération [de] notre efprit. Il a donc placé toutes les idées da[ns] Dieu, où il a fuppofé que nous les voyions comm[e] des images univerfelles des chofes. Quand on a[c] corderoit que Dieu a des idées, & que nous voyo[ns] dans Dieu ces images idéales, il refteroit encore prouver que notre vue embraffe leur univerfalité Mallebranche convient que l'univerfalité ne pe[ut] être le caractere d'aucune modification de not[re] efprit; & cependant notre idée, dans fon hypothe fe, ne feroit pas l'idée univerfelle de Dieu, ma[is] feulement l'intuition partielle que nous en aurions

L'univerfalité de l'idée n'eft point notre ouvrage: elle ne réfide point dans une figure individuelle: elle ne réfulte point de la comparaifon de plufieu[rs] objets femblables. Nous ne la voyons point da[ns] Dieu, mais dans le rapport de l'effet à fa caufe, par exemple, dans le rapport de telle figure avec la caufe créatrice qui peut en multiplier les copies à l'infini. Tel eft le fentiment de Mr. l'Abbé de Lignac : il en fait la clé d'une nouvelle Métaphy fique expérimentale, ainfi qu'il la nomme (*).

(*) *Elémens de métaphyfique*, ou *Lettres à un matérialifte. Le témoignage du fens intime & de l'expérience, oppofé à la foi profane*

CINQUIEME PARTIE.

Un géometre considere une ligne droite : il la [s]uppose fixe par une extrémité, & mobile dans sa [t]otalité : il lui fait faire une révolution entiere : [i]l compare la figure qui en résulte à la souveraine [p]uissance qui peut en prolonger le rayon à l'infi[n]i : il a l'idée universelle du cercle, conclut notre [m]étaphysicien. Toute idée est universelle, selon [l]ui, car tout objet est imitable à l'infini par la [c]ause infinie. L'idée est un rapport, non entre une [s]ensation comparée à plusieurs autres semblables, mais entre un objet numérique comparé à la cause tout-puissante : rapport qui la rend nécessairement universelle. L'idée du cercle n'est pas la perception d'un cercle individuel, c'est l'imitabilité de ce cercle à l'infini; & ce qui nous fait percevoir l'imitabilité inépuisable du cercle, est sans contredit son rapport avec la puissance infinie.

Fixant mon attention au rapport qu'il y a entre mon existence individuelle & la cause souveraine, entre la puissance infinie de cette cause & moi qui suis un terme fini, je conçois une infinité d'autres Etres possibles semblables à moi. Idée universelle de l'homme, poursuit le même auteur, laquelle universalité consiste dans la possibilité qu'il existe des Etres à l'infini avec les propriétés qui font l'homme, & dont je ne puis être dépouillé, sans dépouiller l'humanité. Il y a donc deux termes dans nos idées quoique très simples: un terme constant qui est la puissance infinie : l'autre terme est l'objet numérique, comparé à cette toute-puissance; l'idée est précisément le rapport de l'un à l'autre.

Ici le faux est mêlé au vrai. Tâchons de les distinguer.

A la vérité, tout objet numérique, considéré comme modele, peut être répété à l'infini par la

---

& ridicule des fatalistes modernes. Deux ouvrages de Mr. l'Abbé de Lignac.

cause souveraine, suivant la notion commune de sa puissance infinie. J'en suis d'accord. On m'accordera aussi, je crois, que cette imitabilité à l'infini n'est ni dans l'objet numérique, ni dans nous, mais uniquement dans la puissance infinie de la cause. Elle n'est que dans la cause qui peut réellement faire une infinité de copies de cet objet. Dès lors si le rapport du cercle à la cause souveraine, si cette imitabilité du cercle à l'infini, est l'idée universelle du cercle, il faut avouer que cette idée universelle du cercle n'est point dans nous, mais dans Dieu seul. Cette imitabilité à l'infini, sans la puissance souveraine ou hors d'elle, n'est rien, au jugement même de Mr. l'Abbé de Lignac qui dit : Ecartez toute notion de la toute-puissance, la possibilité n'est qu'une chimere (*). Toute sa belle théorie, si profonde & si subtile qu'on voudra, est donc ici en pure perte, & ne prouve rien en faveur de l'universalité de nos idées.

Est-ce s'énoncer avec exactitude que de dire : L'idée du cercle est le rapport du cercle avec la cause souveraine qui en peut multiplier les copies à l'infini ? N'auroit-il pas été plus juste de dire : L'idée du cercle est la perception du rapport de tel cercle numérique avec la cause souveraine ? L'idée de l'effet, comme tel, pourroit être celle de son rapport à la cause : considérer un effet, comme tel, c'est le considérer dans sa relation à la cause qui l'a produit, d'où naît la notion de l'effet. Tout le monde sait cela. Il est nouveau d'enseigner que l'idée du cercle soit le rapport d'un cercle numérique avec la cause infinie. Le rapport de l'effet à la cause, est quelque chose : c'est l'imitabilité inépuisable de telle figure, c'est la possibilité d'une multitude infinie d'autres figures semblables, c'est tout ce qu'il vous

---

(*) Voyez les *Elémens de métaphysique*, ou *Lettres à un matérialiste*.

CINQUIEME PARTIE. 69

plaira, mais ce n'est point une modification de notre ame, comme doit être notre idée. D'ailleurs la perception de ce rapport ne sauroit être universelle dans nous, puisqu'elle ne mesure pas toute l'étendue de la puissance infinie. Le rapport d'un objet créé à une cause incréée, n'est après tout qu'une maniere d'être de cet objet relativement à cette cause: comment croire que la maniere d'être d'un objet qui est hors de nous, à l'égard d'une cause qui est aussi hors de nous, soit notre idée qui ne peut être que dans nous?

Que l'universalité d'un type soit dans le rapport d'une figure individuelle avec la cause tout-puissante, ou dans le rapport de celle-ci à la figure individuelle; que ce rapport soit perçu ou senti par notre ame; que ce rapport, ou la perception de ce rapport soit une idée ou non, l'universalité de nos idées reste toujours une supposition gratuite & inadmissible. Si l'universalité d'un type est dans son imitabilité inépuisable, au moins cette imitabilité n'est que dans la puissance divine, & point du tout dans l'objet numérique, ni dans notre idée. Si cette imitabilité est sentie ou perçue par notre esprit, de quelque façon qu'on l'entende, elle n'est ni sentie ni perçue dans son universalité; elle ne l'est que selon la mesure de notre conception, ou de notre imagination, qui n'atteint pas l'infini. Si ce rapport qui tient véritablement à l'infini, est une idée universelle, ce rapport étant hors de nous, n'est point notre idée. Enfin la perception de ce rapport, qui pourroit seule être une idée dans nous (j'entends une idée de ce rapport & non d'un de ces termes), ne seroit pas encore universelle: car nous ne percevons point ce rapport dans son étendue infinie. Aucune de nos perceptions ne nous représentera jamais une infinité de copies de quelque type que ce soit.

Nulle de nos idées n'est donc universelle.

CHAPITRE XIX.

Nouvelles preuves de la futilité des idées universelles, prises de la raison même qui porte les métaphysiciens à universaliser leurs idées.

On ne généralise ses idées que pour les faire convenir à un plus grand nombre d'individus : on les universalise pour les faire convenir à tous les individus de la même espece. Pour les représenter tous, il faut que l'idée universelle n'en représente aucun. L'idée du triangle ne représente aucun triangle particulier, nul triangle numérique : elle les représente tous, tant les actuels que les possibles (*). Ceux qui le disent s'accordent bien dans leur esprit, sans doute.

Pour rendre l'idée d'un individu applicable à tous les autres de la même espece, on en exclut successivement toutes les différences individuelles : c'est le premier pas. Ainsi l'idée de moi-même perdant, par une abstraction, tout ce qui me distingue des autres hommes, c'est-à-dire tout ce qui constitue mon individualité, devient l'idée précise de l'homme : un modele qui représente, dit-on, tous les hommes actuels ou possibles, parce qu'il n'en représente plus aucun en particulier. L'idée abstraite de l'homme s'accroît ensuite par une seconde abstraction qui la dépouille de toutes les différences spécifiques qui distinguent l'homme des autres animaux. Enfin de nouvelles abstractions font encore passer l'idée universelle d'animal, de catégorie en catégorie, jusqu'à ce qu'elle se transforme en l'idée précise de l'Etre en général, la plus universelle de toutes, & selon moi la plus vaine.

(*) Là-même.

L'expofition fimple de ce procédé fait voir que l'idée décroît réellement à mefure qu'elle fe généralife, & que lorfqu'on s'imagine qu'elle eft devenue univerfelle, elle n'eft plus rien. A force de l'étendre, on la rend plus imparfaite, & moins fignificative, jufqu'à ce que finalement elle n'ait plus aucune forte de fignification. Rien n'exifte qu'individuellement. Les mots, *collection, genre, efpece*, n'expriment rien de fubftantiel. Qui ofera nier que l'idée de l'homme en général ne foit plus incomplete & moins fignificative que l'idée de tel homme en particulier, fut-ce même l'idée de celui de toute efpece qui eft le moins homme, fi j'ofe ainfi m'exprimer? Cette derniere idée comprendra toujours, outre celle de l'homme, celles de toutes les différences qui diftinguent tel homme des autres, en excluant de fon être tout ce qui n'eft pas lui. De même l'idée d'animal eft plus imparfaite que celle d'homme, ou de telle forte d'animal que ce foit. Voilà comme l'idée décroît en s'univerfalifant. Elle fe dépouille fucceffivement de toutes les idées différentielles qu'elle contient, jufqu'à ce qu'elle en foit épuifée: c'eft le dernier terme. Alors elle ne fignifie plus rien, puifque, comme je viens de le dire, rien n'exifte que différentiellement, avec ce qui exclut de fon être tous les autres êtres. Dans cet état, elle n'eft que la négation de toutes les idées qu'elle a perdues en s'épuifant ainfi par degrés. Je prendrai pour exemple l'idée dite la plus univerfelle de toutes, l'idée de l'Etre en général.

On prétend que l'idée de l'Etre en général eft la plus féconde & la plus vafte. Voyons les raifons de cette prétention. Elle renferme toutes les fubftances & toutes les modalités: tout ce qui eft, eft un attribut de l'Etre en général: l'Etre en général eft fufceptible d'étendue, de mouvement, de couleur, de faveur, de configuration, de fentiment, de vie, d'intelligence, de volonté: car l'étendue, le mouvement, la couleur, la saveur, la figure, le sentiment, la vie, l'intelligence, la volonté, font des attributs de l'Etre : en un mot l'Etre en général comprend la Nature & l'Auteur de la Nature.

Ne nous laissons pas étourdir par des sons. L'Etre en général est l'Etre considéré abstractivement à toute différence substantielle ou modale. C'est l'Etre exclusivement à tous les Etres existans ou possibles, & à toutes leurs qualités. Il n'est donc rien de tout ce qui a existé, ou existe, ou peut exister. Qu'est-il donc ? *Ce qui est opposé au néant* (*). Cela même. L'Etre en général n'est rien de positif, il n'est que la négation précise du néant. Est-ce là une idée universelle ?

Pour conclure, l'Etre en général est l'Etre exclusivement à tout ce qui est ou peut être, il est aussi l'opposé du néant. Donc l'Etre en général est la négation précise de tout ce qui est, & de tout ce qui n'est pas. Les contradictions sont inévitables, quand on veut donner du corps à des abstractions qui n'ont rien de substantiel.

On dit aussi : *L'Etre en général est ce qui existe*. On vient de voir que l'Etre en général n'est rien de ce qui existe ou peut exister. Il n'est donc pas ce qui existe : il est plutôt ce qui n'existe pas. Ce qui n'est rien de tout ce qui existe, n'existe pas. On me pardonnera, je crois, de répéter ces premieres vérités. Il est nécessaire de mettre la contradiction dans la plus grande évidence, ou l'on n'en convient pas. Qui sait encore si je ne perds pas mon temps. Doit-on remonter aux premiers axiomes avec des philosophes qui ne pensent pas se contredire en affirmant que l'idée universelle du cercle représente tous les cercles actuels ou possibles, & ne représente aucun des cercles actuels ou possibles ?

(*) C'est la notion ou définition que l'on donne ordinairement de l'Etre : notion très simple, disent quelques-uns. Elle est aussi simple que le rien.

CHAPITRE XX.

Réponse à une objection.

Je ne comptois pas que l'examen d'un sentiment aussi peu fondé que celui de l'universalité de nos idées, me meneroit si loin. Mais les idées générales & abstraites sont une source si féconde d'erreurs & d'absurdités en métaphysique, que je ne regrette point la peine que j'ai prise d'exposer mes doutes sur leur réalité. Si le Lecteur regrette celle qu'il a prise de les lire, je lui conseille de n'aller pas plus avant. Mon livre n'est pas fait pour lui. S'il est encore amoureux de cette belle chimere, à peine pourra-t-il m'entendre. Je reviens aux idées de la bonté & de la sagesse appliquées à Dieu.

OBJECTION.

„ *Dire que la bonté, la justice, la sagesse, ne sont*
„ *pas en Dieu de la même nature qu'elles sont dans*
„ *l'homme, n'est-ce pas détruire ces idées éternelles*
„ *de vertu qui doivent subsister indépendamment de*
„ *l'ordre & des relations des choses?* "

RÉPONSE.

Dire que la bonté, la justice, la sagesse, ne sont pas en Dieu de la même nature qu'elles sont dans l'homme, ce n'est pas détruire ces idées éternelles de vertu qui doivent subsister indépendamment de l'ordre & des relations des choses.

Comme il n'y a point d'idée réellement existante sans une substance intelligente où elle réside, il ne peut y avoir d'idées éternelles que dans un esprit éternel. Dieu est cet esprit éternel, & comme jamais rien ne lui a été caché, on dit, selon une façon humaine de parler, que toutes ses pensées sont éternelles ; qu'il a créé les choses selon les idées éternelles qu'il en avoit. Ceux qui regardent ces idées dans la substance de Dieu, comme des images représentatives des choses, peuvent-ils décider qu'elles soient absolument indépendantes de l'ordre & des relations des choses ? Il semble que la représentation d'un objet suppose que cet objet est, ou a été, ou au moins qu'il est possible ; & que lorsqu'on admet une relation nécessaire entre deux choses, ni l'une ni l'autre n'est en vérité indépendante de la chose correlative. Aussi ce n'est pas cette sorte d'indépendance dont il s'agit ici. On entend plutôt que les idées des choses ont subsisté éternellement dans Dieu, avant l'ordre & les relations des choses, qu'il a créés ; que c'est d'après ses idées éternelles qu'il a établi cet ordre & ces relations ; que cet ordre & ces relations pourroient cesser d'exister par l'annihilation de la Nature, sans que Dieu en perdît les idées qu'il a toujours eues. Il ne les auroit plus comme des idées de choses actuellement existantes : il les auroit comme des idées de choses qui ont été & qui peuvent encore être. Car (en suivant toujours la même façon de concevoir) l'idée simple de Dieu ne donne point l'existence aux choses : il faut un acte formel de création, pour les faire exister.

Est-ce là tout ce que l'on entend par ces idées éternelles de vertu qui doivent subsister indépendamment de l'ordre & des relations des choses ? Je ne vois point du tout qu'on les détruise, en assurant que la bonté, la justice, la sagesse, ne sont pas en Dieu de la même nature que dans l'homme. Quoique les attributs de Dieu différent en nature des vertus humaines, qui empêche que cet Etre suprême n'ait eu des idées éternelles, & de ses propres attributs, & des vertus dont il a doué sa créature, & de la différence naturelle qu'il y a entre les uns & les autres ? Qui empêche que ces idées ne subsistent dans lui indépendamment de l'ordre & des relations des choses, soit que cet ordre & ces relations existent, soit qu'ils n'existent pas. En raisonnant toujours dans la même maniere humaine d'expliquer les opérations d'un agent si élevé au dessus de notre portée, Dieu aura établi un ordre, fait des relations, créé des vertus pour l'homme, selon les idées éternelles qu'il avoit de ces choses humaines, & non selon les idées éternelles qu'il avoit de lui-même & de ses perfections dont il ne peut se dépouiller, qu'il ne peut ni donner, ni partager avec personne.

Du reste pour ce qui est des idées de sagesse, de justice, de bonté, dites éternelles, immuables, universelles, applicables à tous les Etres, parce qu'on ne les applique à aucun en particulier, qui expriment toute bonté, toute justice, toute sagesse, parce qu'elles n'en expriment aucune déterminément, je m'en suis assez expliqué. Des qualités, considérées sans égard ni aux relations qui les fondent, ni aux Etres dans qui elles résident, ni à la maniere dont elles y résident, n'ont rien de réel. Les détruire, c'est dissiper de vains phantômes que la subtilité de l'esprit assemble sur la route du vrai, comme si elle n'étoit pas embarrassée d'assez d'autres obstacles.

Tel est néanmoins le fondement ruineux sur lequel ont bâti ceux qui veulent que la sagesse soit dans Dieu, de la même nature que dans l'homme. Ils n'arrivent à cette conclusion qu'après s'être fait une idée abstraite de la sagesse, telle qu'elle n'exista jamais & qu'elle ne sauroit exister. Ils l'ont séparée en imagination des relations & de l'ordre qui l'établissent, quoiqu'elle ne puisse subsister sans cet ordre & ces relations. Supposons l'économie actuelle anéantie, & l'univers non existant, il n'y a plus de sagesse humaine. Que Dieu en conserve l'idée qu'il en a toujours eue, cela ne prouve pas que cette idée, le type d'une vertu qui réfulte de certains rapports d'homme à homme, foit celui d'une perfection de Dieu: ce qui devroit être, fi la fageffe de Dieu & celle de l'homme étoient de la même nature; & alors nous ferions des Dieux.

CHAPITRE XXI.

D'UNE CINQUIEME SOURCE

DE L'ANTROPOMORPHISME SPIRITUEL.

L'Autorité des Livres Saints mal entendus.

LE défaut de termes convenables qui expriment ce qui eft de Dieu, nous force d'appeller fageffe certain attribut divin que nous ne concevons pas, & nous le faifons avec la même confiance que nous appellons fageffe une qualité humaine dont nous avons quelque notion. L'imbécillité du langage des hommes feroit d'une grande force, fi l'identité d'expreffions à laquelle il nous réduit, avoit la vertu de mettre de la reffemblance entre les perfections de Dieu & les qualités de l'homme. Ou plutôt, l'homme feroit bien téméraire de s'imaginer que fes facultés & puiffances fuffent de la même nature que les attributs de fon Dieu, fous le feul prétexte que manquant de termes pour exprimer les attributs divins, comme il manque d'une intelligence capable de les concevoir, il eft contraint, ou de s'en taire, ou de les défigner par les noms de fes propres qualités. Il eft vrai que la Religion en autorife l'application. Les livres faints exaltent fans ceffe la puiffance, la fageffe, la bonté & l'intelligence de Dieu. J'avois remarqué dès le commencement de cet ouvrage, que quand Dieu nous avoit parlé de lui-même, ses termes avoient été moins proportionnés à sa grandeur qu'à notre foiblesse ; que de plus sublimes ne seroient pas entendus, & que ceux que nous entendons, pris à la lettre, seroient un tissu de contradictions (*). Je n'y ajoute rien pour le présent, sinon que les livres inspirés n'enseignent pas que la sagesse, la bonté & l'intelligence de Dieu soient de la même nature que les nôtres. C'en est assez, jusqu'à ce que j'aie disposé les esprits à une discussion plus développée.

CHAPITRE XXII.

Conclusion des Chapitres précédens.

En considérant le concours des causes qui, parce que Dieu est souverainement parfait, portent les hommes à lui attribuer toutes les perfections humaines dans un degré au-dessus de l'humain, je plains l'illusion plus que je ne blâme l'erreur. Dieu est si loin de notre portée : nous avons un penchant si fort à croire son existence, penchant qui, s'il n'est pas un instinct, est au moins le résultat nécessaire de notre perfectibilité : ce penchant est accompagné d'une envie si violente de découvrir cet Etre invisible, qu'on ne doit pas beaucoup s'étonner que nous nous accrochions indiscrétement (qu'on me passe cette expression familiaire) à tout ce qui peut nous en donner une notion quelconque. Quand on est bien pressé par la soif, on l'étanche au premier ruisseau, sans trop examiner la qualité de ses eaux.

(*) Tome I. Partie I. Chapitre III. & ci-devant Chapitre I. page 7.

La curiofité des favans eſt-elle moins inconfidérée & moins confiante ? Je ne parle pas de la ſtupidité du peuple groſſier qui adore des Dieux de bois & d'argile.

Tertullien reprochoit à Platon d'avoir égalé l'ame à la Divinité (*m*). On nous reprochera, à nous, d'avoir abaiſſé Dieu juſqu'à l'humanité. Cet antropomorphiſme eſt moins groſſier que celui des anciens Ebionites, & des autres qui s'imaginerent que Dieu avoit une forme humaine, dans laquelle habitoit une intelligence parfaite : il eſt tout auſſi réel (*n*).

Quand je vois des hommes éclairés, ſous l'empire de la ſcience, de la philoſophie, & de la révélation, ne pouvant s'élever juſqu'à Dieu, le faire deſcendre juſqu'à eux, le former ſur leur modele, en faire une eſpece d'homme, infiniment plus parfait, plus ſage, plus juſte qu'eux, il eſt vrai, mais ſage & juſte pourtant d'une ſageſſe & d'une juſtice de la même nature que les leurs ; quand je vois les ſavans & les docteurs, impatiens de ſecouer le joug de l'incompréhenſibilité de Dieu, donner de bonne foi dans le piege, je m'écrie : Noble & dangereuſe

---

(*m*) *Plato tantam animæ conceſſit divinitatem ut Deo adæquetur.* Tertull. *de Anima. Cap. XXIV.*

(*n*) „ Il y a eu des gens qui, quoique ſi fort attachés à ce qui
„ frappe les ſens qu'ils croyoient qu'un Dieu immatériel eſt *un Dieu*
„ *en paroles*, comme quelques-uns parloient, ont ſoutenu néammoins
„ qu'il y a une Divinité, & que le Syſtême du monde dépend d'un
„ Etre Intelligent qui le gouverne, quoique cet Etre ſoit corporel.
„ Les moins ſenſez ſe ſont imaginez que Dieu avoit une forme humaine, dans laquelle habitoit une Intelligence parfaite qui gouvernoit tout. Cette hypotheſe, quoique embraſſée par quelques
„ Chrétiens, a été rejettée, avec indignation, par les Stoïciens.
„ Xénophane ancien Philoſophe qui a écrit en vers, s'en eſt auſſi
„ moqué aſſez agréablement en ces termes : Si les bœufs, ou les
„ lions, avoient des mains & qu'ils puſſent peindre avec ces mains,
„ & faire les autres ouvrages que font les hommes, ils feroient les
„ peintures & les corps des Dieux ſemblables à celui qu'ils ont.
„ Il eſt bon de remarquer ici que les anciens Ebionites étoient
„ auſſi Antropomorphites, comme il paroît par l'Auteur des Clémentines dans l'Homelie XVII, où il prouve au long à ſa manie-

CINQUIEME PARTIE.

prérogative de la raison humaine, qui par le spectacle de la Nature, peut se démontrer l'existence de son Auteur, & la porte ensuite à revêtir la cause suprême des propriétés de l'effet!

Voyez pourtant avec quelle attention scrupuleuse, mais inutile, ils s'efforcent d'en écarter toute imperfection, pour les rendre dignes de Dieu. Ils craignent de dégrader la Divinité lorsqu'ils la dégradent. L'enthousiasme & l'hyperbole se prêtent à leurs desseins. Peut-il donc y avoir de l'hyperbole, lorsqu'on exalte la grandeur divine ? Oui, il y a de l'exaggération à supposer infinies, des qualités qui ne peuvent l'être. Qu'ils exaggerent & subtilisent tant qu'ils pourront, leurs raisonnemens ne prévaudront point contre ce principe:

Tout ce qui convient à l'homme, est nécessairement fini, borné, imparfait, & ne sauroit avoir aucune analogie avec ce qui est dans l'essence divine, loin de lui ressembler en nature.

„ re, son sentiment, par l'Ecriture sainte & par des raisonnemens.
„ Afin qu'on ne trouve pas étrange qu'il attribue des membres à
„ Dieu, dont il ne fait aucun usage, voici comme il parle : Il a une
„ forme, à cause de la premiere & de l'unique beauté (que l'Auteur
„ trouve dans le corps humain), & tous les membres, mais non
„ pour s'en servir; car il n'a pas des yeux afin qu'il voye par-là,
„ puisqu'il voit de tous côtez; ayant un corps incomparablement plus
„ éclatant que l'esprit qui voit en nous, & plus brillant que toute
„ sorte de lumiere, en sorte que celle du soleil comparée à la sienne
„ devient ténébreuse. Il n'a pas non plus des oreilles, pour enten-
„ dre, car de tous côtez il entend, il connoît, il remue, il opere,
„ il agit. Mais il a la plus belle des formes, à cause de l'homme,
„ afin que ceux qui ont le cœur pur (*Matth. V.* 8.) le puissent voir
„ & se rejouir, à cause de ce qu'ils auront souffert ici bas....

Voilà les hommes; ils veulent tous une image de Dieu, quelle qu'elle soit, & chez les plus judicieux, cette image ressemble à ce qu'ils conçoivent de plus sublime. L'Etre au-dessus de tout est pourtant au-dessus de leurs sublimes conceptions.

CHAPITRE XXIII.

De l'infini & de l'idée de l'infini.

DIALOGUE ENTRE UN MÉTAPHYSICIEN ET L'AUTEUR.

LE dialogue qu'on va lire n'est point supposé : il est le résultat d'une conversation que j'eus, il y a quelques mois, avec un habile homme qui convint que mon sentiment méritoit la plus sérieuse attention. J'y ai peut-être mis un peu plus d'ordre qu'il n'y en eut dans notre conversation : c'est aussi tout ce que j'y ai mis. Au moment que j'allois commencer ce chapitre, il entre chez moi. Le titre étoit déja sur le papier, il le voit & s'écrie avec un ton tant soit peu avantageux (qu'il me pardonne cette sincérité) :

Le M. Beau sujet de méditation, sujet inépuisable, sujet immense ! Qu'est-ce que l'infini ?... Qu'est-ce que l'infini ?... Vous ne répondez point.

R. Non : je ne ne conçois point l'infini : je ne conçois rien dans l'infini. Plus je m'efforce d'y penser, plus je me persuade qu'il est téméraire à un esprit borné d'oser rien affirmer, ou nier, de l'infini.

Le M. Et moi, je vais vous apprendre ce que c'est que l'infini.

R. Je vous écoute.

Le M. L'infini est ce qui n'a point de bornes... Vous riez ?

R. Vous me donnez une définition du mot, qui ne m'apprend rien. J'attendois plus de votre savoir.

Le M.

CINQUIEME PARTIE.

Le M. L'infini eſt ce à quoi on ne peut rien ajouter (*).

R. Tout ce qui eſt, eſt donc infini ſelon vous.

Le M. Comment! tout ce qui eſt, eſt infini ſelon moi?

R. Aſſurément: car tout ce qui eſt, exiſte individuellement & complettement. L'individualité n'eſt pas ſuſceptible de plus: on n'y peut rien ajouter.

Le M. Vous le dites.

R. Prenez cette meſure. C'eſt un pied de douze pouces. Pouvez-vous y ajouter quelque choſe?

Le M. Pourquoi non? J'y ajoute un pouce, & j'en fais une meſure de treize pouces.

R. C'eſt-à-dire un pied de treize pouces, n'eſt-ce pas?

Le M. Non, mais un pied, plus un pouce.

R. Vous y voilà. Vous n'ajoutez rien au premier pied, vous en commencez un ſecond. Le pied eſt une meſure déterminée, & partant incapable de croître.

Le M. C'eſt une ſubtilité, & je dois rire à mon tour.

R. Elle vous ſemble telle.

Le M. Quand je dis que l'infini eſt ce à quoi on ne peut rien ajouter, j'entends que l'infini eſt une grandeur, ou quantité, ſi grande qu'il ne peut y en avoir une plus grande.

R. Prenez garde de varier encore. Une grandeur, telle qu'il eſt impoſſible qu'il y en ait une plus grande, eſt-elle pour cela infinie?

Le M. Si elle ne l'eſt pas, quelles bornes lui donnerez-vous?

(*) Cette définition eſt d'Ariſtote.

Tome II. F

R. Elle pourroit avoir pour bornes l'impossible, une contradiction, sans être infinie...

Le M. Mauvais raisonnement. Ce qui n'est borné que par le rien, n'a point réellement de bornes.

R. Vous êtes difficile. Supposons donc une infinité d'hommes, ou, pour conserver vos termes, un nombre d'hommes, si grand qu'il ne puisse pas y avoir un seul homme de plus. Ce nombre est infini, selon votre définition.

Le M. C'est l'infini même.

R. Vous allez convenir du contraire.

Le M. Vous m'y amenerez avec peine.

R. Si je vous trouve un nombre double & quadruple de celui que vous prétendez infini, persisterez vous encore à lui donner ce nom ?

Le M. Un nombre double & quadruple d'un nombre d'hommes, supposé si grand qu'il ne puisse pas y en avoir un plus grand ? Cela implique.

R. Vous admettez la supposition d'une infinité d'hommes. Vous supposerez bien aussi, je crois, que chaque individu de cette collection infinie a deux mains & deux pieds, comme vous & moi. Dès lors voilà un nombre de mains double du nombre des hommes, & encore un nombre de pieds double du nombre des hommes : les deux nombres doubles en font un quadruple ; & le tout fait ensemble un nombre tel que celui que vous dites infini, n'en est pourtant que le cinquieme. Jugez à présent si un nombre d'hommes, si grand que Dieu même n'y puisse plus ajouter une seule unité, est véritablement infini.

Le M. Je conçois clairement que, dans un nombre d'hommes borné & déterminé, il y auroit plus de mains & de pieds, que d'hommes. Mais à l'égard d'une infinité d'hommes... je ne sais qu'en dire. Peut-être ne devois-je pas admettre la supposition ?

CINQUIEME PARTIE. 83

R. Elle est d'après vous: c'est le résultat de votre définition de l'infini. Cependant nous en prendrons une autre, si vous l'aimez mieux.

Le M. Voyons.

R. La créature n'a qu'un certain dégré d'intensité. Dieu ne peut pas créer l'infini.

Le M. Je ne le pense pas. Si Dieu pouvoit créer l'infini, il pourroit créer un Etre semblable à lui.

R. Mais il peut tout créer, à l'infini près.

Le M. Que s'ensuit-il?

R. Vous l'allez voir. Supposons que Dieu eût tout créé, à l'infini près. Dans cette hypothèse le monde seroit si grand qu'il ne pourroit l'être davantage, & ne seroit pourtant pas infini.

Le M. Je ne vous passerai pas cette seconde supposition: je me suis trouvé trop serré par la premiere. La puissance de créer est infinie, & conséquemment inépuisable.

Si je disois que l'infini est tout ce qui est? Car s'il y avoit quelque chose de plus que l'infini, l'infini seroit borné par ce sur-plus, & ne seroit pas l'infini.

R. Fort bien. Vous croyez Dieu infini. N'existe-t-il rien outre Dieu?

Le M. Mais... si...

R. Non: restez-en là. Il ne nous appartient pas d'expliquer ce que c'est que l'infini. L'infini est pour nous l'incompréhensible. Il nous est aussi impossible de le définir, que de le concevoir.

F 2

CHAPITRE XXIV.

De l'idée de l'infini.

Suite du Dialogue precedent.

Le M. Nous retombons infenfiblement dans une autre queftion, fur laquelle nous ne fommes point encore d'accord, je veux dire l'idée de l'infini. Le célebre médecin philofophe, le premier d'entre les modernes qui ait fuivi avec méthode les opérations de l'efprit humain, celui dont je vous ai oui dire que la philofophie étoit par rapport à celles de Defcartes & de Mallebranche, ce que l'hiftoire eft par rapport aux romans; Locke en un mot, car fon nom eft fon plus grand éloge, Locke que vous lifez & citez fi volontiers, ne dit-il pas que nous avons la faculté d'agrandir nos idées jufqu'à l'infini (*)?

R. Si Locke le dit, il fe trompe & oublie fes principes. N'accufons pas légérement un auffi grand homme. Locke diftingue l'idée de l'infinité de l'efpace, & l'idée d'un efpace infini. Il nous accorde l'une, & nous refufe l'autre. Il prouve très bien que nous ne pouvons avoir une idée pofitive d'une durée infinie, d'un nombre infini, ou de tel autre infini. Il croit pourtant qu'il y a quelque chofe de pofitif dans ce qu'on prend pour l'idée de l'infini. Quand on le fuit attentivement dans cette difcuffion, on convient affez volontiers avec lui. Si l'on en perd un feul mot, cette légere diftraction fait prendre à contrefens ce qu'il dit.

Le M. C'eft-à-dire que vous allez commenter Locke.

(*) Voyez ci-devant le chapitre II, & la note (*d*).

CINQUIEME PARTIE.

R. Je le respecte trop pour le commenter. Et quoique mon respect pour lui n'aille pas jusqu'à regarder son livre comme la Bible des métaphysiciens, je crois néanmoins que la méditation est le seul commentaire que l'on doive se permettre de faire de son excellent traité concernant l'entendement humain. C'est faute de l'avoir médité & compris, qu'on l'a si souvent & si opiniâtrément contredit. Le philosophe anglois étoit aussi modeste que profond. Comparez-lui ses censeurs, vous les trouverez, pour la plûpart, aussi présomptueux que superficiels.

Le M. Avouez pourtant que par fois il est diffus, & que lui & son traducteur manquent de temps en temps de précision dans les termes.

R. Que ce défaut vienne de la matiere même, ou de l'imperfection du langage qui les a obligés, l'un & l'autre, à créer plusieurs mots, ou de leur propre inexactitude, ou enfin de ces trois causes réunies, c'est une raison pour le lecteur de redoubler d'attention, afin de bien saisir l'esprit de la lettre.

Le M. Je suis curieux de voir & d'éprouver votre méthode. J'ai toujours compris que Locke nous accordoit la faculté d'élargir nos idées jusqu'à cette prodigieuse étendue où l'infinité peut les porter, comme il s'exprime souvent.

R. Avoir l'idée de l'infini, & avoir une idée infinie, c'est la même chose, selon moi. Si Locke avoit soutenu une opinion si contraire au bon sens, je n'hésiterois pas à l'abandonner sur ce point. Je ne donne rien à l'autorité dans les matieres qui sont du ressort de ma raison. Mais je conçois autrement sa pensée.

Le M. Cet exorde commence à devenir long.

R. Lisez avec moi, je vous prie.

„ Quiconque a l'idée de quelque longueur déter-
„ minée d'espace, comme d'un pied, trouve qu'il

„ peut répéter cette idée, & en la joignant à la pré-
„ cédente, former l'idée de deux pieds, & ensuite
„ de trois par l'addition d'un troisieme, & avancer
„ toujours de-même sans jamais venir à la fin des
„ additions, soit de la même idée d'un pied, ou,
„ s'il veut, d'une double de celle-là, ou de quel-
„ que autre idée de longueur, comme d'un mille,
„ ou du diametre de la terre, ou de l'*Orbis magnus*:
„ car laquelle de ces idées qu'il prenne, & combien
„ de fois qu'il la double, ou de quelque autre ma-
„ niere qu'il la multiplie, il voit qu'après avoir
„ continué ces additions en lui-même, & étendu
„ aussi souvent qu'il a voulu l'idée sur laquelle il a
„ d'abord fixé son esprit, il n'a aucune raison de
„ s'arrêter, & qu'il ne se trouve d'un point plus
„ près de la fin de ces multiplications, qu'il étoit
„ lorsqu'il les a commencées. Ainsi la puissance
„ qu'il a d'étendre sans fin son idée de l'espace par
„ de nouvelles additions, étant toujours la même,
„ c'est de-là qu'il tire l'*idée d'un espace infini*. Tel
„ est, à mon avis, le moyen par où l'esprit se for-
„ me l'idée d'*un espace infini*. (*).

Vous voyez bien pourquoi j'ai choisi ce passage, préférablement à d'autres qui disent à peu près la même chose.

Le M. C'est qu'il est plus formellement contre vous.

R. Je me juge avec assez de rigueur pour avoir eu ce motif : l'intérêt de mon instruction l'exige. Ma raison principale est pourtant que ce passage remonte à la source de l'idée prétendue d'un espace infini, & qu'on apprécie mieux les choses dans leur origine, où elles paroissent ce qu'elles sont, sans déguisement.

(*) *Essai philosophique concernant l'entendement humain, &c.* Liv. II. Chap. XVII. qui a pour titre *De l'Infinité.*

Le M. Voyons donc ce que vous concluez de ce passage.

R. Que Locke entend par la puissance de répéter sans fin nos idées, ou de les étendre jusqu'à l'infini, la faculté de pouvoir encore les étendre & les multiplier, quelque extension que nous leur ayions déja donnée, & quelque multiplication que nous en ayions déja faite. Or si quelle que soit l'étendue où nous ayions porté notre idée de l'espace, & quand même nous l'aurions multipliée par toute l'infinité du nombre sans fin (pour abuser des mots comme lui), ou, avec une infinité de nombres multipliés sans fin (pour me servir des termes aussi obscurs de son traducteur) (*); si, dis-je, malgré tout cela, nous pouvons encore ajouter à cette idée de l'espace, elle n'est pas l'idée d'*un espace infini*.

Le M. Comment donc entendre ce que dit le même, savoir que notre idée de l'espace est sans bornes, que notre idée du nombre est sans bornes, que notre idée de la durée est sans bornes ?

R. Je viens de vous en donner l'explication. Ces expressions signifient seulement que notre idée de l'espace, du nombre, de la durée, n'a point de bornes nécessaires qui nous obligent de nous arrêter : autrement, que ces idées ne sont jamais si grandes que nous n'ayions encore la faculté d'y ajouter, même de les doubler, tripler, &c. Il y a bien loin de-là à l'idée d'un espace infini, laquelle nous représenteroit cet espace si grand qu'il ne seroit pas possible d'y ajouter, non plus qu'à son idée. Et Locke nie fortement que nous ayons une telle idée de l'espace.

Le M. Vous voulez que l'idée de l'infini le représente à l'esprit, tel qu'il est en lui-même, & con-

_____

(*) C'est ainsi qu'il rend ces mots anglois, *With all the Infinity of endless number.* Là-même.

féquemment que l'idée de l'infini soit infinie comme son objet?

R. Peut-elle être moindre? L'idée n'est l'idée, l'image, ou la représentation, que de ce qu'elle représente véritablement à l'esprit.

Le M. Je ne l'ignore pas.

R. Vous ne pouvez donc pas douter que l'idée de l'infini ne doive représenter l'infini, je dis l'infini actuel, & non l'infini en puissance : car il s'agit d'une idée actuelle, & non d'une idée en puissance.

Le M. Ainsi il est décidé que concevoir la durée, l'espace & le nombre, tels qu'on puisse toujours augmenter ces quantités, à quelque multiplication qu'elles soient portées, ce n'est rien moins que les concevoir infinies.

R. Rien moins. Si vous les conceviez infinies, votre idée les auroit élevées à une si haute multiplication qu'elle ne pourroit plus croître.

Le M. Réfléchir sur l'étendue de la bonté, de la sagesse, de la puissance, & des autres attributs de Dieu, les croire tels qu'ils ne puissent jamais être épuisés, tels que les actes n'en seront jamais si multipliés, ni si étendus, qu'ils ne puissent devenir plus grands & être encore en plus grand nombre : voilà certainement l'idée d'une bonté, d'une sagesse & d'une puissance infinie.

R. Voilà réellement à quoi se réduit tout ce que nous pouvons imaginer de la bonté, de la sagesse, de la puissance, & des autres perfections que nous attribuons à Dieu. Cela peut-il donc s'appeller concevoir leur infinité, ou les concevoir infinies? Vous accordez vous-même que jamais les actes n'en seront conçus tels & si multipliés, qu'ils ne puissent devenir plus grands & être encore en plus grand nombre : dès lors ils ne sont pas conçus infinis, ni en intensité, ni en nombre. L'idée qu'on en a, ne comprend rien que de fini : l'infini est au-delà.

Vous avez trop de sagacité pour ne pas sentir la différence qu'il y a entre se démontrer qu'une chose ne peut avoir de bornes, & se la représenter sans bornes. Nous affirmons que Dieu est infini; ce n'est pas sur une connoissance intuitive de son infinité, telle que seroit celle qui nous viendroit d'une idée claire & distincte. Nous le savons par voie de raisonnement; nous l'inférons de son aséité. Nous n'imaginons rien qui ait la force de le borner en aucune façon; nous pensons que la finité est une imperfection qui ne lui convient à aucun égard. Nous nions qu'il soit fini. Nier, pour de bonnes raisons, qu'une qualité soit dans un sujet, est-ce concevoir clairement la qualité contraire ?

Le M. Je commence à entrer dans votre pensée. Nous concevons que la puissance de Dieu ne peut pas être bornée, mais nous ne la concevons pas pour cela infiniment grande.

R. C'est précisément ce que je pense. Une opération d'un esprit fini comprendroit-elle l'infini ? La faculté d'agrandir nos idées passeroit-elle les bornes de notre esprit dont elle est une perfection ?

Le M. Je crains de m'être mal expliqué. Permettez-moi de recourir à un plus habile. Reprenons le livre de Locke.

„ Si je trouve que je conçois un petit nombre
„ de choses, & quelques-unes de celles-là, ou
„ peut-être toutes, d'une maniere imparfaite, je
„ puis former une idée d'un Etre qui en connoît
„ deux fois autant; que je puis doubler encore aussi
„ souvent que je puis ajouter au nombre, & ainsi
„ augmenter mon idée de connoissance en étendant
„ sa compréhension à toutes les choses qui existent,
„ ou qui peuvent exister. J'en puis faire de-même
„ à l'égard de la maniere de connoître toutes ces
„ choses plus parfaitement, c'est-à-dire, toutes
„ leurs qualités, puissances, causes, conséquences,
„ & relations, &c. jusqu'à ce que tout ce qu'elles

,, renferment, ou qui peut y être rapporté en
,, quelque maniere, soit parfaitement connu : par
,, où je puis me former l'idée d'une connoissance
,, infinie, ou qui n'a point de bornes" (*). Cela
est-il formel ?

R. Avant que je vous réponde, je vous prie de faire deux observations : la premiere est que ces deux expressions, *infini* & *qui n'a point de bornes*, ne sont pas synonimes en soi ; l'une signifie une quantité qui peut toujours croître, & l'autre une quantité qui ne peut plus croître, deux choses directement opposées. Il est bien vrai que le philosophe anglois paroît en faire ici deux termes équivalens, il paroît aussi qu'en ce cas il n'attache au mot *infini*, que la signification de ces autres paroles, *qui n'a point de bornes*, ou, qui peut toujours croître: en ce sens, l'infini est l'indéfini seulement. On lui avoit reproché, avant moi, de prendre l'un pour l'autre. Ce reproche n'étoit pas sans fondement. Ma seconde remarque, c'est que si Locke, peu d'accord avec lui-même, admet ici l'idée positive de l'infini, qu'il rejette formellement ailleurs, je ne me charge point de l'apologie de cette contradiction.

Le M. A quoi ces préliminaires vont-ils aboutir ?

R. A me servir du même principe pour en tirer une conséquence toute contraire. Si je trouve que je conçois un petit nombre de choses, & quelques-unes de celles-là, ou peut-être toutes d'une maniere imparfaite, je puis former une idée d'un Etre qui en connoît deux fois autant, que je puis doubler encore aussi souvent que je puis ajouter au nombre; & comme jamais je ne parviendrai à un nombre que je ne puisse doubler, je pourrai toujours augmenter mon idée de connoissance, & jamais je

---

(*) Lisez la suite ci-devant Chapitre II. page 12.

n'étendrai la connoissance de cet Etre à toutes les choses qui existent, ou qui peuvent exister : car alors je serois au *maximum*, & mon idée ne seroit plus susceptible d'augmentation. Ainsi la faculté que j'ai d'ajouter toujours à mon idée de connoissance, quelque grande qu'elle soit, démontre invinciblement que je n'ai point l'idée d'une connoissance infinie, qui ne peut croître.

Quant à une maniere de connoître plus parfaite que la mienne, je tâcherois en vain de l'étendre à toutes les qualités, puissances, causes, conséquences, relations & dépendances des choses, ni à tout ce qu'elles renferment, ou ce qui peut y être rapporté. Pour l'étendre ainsi à tous les possibles, il faudroit que tous les possibles fussent présens à ma pensée: ce qui ne peut être. A quoi se réduiront toutes mes tentatives à ce sujet? A ne ne pouvoir rien imaginer entre les choses existantes ou possibles, qui soit inconnu à l'Etre tout-scient. Du reste, tout ce à quoi mon idée étendra sa compréhension, sera toujours déterminé & très éloigné de l'infini. Je n'y comprendrai jamais qu'un certain nombre de choses, de qualités, de causes, de puissances, &c.

La même lumiere qui m'enseigne que les perfections de Dieu sont infinies, m'apprend aussi qu'elles sont inconcevablement infinies.

Vous ne pouvez leur assigner de bornes. Ne prétendez donc pas les concevoir: si vous les conceviez, elles auroient les bornes de votre intelligence. Vous sentez que, pour grandes que vous les conceviez, elles le sont encore davantage; vous convenez avec Locke, que lorsque nous nommons ces attributs infinis, nous n'avons aucune autre idée de cette sorte d'infinité, que celle qui nous porte à réfléchir sur le nombre & l'étendue de leurs actes ou de leurs objets, & à penser que ces actes ou objets ne peuvent jamais être supposés ou conçus en si grand nombre, que ces attributs ne soient toujours bien au-delà (*). Leur infinité n'eſt donc pas dans votre idée.

Le M. J'inſiſterai encore, s'il vous plaît, avec un de nos contemporains dont les écrits vous ſont connus. C'eſt l'Auteur des *Lettres à un matérialiſte.* Selon lui, rien ne tient de plus près à l'infini, que nos idées. Voici comme il explique ſon ſentiment par un exemple: Je me ſens exiſter par l'opération d'une cauſe que je connois pour tout-puiſſante, & pour infiniment productrice. Ma ſubſtance propre devient ſous ce coup d'œil un type, un modele conformément auquel je ne puis douter que le Tout-puiſſant ne puiſſe faire une infinité d'Etres ſemblables à moi. Cette conſidération rend univerſelle la notion que j'ai de moi-même: elle devient idée & comprend tous les hommes. Or qu'eſt-ce qu'une idée qui me repréſente comme le type d'une infinité d'Etres ſemblables à moi, ſinon l'idée d'une infinité d'hommes (†)?

R. J'ai déja répondu. Généraliſez tant & tant que vous pourrez, l'idée de votre être, le nombre d'individus auquel vous l'étendrez, ſera toujours un nombre fixe & déterminé, qui, loin d'être l'infini, n'en approchera pas.

En rapportant la notion de votre ſubſtance à la cauſe ſouveraine, vous direz bien: Je ſuis le type de tous les Etres poſſibles ſemblables à moi. Et vous aurez raiſon, parce que le poſſible eſt la meſure de la puiſſance infinie de Dieu. Mais l'idée d'une infinité d'hommes offriroit à votre eſprit tous les hommes qui ont été, qui ſont, ou qui peuvent être, comme formés ſur votre modele. Suffit-il de ſe dire le type d'une infinité d'Etres, pour avoir cette infinité préſente à l'eſprit?

(*) *Eſſai philoſophique concernant l'entendement humain* Liv. II. Chap. XVII. au commencement.

Enfin je ne vois point de différence entre avoir l'idée de l'infini, & comprendre l'infini. Quiconque soutient que l'infini est incompréhensible, doit nier que nous ayons l'idée de l'infini. Si quelqu'un dit que l'infini est à sa portée, son esprit & le mien n'ont pas été jettés dans le même moule. Je l'en félicite, & ne puis le croire. Si je le croyois, je serois tenté de l'adorer comme un Dieu, sous une forme humaine. L'infini ne se comprend point par parties : on le comprend infiniment ou point du tout. Il faut donc être l'infini pour le comprendre.

Le M. Doucement... Reprenez votre sang-froid.

CHAPITRE XXV.

De la vraie signification de ces mots infini, immense, éternel, & autres semblables.

De l'idée négative de l'infini.

SUITE DU MEME DIALOGUE.

LE *M.* Si ce mot *infini*, & les autres semblables, *immense*, *éternel*, &c. désignent des qualités dont nous n'avons pas l'idée, comment se sont-ils introduits dans le langage ? Les mots ont été inventés pour être les signes de nos pensées. Cela étant, nous devons avoir l'idée de ce qu'ils expriment.

R. La question n'est pas aussi difficile à résoudre qu'elle vous semble l'être. Les mots *immense*, *éternel*, *infini*, & autres, ne sont que des négations de choses ou qualités dont nous avons l'idée. Nous connoissons des êtres limités. Nous nions que Dieu soit borné, comme eux, & nous l'appellons un Etre immense, c'est-à-dire qui n'est point limité.

(†) Voyez encore ci-devant Chap. XVIII.

Nous connoissons de même une existence qui a commencé, & qui passe. Nous nions que l'existence de Dieu ait eu un commencement, & qu'elle doive avoir une fin, ce qui s'exprime précisément par une existence éternelle. Nous sentons que toutes nos puissances & propriétés sont finies, & nous nions que les attributs de Dieu le soient. Pour le nier avec fondement, il suffit de concevoir positivement ce que c'est qu'être fini, borné, limité, & que nous sachions que cette imperfection ne convient point à l'Etre par soi, à l'Etre nécessaire, à l'Etre absolument indépendant.

Vous voyez que ces épithetes *immense*, *infini*, *éternel*, &c. n'ont qu'un sens purement négatif, & qui n'exige d'autre idée que celle de la chose niée.

Sans entrer dans des raisonnemens plus profonds & plus abstraits, peu à la portée de tout le monde, qui ajouteroient peut-être de nouvelles ténebres à l'obscurité naturelle de la question, rappellons-nous la source de toutes nos idées. Toutes nos perceptions nous viennent de la contemplation des créatures : elles sont toutes de choses finies comme nous. Si nous voulons penser à l'Auteur de la Nature, qui n'en a point l'imperfection, nous usons de la faculté que nous avons d'agrandir les idées sim-

---

(*o*) Ceux qui ne se contenteront pas de cette solution, pourront lire l'objection & la réponse exposées sous un autre jour, en la maniere suivante :

„ Qu'est-ce donc que je conçois quand je parle de *l'infini absolu* ?
„ Il faut bien que nous le comprenions & que nous en ayons l'idée,
„ puisque nous nous entendons nous-mêmes, quand nous prononçons
„ ce mot *infini absolu*, auquel nous attachons un autre sens qu'au
„ mot *infini en puissance*. Or le sens que nous attachons à l'infini
„ absolu, ne sauroit être que l'idée même de l'infini absolu.
„ La réponse à l'objection est aussi facile, que quelques esprits
„ purement imaginatifs, la croient impossible à donner. Par *infini*
„ *absolu*, j'entends une étendue si grande que mon esprit n'y puisse
„ rien ajouter ; mais cette supposition même est fausse : car il m'est
„ impossible de concevoir en aucun objet une si grande étendue de
„ perfections, que je n'y puisse pas encore ajouter dans ma pensée.
„ Lors donc que j'emploie le terme d'*infini absolu*, je veux par cette

CINQUIEME PARTIE.

ples que la Nature nous fournit. Après de vains efforts, voyant que cette faculté ne nous fait jamais rien concevoir que de borné & de fini, nous avons recours à des considérations externes qui nous portant à nier que les objets de ces idées simples aient des bornes dans Dieu, quoiqu'ils en aient nécessairement dans notre intellection. Il est évident que nous ne pouvons alors exprimer notre pensée à cet égard, que par des termes qui contredisent ce que nous concevons.

Le M. Il s'ensuit que ce mot *infini*, est dans notre bouche pour désigner quelque chose au-delà du fini qui est dans notre esprit; & que ne comprenant pas ce quelque-chose, nous ne le pouvons désigner qu'en l'opposant à ce que nous comprenons, par une négation qui le contredise (*o*).

R. C'est mon sentiment. Il faut raisonner de l'infini comme de l'inconcevable. Quand vous dites que Dieu est inconcevable, cela signifie que tout ce que vous concevez n'est pas Dieu. Quand vous appellez Dieu, un Etre infini, cela veux dire aussi que tout ce qui est fini n'est pas Dieu. Du reste, si vous conceviez l'infini, il n'y auroit rien d'inconcevable pour vous.

„ expression indiquer *une chose incompréhensible*. Quand je prononce
„ ce mot même *incompréhensible*, j'entends ce que je dis; s'ensuit-il
„ pour cela que je comprenne ce qui est incompréhensible ? Non;
„ mais ce que je dis est un mot qui indique un objet où j'avoue
„ que je ne comprends rien; c'est ainsi que j'entends ce que je dis
„ en prononçant le mot *infini absolu*: j'indique un objet où je ne
„ comprends rien.
„ Je puis bien croire que cet infini existe effectivement: comme
„ je puis supposer ou croire qu'il existe des choses incompréhensibles
„ dont je n'ai & ne puis avoir l'idée ; de même qu'un aveugle né
„ suppose qu'il y a des couleurs, mais dont il n'a point d'idée : ce-
„ pendant il peut employer & il emploie quelquefois le mot *couleur*,
„ pour indiquer une chose où il ne comprend rien. Je parle ainsi de
„ l'*infini absolu* & de Dieu qui est *absolument infini*, sans pouvoir
„ comprendre son infinité absolue". *Traité des premières vérités*,
II Partie, Chapitre XII.

Le M. Je ne trouve pas votre réponse assez directe. Il me semble, suivant votre explication, que ce mot *infini*, n'exprime pas en effet ce que je lui fais signifier.

R. C'est peut-être que vous lui faites signifier plus qu'il ne signifie en effet. Un mot ne peut pas exprimer plus que ce qu'il y a dans la pensée de celui qui le prononce. Si donc il n'y a dans votre esprit, lorsque vous pensez à l'infini & que vous prononcez ce mot, qu'une pure négation du fini, il exprime tout ce que vous pouvez lui faire signifier. Il distingue l'infini de tout ce qui a des bornes. Mais ne lui faites pas signifier l'infini tel qu'il est en lui-même, si votre pensée ne vous représente pas l'infini tel qu'il est en lui-même.

Le M. Comment me persuaderez-vous que par l'infini, nous ne concevions qu'une pure négation du fini, vu qu'il n'y a rien de négatif dans l'infini? Manquer de bornes n'est-ce pas avoir la plénitude de l'Être, vous demanderai-je avec l'Auteur que j'ai déja cité? N'est-ce pas dans le fini qu'est la négation de tout ce qui n'existe pas dans les bornes qui le resserrent?

R. Je n'en disconviens pas: tout est positif & absolu dans l'infini en lui-même (*). C'est pourquoi nous ne pouvons en avoir qu'une idée négative.

Le M. Fort bien, nous ne pouvons concevoir que négativement, ce qui ne peut exister que d'une maniere positive.

R. Vous subtilisez, & je raisonne. Tout ce qu'il y a de positif dans nos idées, n'est-il pas circonscrit par les limites naturelles de notre conception?

Le M. Je ne puis le nier.

(*) Voyez encore ci-après au sujet de la perfection infinie.

R.

CINQUIEME PARTIE.

R. Notre conception n'est-elle pas bornée ?

Le M. Je le sens.

R. L'infinité absolue & positive ne peut donc être représentée par le positif de notre idée.

Le M. Elle ne l'est pas aussi par le négatif de notre idée.

R. Je ne le dis pas non plus. Je pense seulement que l'infini est au-delà de tout ce que nous concevons ; que tout ce que nous concevons, ou qui constitue notre idée, est négatif de l'infini. Vos armes se tournent ici contre vous. N'avez vous pas dit que c'étoit dans le fini qu'étoit la négation de tout ce qui n'existoit pas entre les bornes qui le resserroient ?

Le M. Je l'ai dit d'après un de nos habiles contemporains.

R. Vous conviendrez donc aussi que dans une idée nécessairement finie, est la négation de tout ce qui n'existe pas entre les bornes qui la resserrent, & que puisque cette idée finie ne contient pas l'infini, elle est négative de l'infini.

Le M. Comme cette derniere instance n'est pas le moi, je l'abandonne.

R. Vous faites sagement. Que chacun prouve ce qu'il avance. Notre idée étant négative de l'infini qu'elle ne comprend pas, l'infini est réciproquement négatif du fini que notre idée comprend.

Le M. Je pressens votre conclusion ultérieure, & je la puis tirer pour vous. De quelque façon qu'on l'entende, l'infini n'est point dans notre idée, & dans notre bouche il n'a qu'une signification purement négative.

R. Quoique nous disions avec raison que Dieu est infini, cette expression, loin d'être le signe d'une conception pleine & entiere de l'infinité de Dieu,

Tome II. G

marque au contraire l'impuissance où nous sommes de la comprendre, & signifie seulement que Dieu n'est pas fini, comme tout ce que notre pensée peut se figurer de plus grand & de plus sublime. Un pilote sonde la mer avec la plus longue corde qu'il puisse trouver. Sa mesure n'atteignant pas le fond, lui fait connoître qu'il y a encore de la profondeur, au-delà de celle qu'il a mesurée, qu'il ne peut évaluer, faute d'une mesure assez longue. Cette comparaison est de Locke. De même pouvant toujours ajouter à notre idée, quelque grande qu'elle soit, nous sentons toujours qu'il y a quelque chose au-delà, qu'elle ne peut atteindre, faute d'être assez vaste.

CHAPITRE XXVI.

Si l'infinité peut convenir à l'intelligence, à la bonté, à la sagesse, à la justice, &c. selon l'idée simple que nous avons de ces qualités?

L'INFINITE' ne peut convenir à aucune de nos idées, ou l'infini ne sauroit être l'objet représenté par aucune de nos idées. C'est ce qui a été démontré dans le dialogue qu'on vient de lire. Il ne s'agit plus de ce point.

Nous avons des idées simples de bonté, de sagesse, de justice, d'intelligence, &c. Les facultés représentées pas ces idées simples, sont-elles susceptibles de l'infinité en elles-mêmes? L'intelligence, la bonté, la sagesse, la justice, &c. peuvent-elles être infinies, selon l'idée que nous avons de ce qui les constitue? C'est ce que nous allons examiner.

Cette question décidée jettera un grand jour, ce me semble, sur celle qui nous occupe, savoir si ces qualités appartiennent à Dieu, selon l'idée que nous en avons. La meilleure idée que nous puissions avoir naturellement de l'Etre suprême, résulte de l'assemblage des idées simples d'existence, de bonté, de puissance, & autres perfections portées à l'infinité. L'on avoue que, hors cette infinité, ces qualités sont celles des créatures, & qu'elles ne conviennent à Dieu que par l'infinité qu'on leur attribue. Si je prouve que l'infinité leur est faussement attribuée, & qu'elles n'en sont, en aucune façon, susceptibles, j'aurai prouvé qu'elles ne peuvent appartenir à Dieu.

Il ne me sera pas difficile de faire voir que l'intelligence & les autres qualités dont nous avons l'idée simple, ne sont point du tout capables de l'infinité. C'est un corollaire à tirer des principes qui ont été exposés ci-devant, & que personne ne conteste : savoir, que la notion de ces qualités nous est fournie par les créatures ; que ces qualités, selon l'idée simple que nous en avons, sont d'une nature toute humaine ; qu'elles ne peuvent nous être connues que de la maniere toute humaine dont elles existent dans les Etres créés. Des vertus dont la notion nous est fournie par les créatures, qui ne nous sont connues que de la maniere & parce qu'elles existent dans les Etres créés, des vertus d'une nature toute humaine, sont elles capables de l'infinité, selon l'idée que nous avons de ce qui les constitue ?

Quoique nous ne comprenions pas tout ce qui est dans la Nature, nous ne comprenons rien que de naturel. Aussi nous appellons surnaturel, ce qui ne pouvant être compris, ne peut devenir l'objet de notre idée. Ni la Nature, ni rien de naturel, ne peuvent être infinis comme Dieu & tout ce qui est dans Dieu. Je dois dire infini comme Dieu, parce que, si l'on admet divers ordres d'infinis, il s'agit ici du dernier ordre, qui est l'infinité de Dieu même.

L'idée que nous avons de ce qui constitue l'intelligence, la bonté, la justice, &c. nous les représente comme des appartenances de notre nature, comme des qualités faites pour nous & uniquement pour nous. Loin que nous les imaginions convenables à l'Etre infini, le bon-sens nous dit qu'elles seroient inutiles à une nature au-dessus de la nôtre, sans lui être infiniment supérieure. Elles ont leur raison dans la constitution interne de notre être, dans nos besoins, nos relations & notre fin. Ce qui les constitue est donc quelque chose d'humain, & par-là intrinséquement incompatible avec l'infini. Elles ont donc une imperfection métaphysique, nécessaire, qui fait partie de leur essence, & qui les rend absolument incapables d'être portées à l'infinité, en quelque circonstance que ce soit.

Non seulement nous concevons ces qualités comme finies, & ne pouvons jamais les concevoir que finies, mais la moindre attention nous fait sentir qu'elles sont susceptibles de plus & de moins, que nous avons le pouvoir de les agrandir sans cesse en idée, sans parvenir à des termes qui nous forcent de nous arrêter : ce qui exclut encore l'infinité. Dans l'infini, il n'y a ni parties, ni dégrés, non plus que dans le néant. Ce qui a des parties & des dégrés, ne peut croître jusqu'à devenir infini. S'il le pouvoit, il n'y auroit plus de bornes nécessaires entre le fini & l'infini. Cependant l'infini differe infiniment du fini: l'un est la négation de l'autre. Comme l'infini ne peut cesser d'être l'infini, le fini ne peut cesser d'être le fini. Ses bornes peuvent être reculées, mais il en aura toujours. Le fini aura beau croître & s'étendre, il n'ajoutera jamais que des quantités finies à des quantités finies ; pour grandes qu'elles soient, & quelque multiplicité d'additions que l'on fasse, elles ne rempliront point la distance qui le sépare de l'infini. Le fini est tel de sa nature, comme l'infini.

Rappellons-nous encore une fois comment on s'y prend pour porter la bonté, la puissance, la justice, l'intelligence, jusqu'à l'infinité. L'illusion de ce procédé prouve, d'une maniere bien sensible,

CINQUIEME PARTIE.

tout ce que j'avance. Les idées simples de ces qualités ne sont que des représentations de qualités humaines, & rien davantage. On les considere donc, comme nous avons dit, abstractivement aux substances finies où elles résident; abstractivement à leurs limites & autres imperfections, quoique nécessaires; abstractivement à ce qui les constitue; abstractivement à ce qu'elles ont d'humain. On est bien avisé d'en agir ainsi: car tant qu'elles ont quelque chose d'humain, il y auroit de la contradiction à les supposer infinies. Mais elles sont toutes humaines, ce sont des facultés de l'homme, des propriétés constitutives de sa nature. Si on les dépouille de tout ce qu'elles ont d'humain, on leur ôte tout ce qu'elles ont, tout ce qu'elles sont en elles-mêmes. Il n'en reste plus rien. Sublimes métaphysiciens, voilà où aboutissent les grands efforts de votre imagination, pour élever la sagesse & l'intelligence jusqu'à l'infinité. Vous n'y élevez qu'un pur néant de sagesse & d'intelligence, dont vous faites un attribut divin, par la plus vaine des suppositions.

Je ne sais si j'ai le talent de me faire comprendre. Ce que je dis a, dans mon esprit, un dégré d'évidence auquel je ne puis me réfuser. Je suis intimement convaincu qu'il est impossible qu'aucune des puissances, ou propriétés, que nous contemplons dans la Nature, existe infiniment dans quelque Etre que ce soit. Leur infinité me semble imaginée contre toute raison, tant que les mots qui les expriment conserveront le sens qu'ils ont, lorsqu'on les emploie pour signifier des puissances, ou propriétés, semblables en essence à celles des créatures. Si on leur fait perdre leur signification primitive, & qu'on veuille s'en servir à désigner des attributs de Dieu que je ne comprends pas, loin d'avoir de la répugnance à attribuer l'infinité à leurs objets incompréhensibles, je ne balancerai pas un instant à dire que tous les attributs de Dieu sont infinis comme lui. Il faudra aussi m'accorder que ces attributs n'auront rien d'analogue avec les perfections créées & finies, que ces mêmes expressions désignent lorsque je les applique aux créatures : signification seule selon laquelle je les peux concevoir. Je me réserve encore le droit d'examiner si l'on seroit plus fondé à dénaturer ces mots *intelligence*, *bonté*, *justice*, *sagesse*, & autres, que les idées dont ils sont les signes, ou les facultés humaines qu'ils expriment.

CHAPITRE XXVII.

De la perfection. Si l'idée que nous avons de la perfection est applicable à Dieu ?

L'Etre, qui existe par lui-même, par la nécessité de sa nature, existe de la maniere la plus parfaite : sa perfection est sans bornes : il est le parfait absolu.

Je ne comprends ni ce que c'est qu'exister par la nécessité de sa nature, ni ce que c'est que l'absolue perfection.

Je sens que je suis un Etre contingent, qui n'a pas toujours existé, qui peut cesser d'exister : car au moment que j'existe, je n'ai aucune certitude que mon existence sera prolongée jusqu'au moment qui suit. La Nature se renouvelle sans cesse sous mes yeux. Je vois des individus de toutes les espèces tomber par milliers à mes côtés, j'en vois d'autres les remplacer, & dès leur naissance je présage qu'ils auront le même sort. J'attends l'heure où le temps de ma durée écoulé, me forcera de céder la place à ceux à qui j'ai donné l'existence, pour la transmettre à d'autres & puis la perdre. Quoique les espèces me semblent permanentes, qu'au moins je n'en voie aucune disparoître, elles ne sont pourtant que des collections d'individus contingens : comment de telles collections d'individus pourroient-elles exister nécessairement d'une nécessité métaphysique? Je me dis donc: Si tous les Etres ont commencé d'exister, il y a eu un moment où rien n'existoit. Et s'il y a eu un moment où rien n'existoit, rien n'a pu exister. D'où l'existence seroit-elle venue? Le néant ne peut produire quelque chose; ce qui n'est pas ne peut se faire soi-même. De-là je conclus sans beaucoup de peine l'existence éternelle de l'Etre par soi, d'un Etre qui est par la nécessité de sa nature. Cette aséité ne m'est pas connue pour cela, par une idée claire & distincte. Tout ce que j'en sais, c'est qu'elle est opposée à ce que je nomme contingence & que je comprends. Exister par soi-même, par la nécessité de son être, ou, ne pas devoir son existence à un autre: ces deux expressions ont justement le même sens, & un sens d'une étendue précisément égale pour moi. La premiere n'offre rien de plus à mon esprit, que la seconde.

Je me sens borné en tout & partout. Je ne trouve aucune de mes facultés assez grande à mon gré. Ma mémoire m'est souvent infidele; je me plains que ma volonté n'est pas toujours assez droite, mon jugement assez éclairé, ma raison assez sure. Leur imperfection m'est souvent incommode & à charge: quelquefois elle se manifeste avec une telle incommodité, que je suis contraint de me distraire de cette pensée pour ne m'en pas affliger. Ce n'est pas que je sois tenté d'accuser le Créateur de m'avoir rien refusé de ce qu'exige la place qu'il m'a donnée dans son œuvre. L'homme, ainsi que toute autre créature, a tout ce qui lui convient. Il y a entre les facultés de son ame, & les organes de son corps, la proportion naturelle que requiert l'union des deux substances. L'Etre mixte qui résulte de cette union, ne manque d'aucune des puissances nécessaires pour remplir ses relations avec les autres parties de l'univers. Toute essence est parfaite dans ce sens-là. D'un autre côté, les relations des

Etres créés font bornées comme leur nature; & ni celle-ci, ni les autres, ne suppofent qu'un certain nombre de facultés plus ou moins limitées. C'eſt-à-dire que toute eſſence créée eſt imparfaitement parfaite, ſi j'oſe ainſi m'exprimer: parfaite en ce qu'elle a tout ce qui lui convient, imparfaitement parfaite, parce que ſa perfection eſt relative & limitée.

La conſcience intime de nos imperfections, ou des bornes de nos facultés, nous porte naturellement à penſer à des Etres plus ou moins parfaits que nous, juſques à une progreſſion dont nous ignorons les termes. Les extrêmes ſont le néant de perfection, & l'infinie & abſolue perfection dont nous n'avons pas d'idée.

Qu'on diſe, tant qu'on voudra, que la perfection abſolue eſt le bien infini, le bien ſuprême auquel on ne peut rien ajouter, dont auſſi on ne peut rien ôter. Cet éclairciſſement n'eſt qu'obſcurité pour quiconque ne comprend pas poſitivement l'infini. Je conçois qu'il peut y avoir & qu'il y a des Etres plus parfaits que moi: je conçois que ces Etres peuvent être plus parfaits que moi, ſans être infiniment parfaits: je conçois encore que quelque perfection que je leur donne, elle n'eſt jamais qu'une perfection bornée, relative, ou de convenance. Dites-vous cette perfection infinie? Je n'y conçois plus rien, ſinon qu'elle n'eſt pas finie comme la mienne & celle des autres créatures, la ſeule que je conçoive.

Le ſens le plus ordinaire, le plus propre; que dis-je? Le ſens unique que je puis donner au mot *parfait*, eſt d'exprimer que la choſe conçue parfaite a tout ce que je ſuppoſe qu'elle doit avoir, ſans néanmoins que je me flatte de l'aſſigner en détail & de ne rien omettre. C'eſt uniquement par la fin de la choſe que quiconque n'en pénetre pas l'eſſence, peut juger de ce qu'elle doit avoir. La deſtination des Etres eſt pour lui la meſure naturelle de leurs facultés. Il y auroit plus que de l'inexactitude à vouloir appliquer cette idée de la perfection à Dieu qui, n'ayant pas été fait, n'a ni destination, ni fin.

L'œil est fait pour voir. L'œil qui voit bien est bon & parfait. Celui qui voit mieux est meilleur & plus parfait. La perfection de cet organe varie dans les individus, selon les dégrés de force & de netteté de la vue. Tout ce qui a ce qu'il lui faut pour remplir sa fin, est bon & parfait. Le Créateur, voyant que ses ouvrages étoient propres & convenables aux fins qu'il s'étoit proposées en les faisant, dit qu'ils étoient bons. Mais quel rapport cette bonté, ou perfection, peut-elle avoir avec celle de Dieu? Rien de tout ce qui est dans la Nature, n'est bon que relativement. L'ensemble des choses créées n'a de même qu'une perfection de convenance, selon l'intention de l'Auteur de la Nature: intention qu'elle doit remplir, & qu'elle remplira infailliblement, parce que les volontés de l'Eternel sont infaillibles. Si jamais nous avons jugé que quelque chose fût parfaite, ç'a toujours été en vue d'une fin à quoi elle nous sembloit propre. Nous n'avons point d'autre idée de la perfection, & cette idée ne convient point à l'Etre nécessaire qui n'a point de fin à remplir.

Quelques-uns s'expriment fort inexactement encore, en disant que la perfection absolue est l'amas de toutes les perfections. Une foule de raisons rendent cette notion improbable.

1º. Cet amas de toutes les perfections renfermeroit celles des créatures, qui n'ont rien de surnaturel & qui puisse appartenir à l'essence divine.

2º. Dans une collection quelconque de perfections aucune n'est absolue : aucune n'est bonne que par sa relation & son accord avec les autres.

3º. Qui dit amas ou collection, dit multiplicité; la perfection absolue exclut tout nombre, comme toute borne. Elle n'est ni deux, ni trois, ni un nombre infini de perfections, car il n'y a point de nombre infini, mais une perfection infinie & très simple.

4°. Rien n'empêcheroit de parcourir en détail cet assemblage de perfections, au moins d'en énumérer quelques-unes, de les distinguer des autres, de concevoir les unes sans les autres. Quelle distinction y a-t-il à faire dans la perfection absolue qui est essentiellement une, qui ne se peut concevoir par parties, qui se conçoit toute entiere, ou point du tout ?

Que nous sommes aveugles! Nous disons : Dieu est intelligent, Dieu est sage, Dieu est juste, Dieu est puissant, Dieu est bon, &c. Voulons-nous donc détailler la Divinité, si j'ose parler ainsi, comme nous résolvons l'homme en les diverses facultés dont il est doué? Ne verrons-nous jamais que toutes ces qualités sont fondées sur des rapports qui n'existent point dans Dieu? Que Dieu est un Etre simple, dans lequel il n'y a point une multiplicité de perfections, mais une seule perfection absolue, infinie, dont notre esprit borné ne sauroit se former une idée précise, ni porter un jugement positif?

Ceux donc qui admettent les attributs divins distincts dans Dieu, au moins en ce sens que son intelligence n'est pas sa justice, que sa justice n'est pas sa bonté, &c. font bien voir qu'ils n'ont aucune idée ni de Dieu, ni de sa maniere d'être. Ils montrent comment les facultés de l'homme sont distinguées dans l'homme, & rien de plus. Cette distinction n'est point applicable à Dieu. Il est vrai qu'en parlant d'un Etre très simple, on ne peut pas dire que l'un de ses attributs soit l'autre : on ne peut pas dire aussi que l'un ne soit pas l'autre. Lequel dira-t-on qui ne suppose une multiplicité de perfections: multiplicité incompatible avec l'Etre tout-parfait dont la toute-perfection est absolument une?

Les vertus de l'homme s'entre-heurtent & s'empêchent les unes les autres: la libéralité est bornée par la puissance, la justice gêne la bonté. Une des principales raisons qui nuisent à leur accord, c'est qu'elles sont distinguées les unes des autres, que l'une n'est pas l'autre, qu'elles sont plusieurs, & non une seule & même perfection. Elles ne s'accorderoient pas mieux dans Dieu, si elles y étoient distinguées de la même maniere; & il suffit que l'idée que nous avons de la justice & de la bonté, nous les représente comme deux vertus essentiellement différentes, pour qu'elles ne puissent entrer dans l'infinie & absolue perfection.

Dans une pieuse rêverie, on s'imagine que Dieu ne se seroit pas communiqué suffisamment aux hommes, s'il n'avoient l'idée de sa perfection. On se figure en conséquence que la notion de Dieu renferme tant de perfections en tout genre, qu'on ne peut rien concevoir de plus parfait, comme si l'expérience interne ne démontroit pas à tout esprit raisonnable, qu'il lui est impossible d'imaginer actuellement tant de perfections, qu'il n'en puisse encore imaginer davantage. Le fini, croissant toujours sans atteindre à l'infini, n'a point de bornes nécessaires, quoiqu'il ait nécessairement des bornes. C'est pourquoi, l'idée, qui nous le représente toujours borné, pourra sans cesse reculer ces limites, & ne parviendra jamais à des bornes immuables, puisque le fini n'en a point. Cette propriété d'ajouter toujours à nos idées, qui enorgueillit les raisonneurs superficiels, est bien plus propre à nous humilier. Elle est un apanage de l'esprit fini, elle marque sensiblement que, quoi que nous concevions, notre idée est toujours finie, ainsi que son objet.

Vous me demandez si je conçois rien de plus parfait que Dieu, si je puis rien concevoir de plus parfait que Dieu. Nous sommes bien éloignés de rien concevoir de plus parfait que Dieu, nous, qui ne concevons pas même toute l'étendue de la perfection de Dieu, nous, qui n'avons aucune idée de perfection, qui lui convienne.

Vous ne concevez & ne pouvez rien concevoir de plus parfait que Dieu; mais afsurément, vous ne concevez pas Dieu plus parfait que ce que vous concevez de plus parfait. Vous ne pouvez pas concevoir une perfection plus grande que la plus grande perfection que vous puifsiez concevoir, & vous avouez que quelque grands que vous vous repréfentiez les attributs divins, ils font infiniment au-delà. Vous ne concevez donc pas toute la perfection de Dieu: vous ne concevez donc rien de la perfection de Dieu. Ces deux conféquences n'en font qu'une.

Le pouvoir d'ajouter toujours à fon idée, & celui de concevoir tant de perfections qu'on n'en puifse pas concevoir davantage, s'excluent l'un l'autre. Ni l'un ni l'autre ne fauroient nous élever à la contemplation de la perfection infinie & abfolue. Je l'ai fait voir à l'égard du premier. Quant au fecond, je fuppofe que vous conceviez actuellement un Etre fi parfait, qu'il vous foit impofsible d'en concevoir un plus parfait. Dans cette fuppofition, vous n'avez pas l'idée d'un Etre abfolument & infiniment parfait, où en auriez-vous pris le type? Vous avez épuifé la force de votre conception. Vous ne pouvez rien concevoir de plus, parce que vous êtes parvenu au plus grand effort d'intellection compétent à votre nature. L'infini fera toujours au-delà; à moins que Dieu n'ait pas plus de perfection, que vous n'en pouvez concevoir.

Nous ne connoifsons qu'une maniere d'être parfait: celle qui confifte en ce que la chofe dite parfaite ait tout ce qu'il lui faut relativement à fa fin. Sentant que cette maniere-là n'eft point convenable à Dieu, pour lui appliquer le mot *parfait*, avec quelque apparence de raifon, nous y en joignons un autre qui foit privatif ou négatif de la maniere dont il convient à la créature, la feule que nous comprenons. Ainfi fe font formées ces expreſsions: *perfection non-relative* ou *abfolue*, *non-finie* ou *infinie*: Etre *non-relativement* ou *abfolument parfait*, *non-fini-*

ment ou *infiniment parfait*, lesquelles n'ont point de sens positif, & signifient simplement que Dieu n'a pas une perfection relative & finie, comme nous. Car ôter le sens naturel & seul intelligible du mot *perfection*, ce n'est pas lui en donner un autre. Au contraire, c'est le rendre inconcevable. Tel est ce que nous appellons la perfection de Dieu.

CHAPITRE XXVIII.
Addition au Chapitre précédent.

Aucune discussion n'est à négliger dans une matiere aussi importante que celle-ci. On pourroit se figurer qu'il seroit nécessaire de comprendre ce que c'est que la perfection de Dieu, au moins en quelque façon, pour prononcer, comme je le fais, qu'il y a de la différence entre la maniere dont Dieu est parfait, & celle dont les créatures sont dites bonnes & parfaites. Il faut même la concevoir absolue, ajoutera-t-on : car pour affirmer que la perfection divine n'est pas relative, il faut la concevoir autrement que relative. Et qu'est-ce que la concevoir autrement que relative, sinon la concevoir absolue ? Il n'y a point de différence entre la concevoir non-relative, & la concevoir absolue.

On se trompe : la différence est de ne la point concevoir du tout; & nous ne la concevons point. Aussi pour être en droit de dire que la perfection de Dieu n'est pas relative, c'est assez que ce mot *relatif*, porte avec lui une idée de borne & d'imperfection inalliable avec l'infinité de Dieu. L'infinité de Dieu ne nous est pas non plus connue par une idée claire. Elle se déduit de son aséité. L'infinité & l'aséité de Dieu nous sont encore incompréhensibles, comme la perfection absolue. Nous ne risquons pourtant pas de nous tromper en les attribuant à Dieu. Par cette attribution nous ne faisons autre chose que nier qu'il soit contingent & fini, ce que nous pouvons nier très légitimement, sur cela seul que la contingence & la finité sont des imperfections, sans concevoir l'infinité & l'aséité en ce qu'elles ont de positif.

Mais tout est positif dans l'infini & dans la perfection absolue … cela n'est pas douteux. Voilà justement pourquoi le positif absolu & infini est incompréhensible en lui-même à l'esprit qui n'en a pas l'expérience, à cause de sa disproportion extrême avec des entités si sublimes.

Tout est positif dans l'infini & dans la perfection absolue. Comment accorder cela avec ce que l'on vient d'avancer, savoir que cette expression, *perfection infinie & absolue*, n'étoit dans notre bouche que la négation précise de la perfection finie & relative des créatures? N'est-il pas étrange de soutenir que tout soit positif dans l'infini, & que ce mot dans notre bouche ne signifie que la négation précise du fini; tandis que dans le fini est la négation de tout ce qui n'est pas entre ses bornes, & que pourtant le mot *fini*, signifie quelque chose de positif? …

Me contredirois-je moi-même? Ce ne seroit pas la premiere fois que je me surprendrois en pareille faute. Cependant tout ceci n'est au fonds qu'une pure chicane. Mais elle peut revenir à chaque instant au sujet de ce que nous appellons l'intelligence l'infinie, la bonté infinie, la sagesse infinie, &c. On me permettra donc d'y donner une attention passagere, afin de n'y plus revenir, & de dissiper en une fois toute l'inquiétude qu'elle pourroit laisser dans quelques esprits: car pour l'ordinaire, ce sont moins les bonnes raisons que les mauvaises qui nous arrêtent dans la recherche du vrai.

Tout existe dans soi d'une maniere positive. Tout est positif dans le fini comme dans l'infini, pris en eux-mêmes. La négation n'est point dans les choses: elle est le seul rapport de deux choses qui comparées ensemble se trouvent exclusives l'une de l'autre. En ce sens le fini est négatif de l'infini, & réciproquement l'infini est négatif du fini. Je conçois une grandeur, quantité, ou perfection finie, c'est-à-dire je la conçois avec une certaine étendue : voilà le positif de mon idée, c'est toute mon idée. Je compare cette perfection à une plus grande. Ma première idée où je ne vois point le surcroît de perfection que j'apperçois dans la seconde, me semble négative de ce surplus. De même l'idée de la plus grande perfection, positive quant à son étendue déterminée, est négative des bornes de la premiere, en ce qu'elle est plus grande. Jusques-ici tout est clair : il s'agit de deux grandeurs à notre portée. Si l'une est telle qu'elle nous soit incompréhensible, des deux termes de comparaison, celui qui désignera l'incompréhensible, ne la désignera que comme la négation précise de l'autre. Pourquoi ? Parce que, bien que cet incompréhensible soit tout positif en son essence, dès-là qu'il est incompréhensible, il peut être désigné comme l'opposé du compréhensible, & pas davantage.

Ceci est abstrait. Pour le rendre plus sensible, je demande : Si ces mots *perfection infinie*, signifient quelque chose de plus que la négation précise de toute perfection finie, expliquez moi, je vous prie, quel est ce plus. Est-ce l'infini même positivement ? Ou en est-ce au moins une partie positive ? L'infini n'a point de parties, & sa totalité est incompréhensible. Nous manquons donc de mot qui l'exprime positivement, comme nous manquons d'une intelligence qui le puisse concevoir. Dès lors nous le désignons, sans le connoître, par la négation précise du fini que nous connoissons ; & l'appellation du premier n'est que cette négation pure du second.

Lorsque nous connoissons une relation de l'Etre, il nous est aisé d'assigner tout de suite son contraire, en joignant une négation au mot dont nous

nous fommes fervis à exprimer cette relation. Cette opération logique ne nous fait pas connoître pour cela le contraire de ce que nous connoiſſons ; & le nouveau mot qu'elle occaſionne n'exprime que la négation pure de l'objet connu, fans offrir rien davantage à l'entendement. Tels font quantité de mots dans la langue des philoſophes, & tous ceux en particulier qu'ils appliquent à la Divinité, pour nous faire comprendre qu'elle n'a aucune de nos imperfections, mais dont ils ne peuvent tirer aucun avantage pour nous apprendre ce que c'eſt que ſa perfection infinie & abſolue.

CHAPITRE XXIX.

Si nous connoiſſons des qualités qu'il ſoit réellement plus avantageux d'avoir que de n'avoir pas?

N'ALLONS pas plus loin fans examiner ſi nous connoiſſons des qualités qu'il ſoit réellement plus avantageux d'avoir que de n'avoir pas. Ce point a une connexion trop marquée avec l'idée que nous nous formons de la perfection, pour ne pas ſaiſir l'occaſion qui ſe préſente de l'approfondir.

A proprement parler, il n'y a rien, dans l'ordre naturel, qui vaille mieux que ſon contraire (*p*). Dans une collection d'Etres qui n'ont rien d'intrinſeque-

___

(*p*) Que l'on ne diſe pas qu'*il eſt en ſoi & abſolument plus avantageux aux eſſences des choſes d'être telles que d'être autrement.* Cette ſubtilité me paſſe. Ce que nous appellons l'eſſence d'une choſe n'eſt que l'amas ou l'enſemble des qualités que nous lui connoiſſons : cet amas, comme tel, n'eſt ſuſceptible ni d'avantage ni de deſavantage. Veut-on dire qu'il eſt plus avantageux aux trois angles d'un triangle, d'être trois angles que deux ou quatre angles? Je ne vois pas ce que cela peut ſignifier. Je vois qu'en faiſant diſparoître les termes ſemblables, il ſera vrai de dire qu'il eſt tout-à-fait indifférent en ſoi d'être deux, trois ou quatre, tout à cet égard n'étant que relatif

CINQUIEME PARTIE.

ment nécessaire, rien ne peut être perfection de soi & de sa nature, mais seulement sous certains rapports, selon de certaines circonstances, conséquemment à une telle combinaison d'accidens variables qui donnent & ôtent le prix aux choses, surtout relativement à la fin.

Je n'aurai point recours à la vertu tout-puissante de la cause, pour en conclure que la Nature & tout ce qui existe dans l'économie naturelle, dépendant entiérement de ce pouvoir infini, on n'y sauroit montrer aucune sorte d'entité si bonne, que ce pouvoir ne pût rendre l'entité contraire meilleure. Il s'agit ici de l'ordre établi, & non d'une influence particuliere de la cause qui viendroit le troubler.

On propose l'existence, la durée, la connoissance, la puissance, le plaisir & le bonheur, pour des qualités, ou perfections, qu'il vaut mieux avoir que de ne pas avoir (*). Je me bornerai donc à l'examen de celles-là.

L'existence, la base de tous les biens, peut aussi être celle de tous les maux. Dans cette derniere circonstance, vaut-il encore mieux être que de n'être pas? Un oracle infaillible a décidé le contraire. L'immortalité n'est pas non plus une perfection désirable au malheureux; au contraire elle complete l'excès du malheur, anéantissant jusqu'à l'illusion de l'espoir. La connoissance & la puissance des anges rebelles ne les ont pas préservés du châti-

---

Voudroit-on dire encore qu'il est plus avantageux à la puissance d'être la puissance que de ne l'être pas? Que signifie cela, ici sur-tout où l'on n'envisage pas les qualités par rapport à elles-mêmes, mais par rapport aux Etres sensibles qui les possedent? La sagesse, comme telle précisément, est ce qu'elle est, sans aucun avantage par rapport à elle, & supposé qu'elle pût cesser d'être ce qu'elle est, elle seroit autrement sans aucun desavantage ... c'est pousser la complaisance trop loin & abuser de celle du Lecteur.

(*) Voyez ci-devant Chap. II. page 11.

ment de leur orgueil : ces perfections ne servent qu'à augmenter leur rage & leur supplice : il vaudroit mieux pour eux les perdre que les conserver ; & qui de nous voudroit avoir de l'esprit & de la puissance comme les démons (*) ?

Cependant si l'existence, la durée, la connoissance & la puissance étoient des perfections telles en soi & indépendamment de tout le reste, qu'il fût plus utile de les avoir que d'en être privé, il ne se pourroit imaginer aucune circonstance où la privation en seroit préférable à la possession. Toutes ces qualités bonnes & avantageuses à certains égards, & dans certaines circonstances, sont mauvaises & très désavantageuses dans d'autres rencontres & sous d'autres rapports.

Dira-t-on la même chose du plaisir & du bonheur? J'entends parler du plaisir & du bonheur qui font la béatitude réelle. Toujours la qualité d'heureux est préférable à la qualité contraire. Je viens d'insinuer que l'existence, la durée, la connoissance & la puissance ne sont désirables qu'autant qu'elles sont jointes au bonheur, & que dans l'absence de celui-ci elles sont des maux. Il semble donc que nous voilà parvenus à une qualité si bonne de sa nature, qu'il est absolument plus avantageux de l'avoir que de ne l'avoir pas, indépendamment de tout rapport & de toute circonstance. Ne nous hâtons pas de prononcer.

„ ... La béatitude n'est pas bornée à un conten-
„ tement & à un bonheur, tel que nous l'éprouvons
„ ici-bas, où nous sentons par expérience qu'il y a
„ toujours quelque chose de plus à desirer & à
„ ajouter. Un plus grand bonheur vaut mieux que
„ son contraire qui est un moindre bonheur. La
„ béatitude n'est perfection absolue que dans un
„ degré si élevé, qu'il soit préférable à tout autre

(*) *Traité des premieres vérités.* II. Partie, Chap. XV.

„ degré ; & ce degré si élevé est celui qui passe
„ tout ce que nous pouvons concevoir : c'est-à-dire
„ un degré qui va jusqu'à l'infini, & qui passe nos
„ conceptions ; car si nous le pouvions concevoir,
„ dès-là même il seroit fini, & nous pourrions le
„ mesurer, le comparer, & appercevoir un degré
„ qui lui seroit préférable ; par-là il ne seroit plus
„ perfection absolue".

„ Ce que nous disons du degré du bonheur, doit
„ s'entendre de sa durée ; d'où je conclus que la
„ perfection & l'unique perfection absolue, consiste
„ dans un bonheur éternel & souverain (*)".

Nous ignorons en quoi consiste l'essence de ce bonheur éternel & souverain. Incapables d'en jouir, comment pourrions-nous le connoître ? Avouons de bonne-foi que nous ne connoissons aucune qualité qu'il soit réellement & absolument plus avantageux d'avoir que de n'avoir pas ; que le bonheur même, dans tous les degrés que nous connoissons, n'est point une qualité absolue. Il a un terme, & un bonheur plus grand lui est préférable. Lorsqu'il devient qualité absolue, il échappe à notre connoissance, il passe nos conceptions.

Que l'on oublie tout ce que je viens de dire dans ce chapitre, & un seul mot terminera encore la question, par un principe reçu, savoir que nous pouvons toujours étendre nos idées. Par ce principe seul, il est évident que nous n'aurons jamais l'idée d'une qualité absolue qui ne puisse plus croître.

(*) Là-même.

CHAPITRE XXX.

Objection & Réponses.

OBJECTION.

„ *Soutenir que nous n'avons aucune idée de la perfec-*
„ *tion, n'est-ce pas ou la refuser à Dieu, ou décider*
„ *que les créatures sorties de ses mains sont d'une*
„ *nature entièrement différente de la sienne? Si Dieu*
„ *nous a donné par rapport à la perfection des idées*
„ *que lui-même n'a pas, il nous trompe. Si en sui-*
„ *vant les idées de perfection qu'il nous a données,*
„ *nous nous écartons de ce modéle, il nous veut*
„ *du mal*".

COMME j'ai distingué deux sortes de perfection, l'une absolue, appanage exclusif de la cause unique, qui est l'infini, & l'autre relative qui est le propre des productions de la cause, & qui consiste en ce que chaque Etre ait les qualités qu'exige le rang qu'il occupe dans l'univers (*); & comme cependant l'objection ne parle que de la perfection, sans désigner l'une ni l'autre, je ne puis répondre que conditionnellement. Je présume que l'on veut parler de la perfection absolue, celle dont je pense que nous n'avons aucune notion.

(*) Voyez le Tome I. Partie I. Chap. VI. pag. 28 de la premiere Edition & pag. 20 de la seconde.

CINQUIEME PARTIE.

PREMIERE RÉPONSE.

Soutenir que nous avons aucune idée de la perfection (absolue), ce n'est pas la refuser à Dieu ; c'est décider plutôt que les créatures dont nous concevons la perfection (relative), sont d'une nature entiérement différente de celle de Dieu : décision fondée sur la distance infinie qu'il y a du créé à l'incréé.

J'ai prouvé suffisamment que nous n'avons aucune idée de la perfection absolue ou non-relative. Si nous en avions l'idée, ce seroit une excellente raison pour la refuser à Dieu. Mais je n'ai garde de lui refuser une maniere d'être que je ne conçois pas, moi qui ai dit tant de fois que sa divine maniere d'être m'étoit inconcevable.

Si j'ai soutenu, & soutiens encore, que les créatures dont nous concevons la perfection, laquelle n'est que relative, sont d'une nature entiérement différente de celle de Dieu, voici sur quel fondement. Vous me dites que Dieu est infiniment parfait, au-lieu que la créature n'a qu'une perfection finie. Il me semble qu'une perfection infinie doit être d'une nature entiérement différente de celle d'une perfection finie. Le fini & l'infini different infiniment. Mais s'ils se ressembloient en nature, ils ne différeroient pas infiniment : ils pourroient différer davantage, différer en nature. La différence de nature est donc nécessairement comprise dans une différence infinie. Puisque vous reconnoissez une différence infinie entre Dieu & la créature, vous devez aussi admettre entre-eux une différence de nature.

COROLLAIRE.

Il n'y a aucune sorte d'analogie entre les attributs de Dieu & les facultés des créatures.

Je ne suis pas seulement fondé à soutenir que les créatures sorties des mains de Dieu sont d'une nature différente de la sienne, je dois ajouter qu'il n'y a aucune espece d'analogie entre leurs qualités respectives. Car s'il y avoit de l'analogie entre le fini & l'infini, leur différence ne seroit plus infinie.

SECONDE RÉPONSE.

Si Dieu nous a donné par rapport à la perfection des idées que lui-même n'a pas, il ne nous trompe pas pour cela.

Comment nous tromperoit-il en ce point? Nous a-t-il promis de nous donner, par rapport à la perfection, ses propres idées? Nous a-t-il promis que les nôtres seroient calquées sur les siennes? Cela est-il nécessaire? Cela se peut-il? Les idées de l'Etre infini n'appartiennent point à l'Etre fini. Dieu n'ignore rien, ni sa perfection absolue que nous ne comprenons pas, ni la perfection relative des créatures dont nous comprenons quelque chose, ni l'idée que nous en avons parce qu'il en a rendu notre esprit capable. Supposé que Dieu ait des idées, ses idées sont de l'ordre de son intelligence, & ne peuvent exister entre les bornes étroites de la nôtre. Nos idées par rapport à la perfection & à la vertu sont telles que l'exige la nature humaine, & la nature humaine n'est point faite pour avoir des pensées éternelles & infinies. Je ne vois pas comment Dieu nous auroit trompés en nous refusant ce qui n'est pas proportionné à notre constitution interne. Mais je serois bien trompé, si Dieu avoit, par rapport à la perfection, des idées aussi imparfaites que les nôtres qui n'atteignent pas même à toute l'excellence des choses créées.

TROISIEME RÉPONSE.

En suivant les idées de perfection que Dieu nous a données (qu'il nous a donné le pouvoir d'acquérir), nous agissons conformément à notre nature, nous remplissons notre fin: nous ne nous écartons pas de la perfection de Dieu; nous n'en approchons pas non plus: nous restons toujours à une distance infinie d'elle; & cet Etre qui nous a faits tels que nous sommes, ne peut ni s'en offenser, ni nous en vouloir du mal.

Dieu n'est point pour nous un modele. Quoi de plus déraisonnable que de vouloir imiter en rien, celui qui est inimitable en tout?

Dieu n'est point l'archétype de toute perfection: car nulle perfection ne peut ressembler à la sienne, & il n'a pas de regles de conduite communes avec sa créature.

CHAPITRE XXXI.

De la nature des Esprits: quelle notion nous avons de ce qui constitue la spiritualité.

QUELLE est l'essence de l'esprit? Nous l'ignorons. Quelle idée avons nous de l'esprit, de ce qui constitue la spiritualité, de la substance spirituelle en un mot? Nous n'avons aucune sorte d'idée de ce que l'esprit est en lui-même. Nous ne concevons l'esprit que par opposition à la matiere, comme quelque chose qui n'est pas matiere: notion qui ne contient rien de positif, qui n'est pas véritablement une notion, mais la seule négation d'une autre.

Toute la doctrine de la spiritualité bien appréciée se réduit à ce seul énoncé, que l'esprit est un Etre immatériel, une substance incorporelle. On me dispensera, je crois, d'alléguer ici en preuves de longs passages des philosophes & des théologiens. Je dois seulement avertir qu'il s'agit de la substance de l'esprit, & non des qualités que la méditation des opérations de notre ame nous y fait découvrir, & nous porte à attribuer aux autres esprits. Je dis donc que le sujet de ces qualités ne nous est connu que comme un sujet immatériel.

Peut-être sommes-nous incapables de le mieux connoître. Au moins les livres saints ne nous donnent pas une idée plus précise de la substance spirituelle. La spiritualité de Dieu ne nous y est point autrement décrite que comme une substance invisible, incorporelle, qui ne peut être représentée sous aucune forme ou figure matérielle.

CHAPITRE XXXII.

Où l'on recherche le véritable sens de ce raisonnement:

„ *Dieu est un esprit, l'Ange est un esprit, l'Ame*
„ *humaine est un esprit. Ainsi la spiritualité peut*
„ *être regardée comme quelque chose de commun à*
„ *Dieu, à l'Ange & à l'Ame humaine*".

IL me semble que cette façon de raisonner incline vers le Spinosisme. Je crois bien que c'est tout-à-fait contre l'intention de ceux qui l'admettent. Quand je ferai voir que le système qui reconnoît tous les esprits pour des especes appartenantes au même genre, se rapproche beaucoup de celui de Spinosa, je n'imputerai point les conséquences à ceux qui soutiennent les principes, persuadé que la liaison des unes aux autres ne leur est pas aussi manifeste qu'à moi. Mais nous n'en sommes encore qu'à l'examen des principes.

CINQUIEME PARTIE.

On dit donc: Dieu est un esprit, l'ange est un esprit, l'ame humaine est un esprit. Substituons au mot *esprit*, sa véritable valeur qui est cet autre *sujet immatériel*, ainsi qu'il a été prouvé dans le chapitre précédent. Dès lors cette expression: Dieu est un esprit, l'ange est un esprit, l'ame est un esprit, n'aura plus d'autre sens réel que celle-ci: Dieu est immatériel, l'ange est immatériel, l'ame est immatérielle: Dieu n'est ni un oiseau, ni un serpent, ni un arbre, ni une pierre, ni enfin tout ce qui est matiere; l'ange & l'ame ne sont aussi rien de pareil. Tout ce qu'on en conclurra légitimement, en ne donnant pas plus d'étendue à la conséquence qu'aux prémisses, sera que l'immatérialité est commune à Dieu, aux anges & à notre ame. Mais l'immatérialité n'est rien de réel, rien de positif: elle n'est qu'un néant de matiere. Le rien peut-il être regardé comme une base commune à la substance de Dieu, à celle des anges, & à celle de l'ame?

De ce que trois substances n'ont rien de commun avec une quatrieme, s'ensuit-il qu'elles aient quelque chose de commun entre elles? Cette façon d'argumenter seroit trop singuliere, pour mériter de m'occuper davantage. Elle va pourtant revenir malgré moi.

CHAPITRE XXXIII.

Qu'il peut y avoir plusieurs sortes d'Etres spirituels, c'est-à-dire immatériels, aussi différens en nature, que l'Etre matériel differe de la substance immatérielle.

J'AI prouvé, ce me semble, que rien n'existoit en général, que l'essence abstraite des choses n'étoit qu'une chimere.

Il n'exifte point d'efprit en général. Toute fubftance immatérielle, eft telle ou telle fubftance individuelle. Si nous comprenons tous les Etres incorporels fous la dénomination commune d'efprit, cette dénomination feule eft infuffifante pour établir une analogie réelle entre eux, puifqu'elle ne fignifie autre chofe dans notre bouche, finon que ces Etres font diftincts de la matiere. Si l'on veut que cette immatérialité-là foit une analogie, ce ne fera jamais qu'une analogie privative, qui n'empêchera pas que deux Etres immatériels ne puiffent encore différer entre eux en tout ce qu'ils ont de pofitif, comme la fubftance matérielle differe de la fubftance immatérielle.

Ce n'eft pas-là ce que prétendent ceux qui trouvent mauvais que j'admette un différence de nature entre l'efprit créé & l'efprit incréé. Que veulent-ils donc? Il n'eft pas auffi aifé de le dire que de le demander. Je n'ofe douter s'ils s'entendent eux-mêmes: j'avoue auffi que je ne puis les comprendre, tant qu'ils ne me feront pas concevoir le pofitif de la fpiritualité. Ils auront beau répéter cent & cent fois que tous les efprits conviennent avec Dieu en ce qui conftitue effentiellement l'efprit, & que cela feul met de la différence entre Dieu & les autres efprits, favoir que Dieu eft infini & incréé, au-lieu que tous les autres font des efprits finis & créés. On le dit & on ne le prouve pas.

„ Toutes les fubftances fpirituelles ont une ana-
„ logie effentielle par la nature de leur fpiri-
„ tualité".

Je viens d'apprécier cette propofition. Elle fignifie précifément que toutes les fubftances qui ne font pas matiere, ont toutes cela de commun, qu'elles ne font pas matière. N'être pas matiere, n'eft rien en foi. La fpiritualité, conçue comme la négation précife de la matiere, ainfi que nous la concevons, n'est absolument rien ; & les substances, qui n'ont que cela de commun entre elles, different du tout au tout.

Il faut qu'une substance soit matérielle ou immatérielle. Mais on ne démontrera jamais que toutes les substances qui ne sont pas matérielles, doivent être des substances semblables en nature. Et j'ai démontré que si, parmi les substances immatérielles, il y en a une incréée & infinie, & d'autres créées & finies, celles-ci différeront en nature de la premiere. Il sera de la nature de l'une d'exister nécessairement & infiniment : il sera de la nature des autres de n'avoir qu'une existence contingente & bornée. Voilà deux natures aussi différentes qu'il puisse y en avoir. Car le fini ne ressemble en rien à l'infini, à moins que le néant ne ressemble à quelque chose.

Nous divisons tout ce qui est en deux grandes portions: le matériel & l'immatériel. Selon notre idée de la matiere, nous n'admettons point de différence essentielle entre ses diverses parties. Aucune d'elles ne nous offre des qualités exclusives. Dans la prodigieuse variété des corps qui fait la richesse & l'ornement du monde matériel, nous ne remarquons rien qui établisse une distinction essentielle entre eux. Le minéral, le végétal & l'animal ont tous pour base, l'étendue, l'impénétrabilité, &c. Que les uns soient plus ou moins grands que les autres; que ceux-ci soient d'un tissu plus serré, & ceux-là d'une texture plus lâche ; que leur figure & leur organisation varient tant qu'on voudra, ils sont tous des substances étendues, solides, figurées, &c. Ils sont tous de la matiere. On transporte ce raisonnement à l'esprit, & l'on s'abuse étrangement. Que l'on en juge par cet échantillon. Voici à quoi se réduit tout ce qui a été imaginé de plus concluant en faveur de l'analogie.

Les esprits ne sont pas des corps, donc il y a entre les esprits la ressemblance substancielle qui est entre les corps, donc tous les esprits ont un fonds d'être semblable, comme les corps ont une même essence.

Ce que je connois de la matiere me fait regarder l'étendue, non comme l'essence, mais comme une propriété commune à tout ce qui est matiere, parce que je n'ai jamais vu, ni conçu, de matiere inétendue, & que loin d'en concevoir, il me semble impossible qu'il y ait de la matiere sans étendue. De ce qu'il existe des Etres qui ne sont point matiere, s'ensuit-il qu'ils aient tous nécessairement un attribut positif commun entre eux? Je ne vois en cela qu'une supposition gratuite, & une inconséquence.

Comme je n'entends par esprit que la négation pure de la matiere, tout ce que j'affirme de la matiere, je le nie de l'esprit. Ainsi je dis que l'esprit est simple, indivisible, inétendu, &c. qu'il n'a en un mot aucune des modifications de la matiere. Ce qui ne prouve encore aucune sorte de ressemblance nécessaire entre les substances immatérielles, puisque les mots *simple*, *indivisible*, *inétendu*, ne sont que des épithetes privatives qui n'énoncent rien de positif. Des Etres qui n'ont rien d'analogue à la matiere, ont-ils pour cela quelque chose d'analogue entre eux? Qu'on me le démontre & j'y souscris. En attendant je reviens à ce que je disois tout-à-l'heure.

Nous partageons le tout en matiere & esprit. N'oublions pas que l'esprit n'est que l'immatériel, dans notre façon de concevoir; de maniere que, quoique tout le matériel se ressemble en nature, il y a de la témérité à en inférer que tout l'immatériel se ressemble de même en nature. Que la matiere soit essentiellement semblable à la matiere, est-ce une raison suffisante pour que ce qui n'est pas matiere, soit essentiellement semblable à ce qui n'est pas matiere? Quoiqu'un corps ne differe pas d'un autre corps, en nature, ou en ce qui constitue la substance corporelle, qui empêche une substance qui n'est pas corporelle d'avoir une nature différente

de

CINQUIEME PARTIE.

de celle d'une autre subſtance qui n'eſt pas corporelle ? Qui ſommes nous, pour décider qu'il n'y a que deux natures : l'une corporelle, & une autre déterminément telle, qui n'eſt pas corporelle ? Sur quel principe ſoutiendra-t-on que tous les Etres qui ne participent pas à la nature matérielle, doivent participer à une nature commune ? Dieu n'auroit-il pu créer un très grand nombre de natures auſſi eſſentiellement différentes entre elles, qu'elles le ſeroient toutes de celle de la matiere ? Où eſt l'impoſſibilité.

Dieu ne peut rien créer qui ne ſoit corps ou eſprit, c'eſt-à-dire corps ou non-corps. Sans-doute. Il eſt tout auſſi vrai de dire que le Créateur ne ſauroit rien faire qui ne fût, ou ne fût pas, une pierre : point de milieu. De ce que toutes les pierres ſont compoſées d'élémens pierreux, dois-je inférer que tous les corps qui ne ſont pas pierre, ſont compoſés d'élémens de même nature ?

On riroit aſſurément, & avec raiſon, d'un philoſophe qui prononceroit gravement : Tout animal eſt cheval, ou n'eſt pas cheval. Or tout animal qui eſt cheval, eſt de la même eſpece d'animalité. Donc tout animal qui n'eſt pas cheval, eſt auſſi de la même eſpece d'animalité.

Raiſonne-t-on mieux quand on dit : Tout ce qui eſt, eſt matériel, ou n'eſt pas matériel ; tout le matériel eſt de la même nature ; donc tout ce qui n'eſt pas matériel eſt de la même nature ?

Je prie le lecteur de réfléchir un peu ſur l'eſpece de cette concluſion, en ſe rappellant tout ce qu'il a jamais lu ou entendu de plus favorable au ſentiment oppoſé au mien. Je m'en fie aſſez à ſa pénétration, pour m'aſſurer d'avance qu'un moment de réflexion lui fera comprendre que Dieu a pu faire des millions de ſubſtances auſſi différentes en nature, que la ſubſtance matérielle l'eſt de la ſubſtance immatérielle ; & que ceux qui donnent une même nature à tous les eſprits, bien loin d'étayer leur hypotheſe

Tome II. I

d'aucune apparence de raison, se trouvent fort embarrassés lorsqu'on les presse d'expliquer ce que c'est que cette nature semblable en tous, & finalement contraints d'avouer que cette prétendue nature spirituelle est l'immatérialité précise, la négation de la matérialité, rien de réel, absolument rien.

CHAPITRE XXXIV.

Si l'on peut raisonner des Etres spirituels, comme des animaux, en les divisant tous en especes rangées sous un même genre?

MALGRÉ la prodigieuse variété des formes que la matiere revêt à nos yeux, sa nature ne se déguise jamais au point de nous échapper. La lumiere qui brille dans l'air, le son qui frappe nos oreilles, les parfums qui viennent chatouiller légérement les papilles nerveuses dont l'organe de l'odorat est tapissé, le moindre atome enfin porte la marque caractéristique de l'Etre matériel toujours semblable à lui-même, quoique très diversement modifié. Le globe entier n'est pas plus matiere que le corpuscule aërien absorbé dans l'atmosphere terrestre. Quant à ce qui constitue l'essence de la matiere, une de ses parties ne peut être dite ni plus ni moins matérielle qu'une autre.

Selon le même principe, parmi le nombre immense des especes animales, aucun individu ne peut être dit proprement ni moins ni plus animal qu'un autre, quant à ce qui fait l'animalité. Si, par exemple, l'on veut établir le sentiment pour caractere constitutif de l'animalité, tous les Etres sentimentés seront aussi animaux les uns que les autres. Il y aura autant d'animalité où se trouvera la plus petite dose de sentiment, que là où le sentiment sera plus développé. Le sentiment en général sera le genre; les divers dégrés du fentiment feront la différence qui formera des especes animales.

Sous un autre afpect, on pourroit dire que la matérialité & l'animalité font divifibles, & même actuellement divifées en portions inégales. Et ceux, qui n'aiment point à fe repaître d'abftractions, prennent la matiere en bloc, pour ainfi dire, & la confiderent comme brifée en fragmens inégaux. Une montagne leur paroît plus grande qu'un grain de fable, ils difent auffi qu'elle eft plus matérielle, & qu'il y a de même des animaux qui participent davantage à l'animalité que d'autres; que ceux, par exemple, qui ont plus d'organes, plus de fens, & des fens plus fubtils, font plus animaux que les autres qui ont moins de fens & de fentiment; qu'en un mot un chien eft plus animal qu'une huitre ou un polype.

Il n'y a peut-être que du mal-entendu dans cette difpute. Si cette queftion appartenoit directement à mon fujet, je tâcherois de montrer que les uns & les autres difent au fond la même chofe, à cela près que les derniers s'expriment d'une maniere plus intelligible & plus naturelle, felon moi. Que la matérialité & l'animalité foient, ou ne foient pas, fufceptibles de plus & de moins, il eft toujours inconteftable que la fpiritualité, conçue comme la négation pure de la corporéité (feule maniere pour nous de la concevoir), n'eft pas plus capable de dégrés, que le néant pur, ni plus propre à fonder une multiplicité d'efpeces.

On fe figurera une échelle d'Etres qui s'élévera depuis la matiere la plus fubtile jufqu'à l'efprit fuprême. Les Etres y feront plus ou moins éloignés de la matiere, fuivant le dégré qu'ils occuperont dans notre échelle figurée. En feront-ils plus ou moins fpirituels, plus ou moins immatériels? Non affurément. Dans notre façon d'envifager la Nature, nous l'avons partagée en trois regnes dans cet ordre, le minéral, le végétal & l'animal. Suivant cet ordre, l'homme mis à la tête des quadrupedes, est plus loin de la substance minérale, que le cheval rangé dans une classe inférieure de l'animalité. Le cheval est lui-même plus éloigné du minéral, qu'un chêne, ou toute autre substance végétale. Personne ne dira pourtant qu'un homme soit moins pierre qu'un cheval, & un cheval moins pierre qu'un chêne. Ce seroit un étrange abus de la parole.

Il faut quelque chose de plus que du négatif pour constituer un genre qui ait sous lui des especes. Ces especes doivent avoir le caractere du genre diversement modifié; & la négation ne peut être modifiée. Quand on admet l'animalité comme un genre qui a sous lui des especes, & ces especes sous elles des individus, cette animalité est supposée être quelque chose de positif. On la conçoit telle, sans quoi on bâtiroit sur rien. On établit une économie animale, un plan d'organisation tant intérieure qu'extérieure, qui est comme un fonds subsistant dans toutes les especes. Où est ce fonds, ce plan, ce caractere de spiritualité, qui se diversifiera pour former des collections d'Etres spécifiquement différentes, & toutes appartenantes à un même genre ? Ce prétendu genre ne nous est connu que pour quelque chose d'incompréhensible, qui n'est pas une autre chose: notion négative, obscure, confuse, indéterminée & tout-à-fait insuffisante à constituer des Etres qui aient des différences assignables.

Je n'ai que faire de répéter que j'ai entendu parler jusqu'ici de la nature, ou substance immatérielle, sur laquelle nous n'avons aucune sorte de connoissance. Je dis de la nature, ou substance immatérielle, bien que je ne confonde pas ces deux mots *nature* & *substance*. La substance est le sujet, & la nature du sujet est ce qui le constitue ce qu'il est. Mais j'ai pu employer indifféremment l'un ou l'autre, parce que nous n'avons aucune idée positive, ni de la substance immatérielle, ni de ce qui la constitue ce qu'elle est en elle-même, quoiqu'en elle-même elle soit quelque chose de positif & de substantiel. Mon intention étoit aussi de faire distinguer le sujet spirituel, de certaines facultés que nous attribuons témérairement à tout ce qui n'est pas matiere. Or ces facultés ne sont, ni l'essence, ni la substance de l'esprit. Cependant je ne laisserai pas cette discussion imparfaite. Je ne l'ai qu'ébauchée, je vais la continuer & la terminer. Puisqu'il se trouve des philosophes qui supposent avec confiance des qualités reconnues dans une seule sorte d'Etre immatériel, génériques, propres & communes à tous les Etres distingués de la matiere, comme l'étendue & la solidité sont propres à tous les corps; il est à propos d'examiner les fondemens de cette supposition, pour les mettre en état de l'abandonner si elle est gratuite, ou l'admettre moi-même si elle est fondée en raison. Je n'ai pas plus d'envie d'amener les autres à mon sentiment, que d'entrer dans le leur.

CHAPITRE XXXV.

Systême de ceux qui prennent la faculté de penser pour une propriété générique commune à tous les Etres immatériels.

DIEU pense, l'ange pense, l'homme pense, la brute pense. La pensée en général est le genre auquel se rapportent toutes les pensées de Dieu, de l'ange, de l'homme & de la brute. C'est l'attribut commun, en quoi conviennent tous les Etres immatériels. Cet attribut différencié, restreint, déterminé dans chaque esprit en mille manieres, constitue des esprits spécifiquement différens; & la pensée est un genre qui renferme diverses especes sous chacune desquelles se rangent les individus. Dieu, l'ange, l'ame humaine, l'ame des bêtes font quatre de ces efpeces. En un mot, la faculté de penfer eft une perfection générique qui comprend fous foi autant d'efpeces qu'elle a de dégrés différens, & que ce fonds de penfée & d'activité, qui conftitue l'effence de chaque efprit, eft plus ou moins grand, plus ou moins fertile en penfées particulieres, plus ou moins capable d'intelligence, de fentiment & d'action. Dès que la bête a quelque penfée, elle convient avec l'homme dans l'attribut général de la penfée, qui eft commun à l'un & à l'autre, mais elle en differe par des propriétés fpécifiques, & parce que le fonds de penfée & d'activité qu'elle renferme, eft beaucoup plus petit que celui de l'ame humaine. Dès que l'homme penfe, il convient avec Dieu qui eft auffi un Etre penfant, par l'attribut général de la penfée, commun à tous les deux ; mais l'homme differe de Dieu par des propriétés fpécifiques, & parce que le fonds de fes penfées & de fon activité eft reftreint à certaines limites : ce qu'on ne peut pas dire de Dieu qui eft un efprit infini. Ce qui met donc une différence effentielle entre Dieu & les autres efprits, ce font les bornes de leur effence ; c'eft qu'ils ont un fonds de penfée limité, & dont l'efpece eft fixée par ces limites. Ce fonds effentiel regle & détermine à jamais la maniere de penfer, & quoiqu'il foit une fource féconde de modifications, il y a des manieres de penfer dont il n'eft pas fufceptible & qu'il exclut pour toujours. Delà fe tire une autre conféquence. Si ce qui diftingue l'efprit créé d'avec l'efprit infini, ce font les bornes de celui-là ; fi c'eft le fonds de penfée qui lui eft affigné, & qui, réduit à une certaine mefure, rend tel efprit capable de penfées d'une telle efpece feulement, & non de toutes fortes de penfées, & laiffe une diftance infinie entre lui & Dieu ; on peut concevoir dans le fini de la Nature penfante, une infinité de dégrés différens au deffus & au deffous de cet efprit créé, en remontant vers l'infini de pensée qui est Dieu, & descendant vers le néant de pensée. Les divers esprits qui posséderont la faculté de penser selon ces dégrés différens, seront autant d'especes différentes qui, distinguées l'une de l'autre par des dégrés finis, demeureront toutes ensemble infiniment au dessous de l'esprit infini (*).

La magie des mots a-t-elle tant de pouvoir sur certaines personnes, quoique philosophes, qu'il leur suffise d'arranger sur le papier des phrases composées de termes similaires, pour mettre de l'analogie entre l'infini & le fini, & reconnoître une différence infinie entre deux substances pensantes ? Ce que l'orateur romain disoit des philosophes grecs, est bien applicable aux métaphysiciens modernes. Il n'y a point d'opinion si extraordinaire que quelqu'un d'eux ne soutienne. Aucun n'a poussé aussi loin celle-ci, que l'Auteur de l'Essai philosophique sur l'ame des bêtes, c'est pour quoi je le cite préférablement aux autres. S'ils avoient avoué des attributs communs à tous les esprits, ils n'avoient pas fait entrer les bêtes dans cette société, où le ministre Boullier les a admises comme une espece appartenante à un même genre avec l'Etre suprême. L'inconvénient au reste ne consiste pas précisément dans le point qui distingue cet Auteur & quelques-autres avec lui. Dans le vrai, il n'y a pas plus d'incongruité à faire ressembler la Nature Divine à celle de l'ame des bêtes qu'à celle de l'ame humaine. Ces deux dernieres étant des natures également créées, si Dieu ressemble à l'une, il pourra bien ressembler à l'autre. Un obstacle aussi léger que celui qui naîtroit du plus ou moins de perfection dans la faculté de penser, n'arrêtera pas ceux qui ont sauté si lestement le plus grand empêchement, la raison de

---

(*) Voyez l'*Essai philosophique sur l'Ame des bêtes*. Partie II. Chap. III & IV, d'où cet exposé est extrait presque mot pour mot.

tous les autres, résultant de la Nature créée en tant que créée. Ce pas franchi peut mener à des conséquences fâcheuses. On les entrevoit. Elles seront développées ailleurs. Indépendamment de ce qu'il s'ensuit, le véritable état de la question est de savoir si l'intelligence est une propriété commune à tous les Etres que nous distinguons de la matiere.

CHAPITRE XXXVI.

Aucune raison plausible ne nous porte à croire l'intelligence une propriété générique essentielle à tous les Etres immatériels.

Nous ne connoissons qu'un Etre immatériel; encore ne le connoissons-nous pas par l'idée, mais par la conscience, non en lui-même, mais par ce que nous en indiquent ses opérations. Nous argumentons de cet Etre & de ses facultés à toutes les autres substances immatérielles possibles & à toutes leurs facultés. L'induction est hardie.

Il est évident que la distribution générale que nous faisons des Etres en corps & en esprits, c'est-à-dire en substances étendues, solides, &c. & en substances intelligentes, est fondée sur la mesure de notre connoissance. Nous décidons qu'il n'y a que des Etres qui pensent, ou des corps qui ne pensent pas: c'est que nous n'avons des idées distinctes que de deux especes d'Etres, notre ame & la matiere. Est-il d'un philosophe de n'admettre que ce dont il a une idée distincte? Sommes-nous faits pour tout connoître? Dieu n'a-t-il pu produire des natures dont il ne nous ait donné aucune idée? Qui l'obligeoit à nous découvrir toute l'étendue de sa puissance? Jettons les yeux autour de nous, levons les au ciel, fixons les sur la terre qui nous porte, rentrons en nous-mêmes. Que de choses que nous ignorons, qui toutes nous obligent à confesser que la force de notre intellection n'est point la mesure de la vertu créatrice!

Je me suis fait une idée si vaste de l'œuvre du Créateur, que de ce qu'une chose peut être, j'en infere assez facilement qu'elle est. Cette regle n'est pas pour tout le monde, & ce n'est pas sur notre ignorance que je prétends établir l'existence des natures différentes de celles que nous connoissons par quelques-unes de leurs qualités. Il me suffit pour le présent d'observer, comme par occasion, qu'il n'est pas raisonnable d'argumenter ainsi : Je n'ai aucune idée d'une substance qui ne ressemble ni à la matiere, ni à mon ame, donc il n'y en a point de telle; ou bien : Je sais un Etre qui n'est pas matiere & qui pense, donc il est essentiel à tous les Etres distingués de la matiere, de penser.

CHAPITRE XXXVII.

QUESTION.

D'où vient donc que nous supposons dans tous les Etres immatériels, la même nature, ou plutôt les mêmes qualités que nous sentons dans notre ame, si aucune raison bonne & valable ne nous y porte?

CETTE question qui m'a été faite & réitérée va me donner occasion d'expliquer un peu plus au long ce qui n'a été qu'annoncé dans le chapitre précédent. On me pardonnera d'insister sur l'origine de nos erreurs. Elles ne sont jamais plus frappantes qu'à leur source, où la subtilité de l'esprit & l'éloquence des paroles ne les ont point encore revêtues d'une fausse apparence de vérité.

D'où vient que nous supposons dans tous les Etres immatériels, la même nature, ou plutôt les mêmes qualités que nous fentons dans notre ame, fi aucune raifon bonne & valable ne nous y porte?

Solution.

D'une précipitation de jugement, impardonnable à des hommes cenfés ; d'un enchaînement de fuppofitions gratuites admifes inconfidérément.

Le don de l'invention n'eft pas pour l'homme : il tient de trop près à l'efprit créateur. En garde contre l'enthoufiafme, examinons d'un œil impartial tout ce que nous qualifions ordinairement dans la fociété, d'inventions heureufes, de belles découvertes, d'efforts de génie, de chef-d'œuvres de l'art ; nous y reconnoîtrons des imitations ou des altérations de la Nature & de fes produits, un heureux emploi de fes forces, une application adroite de fes loix, & de notre propre perfectibilité. Souvent le hazard trahit la Nature, & l'artifte vain s'en attribue l'honneur. Quelquefois le génie obfervateur la pourfuit avec tant de conftance qu'il la faifit enfin, & le philofophe plus vain que l'artifte, fermant les yeux fur les traces qui lui ont indiqué fa marche, ofe fe vanter d'avoir imaginé de lui-même où elle étoit. L'auroit-il diviné fans les indices qu'elle lui en donnoit? L'artifte opere, l'exécution eft de lui, mais le plan étoit dans la Nature. Le philofophe médite & combine, il trouve des réfultats, mais il ne les fait point. Les idées que l'un approfondit, & d'après lefquelles l'autre travaille, font toutes des copies des impreffions qu'ils ont éprouvées. Il leur eft impoffible à tous les deux de penfer à un objet, à moins qu'ils n'en aient eu, ou la fenfation extérieure, ou la perception interne.

De cette impoffibilité où nous fommes tous d'étendre nos conjectures au-delà des idées qui nous viennent des fens & de la réflexion, procede une

CINQUIEME PARTIE.

seconde impossibilité : celle de changer le ronds de nos idées. Là où il n'y a point eu d'impression, nous sommes sûrs qu'il n'y a point d'idée. Nous n'avons donc l'idée que des facultés dont nous avons eu l'expérience ; & quoi que nous ajoutions à ces idées, quoi que nous en retranchions, de quelque maniere enfin que nous les retournions, nous n'en ferons jamais des idées de facultés nouvelles, & différentes en nature de celles que nous connoissons dans nous-mêmes, ou que nous observons dans les autres. Je me plais à revenir sur cette considération, & à la présenter sous toutes ses faces, la croyant une solution à quantité de difficultés qui se tiennent, la clé des meilleures preuves d'une différence de nature entre les divers ordres des Etres immatériels, & très propre ici à faire appercevoir le point de transition, par où l'on passe presque habituellement de la contemplation de ses propres facultés spécifiques, à une conjecture aussi vaine que de supposer les mêmes facultés dans des substances incompréhensibles.

Nos idées tirant leur origine du monde seul avec qui nous avons commerce, elles sont incapables de nous en représenter un autre. Nos sens n'atteignent que les apparences & les formes extérieures, l'intérieur des substances corporelles nous sera toujours inconnu. La conscience intime des opérations de notre ame, nous apprend ce que c'est que penser & vouloir. Penser & vouloir ne sont que des facultés, & non la substance, de notre ame. Nous ne connoissons donc en tout que des qualités, tant à l'égard des corps que de l'Etre qui pense en nous. Si notre ame se sentoit elle-même plus intimement que par ses modifications, elle n'auroit plus de doutes sur son immatérialité pure : & toute dispute cesseroit sur ce point. Elle se sentiroit inétendue, comme elle perçoit sa pensée & sa volition, ses craintes & ses autres passions, comme elle se sent pensante, &c.

Si nous n'avons point la perception de notre propre substance qui est nous-mêmes, est-il étonnant que nous n'ayions l'idée d'aucune substance hors de nous ? Cette connoissance est au-dessus de l'humanité, & je doute qu'elle nous fût avantageuse. Qui nous assurera que l'œil qui pénétreroit l'intérieur des substances, & découvriroit la configuration secrete des molécules élémentaires des corps, en verroit encore les apparences extérieures, celles qui nous affectent, qui ont un rapport si marqué avec la constitution actuelle de nos organes ? Nous ne concevons guere que l'œil puisse être tellement fabriqué, que ses regards soient arrêtés par les surfaces, & pénetrent en même temps l'intérieur des masses. Peut-être que si nous voyions ce qui fait la chaleur du feu, nous ne la sentirions plus, & que nous nous laisserions consumer sans nous en appercevoir. Peut-être que si notre ame sentoit la méchanique des mouvemens volontaires, elle seroit incapable de les opérer. Nous remuons le bras sans savoir comment. Pourrions-nous le savoir, sans perdre la puissance de le remuer ? Il n'y a point de liaison nécessaire entre la connoissance de ce mouvement & la faculté de le produire. La connoissance des qualités sensibles, telle que nous l'avons, est si imparfaite en comparaison de celle des substances, qu'une si grande imperfection ne se trouve probablement pas dans un sujet susceptible de la derniere connoissance. Si donc elles sont incompatibles, en sorte qu'il nous fallût perdre celle que nous avons pour acquérir celle que nous n'avons pas, supposé encore que ce troc fût possible, sans qu'il arrivât un changement total dans notre être, il me semble qu'il nous seroit très préjudiciable d'obtenir une science dont le seul avantage seroit le contentement d'une vaine curiosité, au prix d'une autre que nous savons nous être si nécessaire pour notre conservation.

Ceci n'est après tout qu'une spéculation qui ne m'arrête pas, quoiqu'elle mette dans une grande

CINQUIEME PARTIE. 137

évidence l'imbécillité des defirs qui portent l'imagination au-delà de notre compétence naturelle. La perception de l'intérieur des fubftances, n'eft pas une exigence de notre nature, puifque nous ne l'avons pas. Nous lui avons cherché un fupplément, & nous nous fommes fixés à l'idée complexe des qualités reconnues dans chaque fubftance, perfuadés qu'elles lui étoient inhérentes & qu'elles couloient immédiatement de fon effence inconnue. La collection des idées fimples des qualités fenfibles de la matiere, eft ainfi devenue l'idée originale de la matiére; & l'idée originale de notre ame a été formée de l'amas des idées fimples des facultés que nous lui avons trouvées, l'intelligence, la volonté, &c. Le fujet étendu, folide, divifible, capable de mouvement, & le fujet qui penfe & qui veut, reftent toujours inconnus en eux-mêmes.

Accoutumés pourtant à prendre l'idée complexe des facultés de la fubftance pour la fubftance même, & confirmés dans cette fubftitution par la juftefle de l'application faite d'une pareille idée de la matiere à tous les corps, auxquels elle s'eft trouvée convenir à merveille, la Nature n'en offrant aucun qui ne foit étendu, folide, divifible, & capable de mouvement; nous nous fommes laiffés entraîner par une fauffe apparence d'analogie: nous avons tranfporté l'idée complexe d'un efprit particulier à tous les autres: nous avons donné l'intelligence, la volonté & la mémoire à toutes les fubftances immatérielles, comme fi nous voyions auffi clairement que ces facultés leur competent, qu'il eft évident que les qualités fenfibles de la matiere font dans tous les corps, ou fi, parce que toute la matiere nous femble homogene aux égards que je viens de dire, toutes les fubftances qui ne font pas matiere, devoient avoir une homogénéité de nature,

Que l'on fe donne la peine d'y penfer murement, on fe convaincra de plus en plus que cette méprife vient de notre ignorance de l'intérieur des substances, & en particulier de la substance spirituelle, & de l'extrême précipitation avec laquelle nous concluons indiscrétement de la matiere à l'esprit, d'un Etre immatériel à tous les Etres immatériels, comme d'un corps à tous les autres corps.

CHAPITRE XXXVIII.

Si la pensée est à l'esprit en général, comme l'étendue est au corps?

AVANT que de passer aux raisons directes qui prouvent que les facultés de l'ame sont à elle seule, je me rends attentif aux preuves du contraire, je les étudie & les médite avec le desintéressement d'un esprit ami du vrai. Quand le lecteur les aura pesées & appréciées avec moi, il en sera mieux disposé à mettre les miennes à leur juste valeur.

On m'assure que la pensée est à l'esprit en général, comme l'étendue est au corps. Quand on se borneroit à dire simplement: Comme l'étendue est au corps, ainsi la pensée est à l'ame humaine; je ne sais si je pourrois en convenir. Est-il bien vrai que la pensée soit dans l'ame, de la maniere que l'étendue est dans le corps? Est-il démontré que, comme l'étendue est essentielle à la matiere qui ne peut être inétendue, la pensée soit essentielle à l'ame, en sorte qu'elle ne puisse être non-pensante?

(*) Sur-tout dans le Chapitre IV. où je me suis fait ces deux questions:

L'esprit (l'ame) uni au germe sent-il, pense-t-il, veut-il, avant la fécondation & le développement du germe?

L'Esprit (l'ame) dans le germe n'a-t-il pas même la conscience de son existence?

Je les ai résolues toutes les deux par la négative, après avoir fait

Sans me répéter, je renvoie à ce que j'en ait dit dans la physique des esprits (*).

Quant à cet autre raisonnement plus général: L'étendue est au corps, ce que la pensée est à l'esprit: l'étendue est une propriété primitive, essentielle & distinctive de la matiere, & la faculté de penser est une propriété de même nom par rapport à l'esprit: comme tous les corps sont étendus, tous les esprits sont des Etres pensans; (*q*) je le tiens pour un paralogisme de la plus grande fausseté. On ne réussira point à former une parité admissible entre l'étendue & les corps d'un côté, & de l'autre la pensée & des Etres incompréhensibles qui ne sont pas des corps. Le mot *esprit*, lorsqu'il ne désigne pas en particulier l'idée complexe de notre ame, signifie seulement ce qui n'est pas corps. Je conçois très bien qu'il ne peut pas y avoir de corps sans étendue, puisque l'idée de l'étendue fait partie de l'idée complexe du corps. Tant s'en faut que je conçoive que ce qui n'est pas corps soit nécessairement pensant, que je suis certain au contraire que la pensée n'entre point dans la négation du corps. Et, tout bien considéré, il vaudroit autant dire que le néant pense, que de soutenir que tout ce qui n'est pas corps, doit penser.

Un Etre particulier incorporel pense, donc toutes les substances incorporelles pensent: car l'incorporéité & la pensée sont une même chose, ou au moins la pensée est renfermée dans la négation de la corporéité. N'est-ce pas?

Une chose est à une seconde, comme une troisieme à une quatrieme. A la bonne-heure: je n'y

---

voir que l'ame préexistoit dans le germe corporel, avant la fécondation & le développement de ce germe.

(*q*) Quelques-uns ajoutent: ,, Comme toutes les propriétés des ,, corps sont des modes de l'étendue, toutes celles des esprits ne ,, sont que des modifications de la pensée". Plus on poussera ce sophisme, plus on déraisonnera. Que veut-on dire par les modes d'un mode, & les modifications d'une modification?

vois point de répugnance : 2 est à 4 comme 8 est à 16 ; ou bien, comme 2 est à 4, ainsi 8 est à 16. Personne ne rejettera cette proportion.

Comme une chose est à une seconde, ainsi un troisieme est à ce qui n'est pas la seconde. Cette proportion-ci a besoin d'une démonstration particuliere, & si particuliere que tandis que l'on se bornera à énoncer le quatrieme terme inconnu pour la négation simple & pure du second terme, la raison du premier à celui-ci aura beau être sensible & avérée, on n'en pourra rien conclurre ni pour ni contre la raison du troisieme à l'inconnu. Je m'explique.

Vous dites : Comme 2 est à 4, ainsi 8 est à ce qui n'est pas 4. Pour démontrer la vérité de cette proportion, il vous faut prouver que ce qui n'est pas 4 est un nombre déterminé, avec qui le nombre 8 est dans la raison de 2 à 4. Tant que le dernier terme de la proportion restera indéterminé & purement négatif d'un des autres termes, vous ne direz rien de satisfaisant à quoi l'on doive acquiescer. Il est bien sûr que le dernier ou quatrieme terme est quelque nombre qui n'est pas le second : car si les second & quatrieme termes se ressembloient, les deux autres alternes se ressembleroient aussi ; ce qui formeroit une proportion aussi puérile que celle-ci, 2 : 4 : : 2 : 4. Mais il y a une infinité de nombres qui ne sont pas le second terme, c'est-à-dire le nombre 4, & avec qui le troisieme terme n'est point dans la raison du premier au second, de 2 à 4. Comment donc admettre cette proportion, comme 2 est à 4, ainsi 8 est à ce qui n'est pas 4 ? Elle sera bien moins admissible, si vous prétendez donner au dernier terme toute l'étendue qu'il peut avoir, en y comprenant tout ce qui n'est pas le nombre 4, en un mot tous les autres nombres, celui-là seul excepté.

Il n'est pas toujours prudent de transporter dans une science les principes & les raisonnemens d'une autre.

CINQUIEME PARTIE.

autre. N'y ayant pas ici d'inconvénient à craindre, je vais poursuivre ma comparaison de la proportion géométrique avec l'analogie que l'on voudroit établir de la pensée à l'esprit, comme de l'étendue au corps.

On sent d'abord que ce terme *esprit*, ou son équivalent, *ce qui n'est pas corps*, est de beaucoup trop étendu. Dans toute proportion géométrique, le produit des extrêmes égale celui des moyens. Si j'ai les trois premiers termes, j'aurai infailliblement le quatrieme en divisant le produit des moyens par le premier: le quotien de la division sera le quatrieme terme cherché. Tout le monde sait cela. Je n'ai pas besoin d'un principe plus abstrait & plus scientifique pour connoître que ce dernier terme est nécessairement déterminé, en tel nombre particulier, le quotien de la division du produit des moyens par le premier terme. Je ne dirai donc pas: Comme 2 est à 4, ainsi 8 est à tout nombre qui n'est pas 4 ; puisque multipliant les moyens, c'est-à-dire 8 par 4, & divisant le produit 32 par le premier terme 2, je ne trouve que le nombre 16 qui soit double de 8, comme 4 l'est de 2. Cependant il y a une infinité d'autres nombres que ce nombre 16, qui ne sont pas le nombre 4, & dont aucun n'est avec 8 dans le rapport de 4 à 2.

Appliquant cette méthode à l'autre proportion : Ce que l'étendue est au corps, la pensée l'est à toute substance qui n'est pas corps ; j'en apperçois d'abord le défaut. Il consiste dans la trop grande étendue du dernier terme. Pour rendre la proportion juste, ce terme doit être autrement désigné & déterminé que par une pure négation qui ne fixe rien. Sans doute, il ne s'agit pas ici de rapports numéraires, mais de relations métaphysiques. Je ne veux pas aussi que ce quatrieme terme soit le quotien du produit des moyens divisé par le premier terme. En est-il moins vrai que, si la pensée peut

Tome II. K

être l'attribut distinctif de quelque sorte de substance, comme l'étendue l'est de la matiere, ce ne sera que d'une sorte particuliere & déterminément telle, & non pas de toutes les sortes de substances qui ne sont pas matérielles ? Il n'y a aucune contradiction à reconnoître parmi tout ce qui n'est pas matiere, un nombre immense de différentes sortes de substances, tant au dessus qu'au dessous de la substance pensante, avec qui la pensée n'ait point le rapport de l'étendue à la matiere. Il y en a à vouloir que toute la variété des substances se réduise à deux, la substance étendue, & la substance pensante. Il y en a à vouloir que toutes les modifications des substances qui ne sont pas matérielles, ne puissent être que des sortes de pensées.

CHAPITRE XXXIX.

,, *Supposant que, comme la propriété de l'étendue est*
,, *au corps, ainsi la faculté de penser soit à l'ame;*
,, *supposition admise par un très grand nombre d'habiles gens; ne pourroit-on pas supposer encore*
,, *que comme la faculté de penser est à l'ame,*
,, *ainsi quelque attribut est aux autres substances*
,, *immatérielles supérieures à l'ame, & en inférer*
,, *que cet attribut est une sorte de pensée?*"

JE ne risque rien d'admettre la premiere supposition après en avoir montré la fausseté, & j'y ai d'autant moins de répugnance, que cette supposition ne mene à aucune conséquence pareille à celle qu'on en voudroit tirer. Le grand nombre d'habiles gens qui supposent que la faculté de penser est à l'ame ce que l'étendue est au corps, ne prétendent pas que la faculté de penser, ni la pensée, soit une sorte d'étendue. Quand j'accorderois donc que quelque attribut est aux substances immatérielles supérieures

l'ame, ce que la faculté de penser est à l'ame, on
anqueroit encore de raison suffisante pour en infé-
er que cet attribut fût une sorte de pensée, ou,
our parler plus exactement, une propriété sem-
lable à la faculté de penser.

CHAPITRE XL.

Des Natures Plastiques.

E quels avantages la philosophie moderne est-
lle redevable au Cartésianisme, qui ne soient ba-
ancés par l'opiniâtreté de quelques Cartésiens ou-
rés à ne reconnoître qu'une sorte d'Etres imma-
ériels ? L'échelle des natures seroit-elle donc
oins graduée que celles des especes d'une même
ature ?

Je suis peut-être le premier qui parle de substan-
s immatérielles non-pensantes, douées de facultés
'un ordre supérieur à la pensée. Mais on parloit
vant moi de natures immatérielles, incapables de
entir & de raisonner, n'ayant pour appanage
u'une activité intérieure, aveugle, nécessaire, &
rnée à une certain façon d'agir, sans connoissance
e leur action, de ce quelle faisoient, ni de la ma-
iere dont elles le faisoient.

L'examen de ce que peuvent être ces substances
ctives quoique aveugles : la discussion des raisons
ui ont porté Cudworth & d'autres à en soutenir
l'existence, & à les croire nécessaires à la formation
es plantes & des animaux : le détail de la mécha-
ique ingénieuse avec laquelle on les fait agir sur
la matiere pour l'organiser, en vertu d'un rapport
établi entre leur action & les dispositions de certaines parties de la matiere propres à s'y prêter convenablement : rien de tout cela n'importe à mon

sujet. Je ne rappelle ici les natures plastiques, que comme un exemple d'Etres immatériels non-pensans, & conséquemment d'une nature différente de notre ame.

CHAPITRE XLI.

Que les différens dégrés de la pensée sont insuffisans à établir des différences spécifiques entre les esprits.

On se montre bien peu naturaliste en soutenant que les différens dégrés de la pensée, ou l'étendue diverse de l'intelligence, établissent des différences spécifiques entre les esprits. J'aimerois autant entendre dire que la diversité des visages partage le genre humain en classes spécifiquement différentes ; & l'on trouveroit autant de classes que d'individus : au moins on n'a pas encore rencontré deux figures dont les traits fussent parfaitement ressemblans. La variété des esprits est aussi grande parmi les hommes. Où sont les deux ames dont les pensées soient si exactement les mêmes, que l'une & l'autre puissent en changer mutuellement, sans y remarquer de différence. La variété des ames, comme celle des visages, n'est qu'un accident. L'ame subordonnée au corps pour l'exercice de ses facultés, suit la température des solides & des fluides qui les arrosent. La même cause qui nuance la teinte de la peau, & les linéamens de la figure, varie l'organisation du cerveau, & modifie les opérations de l'esprit qui y siege. Toutes les ames humaines supposées de la même nature, nous ne voyons guere ce qui pourroit mettre de la variété entre elles, sinon la différence des organes auxquels l'exercice de leurs facultés est attaché, & qui peuvent en conséquence des loix de l'union, le resserrer ou l'étendre. Nous ne soupçonnons pas d'autre cause d'où

CINQUIEME PARTIE.

lle procede. Ce n'est pas que les esprits purs de
[la] même nature, ne puissent être aussi modifiés dans
[le]urs propriétés respectives, par une cause que
[n]ous ignorons. Mais quant à la faculté de penser,
[le] plus parfait dégré d'organisation dans le siege
[c]orporel de l'ame, semble devoir donner la plus
[p]arfaite intelligence, comme la plus foible est le
[f]ruit de l'organisation la plus grossiere. Si l'on
[m']objecte qu'il s'ensuivroit que l'ame hors du corps
[n]e penseroit plus, je réponds que l'ame séparée du
[c]orps n'a plus l'instrument qui la faisoit penser, &
[q]ue s'il est de sa nature de ne penser que dépen-
[d]amment du corps, ainsi qu'il me le paroît, elle ne
[p]ensera point sans moyen de penser. Elle peut avoir
[d]es facultés différentes de l'intelligence, qu'elle ne
[d]eploie point dans sa prison matérielle, & qu'elle
[d]éploiera au sortir de cette vie. Ne concevant pas
[c]e que l'ame est dans un état dont je n'ai pas l'idée,
[i]l m'est permis de raisonner sur ce qu'elle est dans
[l']état actuel que je connois un peu.

Les botanistes lorsqu'ils ont imaginé de distribuer
[l]es plantes en genres & en especes, ne se sont pas
[ar]rêtés à de simples accidens de grandeur, comme
est la différente étendue de la pensée par rapport
aux Etres pensans. Tournefort, le seul qui s'est
avisé de mettre de la distinction entre les herbes ou
sous-arbrisseaux, & les arbrisseaux ou arbres, quoiqu'ils eussent le caractere du même genre selon les
principes de sa méthode, a été contredit en ce point
par tous les autres qui n'ont pas jugé que leur grandeur différente fût une raison d'en multiplier les
especes, quand ils n'avoient que cela de particulier.
Ni Genner, ni Colonne, ni Vaillant, ni Jussieu,
ni Linnæus, &c. n'ont cru que les dégrés de grandeur dans les parties ou propriétés des plantes, pussent en différencier les genres & les especes. Pour
rendre la chose plus sensible, je vais exposer succinctement le fonds du plus nouveau système: celui
de Mr. Guettard.

L'idée de ce nouvel ordre botanique est prise des parties les plus fines des plantes, de leurs glandes & de leurs poils ou filets. La variété de structure dans les uns & dans les autres, & non celle de leur grandeur, donne lieu à sept classes, parce qu'il y a des glandes de sept formes différentes, & à vingt genres parce que cet habile botaniste a observé des filets ou poils de vingt sortes bien caractérisées. 1. Les glandes miliaires assez semblables à celles de ce nom dans les animaux, forment la première classe qui comprend le pin, le sapin, &c. 2. Les glandes vésiculaires ressemblent à de petites vessies qui seroient formées sur un animal par une liqueur extravasée entre l'épiderme & la peau: telles sont celles des orangers, des mirtes & autres. 3. Les feuilles des fougeres offrent de petites lames circulaires ou oblongues, qui s'y élevent en forme d'écailles: on les nomme glandes écailleuses. 4. Les plantes à fleurs labiées ont des glandes globulaires qui se trouvent dans de petites cavités plus ou moins sphériques comme les glandes elles-mêmes. 5. Les glandes lenticulaires, en forme de lentille ronde ou oblongue, se montrent sur le bouleau & autres. 6. Les pêchers, les abricotiers, les acacia, les granadilles, ont des glandes à godet, c'est-à-dire, qui en s'ouvrant forment une espece de tasse ou de godet. 7. Enfin les glandes utriculaires sont des especes d'utricules dont les tiges & les feuilles des joubarbes & des reseda sont chagrinées; elles s'élevent au dessus de la surface des feuilles, comme les pustules sur la peau des hommes attaqués de la maladie appellée porcelaine.

On voit que dans toutes ces différences il n'est fait aucune mention de la grandeur ni de la petitesse des glandes. Il n'en est pas plus question dans le détail des filets ou poils des plantes. On les divise seulement en filets à mamelon globulaire, filets cylindriques, filets coniques, filets en poinçon, filets en larme batavique ou en massue, filets à cupule, filets en aiguille courbe, filets en crofle, filets en hameçon, filets en crochet, filets en y-grec, filets en navette, filets en alêne, filets articulés, filets à valvules, filets grainés, filets à nœuds ou nouveux, filets à goupillons, filets en plumes, filets en houppe (*).

Dans la diftribution du regne animal en fes efpeces, a-t-on jamais penfé à prendre une propriété particuliere de l'animal, commune à tous les animaux, & à la graduer, pour tirer de ces différens dégrés, l'idée d'autant d'efpeces animales ? Ce feroit, fans contredit, la plus vaine de toutes les méthodes. Elle n'auroit pourtant rien de plus extraordinaire, que celle de ceux qui différencient les efprits par les dégrés feuls de la penfée.

Ils vont jufqu'à prétendre que la diverfité fpécifique des efprits felon le plus & le moins d'étendue de leur intelligence, eft un fait plutôt qu'une hypothefe. Ils apportent en preuve l'ame des bêtes qui penfe réellement, felon eux, mais dont la connoiffance eft circonfcrite, difent-ils, par un cercle très étroit d'idées qu'elle ne paffe point. L'intelligence de l'ame humaine s'éleve plus haut : cette efpece-ci raifonne, connoît les Etres moraux, contemplent des vérités qui paffent la portée des efpeces inférieures. Il y a auffi des vérités auxquelles l'efprit de l'homme ne peut atteindre, parce qu'elles ne fe découvrent que par des dégrés de penfée dont il n'eft pas fufceptible. Au deffus de l'homme, il y a de purs efprits qui connoiffent ce qu'il ignorera éternellement : ils ont une plus grande force de penfée que lui, laquelle monte encore par dégrés, & forme des efpeces d'intelligences les unes fupérieures aux autres, jufqu'à la derniere efpece, l'intelligence infinie qui eft Dieu.

(*) Hiftoire & Mémoires de l'Académie Royale des Sciences de Paris, année 1745.

S'il est quelque chose dans cet exposé, qu'on doive regarder comme un fait, c'en est la moindre partie, cela seul qui regarde l'esprit de l'homme. Tout le reste est conjecture & méprise. A-t-on vu ce qui se passe dans l'intérieur des bêtes, pour assurer qu'elles pensent?

Leurs actions annoncent un principe au-dessus de la matiere: donc c'est une ame pensante...

Supposition gratuite, conclusion mal tirée! Leurs actions annoncent un principe au-dessus de la matiere?.. Je suis bien éloigné d'être machiniste à la façon de Descartes, mais ne sachant pas tout le parti que celui qui a fait ce qui n'étoit pas, peut tirer de la matiere qui est, je ne déciderai point affirmativement que tout ce qui est appellé la science des bêtes, ne puisse procéder d'un principe matériel. Je suppose qu'elle n'en procede pas; faut-il qu'elle ait pour cause une substance pensante jusqu'à un certain dégré? Je ne connois que la pensée de mon ame. Quelque foible, imparfaite & bornée que vous la supposiez dans un chien ou un singe, elle étoit encore moindre dans moi, aux premiers jours de mon enfance. Ainsi j'étois alors d'une espece au-dessous du chien & du singe, & aujourd'hui je leur suis supérieur. Quelle confusion dans l'échelle des esprits, dont une espece se trouve tantôt plus haut & tantôt plus bas qu'une autre, selon qu'elle porte le caractere du genre plus ou moins marqué! Qu'elle montre bien l'insuffisance de cette distinction!

S'il y a, dans la brute, un principe immatériel, il a des facultés qui lui sont propres, & qui sont très différentes des nôtres. On prend les unes & les autres pour des dégrés d'une même faculté. Sur quel fondement? Je l'ignore. Mais je sais qu'on s'efforce en vain d'établir cette différence spécifique sur les dégrés de la pensée. C'est comme si l'on vouloit que la sensibilité parmi les hommes les partageât en especes diverses, dont

CINQUIEME PARTIE.

a premiere seroit remplie par ceux de la sensibilité la plus délicate, & la derniere par les hommes du sens le plus obtus; ou que dans la progression naturelle des nombres, chacun d'eux fût d'une espece différente du précédent, parce qu'il s'éleve d'une unité ou d'un dégré sur lui.

Les especes sont des incommensurables, si j'ose m'exprimer ainsi. C'est le propre de la différence spécifique. Toute étendue, pour grande qu'elle soit, peut se mesurer par une moindre, & celle-ci se répéter en entier ou en partie jusqu'à égaler l'autre, jusqu'à la surpasser. Il en est de même de la grandeur numérique, qui toujours mesurable par la plus petite, n'en differe que numériquement. Les especes ont un autre distinctif. Dans la méthode de Tournefort, toutes les plantes ont des fleurs, mais chaque espece a des fleurs différentes de toutes les autres. La grandeur des fleurs n'y entre pour rien, de sorte que deux plantes avec des fleurs de la même grandeur font des especes distinctes & très bien caractérisées, tandis que d'autres qui n'ont que des fleurs imperceptibles & visibles seulement au microscope, se trouvent de la même espece que de grands arbres à fleurs hautes & larges.

Qu'on ne se figure donc pas l'échelle des substances immatérielles, graduée de telle maniere que chaque espece ait tout ce qu'a l'espece inférieure, & quelque chose de plus. S'il étoit ainsi, comme les individus commencent d'exister au moindre terme possible, qu'ils n'ont pas d'abord toute la perfection de leur espece, mais qu'ils l'acquierent graduellement, on seroit réduit à admettre une très grande absurdité, savoir que chaque individu changeroit d'espece à chaque moment de son existence auquel ses facultés croîtroient.

Je vais entrer dans une autre considération à laquelle on n'oppose que des paralogismes.

Qui que vous soyez, qui dites que les bêtes pensent, & que tous les esprits se ressemblent en nature, en ne désignant pas autrement cette ressemblance que par l'attribut commun de la pensée, je raisonne selon vos principes. Je veux prouver par eux seuls que si l'ame des bêtes pense réellement & en rigueur métaphysique, il vous est impossible de me démontrer qu'elle ne puisse pas penser aussi parfaitement que les hommes & les anges. Les especes doivent néanmoins avoir des bornes qu'il ne soit pas en leur pouvoir de franchir, afin qu'elles ne puissent se confondre.

Nos ames souffrent beaucoup de l'imperfection de nos organes. Notre intelligence est reserrée, engourdie, arrêtée par la foiblesse de notre cerveau dans le premier âge, par sa distension dans le sommeil, par les vapeurs qui s'y élèvent après le repas, par la contraction & le tiraillement de ses fibrilles pendant le délire. Vous en convenez. Vous ajoutez qu'elle n'est pas capable, dans l'économie actuelle, de bien des connoissances qu'elle aura, quand une fois elle sera dégagée de cette masse corporelle qui l'enveloppe. Restons-en là. A force de s'appesantir sur une matiere on risque de l'embrouiller.

En suivant votre raisonnement, je dis: L'ame qui montre plus de jugement, plus de raison, plus de génie, est celle qui réside dans un cerveau plus artistement organisé. Elle en déploieroit beaucoup moins avec des organes plus grossiers. Dans une machine semblable à celle des bêtes, elle n'en montreroit pas plus qu'une bête. Vous devez m'accorder la possibilité de cette progression descendante. L'ascendante est aussi possible. L'ame des bêtes souffre de la grossiéreté de l'instrument par lequel elle pense. Avec des organes plus subtils & plus déliés, elle déploieroit plus de perfections. Dans un cerveau de la trempe de celui de Leibnitz, elle ne lui céderoit en rien pour la profondeur & la force du raisonnement. Elle s'élevera encore fort au-dessus d'un si grand génie, quand elle quittera la machine grossière qu'elle anime à-présent.

Je poursuis: Lorsque les ames des bêtes & celles des hommes auront dépouillé, les unes le corps qui les tient au-dessous de l'humanité, les autres celui qui les rend inférieures à la spiritualité pure, elles se ressembleront en tout, ayant les mêmes perfections au même dégré. D'où viendroit le plus ou moins d'étendue de leurs facultés, s'il y en avoit? Seroit-ce de leur nature? Point du tout, car vous les dites de la même nature. De leurs bornes? Qu'est-ce que cela signifie? Les bornes ne viennent point des bornes. Les facultés des Etres, avec les limites de ces facultés, ont leur principe dans la nature même des Etres: j'entends leurs bornes essentielles, & non pas leur plus ou moins de développement que des accidens peuvent occasionner. D'où je conclus qu'il ne peut pas être essentiel à la même nature, d'être ici plus bornée dans ses facultés, & là plus étendue. S'il arrive qu'elle se montre plus parfaite dans un individu que dans un autre, la cause en est accidentelle. Ensuite, comme cet accident n'est que passager, dès qu'il cessera, la nature se fera voir au même dégré de perfection dans les deux.

Une différence spécifique est une différence essentielle & invariable. Il n'y a point de différence essentielle entre deux essences semblables. Toute différence casuelle peut croître, diminuer, & doit s'évanouir tôt ou tard.

Je vous écoute. Vous dites que l'ame des bêtes peut penser dans un autre ordre, & d'une autre maniere que la nôtre: de sorte que la plus haute pensée de la brute, soit toujours inférieure à nos pensées...

Vous vous tendez un piege à vous-même pour vous y laisser prendre. Expliquez-moi ce que signifient ces mots, *penser dans un autre ordre & d'une autre maniere que le seul ordre & la seule façon de penser que vous conceviez?* Ce mot *penser* est une copie verbale d'une idée que votre esprit se forme d'après telle opération ou modification de lui-même. Il n'exprime que la pensée de l'ordre & de la façon de la vôtre. Dire que les brutes pensent dans un autre ordre que vous, c'est dire qu'elles ne pensent point, parce que ce mot *penser*, dans votre bouche, est incapable d'exprimer une sorte de pensée que vous ne connoissez pas. Vous vous rapprochez de mon sentiment sans le vouloir: tel est l'empire de la vérité. Une faculté d'un ordre & d'une sorte différente d'une autre faculté, ne ressemble pas à celle-ci en nature, & en differe plus intimement que par des dégrés d'extension. Ainsi accordez vous. Ou bien dites que les bêtes pensent naturellement dans le même ordre & de la même maniere que vous pensez, avec la seule distinction accidentelle que l'organisation diverse de vos cerveaux respectifs met entre le développement de vos esprits, tant qu'ils y restent attachés, laquelle s'évanouira au sortir de vos corps. Ou bien, convenez que ce qui vous semble, en eux, un dégré d'intelligence au dessous de la vôtre, est une faculté différente en nature de l'intelligence. Au reste l'un & l'autre parti menent directement à conclurre que la différence spécifique des esprits n'a pas pour fondement les dégrés d'une même faculté.

S'il y a des vérités qui surpassent la portée de l'esprit humain, & qui se manifestent à d'autres esprits, ce n'est pas qu'il manque au premier des dégrés d'intelligence pour y atteindre, qui se trouvent dans les autres. C'est plutôt qu'elles passent toute intelligence, & que la connoissance n'en peut être acquise que par une faculté supérieure à l'intelligence. L'ignorance de ces vérités est pour l'esprit humain un accident, ou une nécessité. N'est-ce qu'un accident? Elle disparoîtra donc dans une situation plus heureuse que l'état présent: car rien n'est fait en vain. Alors deux especes seront confondues, l'intelligence de l'homme sera au dégré de celle de l'esprit pur. Cette ignorance est-elle une nécessité ? Elle a donc sa raison dans le principe même de l'intelligence. Et plus j'y réfléchis, plus je me démontre qu'un principe qui ignore naturellement & nécessairement telles vérités, differe en nature d'un autre principe qui les connoît naturellement. Quand on m'aura prouvé avec autant de clarté, que de deux principes naturellement semblables, il est de la nature de l'un d'ignorer ce qu'il est de la nature de l'autre de connoître, je resterai indécis entre deux contradictoires également lumineuses.

CHAPITRE XLII.

Que la faculté de penser est une propriété spécifique & propre de notre ame seule.

Notre ame est pour nous comme ces objets qui échappent à une trop grande distance, ou que l'on voit confusément lorsqu'ils sont trop près. Si détournant les yeux de ce qui se passe dans notre esprit, nous voulons l'observer dans celui des autres hommes, qui lui ressemble, notre vue ne va pas si loin. Si donnant dans l'autre excès, nous cherchons à voir notre ame dans elle-même, nos yeux éblouis n'apperçoivent plus rien. Le milieu convenable pour la bien voir, c'est la méchanique de ses opérations. J'en ai donné les principes dans la quatrieme partie. Je suppose que le Lecteur se les rappelle. Je vais les employer à examiner comment notre ame est modifiée, ce que c'est que penser, ce qu'il faut pour penser : le résultat de ces observations nous ménera à conclurre que des Etres qui n'ont pas l'instrument ou le moyen de penser, ne pensent point.

Les opérations de l'ame s'exécutent toutes à l'aide des organes du corps. Il n'en faut excepter aucune. On ne conçoit pas comment elle pourroit penser sans ces organes qui lui servent encore à connoître que sans leur secours elle ne recevroit aucune impression extérieure ni intérieure. Il n'est pas probable qu'elle pensât avant le premier développement organique du germe corporel. Nous n'imaginons pas qu'elle pût penser alors. Elle pensoit d'une maniere enfantine dans les organes de l'enfance: ses pensées ont acquis de la force, de la solidité, & de la consistance avec eux. Elle a déliré dans les dérangemens du cerveau. Elle sent, voit, goûte, touche, entend & pense diversement, en raison de la diversité des sens. Leur foiblesse l'abbat: leur agitation la trouble: leur desordre la rend furieuse: elle se calme avec eux. Elle juge diversement sur le différent rapport des sens. En un mot, elle connoît par le ministere des sens. Son intelligence ne se conçoit point sans une affinité très proche avec l'organique du corps, ni l'exercice de cette faculté sans une dépendance totale de l'appareil fibrillaire du cerveau.

Je ne suis point tenté de confondre deux choses aussi différentes que mon ame & mon corps, ni leurs modifications respectives. Il me semble seulement que la pensée ne se peut concevoir sans une liaison au corps, puisqu'elle n'existe que dépendamment du corps, quoiqu'elle ne soit pas dans le corps. De-là la notion que nous avons de la pensée, porte un certain caractere corporel, qui en est absolument inséparable, & lui est intrinséquement inhérent.

Cette matiere est un grand sujet de méditation. Quiconque aura la force de l'approfondir, sentira que s'il perdoit son corps, il perdroit l'unique moyen pour lui de penser qui lui soit connu. Il sentira, même en distinguant la pensée de l'instrument de la pensée, qu'elle n'existe que par lui (non dans lui), & qu'elle n'exiſteroit pas ſans lui. Et infailliblement il terminera ainſi ſa méditation philoſophique: La notion que j'ai de la penſée, me la repréſente comme le produit d'un eſprit uni à un corps, en d'autres termes, comme la modification d'un eſprit, opérée par l'entremiſe d'une portion de matiere qu'il anime. Donc cette notion, la ſeule que je puiſſe avoir de la penſée, ne convient qu'à l'ame humaine, & n'eſt en aucune façon, applicable à des Etres qui n'ont point de corps.

Nous ne rangeons parmi les animaux que les Etres dans qui nous appercevons le caractere de l'animalité, quelle que ſoit la combinaiſon des idées qui forment cette marque diſtinctive. Quel que ſoit encore le caractere qui diſtingue l'homme des autres animaux, nous ne mettons au rang des hommes que ceux qui le portent. Pourquoi s'écarter de cette regle dans la diſtribution des eſprits? Puiſque nous n'appecevons la penſée que dans une ſeule eſpece, ne ſeroit-il pas naturel de la regarder comme particuliere à cette eſpece dans laquelle on ne doit pas admettre des eſprits qui, loin de nous être connus comme penſans, manquent viſiblement d'une condition requiſe pour penſer. Juſqu'à ce que nous ayions commerce avec les eſprits purs, juſqu'à ce que nous ſachions qu'ils penſent réellement, craignons de leur attribuer ce qui n'eſt que dans nous.

On conviendra aſſez en général que les eſprits purs ne peuvent être modifiés d'aucune façon humaine. Cet aveu me ſuffit. La penſée eſt une modification de l'homme. Concluez.

Toutes les opérations de notre ame portent le caractere du corps qui influe ſi fortement ſur elles. Des opérations purement ſpirituelles n'ont pas ce caractere: elles en ont un autre qui nous eſt inconnu à la vérité, mais qu'il n'eſt pas plus légitime de confondre avec celui de notre penſée, que de prétendre que ce ſoit une même choſe d'exiſter avec un corps & d'exiſter ſans corps. Les facultés, dont des opérations si dissemblables sont l'exercice, ont la même différence caractéristique entre elles ; & je la crois plus solidement établie que par les dégrés d'une même faculté, dont nous avons vu l'inaptitude à cet effet.

Il ne faut pas supposer qu'il soit nécessaire d'avoir une idée de l'espece des facultés de ces esprits purs, pour la juger différente de celle des nôtres, ni se flatter qu'il suffise de l'imaginer semblable intrinsèquement, & plus parfaite dans la forme, pour s'assurer qu'elle l'est véritablement. Quant à ce dernier point, l'imagination ne conduit à rien, lorsqu'il s'agit de choses que l'expérience réelle ne découvre point. Du reste, je connoîtrois aussi bien l'espece des facultés de l'esprit pur, que celle des miennes, & je n'en serois pas plus sûr de leur différence spécifique, puisqu'elle résulte de celle qu'il y a entre se modifier dépendamment d'une machine organisée, & se modifier sans cette machine.

Ce que je proposois au commencement de ce chapitre sous la forme d'un soupçon & d'une probabilité, devient à présent une vérité démontrée. La pensée n'est pas un produit de l'esprit seul, mais la modification d'un esprit par le ministere organique d'un corps qui lui est approprié. Pour nous en mieux assurer, analysons la pensée : résolvons-la, pour-ainsi-dire, en ses parties élémentaires.

CHA-

CHAPITRE XLIII.

Suite.

Recherches particulieres sur l'idée que nous avons de l'intelligence, & les élémens dont elle est formée. Ce qu'elle présente réellement à l'esprit.

JE m'arrête volontiers aux questions intéressantes qui ont rapport à mon sujet. J'insiste avec une application & un goût particuliers sur celles que je crois les plus essentielles. La crainte de me tromper, & le respect que je dois au public, m'en font un devoir.

Origine de l'idée que nous avons de l'intelligence: élémens dont elle se forme.

N'appercevant pas les facultés des Etres en elles-mêmes, nous les saisissons par leurs effets. Notre intelligence, quoique notre propre faculté, ne nous est connue que par l'exercice que nous en faisons. Ce sont ses actes seuls, comme appercevoir, croire, douter, affirmer, nier, & autres, qui nous la manifestent. Si nous n'avions jamais exercé notre faculté de penser, nous ne la connoitrions pas, & nous la connoissons selon l'étendue & la proportion de ses actes. Quand nous aurions le pouvoir d'acquérir beaucoup plus d'idées & de connoissances que nous n'en avons acquises, nous ne sentirions pas cette capacité, ou le surplus de cette capacité que nous n'avons pas éprouvé. Les actes réfléchis de notre intelligence, sont les premiers élémens de l'idée que nous avons d'une telle faculté. Considérons un instant ces actes & leurs appartenances.

J'y apperçois beaucoup de physique. Ils ne partent pas de la substance corporelle, comme de leur principe productif. A cela près, ils y sont liés d'une manière si intime qu'ils ne se déploient que par son concours; de sorte que l'influence des organes sur ces actes doit être mise encore au rang des élémens qui composent notre idée de l'intelligence. C'est ce qui m'a fait appeler ailleurs les fibres du cerveau, des fibres intellectuelles, c'est-à-dire non des fibres qui pensent, mais des fibres qui font penser l'ame. Elles la font si bien penser, que sans de tels organes elle ne penseroit point. La pensée n'est pas une opération organique en ce sens que les organes pensent. Elle l'est en ce sens que la faculté dont elle est un acte, est mise en action par les organes corporels.

Pour tout dire en peu de paroles, nous n'aurions aucune idée de l'intelligence, si nous n'avions jamais pensé, & nous n'aurions jamais pensé sans organes.

Qu'on se livre aux abstractions. Que l'on s'efforce de concevoir la faculté de penser, sans le rapport de dépendance, ou de correspondance, qu'elle a avec le corps. On n'y réussira pas. Cela n'est pas plus possible que de faire penser l'ame sans l'intervention de la seule cause capable de la faire penser.

La pensée est une impression des objets extérieurs, reçue dans l'ame à la faveur des sens, ou une réflexion de l'ame sur une impression de cette espece. C'est la loi de l'union harmonique des deux substances, qu'il ne se passe rien dans l'ame qui n'ait sa raison dans le plan du cerveau. Le cerveau est aussi nécessaire à l'ame pour pour penser, que la faculté même de penser. L'exercice de celle-ci dépend entiérement de l'autre; & quand la puissance n'agit pas immédiatement par elle-même, mais par un moyen, ce moyen est aussi nécessaire à l'acte que la puissance. On pourroit donc définir l'intelligence, la faculté de penser dépendamment de l'appareil organique du cerveau. Séparez l'ame de cet

CINQUIEME PARTIE. 159

gane; elle ne recevra plus d'impreſſions, elle ne agira plus ſur ces impreſſions, elle ne penſera us. La penſée n'eſt rien, ſi elle n'eſt pas le ſultat d'une impreſſion des organes ſur l'ame, ou réaction de l'ame ſur une telle impreſſion, ou le ntiment de l'une & de l'autre.

Enfin que l'on enviſage le ſujet qui m'occupe us toutes les faces imaginables, ou reconnoitra ujours, pourvu qu'on ne s'aveugle pas, que les lémens de notre idée de l'intelligence, ſont les les de cette faculté, & leur dépendance entiere & éceſſaire de l'organique du corps, auquel ils tien- ent auſſi abſolument qu'à leur cauſe productrice, uoique d'une maniere différente; puiſque leur cauſe ſt impuiſſante par elle ſeule, & tout-à-fait inhabile produire tel effet ſans le miniſtere des ſens.

Ce que notre idée d'intelligence préſente réellement à l'eſprit.

Cette ſeconde conſidération tire de grandes lu- ieres de la précédente. L'idée que nous avons de 'intelligence, nous repréſente la faculté d'apper- cvoir, croire, douter, nier, affirmer, & d'avoir toutes les autres ſortes de penſées que nous avons eues. Elle ne nous repréſente pas cette puiſſance ſous une autre forme que celle qu'elle a, & que nous avons éprouvée. C'en eſt une copie fidele, qui rend tous les traits de ſon original, ſans les altérer, ſans y ajouter, ſans en rien retrancher. In- dépendamment de l'intuïtion interne de cette idée qui n'y démêle rien d'étranger aux actes de la puiſ- ſance & à la maniere dont ils ont été produits, ſi elle contenoit autre choſe, d'où lui ſeroit-il venu? L'écho ne répete point des paroles qui n'ont pas été prononcées. Le miroir des eaux n'offre à la bergere qui s'y regarde, que les graces naïves qu'elle a. Ainſi l'idée que nous avons de la faculté de penſer, nous la peint telle préciſément, & de la maniere que nous l'avons exercée, c'est-à-dire comme la puissance d'appercevoir, de connoître, de juger, de penser en un mot par l'intermede d'un corps.

Voyons encore les choses de plus près, si nous pouvons. L'intelligence en elle-même est bien la force de produire des pensées. Mais nous ne connoissons pas l'intelligence en elle-même. Elle nous est notifiée par ses effets : nous concluons de l'acte à la puissance. Si nous voyions l'intelligence en elle-même, cette vue nous y découvriroit non seulement les pensées que nous avons eues, mais aussi toutes celles que nous pouvons avoir, ce qui n'est pas. L'idée que nous nous en formons n'est pas prise de ce que telle faculté est dans soi. Elle se compose plutôt de ce que ses actes nous en apprennent, ainsi que je viens de le dire. Dès lors elle nous représente moins la faculté de penser, que les différens produits d'une telle puissance. Et dans cette expression *la faculté de penser*, le mot *penser* est plus clair, que celui de *faculté*, parce que nous pensons & que nous avons le sentiment de notre pensée. Mais nous n'avons point celui de la vertu par laquelle nous pensons, & d'ailleurs rien ne nous en donne l'idée. Si pourtant cette vertu se laisse saisir par quelque endroit ; c'est moins par la maniere dont elle est dans l'ame, que par ce qui l'asservit au corps pour la production de ses effets. Toutes ses opérations portent la marque de cette servitude, mieux empreinte que le caractere de l'Etre immatériel de qui elles sont.

Nous voilà entraînés à une conclusion qui ne sera peut-être pas du goût de tout le monde, de ceux sur-tout qui s'en tiennent à une métaphysique superficielle pour s'épargner la peine d'approfondir. Faute d'observer d'une juste distance ce qui se passe dans notre ame, nous ignorons ce que c'est que la pensée, & l'ignorance nous mene à l'attribuer faussement aux esprits purs. Quand on nous parle d'intelligence, nous voudrions pénétrer la substance même de notre ame, pour y contempler la puis-

CINQUIEME PARTIE.

...ance de connoître : souhait chimérique! Et nous ...égligeons le moyen qui nous fait penser & con-...oître : négligence impardonnable!

La pensée nous est plus connue comme dépen-...ance du corps, que comme une appartenance de ...'esprit. Prenez garde, je ne confonds pas l'im-...ression organique avec ce qui lui correspond dans ...'ame. L'impression organique, j'entends non ce ...ui arrive à l'origine des nerfs dans le siege de ...'ame, mais l'action des objets sur les sens, nous ...t plus sensible que ce qui lui correspond dans la ...ubstance pensante. Ce qui correspond dans l'ame ... l'impression organique, ne nous est même connu ...ue pour un type de cette impression. Nous ne con-...evons aussi la réflexion de l'ame sur ses propres ...pérations, laquelle lui en donne la notion senti-...entée, que comme l'analogue de la réaction des ...bres du cerveau, ou de la résistance qu'elles oppo-...ent, en raison de leur inertie naturelle (en tant que ...atiere), aux impulsions qu'elles reçoivent de la ...rt des objets qui les affectent. De-là, quoique ... ne prenne pas le jeu de l'organe pour la pen-...ée de l'ame, tout ce que la notion de la pensée ... de positif & de réel, tient beaucoup plus au ...eu de l'organe, qu'à la vertu de l'Etre spirituel.

... pensée est donc plus connue en tant que dé-...endance du corps, que comme appartenance de ...'esprit. S'efforce-t-on de la concevoir sous ce der-...ier rapport, sans le premier, on n'y conçoit rien ... tout, c'est peine inutile. Cela doit être, puis-...que par l'union, il n'y a rien dans l'ame qui n'ait sa ...raison dans quelque impression survenue au *senso-...ium*. Sous l'autre aspect la chose change. Quoique ...le fonds de mon ame, & ce qui constitue dans elle ...ses facultés, soient pour moi des inconnus, il me ...suffit de l'avoir sentie pensante d'après des impres-...sions organiques, d'avoir remarqué qu'à des impres-...sions semblables répondoient les mêmes pensées, & ...que des organes spécifiquement différens lui imprimoient des idées avec la même différence entre elles ; il me fuffit de ne penfer & de ne pouvoir penfer que par le moyen de mon corps. Sans autre addition, comme l'impreffion organique fait penfer l'ame, ainfi l'idée de cette impreffion me fert à concevoir ce qui fe paffe dans l'ame en conféquence, au moins comme un analogue de l'impreffion.

L'ame a la faculté de penfer : le corps n'a que la propriété de faire penfer l'ame. Il femble par-là que l'ame influe plus que le corps dans la formation de la penfée. D'accord. Cependant l'idée de l'intelligence nous préfente plus de phyfique que d'incorporel. J'en ai dit la raifon. Cette idée eft copiée non fur ce qui conftitue la faculté intrinféquement, mais fur fes actes, & dans fes actes ce qui appartient à la machine eft plus fenfible, plus concevable & mieux conçu que ce qui eft de l'ame. Je ne dis pas affez. Il faut ajouter que c'eft uniquement par le jeu de la machine que nous conjecturons ce qui arrive dans l'ame. Ici je dis trop : nous conjecturons fimplement que par l'action du corps fur l'ame qui n'eft qu'une tranfmiffion de l'affection qu'il éprouve, l'ame eft modifiée d'une certaine façon que nous appellons penfée. Dès-lors l'intelligence, telle que l'idée nous la repréfente, eft une aptitude de l'ame à être modifiée, ou fi vous l'aimez mieux, à fe modifier en fubftance penfante par l'action des organes corporels.

Conclufion.

Nous nous fommes affurés qu'il nous étoit impoffible de rien connoître au-delà de ce qui nous eft notifié par des idées qui nous viennent des fens & de la réflexion. L'idée de l'intelligence, puifée dans cette double fource, foit que l'on remonte à l'analyfe des élémens qui la compofent, foit qu'on en fixe l'enfemble & la complexité, nous la fait toujours connoitre pour une faculté qui ne s'exerce

CINQUIEME PARTIE. 163

& ne se peut exercer que par le ministere d'une machine organisée. Que l'intelligence ne s'exerce pas sans l'intervention du corps, chacun en a la conscience intime. Qu'elle ne puisse s'exercer sans un pareil intermede, ce point est une conséquence de l'autre. Il s'agit de l'intelligence telle que nous la concevons, & nous concevons qu'elle dépend nécessairement du corps quant à son exercice. Une faculté qui dans un Etre purement spirituel se déploie sans organes corporels, n'est donc pas ce que nous comprenons par l'intelligence.

Je n'abonde point dans mon sens. On me parle de pensée pure, & d'intelligence purement spirituelle. Allons à la découverte, poussés par le souffle de la raison. Dans quelques plages qu'il nous conduise, il dissipera les phantômes, & la vérité seule se montrera. Ainsi la douce haleine des zéphirs délivre l'aurore des ombres qui la dérobent à nos regards.

CHAPITRE XLIV.

Suite.

Qu'il n'y a ni pensée pure, ni intelligence purement spirituelle, c'est-à-dire une intelligence qui se déploie indépendamment d'un corps.

ON ignore ce que seroit la pensée, & si elle pourroit être sans le corps. La pensée pure, & l'intelligence purement spirituelle, c'est-à-dire une intelligence qui se déploie sans organes, sont des Etres dont nous n'avons pas d'idée.

Le doute est une discrétion raisonnable, quand les motifs de crédibilité sont égaux de part & d'autre, ou quand aucun côté n'en a de suffisans à nous déterminer. Mais lorsque tout porte ici le caractere de l'évidence, & que là on découvre le prestige de

L 4

l'illusion à la place d'une raison solide, peut-on rester indécis ? Dès que la pensée est conçue sous la forme d'une modification d'un esprit par un corps, & que l'examen le plus exact de cette conception en a montré la justesse incontestable, c'est une nécessité d'avouer qu'il ne peut y avoir de pensée pure, de pensée qui soit la modification d'un esprit seul, sans l'intervention d'un corps. Dès que l'intelligence est conçue comme le pouvoir de penser par la médiation d'un corps, & que pour mieux se convaincre de la réalité de cette idée, on lui a fait subir toutes les épreuves imaginables sans y découvrir aucun indice de falsification, c'est le droit de la conviction de se dire : Il ne peut y avoir d'intelligence pure, d'intelligence qui se déploie indépendamment de tout organe corporel.

Ceux qui nous parlent de pensée & d'intelligence pures, s'entendent-ils bien ? Ne veulent-ils pas désigner par ces expressions qui s'excluent, une faculté & un acte très différens de l'intelligence & de la pensée ? Je le soupçonne, & l'épithete *pure* jointe au mot *pensée*, ou *intelligence*, ne me permet pas d'en douter. Ils n'ont point l'expérience, ni conséquemment la notion d'une pensée pure, mais ils conçoivent bien la pensée de leur ame, qui n'est rien moins que purement spirituelle. L'épithete *pure*, n'exprime rien de positif, rien qui soit présent à leur esprit, lorsque leur bouche la prononce, ou que leur main l'écrit. Ils la joignent au substantif *pensée*, pour distinguer cette espece de pensée incompréhensible, de celle qu'ils comprennent mieux. Il arrive de-là, & telle est leur intention, que de ces deux mots *pensée pure*, non seulement le dernier n'a point de signification positive, mais qu'il ôte encore au premier celle qu'il avoit. Et j'ose dire que telle est l'intention des philosophes qui les joignent ensemble : car si le premier conservoit sa signification propre, après la jonction, il exprimeroit une pensée connue ; & il en doit désigner une incon-

CINQUIEME PARTIE.

nue, selon eux. Voilà comme, loin de devenir plus significatif par cette addition, il perd sa signification réelle, & n'en a plus du tout, puisqu'il ne réveille plus aucune idée dans l'esprit. Dans cet état, il n'exprime donc pas une pensée. En effet une pensée pure, une pensée inconnue, une pensée inconcevable n'est pas une pensée: ou bien la pensée de notre ame, pensée connue & concevable, n'en est pas une.

Un même terme peut-il signifier le connu & l'inconnu? L'un détruit l'autre. Les mots ne sont que des signes arbitraires de nos pensées. Qui le nie? Mais ils sont toujours des signes de nos pensées, & par-là incapables de signifier autre chose que les idées de celui qui s'en sert. Ce principe est celui de tous ceux qui ont jamais réfléchi sur l'institution, l'usage & la propriété du langage (*). La prétention est étrange, si elle n'est pas rare! Vouloir que le signe expressif d'une conception telle que la pensée, signifie ce qui n'est pas une telle conception; qu'il signifie la modification d'un esprit opérée par l'entremise d'un corps, & celle d'un autre esprit opérée sans cette entremise, l'idée que l'on a & celle que l'on a pas, quelque chose & le rien!

On ne s'apperçoit peut-être pas qu'en soutenant l'intelligence pure, on convient, malgré soi, qu'il n'y en a point. Convenir que l'intelligence pure n'est pas ce que l'on conçoit seul être l'intelligence, c'est-à-dire la faculté d'avoir des pensées à la faveur des impressions organiques, n'est-ce pas convenir que l'intelligence pure n'est pas l'intelligence, & conséquemment qu'il n'y a point d'intelligence pure?

Toute faculté qui se déploie indépendamment d'un corps n'est point l'intelligence, & ne peut porter légitimement ce nom, parce que la dépen-

---

(*) Voyez ci-devant Note (*a*).

dance des organes corporels, entre comme élément composant dans l'idée que nous avons de l'intelligence, & dans l'intelligence même (r).

CHAPITRE XLV.

Suite.

L'illusion des abstractions tournée en preuve contre ceux qui s'imaginent que l'intelligence abstractive est l'intelligence pure.

Les esprits vifs qui pénetrent d'abord une démonstration & toute sa force, s'étonneront de me la voir retourner de tous les sens. Si je la tourmente ainsi, c'est pour la mieux éprouver. Je cherche à la trouver fausse, pour l'abandonner. Non: je ne desire ni qu'elle soit vraie, ni qu'elle soit fausse. Je veux voir ce qu'elle est, & le voir si bien qu'il ne me reste plus aucune sorte d'inquiétude. Quelque répugnance que j'aie témoignée jusques ici pour les abstractions, je vais m'y prêter avec une discrétion philosophique, afin qu'on ne me puisse rien reprocher. La sécurité de l'évidence vaut bien que l'on éprouve le mensonge même.

―――――――――――

(r) Il seroit bien plus expédient de dire & de prouver que le corps seul pense, & que l'homme est tout corps. Alors il seroit décidé que la pensée étant une modification de la matiere, ne conviendroit pas à la substance immatérielle.

Je n'ai point de système à soutenir. Si je crois qu'il est impossible à la raison de se démontrer que la matiere ne puisse pas penser, je crois aussi impossible de démontrer qu'elle pense. J'ai toujours distingué la substance pensante, de la substance matérielle, me croyant plus fondé à les distinguer qu'à les confondre. Toute ma physique des esprits le prouve. J'agis trop sincérement avec moi-même, pour supposer ce que je ne crois pas, afin d'en tirer des conséquences de prédilection. Je ne me suis jamais dit: Je veux prouver cela, cher-

Tant de savans nous disent que Dieu & les anges sont de pures intelligences, qu'il semble raisonnable, sinon de se rendre à leur sentiment, au moins d'y entrer pour le reconnoître. Je tâche donc d'abstraire avec eux la notion que j'ai de la pensée, en la considérant sans relation ni aux objets extérieurs qui agissent sur mes sens, ni à cette impression sensuelle, ni à son passage dans l'ame : je la fixe comme simple modification d'une substance spirituelle. La pensée conçue de cette façon n'a plus de rapport avec le corps ; elle convient à l'esprit pur, puisqu'elle n'a plus rien de ce qui empêchoit qu'elle ne lui convînt. Voilà un acte de l'intelligence pure...

Illusion pure! Si je considere la pensée, comme simple modification d'une substance spirituelle, je ne la considere plus comme pensée : car on est convenu que la pensée n'étoit pas la modification d'une substance spirituelle seule agissante. Mon abstraction, supposé qu'elle me représente quelque chose, ne me représente pas la pensée, mais une modification quelconque d'une substance quelconque. En ce sens elle convient à tout esprit qui peut être modifié, puisqu'elle énonce l'aptitude seule à être modifié, & pas davantage. Une telle précision métaphysique dépouille la pensée de tout ce qui la constitue la pensée, pour ne lui laisser qu'un rapport vague, tel que celui de modification. Sans

---

chons des principes qui l'appuient. J'examine les principes, sans m'inquiéter des conséquences. L'indifférence méthodique sur ce point, est selon moi la clé qui ouvre le temple de la vérité. En effet, si le principe est vrai, est-ce à moi de répondre des conséquences ? Ceux-là seuls doivent en répondre qui les déduisent mal.

La matiere ne pense pas. Je n'ai pas besoin de la faire penser, pour soutenir, à bon droit, que l'esprit pur ne pense point. Et si je ne pouvois refuser la pensée à l'esprit pur qu'en la mettant ou la supposant dans la matiere, j'abandonnerois la these, plutôt que de partir d'une supposition qui me semble dénuée de preuves suffisantes.

doute ce rapport convient aux esprits purs : les esprits purs peuvent être modifiés. Mais la pensée n'est-elle que le simple rapport de modification ? La pensée est une modification, mais une modification d'une espece particuliere. Les esprits purs peuvent être modifiés, mais ils ne peuvent pas l'être de l'espece de modification que l'on appelle pensée. Et puisque j'ai promis de me prêter à l'illusion des abstractions, je n'en veux d'autre preuve pour le présent, que les vaines tentatives faites pour imaginer le contraire. Ne voit-on pas que, si l'on parvient à rendre cette espece particuliere de modification applicable à l'esprit pur, c'est en en séparant tout ce qui constitue la pensée ?

Un sentiment confirmé par tous les raisonnemens employés à le combattre, réunit en sa faveur les cris du préjugé à la voix de la vérité. La vérité qui l'examine, le juge & l'approuve. Le préjugé qui le combat, se confond & s'épuise en efforts superflus.

Quoi! Le fruit d'un travail d'esprit aussi pénible qu'il le faut pour penser à l'intelligence abstractive, se borne à prouver, ce que personne ne conteste, que l'esprit pur a, comme l'ame, la faculté de se modifier ?... Rien de plus. Et en cela il n'y a rien de fort surprenant. Il le seroit davantage que, dans une telle abstraction, l'intelligence restât encore l'intelligence, lorsque l'on en a détaché tout ce qui la constituoit telle.

CHAPITRE XLVI.

Suite.

Si les esprits purs n'ont que des perceptions immédiates, ils ne pensent point. S'ils n'en ont que de médiates, ils ne pensent point. S'ils ont des unes & des autres, ils ne pensent point encore.

Nos idées sont des types intellectuels : l'étimologie du mot le dit assez. Expliquons pourtant l'espece de ces types. Représentent-ils les choses mêmes, ou seulement leurs apparences ? On l'a décidé, en disant que nous ne connoissons que des qualités. Nos pensées sont donc des types des impressions seules que les objets font sur nous, d'abord sur nos sens, puis sur notre ame par nos sens. Puisque nos pensées nous représentent la forme sous laquelle les objets nous affectent, elles varieront avec ces affections, & ces affections reçues originairement dans l'organe doivent varier avec lui. Avec d'autres sens nous serions autrement affectés par les objets. Mais si nous n'avions point de sens, comment nous affecteroient-ils ? Quel homme l'a expérimenté pour nous l'apprendre ? Nous l'ignorons. Notre ignorance montre au moins qu'ils ne nous affecteroient pas de la maniere dont ils nous affectent actuellement. Et si la copie intellectuelle de l'affection présente que nous connoissons, est la pensée, celle d'une affection inconnue n'est pas une pensée. Elle ne le sera jamais qu'au jugement de ceux qui concevroient qu'une affection connue seroit une affection inconnue. Avec de telles gens il ne faut point raisonner.

J'ignore abſolument par quels moyens les eſprits purs connoiſſent les objets matériels, ou s'ils les connoiſſent immédiatement, & ſans moyen intermédiaire. Que ce ſoit l'un ou l'autre, ils n'en ont toujours aucune connoiſſance analogue à la nôtre, & ne penſent point. Leur moyen de connoître, s'ils en ont un, n'eſt ſurement pas le nôtre; & le nôtre eſt le ſeul moyen de penſer. Ils n'ont pas notre moyen de connoître, puiſque nous leur refuſons un corps. Le corps eſt le ſeul moyen de penſer, puiſque la penſée exprime le rapport des objets avec le corps, ou l'affection qu'il en reçoit. Sans le corps point d'affection organique, ſans affection organique point de type idéal qui l'exprime. Les eſprits purs ne ſont pas affectés par les objets corporels, comme nous le ſommes. Il n'y a peut-être point pour eux d'accidens, comme pour nous. S'il y en a, ils ne ſont certainement pas du même genre que ceux que nous connoiſſons.

Suppoſons que les eſprits perçoivent immédiatement les objets externes. C'eſt un ſentiment aſſez commun : ce n'eſt pas le mien (s). N'importe, je le ſuppoſe. En ce cas, tout eſt vu, tout eſt dit. Nous ſentons que la penſée eſt une perception médiate. S'ils n'ont pas de perceptions médiates, ils n'ont pas de penſées. Et de quoi ſerviroit la penſée à des Etres qui percevroient immédiatement les choſes ? Cette imperfection dérogeroit à leur nature. S'ils perçoivent les objets externes ſans moyen intermédiaire, ils liront auſſi dans le fonds de leur être propre, & ils ſe connoîtront tout autrement que notre ame ſe connoît. Elle ne ſe connoît que par réflexion, par l'attention qu'elle prête à ſes modifications. Elle ne ſent point ſes facultés,

---

(s) On ſent que je me trouve dans la diſpoſition d'eſprit la plus oppoſée en apparence au ſentiment que j'adopte. D'un côté je ne puis me perſuader que la penſée ſoit un mode de la matiere: rien pourtant ne prouveroit mieux que les Etres immatériels ne penſent

elle n'en voit que les produits. Les esprits purs manqueront donc encore de cette autre sorte de pensée, de la pensée réflexive qui n'est qu'une connoissance médiate de soi-même, de l'espece de la nôtre.

Quand les esprits purs réuniroient les deux sortes de connoissances tant à l'égard d'eux-mêmes, que pour les objets externes, ils ne penseroient pas encore. Leur connoissance immédiate ne seroit pas la pensée, puisque la pensée n'est qu'une perception médiate. Leur connoissance médiate ne seroit pas non plus la pensée ; leur moyen de connoître n'étant pas semblable au nôtre, la connoissance qu'il leur procureroit ne porteroit pas le caractere distinctif de la pensée : ce qui est incontestable, tant pour les idées qui nous viennent des sens, que pour celles que nous donne la réflexion. Car si les affections de l'esprit pur, ne ressemblent point aux impressions que l'ame reçoit, le sentiment des unes n'aura point de ressemblance avec celui des autres. Ainsi, dans la supposition que les esprits purs se connoîtroient médiatement, c'est-à-dire par les effets ou les actes de leurs facultés, il est prouvé que ces effets ou actes n'auroient rien d'analogue à nos pensées, & par une suite nécessaire que ce qui leur feroit connoître ces effets ou actes, ne seroit point une pensée réflexive, comme chez nous.

---

pas. De l'autre, je ne puis croire qu'ils perçoivent immédiatement les objets de leur connoissance, ce qui seroit encore bien propre à montrer qu'ils ne pensent pas, la pensée n'étant qu'une perception médiate.

CHAPITRE XLVII.

Nouvelle preuve que la faculté de penser est propre à l'ame seule, tirée de l'espece particuliere des objets soumis à sa connoissance.

„ Dieu qui par sa sagesse infinie nous a faits tels
„ que nous sommes avec toutes les choses qui sont
„ autour de nous, a disposé nos sens, nos facultés
„ & nos organes de telle sorte qu'ils pussent nous
„ servir aux nécessités de cette vie, & à ce que
„ nous avons à faire dans ce monde. Ainsi nous
„ pouvons, par le secours des sens, connoître &
„ distinguer les choses, les examiner autant qu'il
„ est nécessaire pour les appliquer à notre usage,
„ & les employer en différentes manieres à nos
„ besoins dans cette vie. En effet nous pénétrons
„ assez avant dans leur admirable conformation &
„ dans leurs effets surprenans, pour reconnoître &
„ exalter la sagesse, la puissance & la bonté de celui
„ qui les a faites. Une telle connoissance convient
„ à l'état où nous nous trouvons dans ce monde,
„ & nous avons toutes les facultés nécessaires pour
„ y parvenir. Mais il ne paroît pas que Dieu ait
„ eu en vue de faire que nous pussions avoir une
„ connoissance parfaite, claire & absolue des cho-
„ ses qui nous environnent; & peut-être même que
„ cela est bien au-dessus de la portée de tout Etre
„ fini. Du reste, nos facultés, toutes grossieres &
„ foibles qu'elles sont, suffisent pour nous faire
„ connoître le Créateur, par la connoissance qu'el-
„ les nous donnent de la créature, & pour nous
„ instruire de nos devoirs, comme aussi pour nous
„ instruire des moyens de pourvoir aux nécessités
„ de cette vie. Et c'est à quoi se réduit tout ce
„ que nous avons à faire dans ce monde".

Quoique le prince des métaphyſiciens modernes ſemble admettre la notion vulgaire des perfections de Dieu, j'ai une ſatisfaction ſécrete à me ſervir de ſes principes pour montrer combien elle eſt illuſoire. J'ai ſaiſi une vérité centrale vers laquelle toutes les autres rayonnent, une vérité démontrable par tout ce qu'il y a de vrai.

Pour juger ſainement de l'eſpece de nos facultés, rien n'eſt plus expédient que de conſulter nos relations diverſes ſoit avec l'Auteur de la Nature, ſoit avec le monde ſenſible. L'hommage que nous devons au Créateur, n'exige point une connoiſſance plus parfaite que celle qu'il nous eſt poſſible d'en tirer de la contemplation des créatures. Elles nous diſent que Dieu eſt & qu'il a tout fait, ſans nous inſtruire de ce qu'il eſt, comment il eſt, ni comment il a tout fait. Le Créateur de nos facultés, en ſait la portée, & n'en exige pas plus qu'elles ne peuvent. Mais s'il nous a donné aſſez de lumieres pour ne le point confondre avec ce qui n'eſt pas lui, en le revêtant des perfections des Etres créés, & pour nous convaincre de ſon élévation infinie au deſſus de la Nature, & de la ſublimité de ſon être incomparable avec l'exiſtence des créatures, & ſi diſproportionné à notre conception, il exige cet aveu. Il ne nous ordonne pas de le concevoir tel qu'il eſt: il nous défend de l'imaginer tel qu'il n'eſt pas.

Loin de nous élever à la contemplation de l'Eſſence Divine & de ſes attributs, nous ignorons même les eſſences & les ſubſtances du monde viſible. Quand nous voulons penſer aux puiſſances, propriétés & conditions des eſprits purs, la lumiere nous manque encore tout-à-coup. Cette impoſſibilité d'atteindre à rien de ce qui eſt au deſſus de l'homme, & hors de ſa portée, eſt une nouvelle preuve bien frappante, que la faculté de penſer eſt propre de l'ame ſeule. Cette faculté s'étend à tout ce qui eſt de ſon ordre, de ſon eſpece, de ſa na-

Tome II. M

ture. Si nous n'avons point de commerce avec les esprits purs, c'eſt que leur nature n'a rien d'analogue à la nôtre. Si nous ne connoiſſons rien d'eux, de leurs états, & de leurs facultés, c'eſt que tout cela ne ſe connoît que par une vertu plus que perſante. Quelle autre choſe peut nous les rendre inconcevables, que ce défaut de rapport entre eux & nous ? Ce défaut de rapport ne prouve-t-il pas auſſi la diſſemblance des natures, ainſi que celle de leurs facultés reſpectives ? Nous n'avons aucune relation avec le monde purement intellectuel ; & nos relations avec celui que nous habitons, demandent uniquement que nous puiſſions connoître les qualités ſenſibles de la matiere, ſeules capables de nous affecter.

L'eſpece particuliere des objets de notre connoiſſance ne doit pas être négligée dans l'appréciation de nos facultés, après ce que l'analyſe des opérations de notre ame nous a appris de l'origine de ſes penſées, & de l'exercice de ſon intelligence.

Les eſprits purs ont-ils plus de commerce avec le monde ſenſible, que nous n'en avons avec le leur? Je ne le penſe pas. Ils ne connoiſſent ni le chaud, ni le froid, ni les couleurs, ni les ſaveurs, ni les odeurs, ni tous les autres accidens de la même eſpece. Connoîtroient-ils des qualités ſenſibles, eux qui n'ont point de ſens ? Ils ne connoiſſent donc pas la matiere comme nous la connoiſſons, puiſqu'elle n'a pas avec eux les rapports qu'elle a avec nous, & que nous ne la connoiſſons que ſelon ces rapports. Je ne dis pas ſeulement que les eſprits purs ne ſentent ni le chaud, ni le froid, ni les odeurs, ni les ſaveurs, &c. Je prétends qu'ils ne les connoiſſent pas. Il faut les ſentir pour les connoître : car ce ſont des affections qui ne ſe connoiſſent point intellectuellement, mais ſenſitivement. Un Etre privé d'organes ſenſitifs eſt à l'égard des qualités ſenſibles, comme un aveugle à l'égard des ouleurs. Si les esprits purs connoissent la matiere, ils la perçoivent sous de tout autres rapports ue nous : pour les qualités sensibles qui nous affectent, ils ne les connoissent point, puisqu'ils 'en sont point affectés. Ces qualités que nous ettons dans les corps, par une méprise vulgaire, e sont réellement ni dans les corps, ni dans notre ame. Ce qu'il y a dans les corps, c'est une ptitude à nous affecter de telle maniere : ce qu'il a dans notre ame, c'est une aptitude à être affecté par les corps de cette même maniere, toujours par l'intervention des organes. Quant aux qualités sensibles, elles sont les rapports différens des orps avec notre individu, ou le résultat de l'action immédiate des corps sur nos sens, & médiate ur notre ame, d'où la sensation, puis la perception qui suppose la premiere. Donc il n'y a qu'un oyen de connoître les qualités sensibles, c'est de es sentir.

Les nuances délicates sont difficiles à saisir surtout dans les matieres subtiles. Sentir les qualités sensibles, est-ce précisément les connoître ? Non : mais elles ne se connoissent pas immédiatement par l'esprit, sans quoi on auroit tort de les appeller du nom qu'on leur donne, lequel énonce comme leur distinctif, de n'agir immédiatement que sur les sens. Elles agissent ensuite sur l'esprit par les sens: Cela est incontestable : il l'est aussi qu'elles n'agissent sur l'esprit que par les sens ; que l'esprit ne les connoît pour sensibles, qu'en percevant qu'elles ont agi sur les organes du corps qu'il anime ; en d'autres termes, que les corps ont des qualités sensibles pour les Etres seuls qui en peuvent être sensiblement affectés. Je reviens à la comparaison employée ci-dessus. Il n'y a point de couleurs pour les aveugles. Il n'y a point de qualités sensibles pour les esprits purs.

En supposant que les esprits purs ont quelque connoissance du monde matériel, sous quelle forme s'offre-t-il à eux?.. Sans m'en inquiéter je suis sûr qu'il ne se fait connoître à eux sous aucune forme sensible, puisqu'ils n'ont aucune sorte de sens. Mettons nous bien dans la tête que la forme ou qualité sensible est une relation des corps avec notre individu mixte; & qu'elle ne peut être sentie & connue que par des individus mixtes de la même espece que le nôtre.

Tout est sensible dans les corps... Si cela est, les esprits purs ne connoissent point les corps.

Tout, c'est-à-dire tout ce que nous connoissons de la matiere, est qualité sensible. Qui empêche que les corps ne puissent avoir, avec les esprits purs, des rapports que nous ne connoissons pas, rapports très différens des qualités sensibles? L'essence de la matiere n'est rien de sensible. Ce qui, dans la matiere, est cause des propriétés que nous lui connoissons, n'est point sensible, quoique ces propriétés-là même le soient. Nous sentons l'action des corps, & nous ne sentons pas ce que j'appellois dans l'instant l'aptitude des corps à nous affecter de telle & telle maniere. Que de phénomenes sensibles les physiciens rencontrent à chaque pas, qui n'ont point de causes sensibles! Que dis-je? Aucune cause n'est sensible. Les effets seuls sont sensibles. Si les causes l'étoient, nous aurions des idées claires de causalité & de pouvoir intérieur. Ces inconnus ne sont point à notre portée.

Énumérons tous les effets qui forment le grand tableau de la Nature sensible. A chacun répond une cause particuliere insensible, au moins en ce sens qu'elle n'affecte pas nos organes. Rappellons-nous toutes les impressions que nous avons reçues des corps. A ces impressions sensibles, répondent aussi autant de causes insensibles qui sont dans la substance des corps dont l'intérieur nous est caché. La connoissance des causes & des substances n'est point dépendante de la sensibilité, comme notre intelligence qui, subordonnée en tout au jeu des organes, ns'exerce que d'après lui. Cette connoissance, pouvant exister sans moyen sensitif, convient peut-être aux esprits purs. Dans cette hypothèse, ils connoîtroient par exemple la raison des qualités sensibles, qui est dans les corps, sans connoître les qualités même qui n'y sont pas: ils connoîtroient ce qui fait que le feu est chaud, la glace froide, le jour lumineux, la nuit obscure, sans connoître le chaud, le froid, la lumiere, ni les ténebres: ils connoîtroient la cause du sentiment, sans connoître le sentiment même : en un mot ils connoîtroient le fonds des substances, sans connoître leurs rapports extérieurs. Je leur accorderai de connoître tout ce que nous ne connoissons pas de la Nature. Je crois avoir prouvé de mon côté qu'ils n'en connoissent rien de tout ce que nous connoissons, & par-là j'ai mis une différence spécifique entre leur maniere de percevoir le monde matériel & la nôtre (supposé qu'ils le perçoivent), & conséquemment entre ce que nous appellons leur intelligence, & ce qui constitue la nôtre.

Qu'on ne s'étonne pas de m'entendre dire que les esprits purs pourroient connoître la cause du sentiment, & ne pas connoître le sentiment même: Je n'entends pas qu'ils connoîtroient la cause du sentiment, comme productrice du sentiment. Ils la connoîtroient sans en conjecturer l'effet, sans le deviner. Et en vérité, il est indevinable pour quiconque ne l'a pas éprouvé. Comment éprouver le sentiment sans organe sensitif?

La connoissance des causes n'opere pas plus nécessairement la connoissance des effets, que celle-ci n'opere nécessairement l'autre ; parce que l'effet n'est pas plus dans la cause, que la cause dans l'effet. Les grands mots, & les distinctions vulgaires sur ce point, se réduisent à prouver que la cause a dans soi ce qu'il faut pour produire son effet. Cela même dit que l'effet n'est pas dans la cause, & que l'on peut connoître l'une sans connoître l'autre,

L'effet a dans foi tout ce qu'il faut pour exifter, puifqu'il exifte ; la caufe a ce qu'il faut pour produire un pareil effet. Eft-ce affez pour voir la caufe dans fon effet, ou l'effet dans fa caufe ?

Ces fpéculations nous méneroient trop loin. Il n'eft pas néceffaire de les entamer ici. Ce qui importe au fujet que je traite à préfent, c'eft l'efpece des chofes foumifes à l'intelligence, qui doit entrer comme un troifieme élément dans l'idée réelle de cette faculté ; & joint aux deux autres, favoir à l'efpece des actes même de l'intelligence, & à l'influence néceffaire des organes fur ces actes, il acheve la conviction. Je ne crains pas que les perfonnes qui auront confidéré avec moi ce que c'eft que penfer, quel eft l'unique moyen de penfer, & de quelle efpece font les objets de la penfée, puiffent déformais douter que la penfée ne foit une propriété de l'homme feul. Tout ce que nous concevons de la penfée ne convient qu'à l'homme : l'homme feul a le moyen de penfer : les objets de la penfée font à la portée de l'homme feul, & tout ce qui n'eft pas à fa portée, eft au-deffus de la faculté penfante. Donc l'homme feul penfe.

CHAPITRE XLVIII.

De la fpiritualité de Dieu.

TROP de raifons concourent à établir des différences effentielles entre les Etres appellés efprits, pour fe refufer à la force de leur enchaînement, & à l'évidence qu'elles s'entre-communiquement. Quoique l'on dife, avec raifon, que Dieu eft un efprit, que les anges font des efprits, que l'ame humaine eft un efprit, comme j'ai fait voir que le mot *esprit*, signifioit alors l'immatérialité précise, on n'en peut tirer aucune induction recevable en faveur d'une ressemblance, ou d'une analogie, de nature entre ces divers ordres de substances. Car que les Etres spirituels se ressemblent en cela seul qu'ils ne sont pas matériels, ce n'est rien du tout. Sans donc revenir sur nos pas, les chapitres XXX, XXXI, XXXII & XXXIII font de ce point un principe qui sera désormais tenu pour incontestable.

Veut-on entendre par l'esprit, l'amas des facultés & puissances dont il nous plaît de composer l'idée complexe de l'Etre spirituel ? En ce cas, il est absolument faux que les anges soient des esprits, & à plus forte raison que Dieu soit un esprit, parce que ni Dieu ni les anges ne peuvent avoir aucune de ces facultés. On les leur accorde gratuitement & en bouleversant toute la jérarchie des Etres. La foule de considérations accumulées ci-dessus pour montrer que les substances créées purement spirituelles, sans organes corporels propres à aider & modifier l'exercice de leurs facultés, ne pensent point dans aucune acception véritable du terme, ont une nouvelle force à prouver que la propriété de la pensée seroit une très grande imperfection dans Dieu. Le Lecteur, s'il prend la peine de résumer seulement les principaux chefs, & d'en faire ici l'application, trouvera que la pensée, considérée en elle-même, ou par rapport à la maniere dont elle se forme, ou par rapport à ses objets, ne peut convenir aucunement à l'Essence Divine. En elle-même, elle est un type, une image, une empreinte de quelque objet, & il n'y a point de telles images dans Dieu. Par rapport à la maniere dont elle s'exerce, le corps est un moyen nécessaire pour penser, il n'y a point d'intelligence pure, & Dieu est l'Etre pur, l'Etre simple par excellence, un Etre qui agit par lui-même, sans aucun moyen quelconque. Quant aux objets de la pensée, elle est bornée à la sphere des choses sensibles, & Dieu ne sent point.

Dieu ne fent, ne comprend, ni ne connoît. Cependant rien ne lui eft caché. C'eft parce que rien ne lui eft caché, qu'il ne comprend & ne connoît rien, l'intelligence étant une faculté incapable en foi d'embraffer l'univerfalité des chofes. Que dis-je, l'univerfalité des chofes ? Elle n'a pas même affez d'étendue pour faifir un objet en entier, felon tous fes afpects, tout petit qu'il foit. Je me difpofe à examiner en particulier les autres perfections de l'efprit; mais je n'ai pas befoin ici de ce détail, pour prononcer avec confiance que l'efprit dans cette feconde acception, n'eft que l'ame humaine : il fuffit de réfléchir que nous ne connoiffons d'autres perfections de l'efprit, que celles de notre ame. A ce compte, fi Dieu eft efprit, Dieu eft une ame comme la nôtre.

D'ailleurs je ne penfe pas que l'on prétende défigner par l'efprit, la fubftance incompréhenfible, le fujet inconnu & inconcevable, dans qui réfident certaines propriétés, quelles qu'elles foient. Outre la vanité d'une pareille prétention, elle feroit en pure perte. Bien plus, on fe mettroit dans l'impoffibilité de prouver que tous les efprits fe reffemblent. Comment faire voir des fimilitudes entre des fubftances dont on ne peut fe faire aucune idée ? Lorfque je m'efforce d'établir, difons mieux, de reconnoître les difparités fpécifiques naturellement & originairement établies entre les efprits, je ne vais pas les chercher dans le fonds de leur fubftance où il ne m'eft pas permis de fouiller. En partant d'un point plus près de moi, je veux dire l'efpece de nos facultés, je parviens plus facilement à mon but. Les fubftances ne fe montrent point elles-mêmes : elles fe révelent toutefois par leurs attributs, en cette maniere : Quand nous connoiffons quelques-uns des attributs d'une fubftance, nous ne rifquons pas de nous avancer en conjecturant qu'il y a dans la fubftance même qui en eft le foutien, quelque chofe qui leur correfpond, & qui eft nécessairement du même ordre qu'eux ; sans quoi ils n'auroient point de fondement réel & substantiel, ce qui répugne. Voilà comme sans connoître la substance de mon ame, je juge de son espece par ses facultés. Elles m'apprennent toutes qu'elles sont les facultés d'un Etre mixte, d'un Etre qui n'est, ni tout esprit, ni tout corps, mais mi-parti de l'un & de l'autre, d'une double substance, si vous voulez, ou de deux substances unies. Or les facultés d'un Etre mixte ne peuvent pas ressembler à celles d'un Etre simple ; & deux Etres qui ne se ressemblent point par leurs propriétés, ne se ressemblent point aussi dans leur substance qui est le sujet de ces propriétés.

Je respecte beaucoup les savans qui ont cru, & les docteurs qui enseignent une essence réelle & positive commune à tous les esprits, depuis Dieu jusqu'à l'ame des brutes. Je respecte encore davantage mon Dieu. Selon la lumiere qu'il me donne, laquelle je dois suivre, je ne puis admettre aucune analogie entre la substance divine, & les substances spirituelles créées, sous quelque dénomination qu'on me la présente, soit pour les facultés, soit quant au soutien substantiel de ces facultés.

CHAPITRE XLIX.

Des attributs métaphysiques de la Divinité.

LES attributs métaphysiques de Dieu, l'aséité, l'immensité, la simplicité, l'éternité, l'absolue perfection, & toutes sortes d'infinité, sont des négations précises des imperfections reconnues dans la créature : ils ne disent rien de ce que Dieu est, mais ils sont justement appliqués à cet Etre ineffable, comme des expressions par lesquelles nous reconnoissons que son essence, infiniment au-dessus des choses naturelles, n'est limitée en aucune manière. La vérité de cette application se démontre, & a été suffisamment démontrée. J'en rappelle ici le souvenir, pour une préparation à ce qui doit suivre. J'ajouterai seulement que quelques-uns appellent physiques, les perfections divines auxquelles je donne le nom de métaphysiques. Leur raison est que ces perfections se rapportent à la Nature de Dieu considérée en elle-même.

CHAPITRE L.

Des perfections morales attribuées à Dieu.

DIEU est-il un Etre moral, ou un Etre susceptible de moralité ? En étudiant & combinant les sentimens des philosophes sur ce qui fait la moralité, tant des actions que des caracteres, je les trouve fort partagés sur les principes qui la constituent, & fort d'accord à chercher & prendre ces principes, quels qu'ils soient, dans la Nature. Ils parlent, ou de relations, circonstances & convenances naturelles des choses, ou d'un sentiment naturel semblable à un instinct, ou du droit du plus fort, ou de simples conventions arbitraires. En un mot, toutes les regles dont ils se servent à fixer les idées de bien & de mal, de juste & d'injuste, de vertu & de vice, ils les tirent du sein de la Nature, soit de la Nature dans sa droiture originelle, où de la Nature dépravée par l'abus de sa perfectibilité. Cette unanimité si parfaite, dans une matiere où la différence des opinions est d'ailleurs si grande, ne peut être suspecte. Quand il seroit encore permis de douter quelle est la regle de moralité, au moins il paroît généralement reconnu que l'état moral est une appartenance de la Nature, & conféquemment tout-à-fait au deſſous de ſon Auteur.

Une raiſon tirée du fonds de la choſe ſuffiroit à des perſonnes qui chercheroient ſincérement à ſe défaire de leurs préjugés, ſur-tout d'un préjugé auſſi terrible, devenu tous les jours plus fort par la démangeaiſon violente de prononcer ſur ce que Dieu eſt, jointe à l'impoſſibilité de rien concevoir que d'humain. Quel preſtige aveugle preſque tous les eſprits, & leur fait prendre ce qui eſt de l'homme pour ce qui eſt de Dieu?

Les plus hardis défenſeurs des perfections morales de la Divinité, s'appuient beaucoup ſur ce que Dieu ne fait point de contradictions morales, & qu'il n'en ſauroit faire. Ils ſe perſuadent que ſe conformer néceſſairement aux diſtinctions morales, c'eſt poſſéder dans le ſuprême dégré les perfections du même nom. Ils comparent le gouvernement ſouverain du monde entre les mains de Dieu, à une monarchie dont le chef doué de toutes les vertus fait régner avec lui la juſtice & la bienfaiſance.

Dieu qui a créé l'univers & les Etres qui le compoſent, a créé avec eux leurs relations diverſes, les morales comme les autres. Il ne les contredit point, parce qu'il ne ſauroit être en contradiction avec lui-même. Mais ces relations morales ſont des rapports entre les créatures ſeulement, auxquels elles ſont obligées de ſe conformer; & leur fidélité à les ſuivre, enviſagée ſelon diverſes circonſtances, prend les noms de bonté, ſageſſe, juſtice, & autres vertus morales. Elles ont donc leur principe fondamental dans la Nature créée; ce ſont des perfections diſtinctives de telle eſpece de ſubſtances: elles lui ſont propres, ſans pouvoir convenir à l'eſpece inférieure, aux brutes par exemple, & encore moins à une eſſence auſſi relevée que l'Eſſence Divine.

Dieu ne ſauroit faire de contradictions morales. Il ne ſuit auſſi les relations morales qu'en ce ſens qu'il en eſt l'Auteur, & que ſon acte qui les a fait exiſter, eſt permanent. De-là on dit très-improprement qu'il eſt obligé de les ſuivre, en ce qu'il feroit contradictoire qu'il s'en éloignât. Or cette maniere là-même de s'y conformer, n'a rien d'analogue à la nôtre; & c'eſt la nôtre ſeule qui rend la fidélité à les ſuivre, moralement vertueuſe. Remarquez en outre, que Dieu ne peut pas contredire les relations morales. La liberté de les contredire, ſemble pourtant eſſentielle à la moralité des actions & des vertus. Ainſi ſous quelque aſpect que l'on conſidere la moralité de certaines perfections, comme la juſtice, on trouvera toujours le même réſultat, ſavoir que le principe de moralité eſt dans la Nature créée ſeule; que la moralité eſt une marque de dépendance & d'imperfection; que l'état moral eſt une maniere d'être de la créature, incompatible avec l'indépendance & l'abſolue perfection de Dieu.

Je n'épuiſerai pas ici cette conſidération dont les différentes parties ſe repréſenteront dans la ſuite. J'en ai dit aſſez pour conclurre que Dieu ne peut avoir aucune perfection morale, dans la vraie & unique ſignification du mot.

CHAPITRE LI.

Différence entre les attributs métaphyſiques & les attributions morales.

LES attributs métaphyſiques ſont purement négatifs, au-lieu que les attributions morales expriment des qualités poſitives: car la juſtice & la bonté ſont quelque choſe, ſelon l'idée ſimple que nous avons de ces qualités, & j'ai fait voir que l'infinité ne ſignifioit dans notre bouche que la négation du fini. C'eſt la différence dont je veux parler.

Au premier abord, on doit trouver étrange que je dife que des attributs qui n'expriment rien, conviennent à Dieu, & que ceux qui expriment quelque chose, ne lui conviennent pas. Nonobstant, rien n'est plus exact, c'est une suite de l'incompréhensibilité de Dieu. Nous pouvons bien dire ce que Dieu n'est pas : toutes les expressions dont nous nous servons alors, lui sont justement appliquées pour le distinguer de tout ce que nous concevons. Quand l'orgueil, ou l'indiscrétion nous portent décider quelles sont ses perfections, il est nécessaire que nous les nommions mal, puisque manquant d'idées qui les offrent à notre esprit, nous n'avons point de termes qui les désignent : en les nommant mal, nous attribuons à Dieu des qualités qu'il n'a pas.

CHAPITRE LII.

Conséquence nécessaire de cette différence.

UNE suite nécessaire de la différence qu'on vient d'observer entre les attributs métaphysiques, & les attributions morales, c'est que les premiers excluent les autres. Dieu n'est pas un amas de contradictions. Il le seroit, s'il avoit tout ce qu'on lui attribue communément.

Dieu est tout-parfait. S'enfuit-il qu'il ait toutes les perfections, tout ce que nous appellons de ce nom ? Il s'enfuit plutôt qu'il n'a aucune des perfections humaines, qui loin d'être toutes parfaites, sont au contraire toutes imparfaites, puisqu'elles sont limitées en tout, dans tous les points de leur intensité & dans tous leurs rapports. Par les attributs métaphysiques, nous élevons la Divinité au dessus de l'homme, en niant qu'elle en ait l'imperfection. Par les attributions morales, nous la remettons au niveau des créatures, en lui donnant leurs propriétés. Personne n'osera nier que la sagesse, la justice, la bonté, &c. soient des qualités humaines, selon l'idée que nous en avons. Il faut convenir aussi qu'on les applique à Dieu, selon la même idée, si elles conservent leur signification positive dans cette application, comme on le prétend. Or cette idée représentative de ce qu'elles sont dans l'homme, & de la maniere dont elles y sont, les offre dans leur état naturel, & avec leur imperfection métaphysique. Ainsi il est évident que, par ces nouvelles attributions intrinséquement bornées & imparfaites, on contredit les attributs négatifs des bornes & des imperfections de la créature.

En nommant la Divinité une essence infinie, nous supposons qu'elle n'a point de bornes, autrement qu'elle a la plénitude de l'être. En la nommant un Etre bon & sage, nous lui donnons les bornes de la sagesse & de la bonté, qualités nécessairement bornées.

L'appeler une sagesse infinie, une bonté infinie, c'est en faire une créature infinie, puisque ces qualités morales sont des qualités créées, ou des créatures. Oui, il est tout aussi inexact de supposer dans Dieu une sagesse infinie, que de le croire une créature infinie. Il y a une égale contradiction de part & d'autre (*).

(*) Voyez au surplus le Chapitre XXVI. que celui-ci rappelle naturellement.

CHAPITRE LIII.

DIEU N'EST POINT UN ETRE INTELLIGENT.

De la logique de ceux qui admettent dans Dieu une intelligence semblable en nature à la nôtre.

C'EST une logique tout-à-fait commode, mais eu sûre, que celle de la plupart de ceux qui pro-oncent dogmatiquement que Dieu est un Etre in-elligent ; que son intelligence & l'entendement umain se ressemblent pour le fonds & en nature ; que l'un ne differe de l'autre, qu'en ce que l'entendement humain est borné & défectueux, au-lieu que l'intelligence divine est illimitée & exempte de défauts; qu'à la vérité Dieu ne pense pas comme nous, & que nous ignorons la maniere dont se fait son intellection, qu'en un mot sa maniere d'entendre n'est pas la nôtre, qu'il est pourtant une intelligence suprême: car, disent-ils, la cause doit toujours être plus parfaite que l'effet, & il est nécessaire que le principe de toutes choses possede dans le plus haut dégré d'éminence toutes les perfections de tous les Etres ; or l'homme est incontestablement revêtu de la faculté de penser, de percevoir, & de connoître : il faut donc de toute nécessité que cette puissance lui soit venue d'un Etre supérieur, qui, étant intelligent lui-même, lui a communiqué l'intelligence. Ils ajoutent que la beauté, la variété, l'ordre & la symmétrie qui éclatent dans l'univers, & sur-tout la proportion merveilleuse avec laquelle chaque chose marche à sa fin, annoncent du dessein & de l'intelligence ; que du reste ils ne conçoivent pas qu'une intelligence puisse différer d'une autre intelligence quant à ce qui constitue la nature même de l'intelligence, mais qu'ils trouvent beaucoup plus de facilité à envisager la faculté de penser comme essentiellement homogene dans tous les esprits, commune à tous, à différentes doses, très bornée dans les brutes, un peu plus étendue dans l'homme, supérieure encore dans les anges, & au souverain dégré dans Dieu. Ensuite, comme si une lumiere intérieure leur révéloit tout-à-coup qu'ils ont trop rapproché deux extrêmes aussi éloignés que Dieu & l'homme, ils se plaisent à exagérer la foiblesse de l'entendement humain. Il fait beau les voir épùiser tous les lieux communs, & s'appesantir avec une éloquence prolixe sur une imbécillité avouée & sentie de tout le monde, pour nier de l'intelligence divine, tout ce qu'ils ont affirmé de celle de l'homme. Ils appellent cela démontrer l'intelligence infinie de Dieu (t). C'est ce qu'il faut examiner.

CHAPITRE LIV.

Suite.

J'ENTREPRENDS de prouver que Dieu n'est point un Être intelligent, par les concessions seules de ceux qui soutiennent le contraire. Cette méthode fera voir la justesse de leurs raisonnemens; & l'on ne craindra point de ma part l'illusion des preuves trop subtiles. J'aime mieux trouver la vérité sur les traces des autres, & la leur faire appercevoir, pour ainsi-dire, à leurs pieds, que de l'aller chercher par des routes plus difficiles où ils auroient quelque peine à me suivre.

Dieu

(t) Obligé d'examiner la maniere dont on prétend prouver qu'il y a dans Dieu une intelligence infinie fonciérement semblable à la nôtre, j'en rapporte les preuves principales, aussi succinctement que

CINQUIEME PARTIE.

Dieu ne pense pas comme nous: donc il ne pense pas. Sa maniere de comprendre n'est pas la nôtre: donc il ne comprend point.

Il n'y a qu'une maniere de penser qui est la nôtre. Le mot *penser*, n'exprime rien, s'il n'exprime pas notre maniere de penser. On a vu ci-devant dans le chapitre XLI & les suivans, que notre idée de la pensée étoit prise uniquement de la maniere dont nous pensions. Par une suite nécessaire, le signe de cette idée ne désigne que cette unique maniere de penser, & il est absolument inepte à en désigner une autre. Nous ne connoissons que celle-là, & les signes de nos idées sont naturellement inapplicables à des choses inconnues; on l'a encore prouvé dès le commencement de cette cinquieme partie, & dans la suite. Ainsi de ce que ces expressions *penser, comprendre, percevoir, entendre*, & autres, ne conviennent point à Dieu dans aucun des sens qui nous sont applicables, il suit qu'elles ne lui conviennent point du tout. Avouer que Dieu ne pense point comme nous, c'est donc reconnoître qu'il ne pense point du tout.

Quand on a analysé ce que c'est que penser, & qu'après avoir examiné tous les élémens de la pensée, on s'est convaincu qu'aucun ne pouvoit appartenir à la Divinité, on se contente de conclurre que Dieu ne pense pas comme nous, supposant toujours qu'il pense, prétendant même que son intelligence a une ressemblance fonciere avec la nôtre. La pensée sera-t-elle donc sans les élémens qui la composent? Un Etre pensera-t-il sans avoir rien de ce qui fait la pensée? Quelle est la raison de cette ressemblance fonciere de deux intelligences, entre

---

je le puis. Elles ne sont ignorées de personne, & un plus grand détail seroit superflu. On consultera les auteurs les plus habiles. Tout ce que j'en dis ici, en est extrait.

lesquelles on ne conçoit aucun rapport, aucune proportion, dont enfin l'une ne peut rien avoir de ce qui constitue essentiellement l'autre ? Je ne compte pas que l'on me réponde.

CHAPITRE LV.

Suite.

Nous ignorons la maniere dont se fait l'intellection de Dieu : donc il n'y a point d'intelligence dans Dieu.

Nous ignorons la maniere dont se fait l'intellection de Dieu ; mais nous croyons bien qu'elle ne se fait pas comme la nôtre : donc elle ne se fait d'aucune maniere ; donc il n'y a point d'intellection dans Dieu. En effet qui n'a point le seul & unique moyen d'intelligence, n'a point non plus l'intelligence. Ceci rentre dans le chapitre précédent. Mon dessein n'est pas aussi de l'envisager sous cet aspect. Je passe à une autre considération.

Comment accorder le sentiment ordinaire avec l'incompréhensibilité de Dieu & de ses attributs divins ? Je conçois ce que c'est que mon intelligence, j'ai l'idée de ma pensée. Dès lors je conçois le fonds de toute intelligence qui ressemble naturellement à la mienne, & si telle est l'intelligence de Dieu, elle ne m'est plus incompréhensible.

Dira-t-on que l'intelligence divine ne nous est pas incompréhensible en tout ; qu'elle ne l'est pas quant à son essence, par quoi elle ressemble à la nôtre, mais quant à son infinité, en quoi elle differe de toutes les autres ?..

J'avoue de bonne foi que cette façon de raisonner me passe. Comme je l'entends, ce seroit une absurdité. Si elle est fondée en raison, je dois plaindre mon aveuglement, & demander au pere des umieres qu'il daigne m'éclairer. Pour le présent, je juge que toute perfection divine est aussi incompréhensible quant à ce qui la constitue, que dans son infinité. Son essence même n'est-elle donc as infinie? Ne l'est-elle pas nécessairement? N'est-ce pas par son essence que l'entendement de Dieu st infini, s'il a une telle faculté? Qui pourra comprendre une essence nécessairement & intrinsèquement infinie, sans en comprendre l'infinité? Concevra-t-on partiellement une essence très-simple? Et uis, on convient que nous ignorons la maniere ont se fait l'intellection de Dieu. Nous ne l'ignorerions pas, si nous connoissions l'essence de cette ntellection. Rien n'est plus près de son essence, que la maniere dont l'intellection se fait. Cette maniere est ce qui la constitue telle : son essence est aussi ce qui la constitue telle, ou ce par quoi elle est ce qu'elle est. S'il nous étoit possible de comprendre l'essence des perfections divines, jamais on ne les auroit confondues avec les qualités de l'homme. Quand on ignore comment elles sont, on sait bien moins ce qu'elles font. Ou pour mieux dire, Dieu nous est également incompréhensible en tout. Il ne donne pas plus de prise à notre conception par l'essence de ses attributs, que par leur infinité. Ce qu'ils sont dans lui ne ressemble pas davantage à ce que sont nos propres facultés, que son infinité ne ressemble à un être aussi borné que le nôtre.

CHAPITRE LVI.

Suite.

Nier de l'intelligence divine tout ce qui l'on fait à l'intelligence, ce n'est pas démontrer que Dieu a une intelligence infinie.

La maniere dont on croit prouver que Dieu a une intelligence infinie, seroit aussi concluante à démontrer que Dieu est une matiere infinie. On entre dans l'énumération de tous les vices de l'intelligence humaine, & après avoir très bien prouvé que Dieu est exempt de tous ces défauts, on conclut hardiment que Dieu a une intelligence illimitée, sans aucune des imperfections de la nôtre. Je n'ai qu'à détailler de la même façon toutes les imperfections de la matiere, & après avoir fait voir qu'elles ne peuvent se trouver dans Dieu, j'aurai prouvé que Dieu est une matiere illimitée, exempte des vices de la substance matérielle que nous connoissons. Mon raisonnement est de la même espece que l'autre. Si l'intelligence, faculté humaine qui découle de la nature d'un Etre mixte appellé l'homme, dépouillée par une simple négation de tout ce qu'elle a d'humain & de borné (c'est-à-dire de tout ce qu'elle est, car elle est toute humaine & toute bornée) peut devenir un attribut divin; pourquoi la matiere, dépouillée par une semblable privation verbale, de toute son imperfection métaphysique, ne pourroit-elle pas être un ingrédient de l'Essence Divine ?

Tout est égal de part & d'autre : ou au moins la différence est à négliger, parce que toutes les créatures sont à une même distance de Dieu. L'intelligence ne convient pas à Dieu par elle-même, puisqu'il en faut nier tout ce que l'on en fait, pour la lui appliquer : elle lui convient feulement par l'infinité où on la porte. La matérialité conviendra de même à Dieu, non par elle-même, mais par fon infinité prétendue.

Tout ce que l'on alléguera pour faire fentir le défaut du dernier argument, fe retorquera toujours avec raifon contre le premier. Il y a de la contradiction à fuppofer la matiere infinie, parce que la matiere eft une créature effentiellement bornée. Y en a-t-il moins à imaginer l'intelligence fans bornes ? L'intelligence eft une faculté créée. Dieu ne peut être matériel en aucun fens, parce que cela feul d'être matériel, feroit une imperfection dans Dieu. L'intelligence étant une effence créée, cela feul d'être intelligent, feroit également une imperfection dans la Divinité.

CHAPITRE LVII.

Suite.

Nier de l'intelligence divine tout ce que l'on fait de l'intelligence, c'eft affirmer qu'il n'y a point d'intelligence dans Dieu.

On ne conçoit pas qu'une intelligence puiffe différer d'une autre intelligence en ce qui conftitue l'intelligence. Je ne conçois pas davantage qu'un homme puiffe différer d'un autre homme quant à ce qui fait l'homme. Suppofé donc que je rencontre un Etre, de qui je fois contraint de nier tout ce que je connois de l'homme, & en quoi je fais confifter la nature humaine, je n'héfiterai pas à affurer que cet individu n'eft point un homme. Quand même je me tromperois fur le conftitutif de l'homme, il feroit toujours vrai que cet Etre étranger n'appartiendroit point à l'humanité, parce que ce mot n'exprime que l'humanité selon l'idée que je m'en suis faite. Autrement il feroit homme sans être homme. Il feroit homme par l'hypothèse. Il feroit homme sans être homme, n'ayant rien de ce que repréfente mon idée de l'homme.

Soyez conféquent. Vous ne concevez pas qu'une intelligence puiffe différer d'une autre intelligence en ce qui conftitue l'intelligence. Donc une faculté dont vous êtes forcé de nier tout ce que vous favez de l'intelligence, n'eft point véritablement une intelligence. Ce que vous connoiffez de l'intellection de l'homme forme toute votre idée de l'intelligence, & toute la fignification du figne de votre idée. Il faut donc abfolument qu'une faculté incompréhenfible dont vous devez nier tout ce que vous repréfente votre idée de l'intelligence, & tous les fens dont le mot qui l'exprime eft fufceptible, ne foit point l'intelligence. Si elle l'étoit, elle feroit une intelligence fans intelligence. Elle feroit une intelligence par la fuppofition. Elle feroit une intelligence fans intelligence, puifqu'elle ne feroit rien de ce que vous entendez par l'intelligence.

Malgré vos fubtilités, cette expreffion n'a de fens, que ceux qu'elle tire de la notion que vous vous êtes faite d'une telle puiffance de votre ame. Vous les excluez tous, pour la transporter à Dieu. Signifie-t-elle un attribut divin, lorfqu'elle n'a pas de fignification? Non affurément: mais ce que vous nommez alors intelligence divine, eft un pur néant d'intelligence.

L'empire du préjugé eft grand: il eft tyrannique. Ce Protée à cent formes ne fouffre point de joug. Lorfque la raifon le preffe, il change de figure pour échapper à fes pourfuites. J'ai dit que le figne expreffif de l'intelligence, telle qu'elle nous eft connue, employé pour défigner une faculté incompréhenfible qui n'étoit point l'intelligence de l'efpece que nous concevons, reftoit abfolument vuide de ens, perdant sa signification propre, sans qu'elle fût remplacée par une autre : il perd sa signification, puisqu'il n'est applicable à cette faculté dans aucun des sens qu'il a; elle n'est point remplacée par une autre, puisque l'incompréhensible n'offre rien à l'esprit. Ce signe, réplique-t-on, a pourtant quelque sens dans son application à la Divinité. Et quel est-il? Le voici: On entend par intelligence divine un attribut de Dieu, distingué de ses autres perfections...

Fort bien. L'intelligence de Dieu n'est ni sa bonté, ni sa justice, &c. Est-ce là donner un sens positif au mot *intelligence*? Vous dites ce qu'elle n'est pas. Il faudroit expliquer ce qu'elle est, pour donner un sens réel à l'expression dont vous vous servez à la désigner. Si vous ne la concevez pas, vous n'avez garde d'expliquer ce qu'elle est. Ajoutez que, si vous ne la concevez pas, elle n'est point l'intelligence; car enfin ce mot exprime seulement la faculté de penser que vous comprenez (*).

CHAPITRE LVIII.

Suite.

S'il y a une une intelligence infinie, il n'y a point d'autres intelligences qu'elle : s'il y a des intelligences finies, il n'y a point d'intelligence infinie.

On devroit se défier de la facilité que l'on trouve à imaginer l'intelligence, sous l'idée d'une faculté homogène commune à tous les esprits, à différentes

---

(*) Voyez encore ci-devant page 123, où je parle de l'inexactitude qu'il y a, selon moi à admettre plusieurs attributs dans Dieu, laquelle sera plus amplement développée dans la suite.

doses, bornée dans les esprits créés, & illimitée dans l'esprit créateur.

L'infini remplit seul son ordre: rien ne lui ressemble: rien n'en approche. S'il y a une intelligence infinie, elle est seule, & il ne peut y avoir d'autres intelligences qu'elle. S'il y a des intelligences finies, il répugne qu'il y ait une faculté infinie qui leur soit semblable en nature.

La question se réduit à savoir si l'intelligence peut se trouver infinie dans un Etre, & finie dans plusieurs autres. Je la suppose infinie dans Dieu : elle l'est par sa nature. Si elle l'est par sa nature, qu'on me dise pourquoi elle n'est que finie dans les ames humaines. On répondra peut-être que Dieu limite leur entendement. Quelle puissance est capable de limiter une essence infinie par sa nature ? Renversons les termes. Notre entendement est fini & nécessairement fini. Dites-moi à présent comment une conception semblable en nature à une conception nécessairement finie, peut se trouver élevée à l'infinité dans Dieu. Qui est susceptible de l'infinité, sinon l'infini seul ? Qu'est-ce qu'une qualité capable de monter jusqu'à l'infini dans une substance, & qui reste infinie dans plusieurs autres ?

Les contradictions se montrent de toutes parts à mesure que j'avance dans l'examen de la notion vulgaire que les hommes se sont faite de l'Etre suprême. Suivant cette notion, l'intelligence est à la fois & de sa nature, finie, infinie, ni finie, ni infinie, mais indifféremment susceptible de l'un ou de l'autre accident : car l'infinité n'est qu'un accident, selon le même système. Dans Dieu elle est infinie de sa nature. Dans les esprits créés elle est d'une nature finie. En soi, elle n'est naturellement ni bornée, ni infinie, mais elle peut devenir l'une ou l'autre, selon le sujet où elle résidera. Voilà certainement un système bien merveilleux, & très propre à accorder les contraires. Je n'en ose pas dire davantage, quand on m'assure de plus que l'intelli-

gence, ici d'une nature illimitée, là d'une nature
nie, en soi néanmoins ni bornée, ni infinie, mais
ropre à exister sans bornes ou avec des bornes, est
encore par-tout d'une nature semblable. C'est le
comble du prodige, ou de la contradiction.

CHAPITRE LIX.

Suite.

Comparaison dont on peut s'aider à imaginer une différence de nature entre l'intelligence humaine, & ce que l'on appelle l'intelligence divine.

Supposons d'abord deux étendues matérielles : l'une bornée, l'autre infinie. Dans cette hypothese, toute vaine qu'elle est, il n'y a de distinction entre les deux étendues, que celle du fini à l'infini.

Rectifions la supposition. Que l'étendue finie reste matérielle : ce sera, si vous voulez, la surface d'un corps limité par ses dimensions, ou la distance d'un corps à un autre corps. Que l'étendue infinie soit une étendue sans corps, l'espace pur & infini, l'immensité de Dieu, telle que d'illustres philosophes l'ont conçue. N'y aura-t-il plus alors entre ces deux étendues, que la différence du fini à l'infini ? Sans-doute il y en aura une autre plus intime, fondée sur la nature spécifiquement dissemblable des deux étendues, totalement indépendante des bornes de l'une comparées à l'infinité de l'autre, telle enfin qu'on l'admet entre le corps & la substance incorporelle. Cette différence est un modele de celle que je conçois entre l'entendement humain & ce que l'on appelle l'intelligence divine : différence non plus grande, mais plus intime que la diverse extension de ces qualités, en ce qu'elle découle de leur essence même, & pourroit subsister sans que l'une des deux fût infinie, comme il y a une distinction essentielle entre le corps & l'esprit, sans qu'aucune de ces substances soit illimitée.

Ceux qui ne veulent pas reconnoître la faculté de penser pour un attribut de la matiere, en font une perfection de Dieu. Selon eux, il y a donc plus de différence entre deux créatures, qu'entre Dieu & l'homme ; apparemment parce que toute la Nature créée compose un même ordre, l'ordre des choses finies, au-lieu qu'aucune sorte de catégorie ne peut comprendre le fini & l'infini, pas même la dénomination de l'être (*).

M'objectera-t-on, pour infirmer la comparaison des deux étendues, l'une matérielle & l'autre immatérielle, que l'immensité de Dieu dans le sens de Newton & de Clarke, n'est pas, à proprement parler, une étendue, de la maniere que nous concevons cette propriété du corps. Je le veux. Aussi l'intelligence divine n'est pas, à proprement parler, une intelligence, de la maniere que nous concevons cette faculté de notre ame.

On ajoutera qu'il ne sauroit y avoir d'étendue immatérielle, & que l'espace pur est quelque chose d'une nature entiérement différente de l'étendue. J'en suis toujours d'accord : on ne peut mieux prouver ce que dis, savoir qu'il n'y a point d'intelligence divine, & que l'on nomme ainsi, faute d'un terme convenable, une perfection d'une nature entiérement différente de l'intelligence.

(*) On le verra incessamment.

OBJECTION.

Vous avez souvent employé vous-même ces expressions :
„ *L'intelligence divine... L'intelligence infinie...*
„ *L'Etre infiniment intelligent... &c. Etoient-elles*
„ *donc vuides de sens dans votre bouche ?*"

RÉPONSE.

J'avois répondu avant qu'on me le demandât, en disant que ces façons de parler ne signifioient rien, ou qu'elles exprimoient mal les attributs de la Divinité. Elles ne signifient rien de positif. Jamais je n'ai prétendu exprimer par elles, une perfection de Dieu que je conçusse semblable pour le fonds à mon entendement, très persuadé que le fonds de mon intelligence seroit une imbécillité dans Dieu. Ayant entrepris d'exposer mes doutes sur un préjugé presque universel, qui fait imaginer les perfections de Dieu de la même nature que les vertus de l'homme, parce qu'on se sert des mêmes termes pour les désigner, je n'aurois pu me faire entendre sans adopter en apparence le langage vulgaire. Du reste l'Etre dit infiniment intelligent est, dans mon entente, un Etre non-intelligent. La propriété de l'Essence Divine (que l'on me passe encore cette expression humaine) en vertu de laquelle je crois que rien n'est caché ni inconnu à Dieu, ne sauroit se nommer une intelligence infinie : non que l'infinité ne convienne à Dieu, mais parce qu'elle ne convient nullement à l'intelligence. Tant que l'on aura la même discrétion que moi sur cet article, on ne risquera pas de déifier les facultés de la créature.

CHAPITRE LX.

Suite.

Des vains efforts que l'on fait pour expliquer ce que l'on entend par l'intelligence divine.

Il est prouvé que Dieu n'a ni intelligence ni connoissance, par la maniere même dont on croit expliquer l'intelligence & la connoissance infinies.

Dieu sait tout, parce qu'il a tout fait. Il voit tout dans lui, par la nécessité de son être. Le passé, le présent & le futur sont à découvert devant lui. Il remplit tous les temps & tous les lieux; ou plutôt, tous les temps ne sont pour lui qu'un seul instant: tous les lieux un seul point: la connoissance de toutes choses une seule idée, &c....

Si ce début magnifique avec tout ce qu'on pourroit y ajouter, est la négation précise de l'intelligence & de la connoissance, il prouve, je crois, que Dieu ne comprend point, que Dieu ne connoit point. Reprenons.

„ *Dieu fait tout, parce qu'il a tout fait.*"

Dieu sait tout? Mais l'intelligence, faculté bornée de sa nature, n'atteint pas l'universalité des choses. Ce n'est donc pas en vertu d'une intelligence que Dieu sait tout.

La toute-science est pour nous une incompréhensibilité. Dire que Dieu est infiniment intelligent, parce qu'il sait tout, c'est expliquer l'incompréhensible par l'incompréhensible, c'est le rendre plus ténébreux, s'il pouvoit le devenir. De plus la toute-science nous étant incompréhensible, quel sens attacher à ce mot? Un sens privatif d'une science bornée comme la nôtre. Donc la toute-science n'est pas une science : car nous n'entendons par ce mot que la science telle qu'elle existe parmi les hommes, & il n'y en a point d'autre.

Dieu fait tout parce qu'il a tout fait ? Il ne sait donc pas comme nous. Il ne sait donc pas. Savoir n'est pas connoître les choses par la force créatrice qui les a produites, c'est les connoître par un moyen scientifique, tel que la faculté de penser. Qu'est-ce donc que connoître les choses par la force créatrice qui les a faites ? Ce n'est pas les connoître. Non, la connoissance n'est pas d'une nature si relevée.

Ainsi l'universalité de la science prétendue de Dieu, & le principe de cette science universelle, démontrent suffisamment que ce n'est point une science.

„ *Dieu voit tout dans lui par la nécessité de son être.*"

Voir tout dans soi par la nécessité de son être ? Cela n'appartient point à l'intelligence. On dispute encore si nous voyons les objets dans eux, ou dans Dieu, ou dans le milieu de notre connoissance, c'est-à-dire nos sens ? Mais tout le monde convient que l'intelligence n'est pas la faculté de voir tout dans soi par la nécessité de son être.

Il ne suffit pas de feindre une façon de connoître opposée à la nôtre, pour la supposer légitimement dans Dieu. Ne soyons pas si précipités dans nos jugemens. Commençons par examiner si *voir, savoir, connoître, comprendre,* sont des propriétés qui ne répugnent point à l'Essence Divine. Voyons ensuite si la maniere dont nous les supposons dans Dieu, n'est pas exclusive de ce qu'elles sont, suivant l'idée que nous en avons extraite de la contemplation des créatures. Toute notre éloquence ne sera qu'un vain son, avant que nous nous soyons assurés de ces deux points ; & leur examen m'a conduit à conclurre que Dieu n'avoit ni connoissance, ni intelligence.

Dieu voit tout dans lui ? Comment l'y voit-il ? Eſt-ce comme faiſant partie de ſa ſubſtance, ou comme un ſimple accident ? Ni l'un, ni l'autre. Cependant tout eſt dans Dieu, puiſqu'il l'y voit. Comment y eſt-il ? Eminemment, répond le ſcholaſtique. Eminemment ? Ce mot eſt beau, mais où en eſt le ſens. Voilà bien des queſtions ! Tout eſt éminemment dans Dieu : cela ſignifie que tout n'y eſt pas formellement, mais d'une maniere virtuelle, potentielle & toute-parfaite. Je vous demande des choſes : vous me dites des mots. Il faut bien m'en contenter. Je n'ai pas de peine à croire que la matiere n'eſt pas formellement dans Dieu. Vous convenez auſſi que mon intelligence n'eſt pas formellement dans Dieu : ou bien, que Dieu ne comprend pas formellement, qu'il comprend éminemment, virtuellement, potentiellement. N'eſt-ce pas avouer en termes détournés, pour ne rien dire de plus, qu'il ne comprend pas du tout.

„ *Le paſſé, le préſent, le futur ſont à découvert*
„ *devant Dieu.*"

Le paſſé n'eſt plus pour nous : tout le paſſé même n'a pas été pour nous : la portion que nous en avons vue eſt bientôt effacée de notre ſouvenir.* Le préſent nous échape. Le futur n'eſt pas encore, & peut-être ne verrons nous pas le jour de demain. Je conçois cette vérité, & ne puis me la diſſimuler, toute affligeante qu'elle eſt pour un Etre qui, dans l'accès d'une folle ambition, voudroit occuper tous les points de la durée, s'il ne ſentoit l'abſurdité d'un pareil ſouhait. Mais que le paſſé, le préſent & le futur ſoient éternellement préſens à l'intelligence divine, ce ſont encore de belles paroles auxquelles on ne conçoit rien, & qui probablement ne paroiſſent ſi magnifiques, que parce qu'elles

---

(*) *Eſſai philoſophique concernant l'Entendement humain.* Liv. IV. Chap. I.

ntredifent ce que l'on conçoit. L'intelligence
'eft pas une faculté qui offre à l'efprit tous les
mps comme l'inftant préfent.

Dieu remplit tous les temps & tous les lieux; ou plu-
„ *tôt, tous les temps ne font pour lui qu'un feul in-*
„ *ftant: tous, les lieux un feul point: la connoiffance*
„ *de toutes les chofes une feule idée. &c.''..*

On pourra accumuler ainfi contradictions fur contradictions, en niant tout ce que l'on fait de la foibleffe de l'entendement humain qui conçoit le temps omme une durée fucceffive, ce jour auquel nous ivons n'étant ni celui d'hier, ni celui de demain; ui fe repréfente l'efpace comme divifible & divifé, n confidérant que le lieu où Rome exifte, n'eft ni e lieu où Lisbonne s'eft vue engloutie, ni celui où mfterdam s'élève comme une autre Tyr; qui croit nfin que la connoiffance eft la perception de la liaion & de la convenance, ou de l'oppofition & de la ifconvenance qui fe trouve entre deux idées; d'où l eft évident que trois idées au moins font néceslires pour conftituer la connoiffance, favoir deux dées que l'on compare, & une troifieme qui foit la erception de leur rapport (*).

Il y a de la contradiction dans les termes, à dire ue tous les temps ne font qu'un moment, & tous es lieux un feul lieu. C'eft vouloir qu'une partie oit le tout.

La connoiffance de toutes les chofes fuppofe toutes les idées, & les perceptions de tous leurs rapports. Donc fi Dieu a la connoiffance de toutes les chofes, il a toutes les idées. Donc s'il n'a qu'une feule idée, il n'a pas toutes les connoiffances: car une feule idée n'eft pas toutes les idées.

Que dis-je? J'ai démontré dans deux chapitres particuliers (†) qu'il y avoit bien des objets que l'idée ne pouvoit atteindre. Or fi l'idée ne peut

---

(†) Ci-devant Chap. XXXVII. & XLVII.

embrasser l'universalité des choses, ce que l'on voudroit appeller une idée universelle n'est pas une idée, & la connoissance supposée de toutes les choses n'est pas la connoissance.

Peut-être que je m'efforce inutilement de dissiper les illusions que nous nous faisons à nous-mêmes en prenant des sons pour des réalités. On diroit que nous avons intérêt à faire semblant de savoir ce que nous ignorons, en prononçant des paroles que nous avons dépouillées de toute signification ? Dieu nous saura-t-il gré de mal exprimer ses divines manieres d'être, de confondre pour cet effet toutes les notions & tous leurs signes jusqu'à les rendre intelligibles, & de les lui appliquer dans cet état. Dieu s'éleve au dessus de la Nature. Il n'en a point les imperfections : il n'en a point aussi les perfections. Il a plus que celles-ci, & plus que l'exemption de celles-là.

Je demande à ceux qui appliquent si aisément le son de ces quatre syllabes, *connoissance*, à Dieu & aux esprits finis, s'ils lui conservent le même sens dans cette double application. Les uns disent oui, les autres non.

Les premiers, s'ils veulent bien être conséquens, conviendront que la connoissance divine & la connoissance humaine ne different que par l'accidentel de la connoissance, & regarderont comme l'accidentel de la connoissance, d'être divine ou humaine. Ils prétendent en effet que ,, si le mot
,, *intelligence* signifie quelque chose, lorsqu'on l'ap-
,, plique à Dieu, il doit signifier une intelligence
,, semblable à la nôtre pour le fonds, mais illimitée
,, & exempte de tout défaut." Et ils ajoutent que
,, l'on peut, & que l'on doit même lui appliquer
,, ce qui appartient aux intelligences que nous con-
,, noissons, en tant qu'intelligentes." (*) Je les prie
de

(*) Voyez une note que le Traducteur des *Essais sur l'Entendement humain*, de D. Hume, a mise à la fin du onsieme Essai.

CINQUIEME PARTIE.

de considérer d'abord que le fonds de notre intelligence est nécessairement limité, métaphysiquement imparfait & défectueux. Cela étant, ils me feront plaisir de m'expliquer comment une intelligence illimitée & exempte de tout défaut, est semblable à notre intelligence pour le fonds. Qu'ils examinent ensuite ce qui appartient à notre intelligence en tant qu'intelligence : ils trouveront que notre intelligence comme telle, est la faculté de connoître dépendamment des organes corporels. Qu'ils tâchent de faire convenir cette dépendance à quelque puissance d'un Etre qui n'est point uni à un corps.

Pour ce qui est de ceux qui préferent de dire que le mot *connoissance*, est appliqué à Dieu dans un autre sens qu'à l'homme, je desirerois qu'ils me fissent comprendre cet autre sens. Et je m'assure qu'au lieu de me l'expliquer, ils se convaincront aisément que ce terme ainsi dénaturé nie précisément ce qu'il signifioit dans le sens propre. Ils signifioit la connoissance, & il en désigne à-présent la négation. Nous sommes tous d'accord ; nous disons tous la même chose, eux en affirmant que Dieu connoît autrement que nous, & moi en disant que Dieu ne connoît point, puisque connoître autrement que nous, c'est ne point connoître ; comme la matiere différente de ce qu'elle est, n'est point la matiere.

CHAPITRE LXI.

Suite.

De la différence qu'il y a entre ces deux expressions :
Ne rien ignorer, & savoir tout.

POUR attribuer à Dieu la connoissance dans un autre sens & d'une autre maniere qu'elle est dans l'homme, il faut concevoir cette nouvelle maniere de connoître, sans quoi on ne lui attribue rien. Si on en a l'idée, on ne doit pas se contenter de dire ce qu'elle n'est pas en l'opposant à l'espece de notre connoissance, comme l'on fait; mais expliquer ce qu'elle est, autrement c'est ne rien dire.

Cependant aucune chose n'est inconnue à Dieu. Il n'ignore absolument rien. Ne rien ignorer, ou savoir tout, n'est-ce pas une même chose..

Tant s'en faut. L'ignorance est une imperfection. Ne rien ignorer, c'est être exempt de cette imperfection. Savoir tout seroit posséder dans un degré infini une faculté nécessairement bornée. Qu'on ne prenne pas ceci pour une vaine subtilité. Un moment d'attention. Je vais m'expliquer: on me jugera ensuite.

L'ignorance étant une imperfection, elle ne peut être dans Dieu. Dès lors je m'entends très bien en niant que Dieu ignore quoi que ce soit. Ma conception toute bornée qu'elle est, a pourtant une certaine sphere: quelques objets lui sont soumis: elle ne peut se refuser à un petit nombre de premieres vérités. En réfléchissant sur ma connoissance, je la conçois comme une propriété de mon être. Plus je médite ce que c'est que comprendre, pénétrer & connoître, plus je me persuade que ce sont des actes de l'entendement humain. Les facultés créées & leurs actes sont des entités nécessairement finies. Voilà comme supposer la connoissance élevée à l'infinité, ce seroit supposer infini, ce qui de sa nature est nécessairement borné.

Il n'y a point de témérité à dire que Dieu n'ignore rien. Il y a de la contradiction à soutenir qu'il sait tout. Car en même temps que l'on assure cet Etre suprême exempt de l'imperfection de notre intelligence, on lui en attribue le fonds qui est une entité créée, & par conséquent imparfaite d'une imperfection métaphysique.

CHAPITRE LXII.

Suite.

Dieu n'ignore rien, & ne fait rien.

JE suis bien éloigné d'attribuer à la Divinité aucune de nos imperfections, quand je la crois si fort au dessus de nos perfections même.

Dieu ignore rien, donc il fait tout. On vient de voir la fausseté de cette induction.

L'ignorance est une imperfection de l'homme: donc Dieu n'ignore rien.

Savoir, comprendre, connoître, est une perfection de l'homme, mais une perfection métaphysiquement imparfaite: donc Dieu ne fait rien, ne comprend rien, ne connoît rien.

D'où vient notre ignorance ? N'a-t-elle pas sa source dans les limites de notre entendement, ou dans la mesure déterminée de son intensité ? Sans doute. L'ignorance prouve donc l'imperfection métaphysique de la connoissance; & tout Etre qui connoît est nécessairement sujet à l'ignorance. Une pareille imbécillité ne convient point à Dieu.

CHAPITRE LXIII.

Suite.

S'il est nécessaire que l'Etre supérieur qui a fait l'homme intelligent, soit intelligent lui-même.

J'AI dit: ,, L'existence de l'effet prouve invinci-
,, blement celle de la cause. Pourquoi ne peut-on
,, pas conclurre de même des qualités de l'un à

« celles de l'autre? C'est qu'ici la cause & l'effet
« sont d'un ordre différent. L'effet est contingent,
« & la cause nécessaire; l'un fini, & l'autre infini.
« Or il n'y a rien d'analogue entre le fini & l'infi-
« ni " (*).

Je me flattois de réfuter par-là cette autre façon
de raisonner : « La cause doit être plus parfaite que
« l'effet, & il est nécessaire que le principe de tou-
« tes choses possède dans le plus haut dégré d'émi-
« nence toutes les perfections de tous les Etres ; or
« l'homme est incontestablement revêtu de la fa-
« culté de penser, de percevoir, & de connoître:
« il faut donc de toute nécessité que cette puissance
« lui soit venue d'un Etre supérieur qui étant intel-
« ligent lui-même, lui ait communiqué l'intelli-
« gence " (†).

Cet argument pose tout entier sur ce principe, *Qu'il n'y a rien dans l'effet, qui ne soit dans sa cause.* Mais ce principe admis sans restriction méneroit trop loin. Il s'ensuivroit que Dieu seroit matériel, puisqu'il a fait la matiere. Car, ou Dieu peut avoir donné l'intelligence aux hommes, sans être lui-même intelligent, comme il a fait des substances matérielles, sans être matiere lui-même ; ou, s'il n'a pu créer des Etres intelligents sans posséder lui-même l'intelligence, il n'a pu aussi créer des substances matérielles, sans avoir lui-même un corps. Pour éviter l'inconvénient de la conséquence, on modifie le principe.

« Il n'y a rien dans l'effet, qui ne soit, ou *formelle-*
« *ment*, ou *éminemment*, dans sa cause. Il faut savoir
« que cela se dit d'une cause *efficiente* & *totale*, qui est
« la cause proprement dite. On sait que *formellement*
« veut dire ici, de la même maniere que la chose est
« dans l'effet ; mais on s'est imaginé que le mot *émi-*

_____

(*) Tome I. Partie I. Chap. III.
(†) *Démonstration de l'Existence & des Attributs de Dieu*, par le

„ *nemment* ne fignifioit rien, & l'on s'eft trompé en
„ cela. *Eminemment* fignifie d'une maniere plus ex-
„ cellente. Par exemple, Dieu qui eft la caufe
„ efficiente & totale du genre humain, ou qui feul
„ a créé du néant l'ame & le corps de l'homme,
„ contient éminemment ce que l'une & l'autre de
„ ces fubftances ont de perfection, fans participer
„ à leurs imperfections. Il a, par exemple, un
„ entendement & une volonté; mais il poffede ces
„ facultés d'une maniere infiniment plus parfaite
„ que nous. Nous n'entendons que très peu de
„ chofes & avec peine, mais Dieu entend tout ce
„ qui peut être entendu, & cela clairement & fans
„ le chercher, parce qu'il l'a préfent de toute éter-
„ nité & l'aura toujours. Dieu s'apperçoit donc de
„ tout ce qui fe paffe, il voit tout & entend tout
„ ce qui fe fait & fe dit dans l'univers, fans yeux,
„ ni oreilles, ni autres fens inférieurs à ceux-là,
„ comme l'odorat, le goût & l'attouchement; d'une
„ maniere toute divine & que nous ne comprenons
„ point; & c'eft ce que nous appellons *éminemment*.
„ Nous fentons les facultés de voir & d'ouir en
„ nous, & nous en concluons qu'il faut que Dieu
„ les ait, auffi bien que nous; fans quoi il n'auroit
„ pas pu nous les donner; ou ce qui eft la même
„ chofe, nous ne tiendrions pas ces facultés de lui;
„ mais nous nous gardons bien de lui en attribuer
„ les défauts.

„ Il en eft de même du corps: tout ce que le
„ corps a d'*entité*, c'eft-à-dire de *réel*, il le tient
„ de Dieu, fans quoi il y auroit quelque chofe de
„ réel dans le corps, qu'il n'auroit pas reçu de
„ Dieu, & qui feroit incréé. Si l'on demande ce
„ que c'eft que cette *entité* ou cette *réalité*, on ré-
„ pondra que c'eft l'effence du corps, qui nous eft

Dr. S. Clarke, abrégée par G. Burnet dans la *Défenfe de la Religion
tant naturelle que révélée*, &c.

,, inconnue à l'égard de son intérieur ; mais qu'il
,, en faut ôter les imperfections, par lesquelles la
,, nature corporelle est bornée ; comme, par exem-
,, ple, d'avoir une superficie, une figure, de pou-
,, voir être mue & divisée. Il n'y a rien de sem-
,, blable dans Dieu, parce que le corps tient en
,, cela du néant. Mais Dieu possede *éminemment*
,, tout ce qu'il y a de réel dans le corps, aussi bien
,, que ce qu'il y a dans l'esprit ; mais sans imperfec-
,, tion. Ainsi on ne peut pas dire que Dieu soit un
,, *corps* au sens auquel nous entendons ce mot, c'est-
,, à-dire quelque chose qui ait une superficie, une
,, figure, qui peut être divisé ou mu. Il n'est pas
,, non plus un *esprit*, comme est le nôtre, dont
,, l'intelligence est bornée, dont la volonté est ca-
,, pricieuse, & qui est de telle nature qu'il peut
,, être affecté par son corps, d'une maniere qui lui
,, cause de la douleur, aussi bien que du plaisir ; &
,, qu'il dépend par-là des autres corps qui l'envi-
,, ronnent. Ainsi, à parler à la rigueur, la Nature
,, éternelle, qui est la cause de toutes celles qui ont
,, commencé, n'est ni corps, ni esprit ; mais une
,, Nature toute singuliere pour laquelle nous n'avons
,, point de nom, comme disoient les anciens ; c'est-
,, à-dire que nous ne pouvons la rapporter à aucune
,, catégorie, ou à aucune sorte particuliere d'Etre,
,, comprise dans les catégories communes, d'où
,, vient que l'on dit que Dieu *transcendit omnes ca-*
,, *tegorias*. Dieu n'est rien formellement de ce que
,, nous voyons, & que nous connoissons ; mais il
,, est tout d'une maniere infiniment plus excellen-
,, te que tout ce que nous connoissons ; & pour
,, parler avec Denys que l'on nomme l'Aréopagite:
,, πάντα τὰ ὄντα καὶ ὐδὲν τῶν ὄντων, tous les Etres
,, & pas un des Etres (*)".

(*) *Bibliotheque ancienne & moderne* par Jean le Clerc, Tome XVII. seconde partie, pages 448--491.

CINQUIEME PARTIE. 211

C'est ainsi que s'expliquoit un théologien philosophe qui, ayant remarqué dans les métaphysiciens vulgaires une négligence très grande à traiter ce qui concerne les causes & la causalité, avoit étudié particuliérement ce sujet. On vient de voir comment il a suppléé aux idées creuses que l'on débite pompeusement dans les écoles sur une matiere si importante. Voyons à présent si les siennes ont plus de substance. Je les examinerai avec d'autant plus de liberté que je souhaite que l'on use du même droit à mon égard. ,, Les Scholastiques se sont égayés
,, ici à étaler de vaines subtilités (c'est le même
,, qui parle) (†), mais il ne faut qu'en retrancher le
,, superflu, & l'on verra que ce qui restera n'est pas
,, de petite conséquence. On méprise leurs termes,
,, parce qu'ils ne servent souvent qu'à obscurcir la
,, matiere, & en cela l'on a raison. Mais il y en
,, a aussi de très heureusement inventés, & dont on
,, se moque mal-à-propos". Il s'agit sur-tout du terme *éminemment*, dont nous allons reprendre l'apologie.

,, Il n'y a rien dans l'effet qui ne soit, ou *formel-*
,, *lement*, ou *éminemment*, dans sa cause. Il faut
,, savoir que cela se dit d'une cause *efficiente* &
,, *totale* qui est la cause proprement dite. On
,, sait que *formellement* veut dire ici, de la même
,, maniere que la chose est dans l'effet; mais
,, on s'est imaginé que le mot *éminemment* ne
,, signifioit rien, & l'on s'est trompé en cela".

Si c'est une imagination, je dois avouer que je suis imaginaire en ce point.

Quelle chose est contenue formellement dans sa cause, à s'en tenir même à la signification que l'on

---

(†) Là-même.

O 4

assigne au mot *formellement*? Il veut dire de la même maniere que la chose est dans l'effet. Or quelle chose est dans la cause de la même maniere que dans l'effet? Prenons la cause selon ses différens rapports.

La cause créatrice fait que ce qui n'étoit pas soit: dès lors rien de ce que son effet contient, n'est & n'a jamais été dans elle de la même maniere qu'il est dans l'effet, ni d'aucune autre sorte, puisqu'il n'étoit point du tout avant la création. Le prétendu axiome, Il n'y a rien dans l'effet qui ne soit ou formellement ou éminemment dans sa cause, ne peut donc pas se dire d'une cause efficiente & totale qui est la cause proprement dite, au moins quant à la premiere disjonctive; il ne s'agit pas encore de la seconde. La création n'est que des choses tout-à-fait nouvelles, dont rien absolument n'existoit.

La cause génératrice ne contient point formellement son effet. Le corps engendré préexistoit à la génération, suivant le sentiment ordinaire, quoique fortement combattu. Mais il préexistoit sous la forme d'un germe, & au moment de la fécondation il devient fœtus. Rien n'est formellement dans le fœtus comme dans le germe. Le germe est le premier terme de l'existence, qui ne ressemble point formellement à l'état du fœtus; & quand il lui ressembleroit, le germe n'est pas la cause génératrice. Celle-ci est ce par quoi l'individu passe de l'état de germe à celui de fœtus. Je parle de la force d'engendrer. Quant à l'Etre générateur considéré comme cause, il ne contient que le germe, & il a produit son effet lorsque le germe est fécondé. Or le germe fécondé n'a plus la forme qu'il avoit avant sa fécondation.

Les causes instrumentales, telles que la plume qui écrit & le crayon qui dessine, ne contiennent point formellement leur effet. L'écriture n'est point dans la plume comme sur le papier. Le dessein n'est point formellement dans le crayon.

CINQUIEME PARTIE. 213

Il feroit fuperflu d'entrer dans le détail des autres rapports dont la notion de caufalité eft fufceptible. On appelle effets, des chofes qui existent par l'opération d'une autre. N'eft-il pas évident que l'effet, fuppofé qu'il fût avant l'opération de la caufe qui le fait être, n'étoit pourtant
pas de la même maniere qu'il eft après? Du refte
la fuppofition eft fauffe. L'effet n'eft pas avant l'o-
pération qui le fait être. L'effet n'eft formellement
que l'effet, & il n'eft tel en tout & en parties, que
lors de la caufe. A quoi revient donc cette distinction, *formellement* ou *éminemment*, puifque rien
de tout ce qui eft dans l'effet, ne peut être formellement dans fa caufe? Venons à l'autre alternative.

„ *Eminemment* fignifie d'une maniere plus excel-
„ lente".

Qu'on lui faffe fignifier ce que l'on voudra. *Eminemment* eft oppofé à *formellement*. Y a-t-il une maniere d'exifter plus excellente pour l'effet & ce
qu'il contient, que l'exiftence formelle? C'eft ce
qu'on ne prouvera jamais. On prouveroit en même
temps que la manifeftation continuelle des phénomenes naturels, feroit une imperfection, en comparaifon de la maniere dont on veut que le tout ait
exifté & exifte encore dans la caufe créatrice, ce
qui feroit une étrange propofition. Sans-doute le
Créateur ne peut rien faire d'auffi parfait que lui:
cependant tout ce qu'il a fait eft bon. Et tout ce
qu'il a fait feroit mauvais, s'il l'avoit fait exifter
hors de lui d'une maniere moins excellente qu'il
n'exiftoit dans lui. Mais il s'en faut bien que l'existence formelle foit moins parfaite & moins excellente qu'une exiftence *éminente*, comme on l'appelle.
Ce qui n'exifte qu'*éminemment*, n'a pas la complettion
qui lui convient felon fon efpece: il ne jouit pas de
toute l'étendue de fon être. Pour en jouir, il doit

exister formellement. Il me semble que l'existen[ce]
la plus complette est la plus excellente, & q[ue]
l'existence formelle, celle où l'Etre possede to[ute]
la perfection de son espece, est l'existence la p[lus]
complette.

Dans le système contraire, la puissance de cré[er]
ne seroit en Dieu que le pouvoir de détériorer s[es]
propres perfections, & son être même, comme [je]
l'ai dit ailleurs, en faisant exister formellement ho[rs]
de lui, ce qui existe dans lui éminemment, c'est-[à-]
dire d'une maniere plus excellente (*u*). Quelle n[o]-
tion de la puissance créatrice, & qui oseroit l'a[d]-
mettre?

Eminemment ne signifie donc pas d'une manie[re]
plus excellente, puisqu'il n'y a point de manie[re]
d'exister plus parfaite que l'existence formelle.

(*u*) ,, Lorsque l'Etre suprême résolut de revêtir le néant de l'exi[s]-
,, tence, il dut s'attendre à voir cette existence, parfaite dans l[ui]
,, se détériorer dans les nouveaux Etres que sa main préparoit. S[up]-
,, posé qu'ils dussent exister par une émanation divine, il ne p[ou]-
,, ignorer que ceux, auxquels il se communiqueroit davantage, s[e]-
,, roient infailliblement les plus méchans. Il prévit que l'amour [de la]
,, foi, la liberté, l'intelligence qui, comme des écoulemens de s[es]
,, perfections infinies, alloient devenir propres du fini créé, y s[e]-
,, roient des qualités défectueuses, avec un dégré de vice propo[r]-
,, tionné à leur bonté intrinseque; qu'alors non seulement toutes l[es]
,, formes seroient nuancées de graces & de défauts, mais que l[es]
,, plus belles se trouveroient les plus vicieuses... De toutes l[es]
,, prérogatives de l'humanité, l'intelligence & la volonté sont l[es]
,, plus précieuses & les plus funestes. Ce constraste n'a rien d'éto[n]-
,, nant. Les attributs de l'infini, alliés au fini en contractent l'imp[u]-
,, reté. Ils dégenerent d'autant plus, qu'ils sont d'une essence pl[us]
,, délicate, plus fine, plus relevée. Il faut donc que les facultés d[e]
,, connoître & de vouloir, les plus sublimes dans Dieu, devienne[nt]
,, les plus basses dans l'homme. En effet rien ne dégrade plus celui[-ci]
,, que d'être attaché au crime & à l'erreur". *T. I. Partie I. Chap. I*[I].

C'est ainsi que j'ai raisonné de l'équilibre du bien & du mal moral, selon les idées de ceux qui prétendent que Dieu contient éminemment tout ce qui est formellement dans les Etres créés. Il e[st]
singulier que l'on m'ait attribué un sentiment que je rapporte, no[n]
seulement sans l'adopter, mais plutôt en l'improuvant d'une manier[e]
non-équivoque, comme on le voit par ce qui suit: ,, Quoique l'Et[re]

CINQUIEME PARTIE. 215

„ Dieu qui est la cause efficiente & totale du
„ genre humain, ou qui seul a créé du néant
„ l'ame & le corps de l'homme, contient émi-
„ nemment ce que l'une & l'autre de ces sub-
„ stances ont de perfection, sans participer à
„ leurs imperfections".

[rien] de ce que renferme l'ame & le corps de [l']
[h]omme, n'est éminemment dans Dieu qui est la
[caus]e efficiente & totale du genre humain. Tout
[ce] qui est dans Dieu, doit y être d'une maniere plus
[par]faite qu'il ne pourroit exister hors de lui. Je
[vie]ns de prouver que la maniere d'être dite *émi-
[nen]te*, quelle qu'elle soit, est moins parfaite que
[l'e]xistence formelle.

──────────

[Dieu] complet enferre dans le vaste contour de son immensité toutes les
existences actuelles ou possibles; quoique celui-là seul soit réellement & en vérité, qui est indépendamment & nécessairement;
quoique tout soit dans lui & qu'il ait droit de s'attribuer tout l'être,
cependant quelle absurdité de vouloir que la raison de l'homme,
l'instinct du chien, la rapidité du cerf, la splendeur du soleil
soient véritablement des parties détachées de sa substance, hors de
laquelle rien ne peut exister. Disons plutôt qu'il donna la vie &
la forme à ses conceptions éternelles, c'est-à-dire qu'il créa le
monde & ses propriétés. Il ne les tira point de lui, ni d'ailleurs.
Elles n'étoient nulle part. Il voulut qu'elles fussent: il dit & elles
furent".
Pouvois-je m'expliquer plus clairement? Ce n'est donc pas moi qui
[di]s que les perfections divines se détériorent en passant de l'infini au
[fini]. Ce sont ceux qui soutiennent que l'esprit & le corps avec leurs
[pr]opriétés, quant à ce qu'ils ont de réel, sont éminemment, c'est-
[à-]dire d'une maniere plus excellente dans Dieu, & formellement qui
[es]t une maniere moins excellente, dans les Etres que Dieu a créés en
[leu]r communiquant des écoulemens de ses attributs. Que l'on juge
[en]core si l'on a du s'autoriser de ce passage pour me mettre en con-
[tra]diction avec moi-même, sous prétexte que je donnois ici l'a-
[mo]ur de foi, la liberté & l'intelligence pour des perfections de
[Die]u, & que ces trois notions de l'Etre suprême prouvoient qu'il ne
[nou]s étoit pas connu sous celle de cause seulement. Un peu moins
[de] précipitation en lisant, un peu plus de discrétion à blâmer,
[épar]gneroient bien des méprises.

,, Dieu a, par exemple, un entendement & une
,, volonté; mais il possède ces perfections d'une
,, manière infiniment plus parfaite que nous''.

Donc il ne les possède, ni formellement, ni éminemment. Il ne les possède pas d'une manière formelle, car alors il les auroit au même dégré de perfection que l'homme. Il ne les possède pas d'une manière éminente, puisque cette manière est encore moins parfaite que l'autre. Comment les possède-t-il donc? Il ne les possède point.

,, Nous n'entendons que très peu de choses &
,, avec peine, mais Dieu entend tout ce qui
,, peut être entendu, & cela clairement & sans
,, le chercher, par ce qu'il l'a présent de toute
,, éternité & l'aura toujours. Dieu s'apperçoit
,, donc de tout ce qui se passe, il voit & entend tout ce qui se fait & se dit dans l'univers, sans yeux, ni oreilles, ni autres sens
,, inférieurs à ceux-là, comme l'odorat, le
,, goût & l'attouchement; d'une manière toute
,, divine & que nous ne comprenons pas, &
,, c'est ce que nous appellons *éminemment*.

1. C'est-à-dire que Dieu voit sans yeux, entend sans oreilles, & comprend sans entendement. Nous disons que ce qui n'a point d'yeux, ne voit point; que ce qui n'a point d'oreilles, n'entend point; & que ce qui n'a point d'entendement, ne comprend point. Dieu seroit-il donc un assemblage monstrueux de contradictions? On veut que Dieu ait l'exercice de tous les sens, sans en avoir formellement les organes, tandis que le formel des organes est absolument nécessaire pour cet exercice. Qu'est-ce que voir, entendre, sentir, goûter & toucher, sans ce qui est absolument requis pour voir entendre, sentir, goûter & toucher? C'est tout cela *éminemment*. Et que signifie ce grand mot? Il signifie d'une ma-

CINQUIEME PARTIE. 217

ieré toute divine & que nous ne comprenons pas. 'avois bien prévu que l'on en viendroit à avouer que ce mot est vuide de sens, qu'il ne signifie rien positif & de connu, qu'on n'y attache aucune idée.

2. Voir & comprendre sont des actes très formels e deux facultés que nous savons être dans nous. Ils e peuvent exister que formellement. Voir & comrendre éminemment, ou de telle autre maniere que on nommera en aveugle, sans savoir ce que l'on eut dire, c'est ne point voir & ne point comprendre.

„ Nous sentons les facultés de voir & d'ouir dans
„ nous, & nous en concluons qu'il faut que
„ Dieu les ait, aussi bien que nous, sans quoi
„ il n'auroit pas pu nous les donner; ou, ce
„ qui est la même chose, nous ne tiendrions
„ pas ces facultés de lui; mais nous nous gar-
„ dons bien de lui en attribuer les défauts".

On décide par-là que Dieu ne peut nous donner ue les facultés qu'il a lui-même, & par une conséquence forcée que Dieu ne peut rien faire exister ors de lui, qu'il ne le tire de sa propre substance. i nous avions quelques facultés qu'il n'auroit pas ui-même, nous ne les tiendrions pas de lui, & ependant nous tenons tout du Créateur. S'il exisoit quelque substance hors de Dieu, qui n'auroit as été renfermée dans la substance divine, elle ne iendroit pas aussi de Dieu, & cependant tout vient e Dieu. Ai-je eu tort d'avancer que ce système nclinoit beaucoup vers le Spinosisme ? Voilà où onduit directement ce principe si ardemment soutenu: Qu'il n'y a rien dans l'effet qui ne ne soit ans sa cause; lequel on applique particuliérement à la cause efficiente & totale, à la cause proprement dite, à la cause créatrice. La cause créatrice est pourtant celle à laquelle il doive être le moins appliqué. Si le Créateur tiroit de lui-même tout ce qu'il fait, ce ne seroit plus créer, mais engendrer.

On pourroit dire qu'il contenoit dans lui le germe ou les femences de toutes les chofes, & que par un acte de fa volonté il les a fait éclorre. La notion de la puiffance génératrice lui conviendra parfaitement, mais il n'y aura point de création réelle. Il n'y en a point du tout dans l'hypothefe que j'examine. Créer, dans cette hypothefe, c'eft faire exifter d'une maniere ce qui exiftoit déja d'une autre maniere, faire exifter formellement ce qui n'étoit encore qu'éminemment. On entrevoit ici que fi ce dernier mot avoit quelque fens, il ne défigneroit que la maniere dont une plante, par exemple, eft contenue dans la graine, ou celle dont l'homme eft renfermé dans l'élément féminal.

Ce que l'on entend par création eft bien différent de cette efpece de production. Créer, c'eft faire exifter une chofe qui n'étoit pas auparavant. Dès lors non feulement il n'eft pas néceffaire que la caufe créatrice contienne tout ce qui eft dans l'effet qu'elle produit ; mais il eft néceffaire qu'elle ne le contienne pas. Si elle le contenoit, de quelque maniere que ce fût, elle ne feroit pas caufe créatrice, ni vraiment efficiente & totale. Elle ne donneroit que la forme à l'Etre qu'elle produiroit, ce qui eft le propre des caufes génératrices. Mais elle ne le feroit point réellement, puifqu'il exifteroit avant cette production. Ce point eft décifif dans la queftion préfente. Si la force créatrice, celle de la caufe proprement dite, de la caufe efficiente & totale, eft le pouvoir de donner l'exiftence à ce qui n'eft pas (& perfonne, je crois, n'en difconviendra), une telle caufe ne poffede rien de ce qu'elle fait ; autrement elle ne le feroit pas. Elle a feulement la vertu de le faire : cette vertu lui fuffit, & elle eft exclufive de l'exiftence antérieure de tout ce qui eft dans l'effet. On fent ici tout mon avantage, il feroit inutile d'infifter. Autant on emploie de détours, de fubtilités, d'idées creufes, & de mots vuides pour établir que cette caufe doit contenir tout ce qu'il y dans son effet, autant l'on démontre combien cet autre axiome est incontestable, savoir: La cause créatrice faisant exister totalement son effet, rien de ce qui est dans lui n'étoit avant la création, ni dans sa cause, ni ailleurs.

„ Il en est de même du corps: tout ce que le
„ corps a d'*entité*, c'est-à-dire de *réel*, il le
„ tient de Dieu, sans quoi il y auroit quelque
„ chose de réel dans le corps, qu'il n'auroit
„ pas reçu de Dieu, & qui seroit incréé."

Il est vrai: tout ce que le corps & l'esprit ont de réel, ils le tiennent de Dieu, mais c'est en vertu de la création, & non par voye de génération. Dieu l'a fait: il ne l'a tiré, ni de lui-même, ni d'ailleurs. On craint que s'il y avoit quelque chose dans l'effet qui ne fût en aucune sorte dans la cause, il ne vînt pas de Dieu. C'est une peur d'enfant. Il viendroit de Dieu puisque Dieu l'auroit fait. Ce ne seroit pas une émanation de sa substance, ni de ses attributs. Cela ne doit pas être: nous serions alors des fragmens de la Divinité. Ce seroit une production de sa puissance créatrice. La dépendance est ici bien plus grande que dans l'autre hypothese.

Il est affligeant pour l'humanité, que d'illustres théologiens & des philosophes également célebres aient si facilement oublié ces premiers principes, & que cet oubli les ait aveuglés au point de ne plus accorder à l'Etre Créateur que le pouvoir de donner la forme à ce qui est dans lui, osant le priver d'une prérogative aussi sublime que celle de faire exister ce qui n'est pas.

„ Si l'on demande ce que c'est que cette *entité* ou
„ cette *réalité*, on répondra que c'est l'essence
„ du corps qui nous est inconnue à l'égard de
„ son intérieur."

Voilà Dieu devenu un Etre essentiellement corporel; il me semble au moins qu'avoir l'essence du corps, c'est être essentiellement corporel. Par le même principe, Dieu a toutes les essences, & l'Essence Divine est l'assemblage de toutes les autres. Ne nous occupons pas davantage d'une idée si étrange. On croit la rendre supportable, en ajoutant:

„ Qu'il en faut ôter les imperfections par lesquel-
„ les la nature corporelle est bornée; comme,
„ par exemple, d'avoir une superficie, une fi-
„ gure, de pouvoir être mue & divisée."

Mais les natures finies ont été créées avec leurs bornes. Elles ont essentiellement tel dégré précis d'intensité. Elles n'en peuvent pas avoir davantage, elles n'en sauroient avoir moins: les essences sont inaltérables.

Supposons qu'elles existent dans Dieu sans imperfection, c'est-à-dire d'une manière infinie. Outre la contradiction qu'il y a à supposer infinies des natures finies, tout ce qui est dans Dieu, y est tel par la nécessité de Dieu, sa puissance ne s'étend donc pas jusqu'à le faire exister autrement. Dieu ne peut pas l'impossible. Dieu se limiteroit lui-même, s'il faisoit exister hors de lui & d'une manière bornée, ce qui existe infiniment dans lui. Il ne le peut pas: son Être est invariable, incorruptible, incommunicable.

Comment Dieu pourroit-il communiquer de ses perfections à d'autres Etres, sans les diminuer d'autant? Parce qu'elles sont infinies. Mais l'infini ne se communique point. S'il se communiquoit, il se communiqueroit tout entier, car il n'est point divisible. Or il ne peut se communiquer tout entier à des Etres incapables de son infinité. Il est d'un ordre unique, qu'il remplit éternellement, sans passer dans des ordres subalternes.

Ce n'est pas à nous de vouloir rendre raison des *comment*. D'accord. Est-il plus légitime de prétendre
expli-

expliquer l'in-intelligible par l'in-intelligible, d'accumuler myfteres fur myfteres, impoffibilités fur impoffibilités, & tout cela pour rapprocher Dieu de l'homme, parce qu'il n'eft pas permis à l'homme de s'élever jufqu'à Dieu?

„ Il n'y a rien de femblable dans Dieu, parce
„ que le corps tient en cela du néant."

En quoi le corps tient-il du néant? En ce qu'il a une fuperficie & une figure, en ce qu'il peut être mu & divifé. Quoi, le néant eft étendu & figuré, mobile & divifible? Une doctrine auffi finguliere n'a pas befoin de réfutation.

„ Mais Dieu poffede éminemment tout ce qu'il
„ y a de réel dans le corps, auffi bien que ce
„ qu'il y a dans l'efprit, mais fans imper-
„ fection."

Il n'y a rien dans le corps ni dans l'efprit créé, qui ne foit néceffairement & intrinféquement imparfait. Le réel du corps, auffi bien que de l'efprit créé, feroit une imperfection dans Dieu. Le réel, ou l'entité, du corps ne peut être que dans le corps. Le réel, ou l'entité, de l'efprit ne peut être que dans l'efprit.

De deux chofes l'une: ou le corps & l'efprit qui font hors de Dieu, y font fans leur entité, puifque celle-ci eft dans Dieu : Ce qui eft une impoffibilité. Ou bien, l'entité du corps & celle de l'efprit font en même temps dans Dieu, & dans le corps & l'efprit hors de Dieu: ce qui eft une autre impoffibilité, d'autant plus fenfible que l'on explique ce qu'il faut entendre par cette entité, ou cette réalité. C'eft l'effence du corps, & celle de l'efprit. L'effence d'une chofe eft ce par quoi la chofe eft ce qu'elle eft. Si l'effence du corps eft dans Dieu, le corps fera donc hors de Dieu fans ce qui le fait être ce qu'il est. Ou l'essence du corps sera & dans Dieu & hors de Dieu, ce qui ne peut être de la même nature corporelle. J'en dis autant de l'essence de l'esprit. Elle n'étoit point dans Dieu. Il l'a faite.

Dieu n'a pas besoin de contenir dans son essence toutes les autres essences, pour les faire exister hors de lui. Il lui suffit de la puissance de donner l'être à ce qui ne l'a pas. Au contraire, supposé que Dieu contienne toutes les essences, elles n'existeront jamais hors de lui: tout ce qui est dans Dieu y demeure éternellement. Rien n'est dans lui qui ne soit lui-même. Cet Etre simple & un ne sauroit se diviser ni se partager, s'étendre ni se resserrer. Ces vérités sont de la derniere évidence: il suffit de les énoncer.

,, Ainsi on ne peut pas dire que Dieu soit un
,, *corps* au sens auquel nous entendons ce mot,
,, c'est-à-dire quelque chose qui ait une super-
,, ficie, une figure, qui peut être divisé ou
,, mu. Il n'est pas non plus un *esprit*, comme
,, le nôtre, dont l'intelligence est bornée, dont
,, la volonté est capricieuse, & qui est de telle
,, nature qu'il peut être affecté, par son corps,
,, d'une maniere qui lui cause de la douleur,
,, aussi bien que du plaisir; & qu'il dépend par-
,, là des autres corps qui l'environnent.

La vérité triomphe tôt ou tard. On se rapproche de mon sentiment: encore un moment de réflexion, l'on pensera & l'on parlera tout comme moi.

Dieu n'est pas un corps au sens auquel nous entendons ce mot. En quel sens est-il donc un corps? Ce terme ne désigne que le corps, selon l'idée que nous en avons, suivant ce que nous en connoissons. Le mot *esprit*, ne signifie de même que l'idée que nous nous faisons de notre ame d'après les facultés que nous lui connoissons. Dans quel sens Dieu se roit-il esprit, s'il n'étoit par un esprit comme le nôtre, & de la même nature spirituelle ? Je crois avoir traité ce point avec assez d'étendue, pour ne m'y pas arrêter davantage. On remarquera seulement combien l'erreur est variable. On disoit que Dieu étoit un esprit de la même nature que l'esprit humain. On dit à-présent qu'il n'est pas de la même nature. Je n'ai pas le talent d'accorder ainsi les contraires.

„ A parler à la rigueur, la Nature éternelle, qui
„ est la cause de toutes celles qui ont com-
„ mencé, n'est ni corps ni esprit."

Oui, je parle à la rigueur, & je crois que, s'il est une question dans laquelle il convienne de raisonner avec toute l'exactitude & la précision possibles, c'est assurément la plus grande & la plus délicate de toutes, celle qui a Dieu pour objet.

On convient donc enfin, après de vains efforts pour éluder la force de la vérité; on convient qu'à parler à la rigueur, la Nature éternelle, qui est la cause de toutes celles qui ont commencé, n'est ni corps ni esprit. Voilà justement ce que je pense, & à quoi se réduit tout ce que j'ai dit jusqu'ici & tout ce que j'y ajouterai. A parler à la rigueur, la Nature éternelle qui est la cause de toutes celles qui ont commencé, n'est ni corps ni esprit. Dire que Dieu est un esprit, une intelligence, c'est manquer d'exactitude, c'est abuser des termes, c'est transporter à l'Etre incréé des mots qui ne signifient que des choses créées, c'est donner dans une erreur grossière. Dieu n'est rien & n'a rien de tout ce qu'il a fait.

La Nature éternelle est la cause de toutes celles qui ont commencé. Tout est incréé, rien n'a commencé, s'il n'y a rien dans l'effet qui ne soit dans la cause efficiente & totale. Dans ce cas les élémens du monde étoient dans Dieu: de quelque maniere qu'ils y fuſſent, peu importe, ils y étoient, ils ſont incréés; & la production de l'univers ſenſible n'eſt que le développement de ces élémens éternels. Comme d'ailleurs rien n'eſt dans Dieu qui ne ſoit lui-même, ces élémens ſeront des parties de la ſubſtance divine, & leurs produits auſſi. Où menent ces terribles conſéquences!

>> Mais une Nature toute ſinguliere, pour laquelle
>> nous n'avons point de nom, comme diſoient
>> les anciens; c'eſt-à-dire que nous ne pouvons
>> la rapporter à aucune catégorie, ou à aucune
>> ſorte particuliere d'Etre, compriſe dans les
>> catégories communes, d'où vient que l'on
>> dit que Dieu *tranſcendit omnes categorias*."

Cette propoſition eſt très vraie dans mes principes, mais elle s'accorde bien mal avec ceux que l'on veut établir, ſavoir que Dieu poſſede tout ce qu'il y a de réel dans le corps, auſſi bien que ce qu'il y a dans l'eſprit. S'il eſt vrai que Dieu poſſede le réel du corps & de l'eſprit, ſa Nature n'eſt pas toute ſinguliere; l'entité du corps & de l'eſprit lui eſt commune avec les ſubſtances corporelles & ſpirituelles créées. Je crois mieux raiſonner en poſant pour principe que Dieu n'a rien de ce qui eſt dans la créature, eſprit ou corps. L'inconſéquence de ceux qui ſoutiennent le contraire, doit au moins faire ſoupçonner qu'ils ſe trompent, non pas lorſqu'ils parlent à la rigueur, en quoi nous ſommes d'accord; mais lorſqu'ils s'éloignent de cette juſteſſe de raiſonnement, pour donner à la cauſe ce qui n'appartient qu'à l'effet, en quoi nous différons, eux & moi.

Une Nature toute ſinguliere pour laquelle nous n'avons point de nom, que nous ne pouvons rapporter à aucune catégorie, ou à aucune ſorte particuliere d'Etre, compriſe dans les catégories communes, ne ſauroit être dite intelligente, bonne, sage, juste, &c. Si ces qualités lui convenoient nous ne manquerions pas de nom pour la désigner, ni de catégories où la placer. On l'appelleroit bonne, sage, juste, & elle se rangeroit parmi les intelligences.

„ Dieu n'est rien formellement de ce que nous
„ voyons & connoissons; mais il est tout d'une
„ maniere infiniment plus excellente que tout
„ ce que nous connoissons; & pour parler avec
„ Denys que l'on nomme l'Aréopagite, πάντα
„ τὰ ὄντα καὶ ὀδὲν τῶν ὄντων, tous les Etres &
„ pas un des Etres."

Des antitheses & des jeux de mots ne méritent aucune attention, sur-tout lorsqu'ils sont aussi dépourvus de sens, que ceux de Denys l'Aréopagite; & l'on doit s'étonner de les voir adoptés par un philosophe après l'aveu formel qu'on vient de lire quelques lignes plus haut. Mais je prie les personnes judicieuses, & libres de prévention, de vouloir bien relire ce chapitre, & examiner de bonne foi de quel côté est la consonnance des idées, & l'accord des principes avec les conséquences.

CHAPITRE LXIV.

Dieu est un Etre plus qu'intelligent.

DIEU n'est pas un Etre intelligent: il est donc un Etre aveugle...

La belle conclusion! Ainsi raisonnent quelques-uns & peut-être un très grand nombre de ceux qui font profession d'enseigner les autres. Ils soutiendront bientôt que ce qui n'est pas jaune, est rouge, parce qu'il n'y a pas d'autres couleurs que le jaune

& le rouge; que ce qui n'eſt pas quarré, eſt rond, parce qu'il n'y a que deux figures: le cercle & le quarré; que l'animal qui n'eſt pas un cerf, eſt un ſerpent, parce qu'il n'y a point d'autres eſpeces d'animaux que le cerf & le ſerpent. En effet ils ne ſont pas plus fondés à n'admettre que deux natures, la nature penſante & la nature matérielle, qu'ils ne le ſont à ne reconnoître que deux couleurs, deux figures, & deux eſpeces animales. Si les preuves ſemblent plus ſenſibles d'un côté que de l'autre, elles ne ſont pas plus certaines. M'eſt-il mieux démontré que le rouge n'eſt pas le verd, qu'un cercle n'eſt pas un triangle, qu'un ſerpent n'eſt pas un oiſeau, que je ne ſuis ſûr que le Créateur n'eſt pas la créature? Ils ne veulent pas que Dieu puiſſe avoir dans ſa nature infinie, quelque choſe qui ſupplée à l'intelligence, diſons mieux, qui l'exclue néceſſairement comme une inutilité, & une imperfection au-deſſous de lui. Eh! que prétendent-ils par-là? Se faire des Dieux? Non. Qu'ils ſongent aux miſeres de l'humanité, & ils ſeront humiliés. Faut-il, pour contenter leur orgueil, que leur Dieu ne ſoit qu'un homme ſemblable à eux? Je n'ai garde de leur attribuer des ſentimens ſi peu religieux. Ils diſent pourtant que, ſi cet Etre incompréhenſible n'eſt pas aveugle comme la matiere, il eſt intelligent d'un fonds d'intelligence ſemblable à la leur; ou que, s'il n'eſt pas intelligent comme eux, il eſt aveugle comme la matiere. O empire du préjugé! Ils s'imaginent avoir mis une aſſez grande diſtance entre eux & leur Dieu, en lui donnant une intelligence infinie, au lieu qu'ils n'en ont qu'une bornée. Ils le font bien voir, lorſqu'ils s'abuſent juſqu'à croire que le fini & l'infini puiſſent être de la même nature. J'en ai trop dit ſur cet objet, pour y revenir; mais cette conſidération eſt très propre à diſſiper l'illuſion, & le Lecteur qui n'en ſent pas encore tout le vrai (ſi toutefois il eſt quelqu'un qui ait pu parvenir juſqu'ici ſans le reconnoître) ne peut rien

CINQUIEME PARTIE.

faire de mieux que de l'approfondir & la méditer inceſſamment, juſqu'à ce qu'il le reconnoiſſe & le ſente autant qu'il en eſt capable.

Il n'y a point d'ignorance dans Dieu: l'ignorance eſt une imperfection de l'homme. Il n'y a point d'intelligence dans Dieu: l'intelligence eſt une perfection de l'homme. Ce qu'il nous plait d'appeller intelligence infinie, parce que nous n'avons point de nom qui lui convienne, n'eſt point intelligence, mais quelque choſe d'infiniment ſupérieur à l'intelligence, & qui n'a rien de commun avec elle. Eſt-ce une idée univerſelle de tout? Non. Eſt-ce une intuition immédiate de toutes choſes? Non? Quand je ne comprendrois pas la valeur de ces mots, il me ſuffit qu'ils ſoient inventés par des hommes, pour affirmer qu'ils n'expriment point une perfection divine. Eſt-ce... Non: ce n'eſt rien de tout ce que l'homme peut comprendre & dire. L'incompréhenſible eſt ineffable. Quand Dieu diſſiperoit à l'heure que j'écris les ténebres dont je ſens que mon intelligence eſt enveloppée, & qu'il m'éleveroit rapidement à la plus ſublime contemplation dont l'homme ſoit capable; quand briſant enſuite les bornes naturelles à l'eſprit humain, il me feroit franchir cette multitude immenſe de différens ordres d'Etres qui s'élevent les uns au-deſſus des autres, pour m'enrichir de toutes les facultés de l'ordre le plus parfait, le ſanctuaire de la Divinité me ſeroit encore impénétrable: je ne verrois point ce que c'eſt que Dieu, ce que c'eſt que perfection dans Dieu, ce que c'eſt que telle perfection de Dieu. Mais avec l'entendement que Dieu m'a donné, j'ai pu me démontrer que tout ce qui eſt dans Dieu eſt d'une nature infiniment plus excellente que toutes les vertus de l'homme; & que ce qui ſurpaſſe notre intellection eſt également au-deſſus du langage humain.

Si quelqu'un, me voyant combattre les notions ordinaires de la Divinité, a pu en prendre ombrage, je ne crois pas qu'il reſte déſormais dans le doute.

Voilà ses soupçons dissipés, & la droiture de mes intentions lui est manifestée. Dieu n'est point un Etre pensant, un Etre intelligent, mais un Etre infiniment plus que pensant, infiniment plus qu'intelligent.

Je n'éclaircis pas, il est vrai, l'idée de la Divinité. Je ne l'ai pas entrepris. L'incompréhensible ne s'éclaircit point : il sera éternellement couvert d'ombres sacrées pour tout esprit fini. L'idée que nous ne pouvons ni avoir ni donner, je la place au-delà de tout ce que nous concevons. La délivrer des bornes de l'entendement où l'on s'efforçoit de la resserrer, n'est-ce pas l'agrandir ? Dégager la notion de Dieu, d'une foule d'idées humaines qui ne conviennent point à cet Etre supérieur, ne seroit-ce pas l'éclaircir en quelque sorte ? S'il faut avouer que nous ne concevons pas ce que c'est qu'un Etre plus que pensant & plus qu'intelligent, on doit confesser aussi, selon la belle pensée d'Augustin, que je répete volontiers à cause de sa vérité & de son énergie, que moins on conçoit Dieu, mieux on le connoît. Dieu est en tout infiniment au dessus de notre conception. Plus donc la notion que nous voudrions nous en former, seroit au-delà de ce que nous concevons, & supérieure à la portée de notre raison, moins elle s'éloigneroit de son objet, s'il y avoit du plus & du moins dans un intervalle nécessairement infini.

CHAPITRE LXV.

Si Dieu est un Etre bon et saint?

Grande dispute sur cette question entre Bayle d'un côté, & de puissans adversaires de l'autre.

CETTE question a été vivement agitée au commencement de ce siecle, entre Bayle d'une part, & de puissans adversaires de l'autre part, tels que le célebre Mr. King, le même dont j'ai parlé ci-devant, pour lors Archevêque de Dublin, & Mrs. Jaquelot, Bernard, le Clerc, &c. qui peut-être se sont plus distingués dans cette dispute par l'indiscrétion de leur zele, que par la solidité de leurs raisonnemens.

Bayle ne pouvant accorder les objections des Manichéens contre la bonté & la sainteté de Dieu, avec les idées que la raison nous donne de ces vertus, nioit qu'elles fussent des perfections de Dieu dans le sens ordinaire de ces mots *bonté* & *sainteté*, quoique, comme tout-parfait, il fût bon & saint d'une bonté & d'une sainteté dont nous n'avions aucune idée. Si Bayle se trompoit, c'étoit dans ce dernier point, & il auroit beaucoup mieux fait, à mon avis, de refuser entiérement ces vertus à Dieu que de se contredire: il avoit tort aussi de prendre & de donner pour des démonstrations de son sentiment, des objections insolubles dans le sentiment contraire. Combien de vérités mathématiques auxquelles on oppose des difficultés réelles que l'on se sent dans l'impuissance de résoudre, & qui pourtant ne les infirment point! L'évidence ne se réfute pas quoi que l'on y objecte. Une opinion peut donc être vraie, même démontrée, quoique sujette à des objections insolubles à toutes les forces de la raison qui ne voit pas tout. La folution peut tenir à des points au-deſſus de notre portée. Ainſi en convenant de l'infolubilité des objections des Manichéens, on pouvoit croire encore que Dieu étoit bon & faint dans le fens de ces mots appliqués aux hommes, ſi d'ailleurs on en avoit des preuves fuffifantes. Bayle avoit beau dire: La maniere d'accorder le mal moral & le mal phyſique de l'homme avec les attributs du ſeul principe de toutes choſes infiniment parfait, fur-tout avec ſa bonté & ſa ſainteté, furpaſſe les lumieres philofophiques ; de forte que les objections des Manichéens laiſſent des difficultés que la raiſon humaine ne peut réfoudre. Quand on l'auroit fuppoſé, l'impoſſibilité d'accorder la bonté & la fainteté divines avec l'exiſtence du mal, ne réfutoit point ſuffiſamment le dogme ordinaire, notre raiſon n'étant pas faite pour tout réſoudre & tout accorder. Bayle donnoit ici beaucoup de priſe à des adverſaires adroits à en profiter. Les uns lui firent voir que le Manichéiſme devoit être regardé comme tout-à-fait étranger au fonds de la queſtion; d'autres entreprirent de répondre aux objections de Manès maniées ſi habilement par le philofophe de Rotterdam. Il eut le deſſous avec les premiers, & s'en vengea fur les autres, en prouvant bien clairement qu'ils déraiſonnoient. Mais tant de bruit & d'écrits ne décidoient rien.

Bayle reſta à moitié chemin, arrêté par un épouvantail d'enfant. On lui difoit qu'il ne fuffifoit pas de prouver qu'une choſe ne pouvoit être d'une certaine façon, pour en conclurre qu'elle ne pouvoit

_____

(x) ,, Quoique nous ayions de très véritables idées de la bonté &
,, de la ſainteté de Dieu, auſſi bien que de ce qui fait que l'on nom-
,, me les hommes bons & faints; la différence, qu'il y a entre Dieu
,, & les créatures, fait que l'exercice de ces vertus eſt différent.
,, Comme parmi les hommes, les devoirs de ceux qui commandent
,, & de ceux qui obéiſſent ne font pas les mêmes, quoiqu'ils con-
,, viennent des mêmes idées de la vertu & du vice: quand on com-
,, pare la conduite du Créateur & du ſuprême Légiſlateur, avec celle

re d'aucune autre maniere ; & que quand il reste-
it démontré que Dieu n'étoit ni bon ni saint com-
e les hommes, il ne s'ensuivroit pas pour cela
u'il ne pût Etre bon & saint d'une maniere plus
blime & plus parfaite : car enfin on reconnoissoit
e la différence entre l'exercice de la bonté & de la
inteté dans Dieu, & l'exercice de ces mêmes ver-
s dans l'homme (*x*). Bayle ébranlé, après avoir
onclu que l'Etre suprême n'étoit ni bon ni saint,
lon la notion commune de la bonté & de la sain-
eté, telles que nous les connoissons & concevons,
vouoit pourtant qu'il étoit bon & saint dans un au-
re sens dont la raison ne pouvoit nous donner au-
un type intellectuel. En quoi on n'avoit pas de
eine à le mettre en contradiction avec lui-même,
uisque n'être bon & saint dans aucun sens réel,
onnu & assignable de ce mot, c'est n'être absolu-
ent ni bon ni saint. Les hommes sont les inven-
eurs des mots : ils doivent en pénétrer tout le sens,
ui consiste uniquement dans les idées qu'ils y ont
ttachées.

Lorsqu'on a trop de confiance dans un principe
erroné, & que l'on n'apperçoit pas le vrai, il n'est
pas étonnant que l'on soit mal assuré dans ses raisonnemens, que l'on tergiverse, que l'on se contredise, que l'on soit soupçonné de mauvaise foi, &
d'être opiniâtrément attaché à un sentiment peu
soutenable, par la seule crainte de se dédire. Ne
réfuter que foiblement des opinions reçues, c'est les
confirmer. Il vaut mieux ne point entamer des matieres si difficiles & si délicates, que de s'en mal tirer.

„ des créatures qui doivent lui obéir, il y a nécessairement de la dif-
„ férence ; encore qu'elles soient fondées sur les mêmes idées de
„ bonté & de sainteté. Ainsi les comparaisons, dans lesquelles on
„ suppose que l'exercice des vertus de Dieu, doit être tout sembla-
„ ble aux bonnes actions des créatures ; ces comparaisons, dis-je,
„ ne sont point justes..." Si ce raisonnement avoit quelque force
contre ceux de Bayle, c'est que celui-ci s'appuyoit trop sur un principe insuffisant.

Ce que Bayle n'a pas apperçu, je tâcherai de le porter au dernier dégré de l'évidence, & de dissiper non seulement toutes les ombres dont cette matiere étoit enveloppée, mais d'effacer encore l'odieux que l'on s'efforceroit de jetter sur un sentiment estimé injurieux à la Divinité, & qui loin de l'outrager, restitue à sa perfection infinie la supériorité qu'elle a au-dessus de ce qui n'est que la perfection de l'homme.

Si cette discussion fut traitée avec peu de justesse d'un côté, on avouera, pour peu que l'on soit impartial, qu'on n'y apporta pas plus d'exactitude de l'autre. Je ne demande pas que l'on m'en croie sur ma parole. Je voudrois que ceux qui ont le goût de ces grands objets, & le loisir de s'y appliquer, prissent la peine de lire ce qui a été écrit à cette occasion contre Bayle, de l'extraire & d'en tirer la quintessence. Je l'ai fait, & quand j'entrepris cette lecture, je ne prévoyois pas où elle me conduiroit:

―――――――――――――――――

(*y*) Comme Mr. le Clerc se faisoit volontiers l'écho de tout ce qui se disoit de contraire au sentiment de Bayle, il sera mon garant. Il reprochoit à son adversaire de se tuer de dire „que la raison naturelle „prouve invinciblement que la conduite de Dieu n'est pas celle d'un „Etre tout-parfait, puisqu'elle n'est pas celle d'un Etre bon & saint, „& qu'il faut *recuser les notions communes & la bonté idéale*, (c'est-„à-dire souverainement parfaite) *quand il s'agit de juger si les ques-„tions des Manichéens sont bonnes ou non*..." Je dois avertir que c'est Mr. le Clerc qui appelle la bonté idéale, une bonté souverainement parfaite, sans doute par ce qu'il la suppose affranchie en idée ou par abstraction, de tout défaut & de toute borne. Supposition inadmissible après ce que j'en ai dit. Il poursuit: „Il faut avouer, selon „Mr. Bayle, que la bonté & la sainteté, comme nous les concevons, „ne sont point des perfections, & que par conséquent l'Etre tout „parfait ne les a pas; ou qu'il n'est pas vrai que Dieu, ou le prin-„cipe de toutes choses soit tout-parfait..." Il suffisoit de prouver que la bonté & la sainteté, dans le sens réel & unique de ces mots, sont des perfections humaines incompatibles avec une essence toute parfaite, infiniment parfaite. Si Bayle l'avoit fait, il avoit gain de cause: il étoit tout couvert du bouclier de la vérité.

„On doit remarquer là-dessus, qu'il ne s'agit pas en cette occa-„sion, de la Nature Divine, considérée en elle-même, dans laquelle „il y aura toujours des abymes pour toutes les créatures; mais des „idées abstraites de vertus, ou de bonté & de sainteté, qui sont

j'étois tout-à-fait indifférent fur ce qui en réfulteroit. Je m'en tiens plus affuré qu'elle a été faite avec la droiture néceffaire dans la recherche du vrai. Tout ce que j'ai recueilli de cette étude laborieufe, fe réduit à ceci: Que Dieu doit être bon & faint, parce qu'il eft tout-parfait, infiniment parfait; & que fi Dieu n'étoit ni bon ni faint, felon les idées communes de la bonté & de la fainteté, puifées dans la lumiere naturelle, il feroit mauvais & mal-faifant, felon la même lumiere naturelle, ce qui eft un blafphême (y).

A ces deux propofitions j'oppoferai les fuivantes:

1º. Dieu n'eft ni bon ni faint, parce qu'il eft un Etre tout-parfait, infiniment parfait.

2º. Dieu, quoiqu'il ne foit ni bon ni faint, felon les idées que nous avons de la bonté & de la fainteté, fondées fur les plus claires lumieres de la raifon, n'eft pourtant auffi ni mauvais ni mal-faifant, felon les mêmes lumieres.

„très claires, & fur lefquelles on peut raifonner avec une entiere „certitude...." Je parle beaucoup dans cet ouvrage de la maniè-& de l'abus des abftractions: on voit que je n'ai pas tort de m'en plaindre. „Après s'être formé une idée de bonté & de fainteté, „fondée fur les plus claires lumieres de la raifon, on ne peut „admettre pour actions faintes & bonnes, que celles qui font con-„formes à cette idée, & fi on en propofe qui la détruifent claire-„ment, ces actions ne font affurément ni bonnes ni faintes. Il n'eft „pas en notre pouvoir de penfer autrement, il faut que nous ju-„gions qu'elles font mauvaifes...." mal raifonné! „Il ne faut pas „dire que ce qui eft injufte, felon les idées humaines, ne l'eft pas „felon les divines; car cela fuppofé, vous ne pouvez pas dire un „mot des vertus ou des perfections morales de la Divinité puifque „vous ne favez ce que c'eft. Ce que vous appelleriez *injuftice* dans „les hommes, fera *juftice* dans Dieu; ce que vous appelleriez „*cruauté* dans les créatures, fera *miféricorde* en lui, & ainfi du „refte." Non, il n'y a point de pareille confufion à craindre, quand on s'abftiendra d'eftimer ce qui eft dans Dieu & de Dieu, par ce qui appartient uniquement à l'homme. On en jugera dans l'inftant. Tout ce qui peut faire quelque peine dans le fentiment que je propofe à l'examen des favans, ne vient que d'un mal-entendu, & fi je fuis affez heureux pour m'expliquer clairement, je dois efpérer de les voir s'accorder avec moi: confiance qui s'accroit à mefure que j'approfondis mon fujet.

CHAPITRE LXVI.

Dieu n'est ni bon ni saint, parce qu'il est un Etre tout parfait, infiniment parfait.

I. LE bon sens nous enseigne que Dieu est un Etre tout-parfait, infiniment parfait ; mais le bon sens ne nous fait pas comprendre ce que c'est que la toute-perfection, l'infinie perfection. Cette idée ne nous est pas non plus nécessaire pour nous mettre en état d'affirmer que tout ce qui n'est pas perfection infinie, ne convient point à Dieu.

En prouvant (*) que la bonté & la sainteté ne sont pas susceptibles de l'infinité, selon l'idée que nous avons de ces perfections ; & que l'idée que nous en avons, présente à l'esprit tout le sens réel & positif des mots *bonté* & *sainteté*, puisqu'elle en est le fondement, & l'original dont ils sont des copies verbales très fideles, sans plus ni moins ; j'ai démontré, ce me semble, que Dieu ne pouvoit être dit bon ni saint, en aucun sens. Je ne répéterai pas tout ce que j'ai dit ailleurs : je raisonne maintenant d'après des principes suffisamment développés, reconnus même de tout le monde. Notre idée de la bonté, à quelque extension que l'énergie de notre esprit puisse la porter, nous représente toujours cette perfection dans un dégré fini. Jamais nous ne la concevrons si grande, jamais nous n'en imaginerons les actes si multipliés, que l'on n'y puisse plus rien ajouter. C'est-à-dire que nous ne la concevrons jamais infiniment parfaite ; ou, ce qui est la même chose, que la bonté, selon l'idée que nous en aurons, pour vaste qu'elle soit, ne sera jamais digne de l'Etre infiniment parfait.

(*) Voyez sur-tout le Chapitre XXVI. ci-devant page 98.

CINQUIEME PARTIE.

Cet article n'est pas le plus difficultueux. On est unanimement d'accord que l'on ne conçoit pas l'infinité d'aucun des attributs de Dieu. Ceux qui veulent que Dieu soit bon & saint, dans le sens réel & positif auquel les hommes sont dits bons & saints, en conviennent comme les autres. Puisqu'ils ont tant de complaisance, voudroient-ils bien me dire si le sens auquel Dieu & l'homme sont dits bons & saints, exprime une bonté & une sainteté finies ou infinies. Ce sens est le même pour Dieu & pour l'homme, selon eux; & d'ailleurs ce sens étant réel & positif, il faut qu'il désigne quelque chose de fini ou d'infini. Ma question est donc juste & raisonnable: ils ne peuvent refuser d'y répondre. Comment y répondront-ils? Si ce sens réel & positif exprime une bonté infinie, ce sens ne convient point à l'homme; & s'il désigne une bonté finie, il n'est pas applicable à Dieu. Dans l'un & l'autre cas, Dieu n'est point dit bon & saint au même sens que les hommes; & finalement Dieu n'est bon ni saint dans aucun sens, ces mots *bonté* & *sainteté*, étant tout-à-fait inhabiles à exprimer des perfections différentes de celles qui existent dans les Etres créés qui en ont fourni l'idée.

Ils diront peut-être qu'il s'agit ici de la nature de ces qualités, indépendamment de leur plus ou moins d'extension. Eh bien, ce qui constitue la bonté & la sainteté, est-il tout-parfait ou non? S'il est tout-parfait il ne constitue pas une qualité de l'homme, dans qui il n'y a rien de tout-parfait. S'il ne l'est pas, il ne sauroit entrer dans la perfection infinie de Dieu. N'est-il ni infiniment parfait, ni finiment parfait? Ce n'est donc pas une perfection. Je les laisse conclurre.

Nous croyons que Dieu est un Etre tout-parfait, infiniment parfait, sans concevoir ce que c'est que la toute-perfection, l'infinie perfection. Pourquoi ne peut-on pas de même supposer Dieu tout-bon & infiniment saint, quoique nous soyons incapables de nous représenter la toute-bonté, & la sainteté infinie?...

La différence est grande, & je m'étonnerois qu'on ne l'apperçût pas, après ce qui a été dit plus haut de la perfection (*). Nous ne connoissons qu'une manière d'être parfait, celle dont les créatures sont parfaites. Elle ne convient point à Dieu, & dèslors l'idée que nous avons de la perfection ne lui est pas applicable. C'est justement ce que nous entendons en disant que Dieu est tout-parfait, ou infiniment parfait. Ces expressions n'ont point de sens positif : elles ne signifient autre chose sinon que Dieu n'a point une perfection relative & finie, comme nous; en un mot qu'il n'a ni nos perfections, ni nos imperfections : ce que nous croyons avec connoissance de cause, sur l'idée seule que nous avons de notre excellence & de notre foiblesse, sans le secours d'une notion dont nous ne sommes pas capables. Il n'en est pas ainsi des attributions morales, telles que la bonté & la sainteté. Ces qualités sont quelque chose de positif, selon l'idée que nous en avons, mais ce positif les représente sous la manière dont elles existent dans l'homme. Ainsi point de bonté infinie, point de sainteté infinie; & ceux qui disent qu'il y en a, soutiennent qu'il y a quelque chose de créé & d'humain qui est infini (†).

Les gens qui s'attachent plus aux mots qu'aux choses répliqueront que la perfection est aussi quelque chose, selon l'idée que nous nous en sommes formée, & que s'il est permis d'appeler Dieu un Etre infiniment parfait, on peut de même le dire infiniment bon.... Ils cherchent apparemment à s'aveugler. La perfection est quelque chose de positif, quand nous appliquons ce mot aux créatures. L'absolue & infinie perfection est la négation précise de la perfection, telle que nous en avons l'idée

---

(*) Chapitres XXVII, XLIX, & suivans.
(†) Chap. LII.

l'idée (*). En admettant donc la comparaison de l'infinie perfection avec la bonté infinie, il faudra convenir que celle-ci n'est que la négation de la bonté, selon notre idée de cette vertu. Appeller Dieu infinement bon & saint, ce sera affirmer précisément qu'il n'est ni bon ni saint selon cette idée. Quelque parti que l'on prenne, il n'y a pas moyen d'éluder cette conclusion. La négation de nos perfections, est celle de la bonté & de la sainteté, comme elles existent dans nous, comme nous les connoissons. C'est une conséquence nécessaire de ce principe: Que les attributs métaphysiques de Dieu excluent les attributions morales. Les premiers universellement reconnus & admis, loin de prouver la convenance des autres, la réfutent invinciblement.

II. Examinons la bonté & la sainteté en elles-mêmes, c'est-à-dire ce qui constitue ces facultés. Nous en tirerons de nouvelles preuves.

La bonté est une inclination à faire du bien: la sainteté consiste dans l'amour & l'observation de ce que nous appellons vertueux. Les définitions de la bonté & de la sainteté, différentes de celle-ci, n'en different que dans les termes, & il s'agit ici du fonds. Aimer à faire du bien, agir conformément à la regle de la justice & de la vertu: voilà ce qui fait que les hommes sont dits bons & saints. Voyons si ces rapports conviennent à Dieu.

Aimer à faire du bien est une excellence de la nature, mais de la nature humaine, de la nature sensible: une disposition de notre ame, qui par le sentiment du plaisir & de la douleur qu'elle a éprouvé à la présence de certains objets, l'intéresse aux autres créatures sensibles, sur-tout à ses semblables, la porte naturellement à leur procurer des sensa-

———

(*) Chapitre XXVII.

tions agréables, & lui donne une répugnance pareille à les faire souffrir. La raison de cette inclination bienfaisante se trouve en partie dans la liberté que nous avons pour le mal, dont elle est le contrepoison. Sans elle, nous risquerions de mesuser de cette liberté, même à notre insçu. Une autre raison est l'amour de nous-mêmes que nous pourrions porter à l'excès, si une répugnance innée à faire du mal aux autres, ne nous avertissoit de la contenir dans ses justes bornes. La nature humaine ardemment portée à rechercher ce qui l'accommode, libre même de poursuivre & de se procurer son bien-être & son mieux-être aux dépens de celui des autres, exigeoit une faculté qui, non seulement contînt cet appétit dans un exercice toujours légitime dans chaque individu, & toujours d'accord avec le même sentiment aussi naturel à tous les autres, mais qui leur apprît de plus à faire leurs délices de contribuer au bien d'autrui. Ce sentiment est le germe de la bonté; & le sol qui lui est propre, est une nature sensible.

La sensibilité n'est point une appartenance de la Nature Divine, non plus que tout ce qui la suppose. Le Dr. Harris (*) ayant entrepris de prouver que Dieu possédoit toutes les perfections qu'il nous avoit données, soutenoit que cet Etre étoit extrêmement & infiniment sensible, & il prouvoit tout le contraire; il le prouvoit d'une manière si évidente que, ne pouvant se le cacher à lui-même, il avouoit forcément que la sensibilité ne convenoit pas exactement à Dieu, mais qu'il employoit ce terme, comme plus propre à expliquer sa pensée. Excellente raison pour qui voudra s'en contenter: elle donne à connoître aux gens éclairés, & amateurs de l'exactitude, que la pensée du Docteur se trouvoit infiniment au dessous de la Divinité. Tous

---

(*) Voyez sa *Réponse aux Athées*, seconde Partie.

CINQUIEME PARTIE. 239

ceux qui s'imposeront la même tâche, ne réussi-
ont pas mieux. Une sensibilité divine seroit une
ualité monstrueuse; vu que Dieu est incorporel,
& que la sensibilité est une aptitude de notre ame à
ressentir du plaisir & de la douleur par l'intermede
u corps qu'elle anime.

Cette sensibilité de l'ame est le premier élément de la bonté : elle est la base de tous les autres. Si nous n'avions jamais senti ni plaisir ni
douleur, ni bien ni mal, tant ceux du corps, que
es délices de l'esprit qui sont la partie la plus pure du bonheur, nous ne les connoîtrions pas,
nous n'aurions ni le desir ardent d'être heureux, ni
la noble passion d'en faire. Cette affection qui nous
porte à vouloir du bien aux autres, à leur en procurer autant qu'il est en notre pouvoir, qui
nous fait ressentir nous-mêmes celui que nous
leur faisons, cette vertu bienfaisante est dans
notre ame comme une branche de sa sensibilité.
L'amour de notre bien-être & le desir de faire du
bien aux autres partent du même principe: le
premier a le sentiment pour cause génératrice, &
le second aussi. Que ce sentiment soit raisonnable, c'est-à-dire confirmé, augmenté & perfection-
né par la raison, je le pense; mais cette raison est
encore une appartenance de l'homme, & dès lors
la bonté dans son principe constituteur, & dans sa
perfection, est une vertu purement humaine, indigne de la Divinité.

Dieu nous comble de biens: nous sommes tout
environnés de ses dons : il a multiplié sous nos
pas les sources du bonheur. Personne ne le sent plus
vivement que moi. Mon ame en est ravie. Que ma
langue seche dans ma bouche, plutôt que j'oublie jamais d'exalter tant de bienfaits. Mais je n'aurois
pas tant de confiance en cet Etre suprême, si je
pensois que tout le bien qu'il nous fait, vînt d'un sentiment aussi foible & aussi bas (car il est l'un & l'autre

Q 2

proportionnellement à Dieu), que celui d'une bonté semblable en nature à la nôtre. On prouve très bien que Dieu étant au deſſus des beſoins, des intérêts & des paſſions qui empêchent ſouvent les hommes d'être bons, on ne conçoit pas ce qui pourroit altérer ou gêner ſa bonté, ſuppoſé qu'il ſût bon, mais on ne prouve point qu'il le ſoit. Et quoi ! la bonté comme on la conçoit, la bonté des hommes ſe trouve ſi foible que ſon exercice eſt troublé, empêché, arrêté par des paſſions & des intérêts humains, & l'on ſoutient encore que cette perfection eſt dans Dieu au même ſens & ſous la même idée que dans l'homme ! Je crois, moi, qu'une vertu naturellement ſujette à ſe démentir, n'eſt point compatible avec une Nature invariable. La bonté eſt naturellement ſujette à ſe démentir. C'eſt qu'elle part de la ſenſibilité ; & la ſenſibilité étant occupée à des intérêts plus proches, plus vifs & plus forts, la bienfaiſance diminuée d'autant doit céder à une force majeure.

Eſt-il donc indigne de Dieu d'aimer à faire du bien, de vouloir faire du bien ? Il ſemble au contraire que, ſi ce qu'il y a de plus grand dans l'Etre ſuprême eſt de pouvoir faire tout le bien qu'il veut, il n'y a auſſi rien de plus beau dans lui que de vouloir faire tout le bien qui ne répugne point à ſa ſageſſe, à ſa juſtice, ni à ſes autres divines perfections....

Avant que de répondre, je voudrois ſavoir ce que l'on entend par cet amour & cette volonté.

On vient de le dire ; c'eſt une inclination à faire du bien aux autres. Qu'eſt-il beſoin de commentaire ?

Mais de quelle eſpèce eſt cette inclination, comment & ſous quelle forme la conçoit-on ?

Elle n'eſt d'aucune eſpèce particulière : c'eſt en général une diſpoſition, un penchant à vouloir & à faire du bien.

On anéantit tout en le généralisant. La bonté est une disposition de l'ame à vouloir & à faire le bien. La notion en est extraite de la maniere dont cette disposition est dans nous, ou dont elle nous paroît être dans d'autres hommes que nous appellons bienfaisans. Sans m'engager plus avant dans la recherche que je viens d'entamer des élémens intrinseques de la bonté, je me rappelle que je la connois par l'expérience que j'en ai, & pas autrement; que cette expérience est de la bonté seulement comme elle existe dans les hommes; que l'idée formée d'après une telle expérience est idée d'une inclination humaine; qu'enfin le signe de cette idée ne désigne rien davantage. C'est assez. Je suis sûr que ce que je conçois par la bonté, est tout humain, & conséquemment au dessous de Dieu. Il est vrai qu'en l'analysant, je trouve que ses parties intégrantes sont des rapports aussi tout humains, nos devoirs, nos besoins, notre fin, nos puissances, nos actes, nos modifications; & que la raison toute entiere de cette vertu est dans le fonds de notre être, dans la constitution interne de notre nature d'où elle découle, & à laquelle elle tient nécessairement. Qu'ai-je à faire néanmoins de cette considération? Je la propose aux savans, avec une pleine confiance dans leurs lumieres. Avec ceux qui entrent difficilement dans des méditations aussi profondes, il me suffit de raisonner d'une maniere plus à leur portée.

III. DE ces deux propositions: Dieu est bon: l'homme est bon; l'une ou l'autre est fausse. Si Dieu est bon, la bonté est une perfection divine. Si l'homme est bon, la bonté est une perfection humaine. La même perfection, prise au même sens, comme on le veut, ne peut être divine & humaine. On le sent si bien que l'on dit de Dieu qu'il passe toutes les catégories. L'Essence Divine exclut toute autre essence.

La dépense d'esprit, les raisons & l'éloquence employées à défendre la bonté divine, démontrent le contraire de ce que l'on se propose. En disant la bonté humaine, on reconnoît cette vertu pour être de l'ordre des choses créées: ce premier pas semble assez décisif. On tâche de l'en retirer après, voici comment. ,, Il faut se former la plus belle, la plus magnifique & la plus sublime idée de Dieu qu'il soit possible d'avoir ; & après avoir fait tous les efforts dont nous sommes capables, pour cela, reconnoître que notre idée n'approche en aucune maniere de cet immense original, & des perfections infinies qu'il renferme. L'intelligence des hommes qui est très petite & très obscurcie par une infinité de défauts, est bien éloignée de pouvoir épuiser, pour-ainsi-dire les perfections sans limites de l'Etre tout-parfait. L'impossibilité, où nous sommes à cet égard, ne doit pas nous empêcher de faire tous nos efforts pour avoir de Dieu des pensées qui, si elles ne sont pas dignes de lui, ne soient pas au moins indignes des lumieres qu'il nous a données. Nous devons donc lui attribuer toutes les perfections, sans y mêler aucun défaut. De cette maniere si nous ne concevons pas toute l'étendue des perfections divines, ce qui est impossible ; nous ne les bornerons pas non plus par des défauts qui les deshonorent. Ainsi après s'être formé des idées de la bonté & de la sainteté, selon que la raison & l'expérience nous les font concevoir, nous sommes en droit de les attribuer à Dieu, mais sans aucun des défauts qu'elles ont dans l'homme. La bonté & la sainteté sont finies & variables dans l'homme, mais, sans changer le sens réel & positif des termes, il faut les dire infinies & invariables dans Dieu (*)." Cet argument est victorieux, au juge-

---

(*) Ce raisonnement est répété de cent manieres dans les Ecrits qui ont paru pour réfuter les articles *Manichéens* & *Pauliciens* du Dictionnaire Critique de Bayle. Elles ne disent toutes que la même

ment des plus habiles défenseurs de la bonté & de la sainteté divines. Que nous pensons différemment eux & moi ! Je vais m'en servir à montrer qu'il ne sauroit y avoir dans Dieu, ni bonté, ni sainteté.

Sans doute il faut se former la plus grande idée de Dieu, qu'il soit possible. On n'y parviendra qu'en distinguant Dieu de tout ce que l'on conçoit, tant des Etres que de leurs facultés, & conséquemment de la bonté & de la sainteté.

Après avoir fait tous les efforts dont nous sommes capables pour nous former la plus magnifique notion de Dieu, nous devons reconnoître que notre idée n'approche en aucune maniere de cet immense original, & des perfections infinies qu'il renferme. Reconnoissons donc que notre idée de la bonté & de la sainteté n'approche en aucune maniere des perfections infinies de Dieu. Ce sera reconnoître qu'il n'est ni bon ni saint ; s'il l'étoit, notre idée de la bonté & de la sainteté approcheroit de ces perfections qui seroient dans lui. On ne veut pas qu'elle en embrasse l'infinité. Elle en représenteroit au moins l'espece, puisqu'on les dit les mêmes dans Dieu & dans l'homme, à l'extension près.

L'intelligence des hommes qui est très petite & très obscurcie par une infinité de défauts, est bien éloignée de pouvoir épuiser pour-ainsi-dire les perfections sans limites de l'Etre tout-parfait. L'intelligence humaine est-elle moins disproportionnée à l'espece des perfections de Dieu, qu'à leur extension sans limites ? Que l'on réponde, & je conclurrai. Si l'on dit que l'espece des perfections divines passe toutes les forces de notre entendement, comme il est vrai, il s'ensuivra que des vertus, telles que la bonté & la sainteté dont nous concevons

---

chose : l'examen d'une seule suffit. Non : jamais question plus importante ne fut plus mal traitée de part & d'autre.

l'espece, ne sont pas des perfections divines. Dira-t-on que nous comprenons très bien ce que c'est que la bonté & la sainteté dans Dieu, parce que l'archétype de toute perfection est bon & saint au même sens que les hommes sont dits bon & saints, quoique notre idée n'embrasse pas l'infinité de sa bonté & de sa sainteté ? Dès lors on admet dans Dieu quelque chose de fini, & on l'admet en termes non-équivoques. Notre idée n'embrasse pas l'infini : tout ce que nous concevons est au moins circonscrit par les bornes de notre intellection. Or nous comprenons l'espece de ces deux perfections divines, la bonté & la sainteté. Donc Dieu possede des entités reserrées dans les bornes de notre intellection. Donc il y a dans Dieu des entités finies. Que répliquera-t-on ? Qu'elles ne sont pas finies dans Dieu, quoique nous les concevions finies. Elles n'y sont donc pas comme nous les concevons : l'idée que nous avons de la bonté, n'est donc pas applicable à Dieu, en rien, car elle est finie en tout. Dieu n'est donc ni bon, ni saint.

Quoique l'on dise, quoi que l'on fasse, cette conclusion ultérieure reviendra toujours & toujours avec une égale évidence. Les droits de la vérité sont imprescriptibles : supérieure à la malice & à la foiblesse des hommes, elle fait taire l'imposture & dissipe tôt ou tard les ombres de l'ignorance. Sa lumiere peut rester cachée & comme éclipsée pendant plusieurs siecles. Enfin le temps la découvre, elle paroît, & force tous les esprits à la reconnoître (*a a*).

L'impossibilité où nous sommes d'embrasser l'infinité de Dieu ne doit pas nous empêcher de faire tous nos efforts pour avoir de cet Etre suprême des

---

(*a a*) *Maximæ vires additæ sunt veritati quæ, etsi ab omnibus impugnetur, & quandoque omnimode surmontés cum mendaciis adversus eam sumuntur, nescio quo modo ipsa per se mortalium animis illabatur, &*

pensées qui, si elles ne sont pas dignes de lui, ne soient pas au moins indignes des lumieres qu'il nous a données. La raison dans l'état de pureté où nous l'avons reçue du Créateur, nous apprend qu'il n'y a ni proportion entre Dieu & l'homme, ni analogie entre leurs qualités respectives. Toute notion de la Divinité qui lui suppose les vertus de l'homme, avec quelque tempérament que ce soit, est indigne de la raison.

Nous ne devons attribuer à Dieu que des perfections toutes parfaites, des perfections infinies. Celles-là seules pourroient lui convenir. En connoissons-nous, en concevons-nous de pareilles? Pour nous borner à celles dont il s'agit, la bonté & la sainteté au sens & de la maniere dont nous les concevons, sont-elles infinies & toutes parfaites? Tant s'en faut. Gardons-nous donc de les attribuer à Dieu au sens & de la maniere dont nous les connoissons. Ne les lui attribuons pas non plus en aucun autre sens ou maniere. Elles sont ce que notre idée les représente, & pas autre chose. Ne conviennent-elles pas à Dieu suivant cette idée, elles ne lui conviennent point du tout.

L'étrange abus, que celui de supposer infinies toutes les puissances & propriétés observées dans la Nature, pour en composer l'idée complexe de son Auteur! Dans cette supposition il n'y a que l'infinité qui convienne à Dieu; & l'infinité est exclusive des puissances de l'Etre créé. On a beau supposer la bonté & la sainteté illimitées, & exemptes de défauts. Tant qu'elles ont de la réalité, elles sont les vertus d'une substance nécessairement bornée & défectueuse: la supposition est donc chimérique: la notion qui en résulte l'est de même.

---

nunquam confestim vires suas exerat; aliquando autem cum diu in obscuro delituit, per se ipsam tandem emergat & mendacium manifestat. Polyb. Lib. III. Hist.

Après s'être formé une idée de la bonté & de la sainteté, selon que la raison & l'expérience nous les font connoître, loin de se croire en droit de les attribuer à Dieu sans les défauts qu'elles ont dans l'homme, on reconnoît qu'elles sont constitutives de la nature humaine, qu'elles ont leur raison dans l'exigence de cette nature, que leur imperfection intrinsèque ne peut les quitter, qu'elles ne peuvent être supposées nulle part sans ce qui fait qu'elles sont des qualités humaines, n'ayant rien de réel qui ne soit tout humain.

Elles sont finies & variables dans l'homme: chacun les sent & les conçoit ainsi. Il est impossible qu'en conservant le sens réel & positif des termes, elles soient infinies & invariables dans Dieu. Si elles sont infinies dans Dieu, nous ne les concevons plus. Le sens conçu & connu, & le sens inconcevable sont-ils le même? Point de distinction, point de subterfuge. Il n'y a ni plus ni moins dans Dieu. Il est inconcevable en tout, ou il ne l'est en rien.

A la vérité, si nos vertus sont dans Dieu, elles y sont infinies & invariables. Si elles y sont infinies & invariables, elles le sont par la nécessité même de Dieu. Cela doit être. Comment arrive-t-il donc qu'elles ont nos bornes, éprouvent des vicissitudes dans nous, & participent à nos foiblesses? Quelle force a pu altérer des entités nécessairement incorruptibles (*)?

S'il y a une intelligence infinie, il n'y en a point de finies; & s'il y a des intelligences bornées, il n'y en a point d'infinie. On en a vu les preuves, je pourrois dire les démonstrations (†). Changez les mots, & mettez la bonté, ou la sainteté, à la place de l'intelligence; il sera démontré que, s'il y a une bonté & une sainteté infinies, il ne sauroit y avoir de bonté & de sainteté finies, comme elles sont dans les hommes.

(*) Voyez ci-devant Chapitre LVIII.

Je faisois un souhait, il n'y a qu'un moment. Je desirois que les personnes qui méditent avec goût les plus importantes vérités, fissent une lecture sérieuse des meilleurs livres composés pour soutenir les attributions morales de la Divinité, dont j'ai nommé les Auteurs. J'ajoute qu'il seroit à propos qu'ils y appliquassent les principes que j'y oppose, sur-tout aux endroits qu'ils jugeront les plus convaincans. Je me contente de conseiller cette application, ne pouvant entrer moi-même dans un si grand détail. L'esquisse que j'en ai donnée servira d'introduction.

IV. UNE perfection qui n'est point assujettie aux loix de la bonté, n'est point la bonté. Comment pourroit-elle être légitimement appellée de ce nom? L'observation de ces loix est ce qui constitue formellement la bonté, elle en est la mesure. C'est par elle seule que l'on est bon: plus on y est exact, meilleur on est. Est-on bon, sans ce qu'il faut pour l'être? Belle demande! Il n'est pourtant pas plus singulier de le demander, que d'y répondre affirmativement.

1°. Le premier devoir de la bonté, n'est pas seulement de ne faire aucun mal à personne. Pour peu que l'on soit réellement bon, on épargnera au prochain tous les maux dont on peut le préserver. Si je vois mon frere sur le bord d'un précipice, prêt à s'y laisser cheoir, & que pouvant l'arrêter sans danger pour moi, je ne le fasse pas, dois-je me glorifier d'être bon? La conduite de Dieu n'est point astrainte à cette loi. Je m'en rapporte à ce que nous en disent tous les livres théologiques. Dieu peut empêcher tout le mal qui arrive aux créatures: il n'y est pas obligé: il ne le fait

―――――――――――――――

(t) La-même.

pas. C'est qu'il n'agit pas par un principe de bonté.

2°. Une des regles les plus sacrées de la bonté, celle qui montre le mieux l'excellence de cette vertu, est de faire le plus grand bien que l'on peut, ce qui comprend deux choses: premiérement de faire du bien à tous ceux à qui on peut en faire, secondement de leur faire le plus grand bien possible. Sûrement celui qui aime à faire du bien, en fera selon toute l'étendue de son pouvoir; sinon, sa bonté ne sera pas aussi grande qu'elle pourroit l'être, & il péchera plus ou moins contre cette vertu, suivant que les actes de sa générosité seront plus ou moins disproportionnés à sa puissance. Vous pouvez faire dix heureux, vous n'en faites que cinq. Vous pouvez doubler le bonheur d'un ami, vous ne le faites pas. Etes-vous bon? demandez-le à votre ami, demandez-le aux personnes qui sollicitent en vain vos bienfaits qui leur sont dus, & parce qu'ils les méritent, & parce qu'ils les demandent, & parce que vous les pouvez accorder aisément. Vous n'y êtes pas tenu en rigueur. Ce n'est pas là ce dont il s'agit. Il n'est pas question de justice, mais de bonté. L'inclination qui porte à bien faire, invite à faire tout le bien que l'on peut. C'est y résister, c'est la violer, que d'agir d'une maniere qui ne lui est pas entiérement conforme. Cependant Dieu est libre & indépendant dans la dispensation de ses dons. Il est le maître de donner plus ou moins de perfection, plus ou moins de bonheur à ses créatures. Dieu, pour faire du bien, n'a qu'à le vouloir. Il ne fait pas tout le bien possible. Il ne suit donc pas regles de la bonté.

3°. On assure encore que Dieu a pu ne rien créer, & qu'il pourroit actuellement augmenter le nombre des Etres intelligens capables de félicité. Il est pourtant très-contraire à la bonté de ne faire du bien à personne, quand on peut en faire à tout le monde.

CINQUIEME PARTIE.

De plus, vouloir & pouvoir faire du bien, & s'en dispenser, c'est une contradiction morale qui ne sauroit être dans Dieu. Ou Dieu n'est pas bon, ou il ne peut faire plus de bien qu'il n'en fait. L'alternative est embarrassante pour ceux qui veulent juger de la conduite du Tout-puissant par les regles de la nôtre.

4°. La bonté n'a point de lendemain. Le bien qu'elle peut faire aujourd'hui, à ce moment, elle ne le diffère pas. Ames bonnes & généreuses, qui dites qui Dieu auroit pu créér le monde des millions d'années plutôt, répondez. Est-ce par l'envie que vous lui supposez de communiquer à d'autres une partie de son bonheur, qu'il a différé si tard à former des Etres capables d'en jouir? Est-ce là le propre de la bonté!

5°. La bonté est patiente & miséricordieuse. L'homme vraiment bon, oublie les offenses & pardonne les outrages. Dieu est miséricordieux, mais il ne pardonne pas à tous, il n'a point pardonné aux anges rebelles, il ne pardonnera point à ceux qui habiteront éternellement le lieu de ses vengeances. C'est encore une doctrine reçue. Dieu ne suit donc point cette loi de la bonté, qui veut que nous pardonnions à ceux qui nous ont offensé.

6°. La bonté peut devenir justice. Les graces méritées sont dues. Dieu ne nous doit rien: tous ses dons sont gratuits: sa puissance est absolument indépendante. Mais la bonté est très dépendante de certaines regles que je développe: elle en est l'observation. Cette différence vient de ce que, entre un homme & un autre homme, il y a toujours de la proportion, des relations, des convenances originelles qui engendrent des devoirs; au lieu qu'entre le Créateur & la créature, il n'y a aucune proportion quelconque.

Nous avons décomposé la bonté en ses parties principales. Les devoirs qui lui sont essentiels ont leur source dans les propriétés de notre nature,

& dans la dépendance réciproque où nous sommes les uns à l'égard des autres, à cause du besoin mutuel que nous avons les uns des autres. Celui dans qui il n'y a rien de pareil, n'a pas les principes de la bonté, ni conséquemment la bonté elle-même. Être au-dessus des regles de la bonté, être au-dessus de la bonté, ce n'est pas être bon, c'est être plus que bon. Il est contradictoire qu'un Dieu infiniment bon puisse ne rien faire de ce qu'exigent les loix constitutives de la bonté. Puis donc que l'on convient qu'il n'est asservi à aucune de ces loix, l'on doit dire aussi qu'il n'est pas bon.

Les opérations du Très-haut portent un caractere infiniment plus relevé que celui de la bonté. Si les principes de cette vertu leur étoient applicables, on trouveroit que Dieu manqueroit souvent de bonté, qu'il ne seroit pas toujours aussi bon qu'il pourroit l'être, que quelquefois même il seroit moins bon que les hommes: ce qui ne s'accorde nullement avec la bonté infinie. Voilà donc une contradiction manifeste dans Dieu (*bb*). On croit la lever en affirmant que la bonté divine est souverainement libre, qu'ainsi elle peut s'étendre & se restraindre plus ou moins, suspendre même tout-à-fait son cours, par des raisons supérieures de sagesse, de justice, ou encore par le seul motif d'exercer sa liberté. Défaite absolument vaine ! Il s'ensuivroit que les perfections divines, tout infinies qu'elles sont, s'incommoderoient & se borneroient les unes les autres ; qu'elles ne

---

(*bb*) Le Manichéisme de Bayle, (J'entends par-là les objections des Manichéens qu'il a répandues dans ses écrits, car pour ses vrais sentimens, il est difficile de les connoître) pose sur ces deux raisonnemens :

1. La bonté de l'Etre infini doit être infinie, & telle qu'on n'en puisse pas concevoir une plus grande. Or si Dieu permet le mal, sa bonté n'est pas infinie: on en peut imaginer une plus grande, celle d'un Etre qui préviendroit le mal.

pourroient s'exercer toutes ensemble, mais successivement & chacune à son tour. Quelle foiblesse & quelle imperfection! L'infini s'étendre & se restraindre! Raisonneurs indiscrets, qui prétendez expliquer l'action de Dieu, quand le ferez-vous agir d'une maniere digne de lui? Avant que d'accommoder son acte à vos idées, tâchez de vous accorder avec vous-mêmes. Vous dites que Dieu le Créateur & le Maitre de tout, n'est pas soumis aux loix qu'il a imposées aux créatures; que celui qui commande aux hommes de faire, ou de ne pas faire, n'est pas lui-même obligé à exécuter ses ordres, ni à faire en sorte qu'ils soient nécessairement exécutés; qu'à l'égard de Dieu le mal n'est rien, parce qu'il sait les moyens d'y remédier, & d'y remédier pour toujours, quand il veut, sans qu'il en reste aucunes traces, même d'en tirer un plus grand bien, au-lieu que les hommes, sont incapables de le réparer. Et vous concluez qu'encore que ceux-ci soient obligés d'empêcher le mal, selon l'étendue de leur pouvoir, Dieu n'est point astraint à cette regle, quoiqu'il soit essentiellement bon & saint. Ne voyez-vous donc pas que cette supposition, *quoiqu'il soit infiniment bon & saint*, répugne à ce qui précede? Car enfin vous établissez une regle de bonté, en vertu de laquelle vous dites les Etres bons, autant que leurs actions y sont conformes; & en même temps vous voulez qu'un Etre soit essentiellement bon & saint, quoiqu'il ne soit point obligé à cette regle, & qu'il ne la suive point du tout. C'est prétendre que ce qui n'est pas bon, soit bon.

---

2. Un homme qui n'auroit eu qu'une bonté médiocre, auroit accordé sans hésiter les secours que Dieu a refusés aux hommes: ainsi Dieu, loin d'être infiniment bon, ne l'est pas même autant que les hommes.

Tous ces raisonnemens, avec les exemples, les comparaisons & les inductions qui viennent à l'appui, sont vains & sans force, pour la raison que je dis.

V. Tantôt nous avons de très véritables idées de la bonté & de la sainteté de Dieu, & tantôt ces perfections dans lui sont incompréhensibles à nos foibles esprits. L'un veut que Dieu soit bon & saint au sens unique de ces mots appliqués à l'homme; un autre prétend que Dieu est bon & saint, mais d'une bonté & d'une sainteté sans analogie avec les nôtres. Le même philosophe a soutenu que ces vertus étoient fondées sur les mêmes idées dans Dieu & dans l'homme, mais que l'exercice en étoit différent dans ces deux Etres(*). Une pareille inconsistance ne caractérise pas la vérité.

Deux facultés différentes se distinguent l'un de l'autre, dit Platon (†), par leur destination & leurs effets. On appelle mêmes facultés celles qui ont même objet, qui operent les mêmes effets, qui s'exercent de la même maniere : & facultés différentes celles qui ont des objets, des effets & un exercice différens. Quelle autre marque de différence pourroient-elles avoir pour nous qui, ne connoissant pas les facultés en elles-mêmes, ne les concevons que d'après leurs actes ou effets? Ceci prouve, en raisonnant juste, que les mêmes idées de la bonté supposent les mêmes actes & le même exercice de cette faculté; & que des actes & un exercice différens doivent en donner des idées différentes.

J'accorde que l'on ne doit tirer aucune conséquence de la bonté humaine à la conduite de Dieu; que toutes les comparaisons qui supposent l'exercice des vertus de Dieu, semblable aux bonnes actions des créatures, ne sont point justes; que toutes les objections des Manichéens supposent mal-à-propos la conduite de Dieu du même ordre

---

(*) Voyez la note (x).

CINQUIEME PARTIE.

rdre que celle de l'homme, & qu'on doit apprécier l'une par l'autre. Nous avons le même principe, nous en tirons des conséquences contradictoires. La bonté humaine, & ce que vous appellez la bonté divine, sont fondées sur les mêmes idées, selon vous. Dès lors il est légitime de juger de l'une par l'autre. Elles ont un point réel de comparaison, savoir la même idée. Les Manichéens ont raison : tous leurs paralleles sont irrécusables. Mais s'ils partent d'un faux supposé, vous péchez dans la conséquence. En les réfutant vous vous réfutez vous-mêmes. Dans ce cas-ci, la bonté humaine, & ce que vous appellez la bonté divine, ne sont pas fondées sur les mêmes idées : vous devez m'abandonner ce point. Or ces idées sont les idées de la bonté, & tout ce qui ne leur est pas conforme, n'est pas la vertu ainsi nommée. Ce que vous appellez la bonté divine, n'est donc pas véritablement la bonté.

Je cherche le vrai pour m'y attacher sans réserve. Je médite, je combine, j'approfondis, je ne veux rien me déguiser. Si je pense que Dieu n'est ni bon, ni saint, en aucun sens, je dois montrer que c'est la force de la conviction qui m'oblige à le croire.

Nous avons l'usage de la parole pour exprimer nos pensées : les mots sont des signes sensibles de nos idées, & les idées exprimées par les mots sont le sens de ces mots, c'est-à-dire ce qu'ils signifient proprement & immédiatement. Comme il n'y a aucune liaison physique entre des sons articulés & les idées que nous leur faisons signifier, pas plus qu'entre les choses & leurs noms, nous établissons volontairement & arbitrairement tel mot pour le signe

---

(*) *De la République ou Dialogue sur la Justice.* Liv. V.

de telle pensée. Lorsqu'on parle, on veut faire connoître ce que l'on a dans l'esprit. Par conséquent c'est des idées de celui qui parle que les mots dont il se sert sont les signes. Personne ne peut les appliquer immédiatement comme signes à aucune autre chose qu'aux idées qui sont actuellement présentes à son esprit: en user autrement, ce seroit les rendre en même temps signes de ses propres pensées, & signes d'autres idées, & faire qu'ils signifiassent & ne signifiassent pas telles idées particulieres: autant vaudroit ne leur faire rien signifier du tout. Les mots ainsi établis pour signes volontaires des idées de celui qui les emploie, ils ne sauroient désigner des choses qu'il ne connoît pas: car alors ils feroient signes de rien, de vains sons destitués de toute signification. Un homme encore ne peut faire que les mots dont il se sert pour exprimer ses pensées, soient signes ou des qualités des choses qu'il ne connoît pas, ou des conceptions des autres dont il n'a aucune idée. Ce seroient encore des signes de ce qu'il ne connoîtroit pas, des signes de rien. Il faudra qu'il attende à avoir quelque connoissance de ces qualités secretes, & de ces conceptions étrangeres, pour que les noms qu'il leur donnera, signifient non ce qu'elles sont en elles-mêmes, mais la maniere dont elles lui seront connues, non les notions que les autres peuvent en avoir, mais les idées qu'il en aura lui-même. Enfin les mots signifient dans la bouche de chaque homme, les idées qu'il a dans l'esprit.

Sans pousser plus loin cet extrait de ce que Locke a dit de la signification des mots (*), je vais l'appliquer à mon sujet. On me pardonnera d'avoir répété ici des principes dont il tire tant d'évidence. Le mot *bonté*, est dans la bouche de chacun de nous le signe de l'idée qu'il a de cette vertu: telle idée

---

(*) Voyez ci-devant Note (*a*).

n eſt tout le ſens. Par-là il eſt incapable de déſigner une vertu que nous ne connoiſſons pas, une vertu incompréhenſible; car alors il ſeroit ſigne de rien. Dieu ne peut donc pas être bon d'une maniere inconcevable, & différente de ce que nous concevons par la bonté. S'il ne l'eſt dans aucun des ſens de ce mot, ni ſelon aucune des idées dont il eſt le ſigne, Dieu n'eſt point bon. Eſt-ce à dire que nos penſées ou leurs ſignes ſoient la meſure de ce qui eſt dans Dieu? Non; mais nos penſées & leurs ſignes ne ſont point la meſure de ce qui eſt dans Dieu, parce qu'il n'y a rien dans lui, de tout ce que nos penſées peuvent concevoir, ou leurs ſignes repréſenter.

Si Bayle eût fait attention à ces principes, & qu'il eût voulu prendre la peine de les bien méditer, il n'auroit pas ſoutenu que l'incompatibilité de la conduite de Dieu avec les notions communes de la bonté & de la ſainteté, n'empêchoit pas que Dieu ne fût bon & infiniment bon. Le crainte de trop s'avancer en refuſant tout-à-fait à Dieu les titres de bon & de ſaint, lui fit admettre pour vrais bien des raiſonnemens dont la fauſſeté eſt aiſée à démontrer. Sa crainte, très louable en elle-même, fut en pure perte auprès de ſes adverſaires qui ne lui en tinrent pas compte; & l'inexactitude de ſa logique fit beaucoup de tort à la vérité qu'il allioit au menſonge. Sa propoſition fondamentale étoit inconteſtable : La conduite de Dieu n'eſt point réglée par les notions communes de la bonté & de la ſainteté; ces notions ſont abſolument récuſables lorſqu'il s'agit de l'apprécier. La diſproportion du fini à l'infini ne permet pas d'eſtimer ce que Dieu fait par ce que l'homme doit faire; ou autrement, de ſe ſervir des notions communes de la raiſon, comme d'une meſure également convenable à la conduite de Dieu & aux actions des hommes. Tous les efforts de l'eſprit humain n'ont pu encore parvenir jusqu'ici à prouver que la permiſſion du mal eſt conforme aux principes naturels de la bonté & de la ſainteté. Elle ne les détruit pas, ſelon moi, parce qu'ils ne lui ſont pas applicables; elle ne leur eſt pas conforme non plus. Mais quelle raiſon pouvoit porter ce philoſophe à croire que Dieu étoit bon & ſaint d'une bonté & d'une ſainteté au deſſus de l'humaine? La perfection infinie de Dieu? J'ai prouvé que la bonté étoit une qualité finie que la perfection divine exclut néceſſairement. La foibleſſe de l'eſprit? Oui, il diſoit que ce qui eſt incompatible avec la bonté & la ſainteté humaine, pouvoit bien être compatible avec la bonté & la ſainteté divine, quoique nos foibles lumieres ne puſſent pas appercevoir cette compatibilité. Cette difficulté ne devroit peut-être pas nous arrêter, s'il étoit démontré d'ailleurs que Dieu fût bon & ſaint. Mais quel autre moyen de démontrer que Dieu eſt bon & ſaint, ſinon de faire voir que ſa conduite eſt conforme aux regles de la bonté & de la ſainteté?

Il ne pourroit donc pas y avoir de bonté & de ſainteté d'un autre ordre que la bonté & la ſainteté humaine, une bonté & une ſainteté incompréhenſible à nos foibles conceptions, avec laquelle l'exiſtence du mal ſeroit très d'accord? Une foule de ſavans théologiens, même des plus hardis rationaliſtes ont reconnu que les idées naturelles de l'équité & des autres vertus, nous ont été données pour régler notre conduite, & non pour cenſurer celle de Dieu, que nous ne devons faire uſage des ſpéculations de notre raiſon que ſur les ſujets proportionnés à ſa capacité, que ce ſeroit une véritable folie, de vouloir preſcrire à l'Etre ſouverain des regles conformes aux maximes que les hommes doivent obſerver entre eux. Ont-ils renoncé pour cela à la doctrine des attributs divins? Ils en ont conclu, non pas que Dieu n'étoit ni bon, ni ſaint, ni juſte, ni ſage, mais que ces perfections divines étoient infinies, & que leur infinité diſproportionnée à notre entendement, faisoit que nous ne pouvions concilier avec elles l'existence du mal, tant moral que physique.

Je n'ai point entrepris l'apologie d'un sentiment dont je montre l'inconséquence. Il me semble que ce qu'on appelle bonté & sainteté infinie, justice & sagesse incompréhensible, n'est absolument ni bonté, ni sainteté, ni justice, ni sagesse. Quel sens donner à ces mots, s'ils n'expriment les idées naturelles de la bonté & de la sainteté? Quelle notion se former de cet autre ordre de bonté & de sainteté, que l'on suppose convenable à Dieu? Les hommes n'ont-ils pas inventé les mots pour exprimer leurs pensées; & peuvent-ils s'en servir légitimement à désigner des pensées qu'ils n'ont pas? Comment appliquer la bonté & la sainteté à Dieu dans un sens incompréhensible? Qu'est-ce qu'un sens incompréhensible? Rien du tout.

On reprochoit à Epicure de conserver le nom des Dieux, après en avoir détruit l'essence. Ne reprochera-t-on pas avec raison à ceux qui nous parlent d'une bonté & d'une sainteté incompréhensibles & d'un autre ordre que celle de l'homme, d'en détruire l'essence & de n'en conserver que le nom qui devient alors tout-à-fait vuide de sens?

L'impossibilité de concilier l'existence du mal avec les attributions morales de la Divinité, ne doit point être rejettée sur leur infinité. Si en consultant les idées d'une bonté ordinaire & humaine, jamais le mal n'eût existé, combien doit-il être plus contraire à une bonté infinie, à moins que celle-ci ne soit d'une essence toute différente de celle de l'autre? Une bonté d'une essence différente de l'essence de la bonté, n'est qu'une bonté de nom sans réalité.

VI. Je dois dire quelque chose en particulier de la sainteté. Les uns la regardent moins comme un attribut positif, que comme l'exclusion de tous les vices humains qui ne sauroient se trouver en Dieu.

Ils difent Dieu faint, par oppofition aux hommes impurs & pécheurs. D'autres entendent par la fainteté une vertu pofitive, telle que l'amour de l'ordre moral, dont l'exercice confifte dans l'obfervation de ce qui eft vértueux. A cet égard, on a vu que la moralité, avec fes dépendances, actes & principes, étoit propre de la Nature humaine, & fondée toute entiere fur des rapports humains, foit les relations des hommes entre eux, foit leur dépendance du Créateur. Dieu ne dépend d'aucun Etre. Dieu n'a, avec aucun Etre, les rapports que les hommes ont entre eux. Partant il n'y a ni vertu, ni moralité dans Dieu, ni pour Dieu. L'ordre moral a été fait par Dieu pour les hommes : il eft conforme à leur nature. Dieu eft infiniment au-deffus de cet ordre & de tout ce qui y a rapport. Si Dieu ne s'éloigne point des relations d'ordre qu'il a établies, parce qu'il ne fauroit y avoir de contradiction dans fon acte très fimple, il ne les fuit pas non plus par une inclination fainte & vertueufe. Une telle inclination eft une affection humaine, & il y a bien loin de-là à ce qui eft dans Dieu.

CHAPITRE LXVII.

Dieu, quoiqu'il ne foit ni bon, ni faint, felon les idées que nous avons de la bonté & de la fainteté fondées fur les plus pures lumieres de la raifon, n'eft pourtant auffi ni mauvais, ni malfaifant, felon les mêmes lumieres.

„ Deux vieilles s'apperçoivent la nuit au clair
„ de la lune, d'un bout de rue à l'autre, fe
„ prennent pour des fpectres, & la frayeur les
„ retient dans la même pofture jufqu'au lendemain
„ matin." C'eft une fable (*). Mais elle nous

(*) Fables de Lichtwehr Liv. 2. Fab. 4.

CINQUIEME PARTIE.

peint au naturel les philosophes qui se font peur les uns aux autres, & qui par ces vaines terreurs s'arrêtent mutuellement dans le chemin de la vérité. On dit d'une part que la conduite de Dieu n'est point celle d'un Etre bon & saint, suivant les idées de la bonté & de la sainteté, fondées sur les plus pures lumieres du bon sens : de l'autre part on s'imagine entendre dire que, selon la raison, Dieu est un Etre malfaisant. C'est avoir l'imagination plus foible qu'aucune des vieilles de la fable.

On ignore, ou l'on oublie pourquoi Dieu n'est ni bon, ni saint. C'est que la regle de moralité, quelle qu'elle soit, ne lui est point applicable. Cette même raison prouve que Dieu n'est ni mauvais ni malfaisant. En vertu de quoi pourroit-on lui donner ces qualités ? Ce ne pourroit être qu'en lui appliquant les idées de la bonté & de la sainteté, auxquelles on jugeroit sa conduite contraire. Mais on recuse ces idées : elles sont insuffisantes pour apprécier l'acte de Dieu. Il ne leur est donc pas contraire par la même raison pour laquelle il ne leur est pas conforme, savoir parce qu'elles ne forment point une regle pour lui, une regle selon laquelle il doive être jugé.

N'est-il pas vrai que, quand nous estimons une action bonne ou mauvaise, nous supposons qu'elle est soumise à la regle qui nous sert à l'apprécier ? Nous l'y soumettons, & si elle ne lui est pas comparable, nous prononçons un jugement faux. Il faut qu'une action, pour être dite bonne ou mauvaise, soit susceptible de moralité. Sinon, elle n'est ni bonne ni mauvaise, ni juste ni injuste. Elle n'est pas bonne, car la bonté est une qualité morale dont cette action n'est pas susceptible par la supposition : elle n'est pas mauvaise par la même raison. Elle n'est donc réellement ni conforme ni contraire à la loi du juste & de l'injuste, du bien & du mal. Pour qu'une chose soit conforme ou contraire à une autre, il doit y avoir du rapport entre elles, puisque la conformité ou la convenance, & la contrariété ou la disconvenance sont des rapports. Tout cela est de la derniere évidence, & il suffit de l'énoncer. Cependant Dieu n'est pas susceptible de moralité. Il n'y a aucune proportion, aucune sorte de rapport entre la conduite de Dieu, & les idées du bien & du mal, de la bonté & de la malice. Ces distinctions morales sont établies pour la société des hommes, elles sont de l'ordre de l'humanité, mais elles sont au-dessous de la Nature Divine qui n'est point appréciable par elles. Donc la conduite de Dieu ne peut être dite ni conforme ni contraire aux idées du bien & du mal. Donc Dieu, quoiqu'il ne soit ni bon, ni saint, selon les idées que nous avons de la bonté & de la sainteté, fondées sur les plus pures lumieres de la raison, n'est pourtant aussi ni mauvais, ni malfaisant, selon les mêmes lumieres.

Voyez pourtant comment on raisonne :

„ Après s'être formé une idée juste de la bonté
„ & de la sainteté, on ne peut admettre pour
„ actions saintes & bonnes, que celles qui sont
„ conformes à cette idée, & si on en propose
„ qui la détruisent clairement, ces actions ne
„ sont assurément ni bonnes ni saintes. Il n'est
„ pas en notre pouvoir de penser autrement,
„ il faut que nous jugions qu'elles sont mau-
„ vaises...

J'ai laissé plus haut (*) ce raisonnement sans réponse : je la réservois pour sa vraie place. Se trouveroit-il encore quelque philosophe qui adoptât cet argument dans sa totalité ? s'il en est quelqu'un qui puisse approcher si près du vrai, sans le reconnoître, ses yeux ne sont pas faits pour le voir.

(*) Dans la Note (y).

„ Après s'être formé une idée juste de la bonté
„ & de la sainteté, on ne peut admettre pour
„ actions saintes & bonnes, que celles qui sont
„ conformes à cette idée..."

Rien de plus raisonnable : c'est pourquoi je pense que Dieu n'est ni bon, ni saint ; que ses actions (puisque l'on se sert de ce mot) ne sont ni bonnes, ni saintes, n'étant point conformes à l'idée de la bonté & de la sainteté. Que l'on ne perde pas de vue le principe qui fait juger qu'elles ne sont pas conformes à cette idée.

„ Si l'on propose des actions qui détruisent clai-
„ rement l'idée de la bonté & de la sainteté,
„ elles ne sont assurément ni bonnes ni sain-
„ tes..."

Cela est encore vrai, mais il faut être exact. Les actions qui détruisent clairement l'idée de la bonté & de la sainteté, ne sont ni bonnes, ni saintes. Les actions aussi qui ne sont ni bonnes, ni saintes, parce qu'elles ne sont pas conformes à l'idée de la bonté & de la sainteté, ne renversent pas pour cela cette idée. Pour renverser cette idée, il faut qu'elles lui soient contraires. Pour lui être contraires, il faut qu'elles lui soient appliquées justement & efficacement : l'application fausse tomberoit sans effet. Si donc les actions que l'on propose, ne sont pas conformes à l'idée de la bonté & de la sainteté, faute de rapport, de proportion, d'un point de comparaison, en un mot faute d'une application légitime ; elles ne sont point non plus contraires à cette idée, & ne la détruisent nullement. C'est l'espece des actions de Dieu.

„ Il n'est pas en notre pouvoir de penser autre-
„ ment, il faut que nous jugions qu'elles sont
„ mauvaises..."

Oui, les actions qui contredisent & renversent l'idée de la bonté: les actions qui lui sont applicables, & qui dans l'application se trouvent avoir un rapport de disconvenance avec elle. Pour les autres qui lui sont disproportionnées, & hors de tout parallele, nous aurions le plus grand tort du monde de les juger mauvaises, puisqu'elles ne pourroient l'être, que par comparaison à cette idée à quoi elles ne sont pas comparables.

Quand on a fixé les idées de la bonté, rien n'est bon, que ce qui leur est conforme, rien n'est mauvais, que ce qui les contredit. Mais rien ne leur est conforme ou contraire, que ce qui est de l'ordre pour lequel elles ont été établies. Autrement que deviendroit ce grand & incontestable principe: Que ce qui est au dessus de la raison, ne lui est ni conforme ni contraire? Principe si puissant contre toutes sortes d'incrédules! C'est le même que j'emploie à montrer qu'il n'y a ni bonté ni malice dans Dieu. Les mysteres révélés ne sont ni conformes ni contraires à la raison, parce que la raison est un juge incompétent pour les apprécier: ils passent sa portée. L'Etre suprême n'est ni raisonnable ni déraisonnable, parce qu'il s'éleve infiniment au dessus de la raison. Il n'est de même, ni bon, ni mauvais, parce qu'il est supérieur à toute regle de bonté.

Bayle cherchoit une arme propre à combattre les Manichéens. Bayle la tenoit en main; & ce qu'il y a de plus singulier encore, car la rivalité est ingénieuse, c'est que ses adversaires ne l'appercevoient pas plus que lui. Toutes celles qu'ils lui présentoient, se brisoient au premier choc. Mais en se tenant à ce seul point démontré: Qu'il ne faut instituer aucune comparaison entre Dieu & les hommes, ni juger de la conduite du Créateur par celle des créatures, ni attribuer à la premiere les caracteres & les dénominations de la seconde; qu'on manque d'un point de comparaison convenable à toutes

CINQUIEME PARTIE.

s deux ; qu'elles font incommenfurables comme
infini & le fini : toutes propofitions légitime-
ent déduites de la difproportion qu'il y a de
ieu à l'homme; alors les déclamations des Mani-
héens tombent à faux, en ce qu'elles apprécient
a conduite divine par des idées purement humai-
es. Elles prouvent bien que Dieu n'agit pas felon
es principes de la bonté; mais elles ne fauroient
rouver que fa conduite eft contraire aux mêmes
rincipes, qu'en fuppofant qu'elle foit appréciable
ar eux, ce qui eft un faux fuppofé, fi, comme on
n convient unanimement, Dieu n'eft pas tenu de
uivre des regles qu'il a faites pour la créature.
infi la véritable raifon pourquoi la conduite de
ieu n'eft pas conforme aux notions de la bonté, a la même force pour empêcher qu'elle ne
leur foit contraire. Il n'y a plus de conféquence fâcheufe à craindre. J'ai fait voir l'infuffi-
fance du feul moyen dont les efprits mal-intention-
nés pouvoient s'autorifer à outrager la Divinité, en
la peignant fous les traits d'un Etre méchant. Je
n'en ai pas tiré les preuves de la prétendue bonté
de Dieu, le faux n'engendre pas le vrai; mais des
arbumens mêmes qui montrent que Dieu n'eft pas
bon. Cette matiere eft délicate. Il faut bien qu'elle le foit, puifque tant de philofophes favans &
profonds l'ont étudiée fans faifir le vrai le point de
la queftion.

Ceux qui ont foutenu que Dieu étoit bon, l'ont
fait avec une intention pure, pour réfuter les im-
pies qui le difoient un Etre malfaifant, qui du
moins partageoient l'empire du monde entre un bon
& un mauvais principe. Que cette droiture des
cœurs a mis de faux dans les efprits ! Si Dieu eft
bon, il ne l'eft que conformément & comparative-
ment aux idées typiques de la bonté ; & en le comparant à ce modele intellectuel, on fuppofe qu'il
lui eft comparable, qu'il eft tenu de s'y conformer;
fans quoi, le parallele feroit fans fondement. C'eft

en argumentant d'après la même fuppofition, qu
les Manichéens fe croyoient en droit d'admet
un Dieu méchant. A confidérer cette difpute d'u
œil integre, on trouvera la fauffeté du principe ég:
le des deux côtés ; mais la fauffeté du princi
mife à part, les derniers raifonnoient beaucoup p.us
conféquemment que les premiers. En comparant le fini à l'infini, la regle d'une conduite hu
maine à un a**e divin, on les trouve néceffaire
ment contraires l'un à l'autre (la comparaifon fuppofée légitime), & il eft impoffible de démontrer
qu'ils fe reffemblent, l'un étant la négation de l'autre. Ceci ne donne pourtant aucun avantage réel
aux adorateurs d'un Etre malfaifant. On doit les
juger, ainfi que les autres, par le principe qu'ils
adoptent, lequel eft auffi peu concluant en faveur
de ceux-ci que de ceux là.

Le Manichéifme ne peut tenir contre ce feul
mot: La conduite divine n'eft point appréciable
par les idées & les regles, humaines. Il faut pourtant la foumettre à ces loix pour la dire bonne, &
on ne peut l'y foumettre fans faire triompher le
Manichéifme. Ainfi les erreurs fe heurtent, & font
confondues en préfence de la vérité. Qu'on ne s'efforce donc plus de faire valoir un dogme monftru-
eux, par cela même qui le détruit ; qu'on ceffe encore de le combattre, parce qu'il y auroit de plus
propre à l'accréditer.

CHAPITRE LXVIII.

Où l'on donne le vrai sens de ce principe:

Ce qui est réellement juste & bon, l'est à l'égard de Dieu, comme à l'égard de l'homme; & de même ce qui est réellement injuste & mauvais à l'égard de l'homme, l'est aussi à l'égard de Dieu.

On pourroit bien inférer des fausses suppositions de ceux qui défendent indiscrétement la bonté de Dieu, qu'il est un Etre méchant. La contradictoire est une conséquence naturelle de mon sentiment. Je ne borne pas là tout son avantage. Il est encore très propre à rectifier la maniere dont on entend ce principe: Ce qui est réellement juste & bon, l'est à l'égard de Dieu, comme à l'égard de l'homme, & de même ce qui est réellement injuste & mauvais à l'égard de l'homme, l'est aussi à l'égard de Dieu. Est-ce à dire qu'il y a des regles d'équité communes à Dieu & à l'homme, des loix obligatoires pour l'un & pour l'autre, auxquelles ils sont également soumis, ainsi que quelques-uns l'ont prétendu (*)? Non; & ma preuve est un fait. Il y a du mal dans le monde: donc Dieu ne suit pas les principes de bonté qui obligent la créature: donc il n'est pas tenu de s'y conformer. Comment faut-il donc l'entendre? Voici ma pensée.

Dieu ayant créé des agens libres & raisonnables avec des rapports entre eux, a établi par ces rapports des loix morales, auxquelles il les a soumis afin qu'ils les observassent, attachant des récompenses à la piété de ceux qui les suivroient fidélement,

---

(*) Voyez ci-devant Chapitre XVII.

& des punitions à la méchanceté des prévaricateurs. Au moins nous concevons ainsi les dispositions de la providence en cette partie. Suivant cette économie, l'Arbitre suprême ne se contredisant jamais, il approuve ce qui est bon, c'est-à-dire les actes humains conformes à ces loix, & les récompenses dont il les couronne, sont une suite de cette approbation. Il desapprouve aussi & punit ce qui est mauvais, ou ce qui est contraire aux loix qu'il a établies. Voilà comme ce qui est juste & bon, ou injuste & mauvais pour l'homme, l'est aussi à l'égard de Dieu, c'est-à-dire au jugement de Dieu, en ce sens qu'il ne peut pas estimer juste & bon, ce qu'il a lui-même établi devoir être injuste & mauvais, ni desapprouver comme injuste & mauvais, ce qui est juste & bon par les loix qu'il a faites, toujours selon notre façon humaine d'imaginer les decrets divins.

Nous serons jugés sur les principes établis pour régler notre conduite dans l'ordre présent: ces mêmes principes régleront la distribution des peines & des récompenses dans l'état à venir. Ce qui est bon ne sera point imputé comme mal; ce qui est mal ne sera point estimé bon. Tel est le fondement de la confiance des justes, & un sujet de terreur pour les méchans.

Je ne vois aucune nécessité de soumettre Dieu aux loix de la morale, pour les rendre invariables. Rien au contraire ne me semble plus opposé au but que l'on se propose, que de vouloir faire agir Dieu conformément à des regles, auxquelles il est évident qu'il ne se conforme pas. Dans quel embarras l'on se trouve, lorsque partant de la supposition abusive que nos idées de la justice & de la bonté ont force de loi contre Dieu, on s'étudie, par toutes sortes de biais, de subtilités & d'imaginations, à mettre la providence en accord avec ces idées! Dans quelles discussions l'on se jette! Et l'on revient toujours, malgré soi, à la onclusion que l'on vouloit éviter : toujours on est contraint d'avouer que nous n'avons pas des notions e justice & de bonté, applicables à Dieu ; que ce ui est bonté dans l'homme, pourroit bien être cruauté dans Dieu, comme ce qui nous semble méhanceté dans l'Etre suprême, parce qu'il le seroit ans nous, est pourtant une bonté réelle dans lui, ne bonté supérieure à la nôtre, & d'une espece plus relevée. Il seroit singulier que Dieu se trouvât bon & juste par ce qui rend les hommes injustes & mauvais.

Qu'il me soit permis de revenir sur l'exemple que j'ai rapporté dans la premiere partie de cet ouvrage, au chapitre troisieme. Dieu défend par une loi expresse de punir les enfans des crimes de leurs peres. Dieu pourtant ayant droit sur la vie des enfans, peut leur enlever sans injustice, à l'occasion des crimes commis par leurs peres, des jours qu'il leur auroit conservés, si leurs peres ne s'étoient pas rendus coupables (*). Dieu peut donc agir contradictoirement à une loi de la justice naturelle. Si donc l'on soutient que Dieu, malgré cette conduite directement opposée à la justice, est néanmoins souverainement juste, il faut absolument que les principes de l'équité varient & ne soient pas les mêmes pour Dieu & pour l'homme. Si l'on aime mieux dire que, selon les loix divines & humaines, les enfans ne doivent point être mis à mort pour leurs peres ; mais que cette regle ne regarde que les hommes, & n'est pas applicable aux jugemens de Dieu ; qu'un magistrat qui, pour aggraver la punition d'un pere, punit ses enfans avec lui, s'arroge une autorité qui ne lui appartient point, au-lieu que Dieu est maître absolu de la vie de l'enfant comme de celle du pere ; qu'un magistrat qui ôte la vie à l'enfant

---

(* Discours historiques, critiques, théologiques & moraux sur les événemens les plus mémorables du vieux & du nouveau Testament, par Mr. Saurin, &c. T. V. Discours V. qui a pour titre *Punition du meurtre & de l'adultere de David*.

pour en châtier plus févérement le pere, ne sauroit par aucun endroit dédommager cet enfant de la perte de ses jours, au-lieu qu'au contraire Dieu peut donner à un enfant dans l'économie à venir des biens qui le dédommageront infiniment de ceux qu'il lui a fait perdre dans celle-ci pour le maintien des loix ; qu'en faisant mourir un enfant pour les crimes de son pere, un magistrat ne sait pas s'il ne prive point la société d'un membre d'élite, qui auroit par ses services & ses bonnes actions, réparé en quelque sorte le mal que son pere avoit fait, mais que Dieu prévoit avec certitude quel auroit été le caractere des enfans qu'il enveloppe dans une catastrophe nationale : s'il prévoit qu'ils auroient été aussi méchans que leurs peres, il signale en les fauchant, sa bonté pour la société dont ils sont membres : s'il prévoit au contraire qu'ils auroient été gens de bien, il punit cette même société en les enlevant, il la châtie de ce que par les exemples qu'elle a donnés, elle a contribué aux crimes dont il tire une vengeance si sévere (*); toutes ces raisons, fussent-elles aussi solides qu'on les suppose, prouveront que Dieu n'est point juste, puisqu'il ne suit point les loix de la justice. Mais que ce grand Etre soit juste, quoiqu'il agisse, ou plutôt lorsqu'il agit en opposition à ce qui constitue le juste & la justice, cela est pour moi une contradiction que je ne puis admettre, quelques autorités que l'on m'allegue pour me le persuader. Si les loix de la justice ne regardent que les tribunaux humains, s'ils ne sont destinés qu'à en régler les sentences, sans pouvoir avoir lieu à l'égard du suprême Législateur (†), c'est que les hommes doivent être justes, au lieu que Dieu ne doit point l'être, & qu'il ne l'est point en effet.

S'il

(*) Voyez la Note (d) de la premiere partie de cet ouvrage, & le Commentaire sur la Bible tiré de divers Auteurs Anglois T. V. premiere Partie, p. 127, 128.

'il est un sentiment dans lequel il n'y ait pas à
indre de confondre les idées du juste & de l'in-
e, & d'où l'on ne puisse inférer en aucune façon
ce qui est injustice dans les hommes, soit jus-
e dans Dieu, ni que ce qu'on appelle cruauté
les créatures, soit miséricorde dans ce grand Etre,
st assurément celui qui place la Divinité à une
tance infinie de toute moralité, & de tout ce qui
ut être juste ou injuste.

CHAPITRE LXIX.

COROLLAIRE.

Dieu n'est ni juste, ni injuste.

A justice est une vertu de l'homme : l'injustice
un vice de l'homme. Dieu est au-dessus de
n & de l'autre.
Nous reconnoissons sans peine que les bêtes au
sous de l'ordre moral ne sont ni moralement
nnes, ni moralement mauvaises. Dieu n'est-il
s infiniment plus au dessus du moral, que les bê-
s ne sont au dessous ? Comment pourroit-il donc
re compris dans la collection des Etres moraux ?

(†) Voyez le même Commentaire T. V. Seconde partie. p. 190.

CHAPITRE LXX.

Si la beauté, la variété, l'ordre, & la symmétrie qui éclatent dans l'univers, & surtout la proportion merveilleuse avec laquelle chaque chose marche à sa fin annoncent du dessein & une sagesse infinie ?

PARMI les argumens dont le Dr. Clarke se sert prouver que l'Etre existant par lui-même est intelligent & sage, dans la signification propre des termes il paroît faire grand cas de celui qui se tire de la beauté, de la variété, de l'ordre, & de la symmétrie qui éclatent dans l'univers, & surtout de la justesse merveilleuse avec laquelle chaque chose se rapporte à sa fin. Cet argument, ajoute-t-il, a été si savamment manié par une infinité d'auteurs tant anciens que modernes, qu'il seroit superflu de s'y arrêter ; tant il est clair & incontestable (*) !

Nous touchons au point le plus séduisant de l'antropomorphisme : je veux dire la licence des conjectures auxquelles on se livre en contemplant l'ouvrage du Très-haut. On se met tacitement à sa place ; on lui fait tenir la conduite que l'on tiendroit soi-même dans la situation où on le suppose : on lui prête ses vues & ses intentions ; c'est-à-dire qu'on lui fait honneur de sa propre sagesse, souvent de son imbécillité. Peut-être auroit-on une ombre de raison, si le cours de la Nature confirmoit ces spéculations téméraires. Mais si à chaque instant les loix de l'analogie troublées par la rencontre de certains phénomenes inattendus, confondent les plus belles imaginations ; si après avoir adopté des idées d'ordre que l'on croyoit très géné-

―――――――――――――――――――

(*) *Démonstration de l'Existence & des Attributs de Dieu*, par le Dr. S. Clarke.

les, il faut encore les varier & les réformer, les restraindre & les étendre, les tourner & les forcer en mille manieres, pour expliquer par elles les effets les plus communs ; si en jugeant tout sur ces idées, on trouve réellement autant ou plus de desordre que de symmétrie dans l'univers ; alors je crains avec raison que les choses ne puissent être ordonnée selon les maximes que l'on imagine, je me défie de la regle qu'on leur applique, je soupçonne que la sagesse & le dessein que quelques-uns trouvent dans la Nature, sont des inventions de leur esprit. Ils n'ont point de sonde propre à mesurer des abymes sans fond. Ils ressemblent à cet insensé qui admiroit sa figure dans l'eau.

Il est vrai, nous déraisonnons beaucoup, lorsque nous nous avisons de juger des desseins de Dieu. Au moins on peut assurer, ce qui est évident, que les yeux sont faits pour voir, les pieds pour marcher, l'entendement pour connoître & raisonner…

Voilà peut-être à quoi se réduit tout ce que l'on peut dire en faveur des causes finales, & de l'ordre que nous mettons dans l'univers : c'est que, contemplant la suite des effets, & comment ils s'amenent les uns les autres, nous disons que les effets antérieurs sont destinés à produire ceux qui les suivent : jugement fondé sur l'expérience d'une succession visible d'événemens dont la liaison intrinseque nous est cachée : jugement d'autant moins solide que cette expérience est plus souvent démentie, & elle l'est très fréquemment. Que d'yeux faits pour voir, qui ne voyent point ! Que de pieds faits pour marcher, que la goutte ou la paralysie empêchent de marcher ! Que d'entendemens faits pour connoître & raisonner, que divers dérangemens organiques ont hébétés ! Combien de flancs faits pour concevoir, qui demeurent stériles ! Les volontés de Dieu sont infaillibles : pourquoi donc sont-elles si souvent trompées ? S'il nous est permis d'apprécier ses ouvrages par nos vues de sagesse, pouvons-nous nous empêcher d'y reconnoître bien des défauts qui ne décelent rienmoins que l'habileté de l'ouvrier?

Mais ,, qui sommes-nous pour expliquer les fins
,, de la Nature? Ne nous appercevrons nous point
,, que c'est presque toujours aux dépens de sa puis-
,, sance que nous préconisons sa sagesse, & que
,, nous ôtons à ses ressources plus que nous ne pou-
,, vons jamais accorder à ses vues? Cette maniere
,, de l'interpréter est mauvaise, même en théologie
,, naturelle. C'est substituer la conjecture de l'hom-
,, me à l'ouvrage de Dieu; c'est attacher la plus
,, importante vérité au sort d'une hypothese. Mais
,, le phénomene le plus commun suffira pour mon-
,, trer combien la recherche de ces causes (finales)
,, est contraire à la véritable science. Je suppose
,, qu'un Physicien interrogé sur la nature du lait,
,, réponde que c'est un aliment qui commence à se
,, préparer dans la femelle quand elle a conçu, &
,, que la Nature destine à la nourriture de l'animal
,, qui doit naître; que cette définition m'appren-
,, dra-t-elle sur la nature du lait? Que puis-je pen-
,, ser de la destination de ce fluide & des autres
,, idées physiologiques qui l'accompagnent, lorsque
,, je sais qu'il y a eu des hommes qui ont fait
,, jaillir le lait de leurs mammelles; que l'anasto-
,, mose des arteres épigastriques & mammaires *
,, me démontre que c'est le lait qui cause le gon-
,, flement de la gorge dont les filles mêmes sont
,, quelquefois incommodées à l'approche de l'éva-
,, cuation péridioque; qu'il n'y a presque aucune
,, fille qui ne devînt nourrice, si elle se faisoit tet-
,, ter; & que j'ai sous les yeux une femelle d'une

(*) ,, Cette découverte anatomique est de Mr. Bertin, & c'est une
,, des plus belles qui se soit faite de nos jours."

CINQUIEME PARTIE. 273

„ espece si petite, qu'il ne s'est point trouvé de
„ mâle que lui convînt, qui n'a point été cou-
„ verte, qui n'a jamais porté, & dont les tettes se
„ sont gonflées de lait au point qu'il a fallu recourir
„ aux moyens ordinaires pour la soulager ? Com-
„ bien n'est-il pas ridicule d'entendre des Anato-
„ mistes attribuer sérieusement à la pudeur de la
„ Nature, une ombre qu'elle a également répandue
„ sur les endroits de notre corps où il n'y a rien de
„ deshonnête à couvrir? L'usage que lui supposent
„ d'autres Anatomistes fait un peu moins d'honneur
„ à la pudeur de la Nature, mais n'en fait pas da-
„ vantage à leur sagacité. Le Physicien dont la
„ profession est d'instruire non d'édifier, abandon-
„ nera donc le *pourquoi*, & ne s'occupera que du
„ *comment*. Le comment se tire des Etres; le *pour-*
„ *quoi* de notre entendement; il tient à nos sys-
„ tèmes; il dépend du progrès de nos connoissan-
„ ces. Combien d'idées absurdes, de suppositions
„ fausses, de notions chimériques dans ces hym-
„ nes que quelques défenseurs téméraires des cau-
„ ses finales ont osé composer à l'honneur du
„ Créateur ? Au lieu de partager les transports de
„ l'admiration du Prophete, & de s'écrier pendant
„ la nuit, à la vue des étoiles sans nombre dont
„ les cieux sont éclairés, *Cæli enarrant gloriam Dei*,
„ ils se sont abandonnés à la superstition de leurs
„ conjectures. Au lieu d'adorer le Tout-puissant
„ dans les Etres même de la Nature, ils se sont
„ prosternés devant les phantômes de leur imagina-
„ tion. Si quelqu'un retenu par le préjugé doute
„ de la solidité de mon reproche, je l'invite à com-
„ parer le Traité que Galien a fait de l'usage des
„ parties du corps humain, avec la Physiologie de
„ Boerhaave, & la Physiologie de Boerhaave
„ avec celle d'Haller; j'invite la postérité à
„ comparer ce que ce dernier ouvrage contient
„ de vues systématiques & passageres, avec ce
„ que la Physiologie deviendra dans les siecles sui-

,, vans. L'homme fait un mérite à l'éternel de
,, ſes petites vues... (*).''

Pour réſoudre la queſtion propoſée au commencement de ce chapitre, il ſuffit donc de conſidérer que, dans nos recherches ſur la deſtination des Etres, tous les *pourquoi* ſe tirent de notre eſprit, de notre façon d'enviſager les choſes & leurs rapports, des conjectures analogiques appuyées ſur des convenances plus ou moins ſenſibles; quand Dieu agiroit à la maniere des plus ſages d'entre les hommes, en ſe propoſant des fins louables & utiles, & en choiſiſſant les moyens les plus propres à y parvenir, nos vues & nos voyes ſont toujours trop éloignées de celles de l'Etre ſuprême, pour juger des unes par les autres; les créatures ne peuvent porter l'empreinte d'une ſageſſe infinie; & nos yeux ne ſeroient pas capables d'en appercevoir les traits. Si elles célebrent la gloire de leur Auteur, c'eſt ſurtout par leur incompréhenſibilité, écueil où viennent échouer tous nos ſyſtêmes les plus ſubtils ſur les cauſes finales. Mais la beauté, la variété, l'ordre & la ſymmétrie qui éclatent dans l'univers, & ſurtout la proportion merveilleuſe avec laquelle chaque choſe marche à ſa fin, n'annoncent point une ſageſſe infinie, premiérement parce que ces idées de beauté, de variété, d'ordre & de ſymmétrie, ſont toutes fondées ſur les rapports des Etres que nous appercevons, & non ſur des vues céleſtes que nous n'appercevrons jamais: ces rapports finis en totalité ne laiſſent encore voir qu'une très petite portion d'eux-mêmes, & nous y feignons de l'infinité; en ſecond lieu parce que l'ordre & la beauté de l'univers ne ſont point ſans défauts: il y a du mal, nous l'éprouvons; enfin parce que la ſageſſe réſulte de deux infirmités propres de la nature humaine, qui ne peuvent convenir à la Divinité. Examinons plus particuliérement ce dernier point.

(*) Penſées ſur l'interprétation de la Nature.

CHAPITRE LXXI.

Suite.

Si Dieu agit toujours pour une fin ?

La sagesse humaine consiste à se proposer une fin honnête, & à choisir les moyens les plus sûrs d'y parvenir. Ces infirmités de l'homme font sa gloire, surtout si on les compare à leurs contraires : elles n'en sont pas moins des foiblesses & des imperfections relativement à la Nature Divine.

PROPOSITION.

Il est au dessous de Dieu d'agir pour une fin.

L'HOMME soumis à une foule de besoins désire naturellement de les satisfaire. Delà une foule de passions correspondantes qui donnent le branle à son ame. Le besoin d'être vertueux, l'envie de savoir, le noble désir d'être utile, la soif de l'or, l'ambition des honneurs, &c. le déterminent à agir. Toutes ces fins annoncent du défaut dans celui qui se les propose : imperfection incompatible avec une essence complette.

Beaucoup de gens font agir Dieu pour une fin, & très peu sont d'accord sur l'espece de cette fin. La variété de leurs opinions sur ce dernier chef m'a fait soupçonner qu'ils se trompoient dans tous les deux. Je mets leurs raisons en contraste, & elles se réfutent mutuellement.

Pour observer de l'ordre dans une matiere qui en est peu susceptible, vu l'étrange confusion des conjectures humaines, je rapporterai à quatre classes toutes les variations de ce syſtême. Je place dans la premiere, ceux qui prétendent que Dieu ne travaille que pour ſa gloire ; dans la ſeconde ceux qui penſent qu'il n'a pour but dans ſes ouvrages, que de communiquer ſa bonté, c'eſt-à-dire de faire des Etres heureux. D'autres qui, réuniſſant ces deux ſentimens en un, diſent que la manifeſtation de toutes les perfections divines eſt la fin de la création, forment la troiſieme claſſe. La quatrieme eſt compoſée de ceux qui prétendent que Dieu agit, ſeulement parce qu'il eſt plus beau & plus parfait d'agir que de reſter oiſif. Reprenons.

Le nombre des premiers eſt grand. Ils diſent que Dieu agit pour une fin, & que cette fin eſt ſa gloire. Dieu étant la beauté & la bonté par eſſence, même le ſeul beau & le ſeul bon, travaille uniquement pour lui ſeul. Nulle fin n'eſt digne de lui que lui-même & ſa gloire qu'il trouve dans la manifeſtation de ſes perfections. Il n'aime que lui: ſa créature ne lui eſt chere qu'autant qu'elle ſert à ſa gloire. Il ſe recherche uniquement dans ſon ouvrage. Il crée le monde, par l'intérêt de l'amour qu'il ſe porte. Il permet le mal, parce que ce mal lui donne occaſion d'exercer ſa juſtice, & de montrer ſa puiſſance dans la ſévérité de ſes châtimens. L'homme eſt foible, ſujet à la miſere, parce que Dieu tire ſa gloire de la foibleſſe humaine....

C'eſt aſſez: voilà Dieu traveſti en un Etre ambitieux & intéreſſé, qui ne déſire que de paſſer pour grand & pour glorieux; qui ſe croiroit moins grand, s'il n'y avoit que du bien & des heureux dans l'univers, parce qu'on ignoreroit l'étendue de ſes vengeances, & que le poids énorme de ſa colere ne ſeroit point ſenti; qui, avant que de rien produire, compare divers plans de création, les uns tout bons, d'autres tout mauvais, d'autres encore mélangés de bien & de mal: un de ceux-ci fixe son attention, & le détermine par l'intérêt de sa gloire qu'il envisage uniquement dans la suite des événemens qui va commencer: il veut être grand & infiniment grand par le bien qu'il procurera aux créatures, & infiniment grand par celui qu'elles feront & qu'il récompensera; il veut être grand & infiniment grand par le mal qu'il leur laissera faire, infiniment grand en pardonnant, infiniment grand par le châtiment qu'il en tirera. Quelle étrange grandeur! Est-ce là le dessein d'un Dieu, ou le rêve du plus superbe des hommes?

La lumiere naturelle, ,, nous montre manifeste-
,, ment que l'Etre éternel & nécessaire & souverai-
,, nement parfait, trouve en lui seul une plénitude
,, de félicité & de gloire, qui ne peut jamais ni rien
,, perdre, ni rien acquérir. C'est une gloire, c'est une
,, félicité inaltérable; on n'y peut jamais ajouter de
,, nouveaux degrés, ni en retrancher quoi que ce soit;
,, & par conséquent un tel Etre ne peut avoir sa gloire
,, pour le but de ses productions, puisque ce seroit
,, un signe qu'il auroit besoin de ses créatures, afin
,, d'augmenter ou de conserver sa gloire, & qu'a-
,, vant que de les produire, il n'auroit été heureux
,, qu'imparfaitement. Aucune cause ne peut avoir
,, sa gloire pour la fin de ses actions, qu'au cas
,, qu'elle se propose ou le maintien, ou l'accroisse-
,, ment de sa gloire par ses actions; & si connois-
,, sant que sa gloire ne peut jamais augmenter ni
,, diminuer, elle ne laissoit pas d'en faire le but de
,, ses ouvrages, il est clair qu'elle tendroit à une
,, fin inutile, & qu'il y auroit d'étranges superfluités
,, dans sa maniere d'agir".... (*)

On ajoutera à cet argument vulgaire, que la gloire, les louanges, les honneurs, les trophées & au-

---

(*) *Reponse aux questions d'un Provincial.* Chap. LXXIV. Nous examinerons dans l'instant le sentiment de Bayle sur la même matiere.

tres monumens, l'immortalité de la renommée enfin, sont des récompenses dont la vanité humaine peut être satisfaite : elles sont proportionnées à la nature de l'homme : il se les propose pour but, elles le soutiennent dans ses travaux. Cette gloire est un rafinement de l'esprit policé, & le desir de la gloire une passion factice qui gît dans l'opinion des hommes, & ne vient que de leur dépravation. Elle est fille de l'orgueil & mere des grandes actions, si l'on veut. Elle enfante l'héroïsme & des chefs-d'œuvre dans tous les genres. Je le veux. C'est un ressort que la politique emploie adroitement pour donner de l'activité à certaines ames, & vaincre la Nature par l'opinion. Tout cela peut être. Les yeux les plus perçans n'y découvriront pourtant rien qui ne soit infiniment au dessous de la Divinité. Les créatures doivent glorifier leur Auteur, chacune selon ses facultés. C'est un devoir de la créature, & non le but du Créateur.

De tous les motifs que l'homme peut avoir pour but dans ses entreprises, la gloire est le moins grossier, le plus noble & le plus chimérique. C'est un goût bizarre que de se dépouiller de son être physique & réel, pour revêtir un être purement imaginaire. C'est une belle folie de l'homme : il en a encore quelques autres de cette espece. Une des plus grandes est de faire agir Dieu par un motif aussi humain.

„ On ne peut dire que Dieu ait créé le monde
„ pour sa gloire : car si le motif de la gloire (mo-
„ tif de pure vanité) est un défaut dans les actions
„ d'une créature à qui ce motif est utile, & néces-
„ saire, qu'en diroit-on à l'égard d'un Etre dont la

(*) Là-même.
(**) „ Quel est le but que Dieu paroît s'être proposé en créant
„ l'univers ?
„ Quoiqu'il ne nous appartienne pas de sonder & de découvrir
„ toutes les vues du Créateur ; on peut juger pourtant (& la nature
„ de ses œuvres l'indique assés) qu'il s'est proposé de former un bel
„ assemblage de diverses sortes de créatures disposées dans un cer-

„ perfection & la félicité infinies & non fufcepti-
„ bles du plus ou du moins, font abfolument indé-
„ pendantes de tout autre Etre? Si Dieu a voulu
„ avoir des témoins & des panégyriftes de fa per-
„ fection, ou, ce qui eft la même chofe, s'il a vou-
„ lu que la création manifeftât fa gloire, il n'a pu
„ confidérer en cela les intérêts de la gloire qui ne
„ peut rien perdre par le filence des créatures, ni
„ rien gagner par leurs éloges; il a confidéré que
„ les intérêts des créatures intelligentes, pour qui
„ c'étoit une fource de bonheur que de connoître,
„ que de louer, que d'admirer, que d'adorer l'Etre
„ fouverainement parfait. Concluons donc qu'il
„ n'a créé l'univers que par un excès de bonté,
„ c'eft-à-dire qu'afin de faire du bien aux créatures
„ qui feroient capables de bonheur (*)."

Bayle femble adopter ce fecond fentiment qui me femble, à moi, auffi peu fondé que le premier. L'expérience journaliere le contredit. Si Dieu s'eft propofé de faire du bien aux créatures intelligentes fufceptibles de bonheur (cc), il manque fouvent fon but, puifque le mal nous affiege de toutes parts. Difons-le hardiment : il a donc bien mal pris fes mefures.

La bienveillance que l'on fuppofe dans Dieu, fut-elle moins démentie qu'elle ne l'eft en effet, n'en feroit pas encore plus compatible avec fon effence. Je m'en fuis fuffifamment expliqué en traitant de la prétendue bonté de Dieu. Cet Etre n'aime pas plus qu'il ne hait: il ne fe propofe pas plus de faire du bien aux créatures intelligentes, qu'il ne cherche à leur nuire. L'amour & la haine

---

„ tain ordre pour concourir à manifefter fes perfections, & en mê-
„ me temps à procurer le plus grand bien des créatures intelligen-
„ tes." *Inftruction Chrétienne.* T. I. Liv. IV *des perfections de Dieu.* Chap. V. *De la fageffe du Dieu.* La nature des œuvres de Dieu indique tout le contraire. Le plus grand bien d'un chacun de nous feroit de ne point fouffrir ni dans ce monde, ni dans aucun autre.

font des appanages de l'humanité, ainsi que la bonté & la malice.

Quand on ignore les intentions des hommes au point de chercher les motifs de leurs démarches au moment même qu'on les voit agir, sans pouvoir lever le voile mystérieux dont ils couvrent leurs intrigues, comment se flatter de percer les desseins de Dieu? S'il en a eu en faisant le monde, ils sont cachés dans son sein où nul mortel ne peut pénétrer. L'esprit & le cœur de tous les hommes sont formés à peu près sur le même plan. Ils ont tous le caractere de l'espece avec des différences individuelles. En vertu du premier, ils sont tous susceptibles des mêmes passions, capables de la même combinaison d'idées, & propres à être mus par les mêmes ressorts. Malgré tant de points fixes qui devroient naturellement nous donner quelques confiance dans les jugemens que nous portons sur les principes des actions d'autrui, il arrive tous les jours que nous nous méprenons grossiérement sur les vues & les desseins de nos semblables; soit que nous donnions plus à ce qui est de l'individu, qu'à ce qui appartient à l'espece, ou au contraire. Et sans aucuns principes de conduite applicables à la Divinité, nous sommes assez présomptueux pour juger de ses intentions!

De quel droit surtout affirmer si positivement qu'un Etre infiniment bon n'aura pu créer des Etres sensibles, que pour les rendre heureux? Un Etre infiniment sage n'aura donc pu aussi créer un un monde, que pour y faire éclater sa sagesse, que pour la communiquer aux Etres intelligens qui l'habitent. Un Etre infiniment juste n'aura pu avoir d'autre intention, en formant les hommes, que de leur faire éprouver sa justice. Sur quel fondement mettre tous les attributs de Dieu en concurrence, & donner à la bonté un empire sur les autres qui lui sont égaux, & qu'on lui subordonne par cet ar-

---

(*) Voyez une Lettre de Mr. Formey sur l'éternité des peines.

rangement (*)? Selon la notion commune, ils font tous infinis en nature, d'où vient qu'ils n'auroient pas tous également influé comme motifs, dans la création. Ainsi quelques-uns pensent que quand Dieu forma l'augufte décret de produire des Etres hors de lui (j'emprunte leurs expreffions), la bonté fans doute influa fur ce décret; mais que la fageffe la juftice, & tous fes autres attribut y eurent une part égale; qu'il voulut les manifefter tous (c'eft-à-dire avoir les créatures intelligentes pour panégyriftes non de fa bonté feule, mais de toutes les autres perfections qu'on lui attribueroit). Ces vues leur paroiffent plus grandes & plus conformes à l'idée d'un Etre rempli d'une infinité de perfections qui vont toutes de pair, que de reftraindre les deffeins de Dieu à l'exercice de fa bonté feule. Ils jugent donc à propos de fubftituer au principe de la bonté, un principe plus général, qui leur paroît bien moins arbitraire, parce qu'ils trouvent le fecret d'y concentrer tous les attributs divins. Ce principe eft l'amour de l'ordre, & l'on définit l'ordre la conformité avec toutes les perfections de Dieu, & avec le plan éternel de fes ouvrages(†). Dieu eft fuppofé avoir tout créé dans l'ordre, par amour de l'ordre, & felon qu'il l'avoit conçu de toute éternité. Dans le phyfique tout fuit l'ordre, fi ce n'eft autant que les Etres moraux y ont d'influence pour le troubler. Ceux-ci s'écartent de l'ordre par le mauvais ufage de leur liberté, & cet écart donne occafion au Créateur de déployer fa fageffe, fa miféricorde & fa juftice: fa fageffe dans le choix des moyens qu'il leur offre pour rentrer dans l'ordre; fa miféricorde dans le pardon de leurs prévarications, & l'efficacité des graces d'amandement pour quelques-uns: fa juftice dans la punition du plus grand nombre; & tout cela par amour de l'ordre, & pour le mainte-

---

(†) Cette définition eft auffi de Mr. Formey.

nir contre les attaques des créatures raisonnables. Ici Dieu est aux prises avec l'homme. Le Tout-puissant lutte pour-ainsi-dire contre cet atome, occupé sans cesse à rétablir l'ordre dérangé sans cesse. Et qui l'emporte, de Dieu ou de l'homme ? La malice persévérante de celui-ci oblige Dieu à persévérer dans l'exercice de sa justice : & l'éternité du châtiment, est-il plus un trophée à la sainteté divine, qu'un monument de la méchanceté humaine.

Dieu ne veut point gêner la liberté de l'homme ? Il aime mieux laisser commettre le mal, pour le réparer soit en le pardonnant ou le punissant, que de le prévenir ? ... Ce n'est-là ni bonté, ni amour de l'ordre. Il faut que ces deux perfections de Dieu, quoique infinies, soient limitées par l'exercice du pouvoir qu'il a de créer des natures libres. Mais créer à bon escient les sources d'où découlera le mal ?.. Que nous sommes peu à portée du juger des voyes de Dieu !

Ceux qui prétendent que la manifestation de tous les attributs divins est la fin de la création, se fondent particuliérement sur ce que la sagesse, la bonté, & les autres attributions divines éclatent autant dans l'univers, que si réellement Dieu n'avoit eu d'autre but que de les étaler aux yeux de ses créatures. Une supposition gratuite en appuie mal une autre. J'admire l'aisance avec laquelle ils décident qu'ici les traits d'une sagesse infinie sont empreints en caracteres ineffaçables, qu'il y a là un ordre merveilleux, que telle chose est bien & aussi bien qu'elle puisse être, que par-tout il regne une harmonie parfaite. Ils s'établissent ainsi les juges des œuvres du Très-haut, & s'estiment capables de les apprécier. Mais si quelqu'un adopte les regles de leur jugement, & se sert des principes sur lesquels ils jugent du bien, pour leur montrer du desordre réel dans d'autres choses, ils les recusent, trouvant de la témérité à blâmer les œuvres de Dieu. Il n'y en

CINQUIEME PARTIE.

a pas plus à les juger en mal qu'en bien. Dès que nous avons une regle selon laquelle nous pouvons raisonner de l'ordre des choses, elle est également la regle du mal que du bien. Dès que tout ce qui nous paroît lui être conforme est dans l'ordre, tout ce qui nous paroîtra la contredire sera un desordre aussi réel, ou tous les deux ne seront qu'une vaine apparence. Il est vrai que notre ignorance, & la petitesse de nos vues peuvent nous faire prendre pour un desordre, ce qui est d'un ordre supérieur à notre portée. Nous ne jugeons que selon la mesure d'un petit nombre de rapports, selon l'étendue de nos connoissances, de notre expérience. Nous apprécions les œuvres de Dieu, comme les enfans apprécient les choses qui sont au-dessus de leur âge, & beaucoup plus maladroitement encore que le peuple ne raisonne sur ce qui se passe dans le cabinet des ministres, ou dans l'ame des héros. Rien n'est plus incontestable, & j'en conclus que ce qu'il nous plaît d'appeller ordre, sagesse, harmonie, intelligence peut fort bien n'être rien de tout cela, puisque nous n'en jugeons que selon nos petites lumieres qui n'embrassent point le plan total du monde, ni l'ensemble des pieces qui le composent, ni l'universalité de leurs rapports, & qui sont absolument incapables de pénétrer les desseins de Dieu. En consultant certaines idées que nous nous sommes faites, nous reconnoissons de l'ordre dans l'univers. Les mêmes idées nous attestent aussi qu'il y a du desordre: pourquoi leur témoignage seroit-il plus recevable sur un point que sur l'autre? Si nous voulons que l'ordre reconnu annonce la sagesse d'un Dieu créateur, il faut aussi conclure du desordre également sensible, que la fabrication de cette machine a été confiée à des génies subalternes qui y ont commis bien des bevues. Dieu nous fait du bien: c'est-à-dire que l'économie présente est telle qu'il s'y rencontre pour nous plusieurs occasions d'éprouver des sensations agréables. Il s'y rencontre aussi des sources de chagrin &

de douleur. Difons donc que Dieu nous fait du mal. Ceux qui croient que Dieu nous veut du bien parce qu'il nous en arrive, peuvent-ils s'empêcher de penfer qu'il nous veut du mal puifqu'il nous en arrive auffi?

„ Voyez, me dites-vous, ce que Dieu a fait pour
„ vous, & reconnoiffez par-tout fa main bienfaifan-
„ te. Non feulement il vous a donné la vie; mais
„ il vous la rend agréable. Il vous a fourni non
„ feulement le néceffaire, mais le commode. Il a
„ enrichi le ciel & la terre de mille beautés: il vous
„ a donné des fens pour en jouir. Il a mis une
„ exacte proportion entre les objets extérieurs &
„ vos befoins. Il a attaché du plaifir au repos & à
„ l'exercice, au manger & au boire, au travail &
„ au fommeil, quand vous ufez de ces chofes avec
„ modération, parce qu'elles vous font utiles. Il
„ vous attire à la plupart des fonctions naturelles
„ par inftinct & par goût, ce qui eft la maniere la
„ plus douce de gouverner les Etres fenfibles. Il a
„ fait enforte que toutes les chofes vraiment
„ avantageufes fuffent faciles à trouver pour tout le
„ monde, au lieu que ce qui eft rare n'eft que du
„ fuperflu.

„ Il vous a donné l'intelligence, la mémoire, la
„ liberté, la raifon, les principes des fciences &
„ de la morale, l'ufage de la parole, l'avantage de
„ vivre en fociété, & de tirer ainfi mille fecours
„ de vos femblables; la fupériorité fur les animaux
„ dont plufieurs font véritablement deftinés à vous
„ fervir; enfin l'induftrie pour les arts qui font d'un
„ fi grand fecours à la vie humaine! Si la bonté
„ confifte à faire du bien, quelle bonté égale celle
„ de Dieu?"

Si vous ne cherchez pas à me tromper, découvrez moi l'autre partie du tableau. Voyez que de maux font accumulés fur ma tête & autour de moi, pour me faire maudir le jour où je fuis né. Cette vie

vie, que vous me vantez comme un don précieux, est traversée de peines, d'embarras, de maladies aiguës qui me la rendent longue, amere & insupportable. Pesez les biens & les maux, & jugez si c'est plutôt un présent qu'une punition. N'oubliez pas de mettre dans la balance cette foule de malheureux dont la misere a sillonné le front, qui courbés sous le poids des ans & de l'indigence, viennent mendier à votre porte un nécessaire que vous avez la cruauté de leur refuser. Vous avez ce nécessaire, vous jouissez encore du commode; combien de gens ont l'un & l'autre, sans en être plus heureux! Ils désirent le superflu, le fastueux, & ce desir effréné empoisonne la jouissance de ce qu'ils ont. Qui a mis ce serpent dans leur cœur pour les tourmenter sans cesse, leur ôter le goût de ce qu'ils possedent, & leur en donner un qu'ils ne peuvent satisfaire? Il est né du fond de leur être, de la corruption de leur nature. Qui a rendu leur être si malheureusement fécond? Qui l'a fait sujet à la corruption? Vous dites que Dieu a enrichi le ciel & la terre de mille beautés. Vous comptez sans doute au nombre de ces beautés, le tonnerre qui gronde sur nos têtes, prêt à nous écraser, les chaleurs excessives qui brûlent l'Affricain, ces bouches épouvantables qui vomissent au loin des torrens de feu, ces abymes qui engloutissent des villes entieres, &c. Nous avons des sens, sources d'une belle variété de plaisirs: sont-ils moins des sources de douleurs? Si les premiers nous font chérir notre existence, combien celles-ci nous la rendent-elles plus à charge? Il y a de la proportion entre les objets extérieurs & nos besoins, mais il n'y en a point entre les objets extérieurs & nos desirs, ces tirans de l'ame qui gémit sous leur joug impérieux. Par quelle fatalité inexplicable, le vice, le plus grand des maux & le pere de tous les autres, a-t-il pour nous tant d'attraits? Le plaisir nous invite au repos & à l'exercice, au boire & au manger, au travail & au sommeil : un doux inſtinct nous attire à toutes les fonctions naturelles. Mais quel eſt l'homme pour qui cet inſtinct, cet amour du bien-être, n'ait jamais été un principe corrupteur & deſtructeur ? Que tous ces dons ſeroient précieux, ſi nous n'avions pas le funeſte talent d'en abuſer ! Par lui tout ſe convertit en poiſon pour nous. L'intelligence propre à trouver la vérité eſt un inſtrument de menſonge, la liberté fait le mérite des bonnes actions & le démérite des mauvaiſes, la raiſon nous égare auſſi ſouvent qu'elle nous éclaire. L'avantage de vivre en ſociété ſe réduit à avoir plus de miſeres & plus de biens que les ſauvages qui errent dans les forêts, & peut-être tout n'eſt-il pas ici en proportion, la ſomme des maux l'emportant chez nous ? Si en vivant avec nos ſemblables nous en recevons quelques ſecours, qu'ils nous les font acheter cher ! Voyez quelle haine les hommes ſe portent les uns aux autres dans la ſociété : comptez les aſſaſſinats, les vols, les duels, les révoltes, les guerres. Voyez quelle joie tranſporte les nations, lorſqu'elles apprennent que leurs ſoldats ont tué des milliers d'ennemis, pillé & ſaccagé des villes, brûlé des fortereſſes, ravagé des provinces, n'épargnant ni âge, ni ſexe, ni condition. Quelle allégreſſe s'empare alors des ames les plus foibles & les moins ſanguinaires ? Les femmes & les enfans ſe livrent à une

_____

(dd) ,, Les maux auxquels nous ſommes ſujets dans cette vie, peu-
,, vent avoir leur utilité. Ils ſervent à rabattre l'orgueil humain, &
,, à mortifier la ſenſualité & la moleſſe. Ils nous ramenent à l'humi-
,, lité, à la tempérance & à la compaſſion fraternelle. Ils nous font
,, connoître la vanité des choſes terreſtres, & nous avertiſſent de
,, chercher ailleurs le ſouverain bien. Ce ſont des remedes amers
,, mais ſalutaires. Ce ſont des châtimens utiles, comme les corrections
,, d'un pere dans ſa famille. Ce ſont des épreuves par où la piété
,, s'épure, comme l'or s'épure par le feu. On voit par l'Hiſtoire que
,, les perſonnes d'une vertu éminente, ſont celles qui ont paſſé par
,, beaucoup d'adverſités. Il faut des obſtacles pour exercer la vertu;
,, il faut des combats pour parvenir à la gloire." *Inſtruction Chrétienne.*
Cela eſt à merveille. Mais tout raiſonnement qui prouvera les avantages de l'adverſité, aura la même force pour montrer les deſavan-

joie inconsidérée. C'est une fête générale: de toutes parts brillent des feux & des illuminations. Le salpêtre porte jusqu'au ciel des marques brillantes de leur ivresse. Des tonneres d'artillerie la font connoître au loin. Ainsi les hommes s'aiment dans la société! Acharnés à la destruction les uns des autres, ils se réjouissent d'avoir massacré leurs semblables, ils en remercient la Divinité, comme si elle s'intéressoit à leurs débats, & protégeoit leurs fureurs: ils la prient de leur accorder souvent de pareils exploits sur leurs semblables. Combien de fois cet étonnant spectacle s'est-il renouvellé pendant les horreurs de la derniere guerre? Qu'on juge d'après ce tableau, les secours mutuels qu'ils se rendent dans la société. Si la malice consiste à faire du mal, considérez de combien de maux Dieu a rempli la carriere de l'homme, & osez prononcer.

Ce que l'on allegue ordinairement pour prouver l'utilité des maux de cette vie, des revers de la fortune, des afflictions du juste, que l'on prétend être des moyens de vertu, des épreuves qui lui sont ménagées par une providence particuliere, pour lui faire acquérir de nouveaux mérites par de nouveaux efforts de courage & de justice, tend directement à nous faire regarder la prosperité & les biens de ce monde comme des pieges tendus à l'innocence des hommes, pour lui faire faire un triste naufrage (*dd*).

---

tages de la prospérité: ainsi ce que l'on croira gagner en bien d'un côté, se trouvera perdu de l'autre. La bonté divine qui éclatera dans les épreuves, les tentations & les peines de ce monde, sera moins sensible dans les biens que l'on devra regarder comme des dons empoisonnés. Quels inconvéniens n'entraînent-ils pas après eux? Malheur à ceux qui en jouissent! Les prospérités mondaines nourrissent l'orgueil humain, enflamment les passions, accoutument à une vie molle & sensuelle, endurcissent le cœur, & le rendent insensible aux pleurs des misérables. Elles attachent l'homme à la terre où il trouve le contentement, au mépris du souverain bien. Ce sont des présens agréables, mais dangereux; & d'autant plus dangereux que l'on s'en défie moins: le plaisir rend crédule: on se livre aisément à ce qui plaît. Ouvrez l'histoire, vous verrez les sages perdre leur vertu, & les héros oublier leur gloire, dans l'ivresse de la prospérité.

Au moins est-il évident que Dieu n'agit pas avec une égale bonté dans cette distribution inégale des biens & des adversités. Une qualité que l'on fait varier pour l'accommoder à l'expérience, n'est-elle pas une foiblesse indigne de lui ?

Quand l'homme seroit plus misérable qu'il ne l'est, je serois bien éloigné de croire que Dieu lui veuille du mal. Quand il auroit incomparablement plus de biens & de félicité qu'il n'en a, je ne saurois penser non plus que Dieu lui voulût du bien (*ee*). La bienveillance & la malveillance, telles que je les conçois, sont deux affections auxquelles l'Essence Divine n'est point sujette.

Dieu veut tout ce qu'il fait : rien n'arrive contre sa volonté...

Nous n'entendons guere, je crois, ce que ce langage signifie. Si rien n'arrive contre la volonté de Dieu, qu'est-ce qui arrive selon sa volonté ? Dieu a-t-il une volonté ? L'embarras où l'on se met en appliquant ce mot à Dieu, les distinctions, divisions & comparaisons que l'on emploie pour le lui faire convenir, sans y réussir après tant d'efforts, font bien voir que le préjugé influe davantage dans cette application, que la force du raisonnement. Nous ignorons ce que c'est que vouloir par rapport à Dieu, & en disant que Dieu veut ceci, ou cela, nous lui supposons gratuitement une faculté de notre ame.

Il n'y a pour Dieu ni travail, ni repos ; le faire

(*ee*) „ Dieu étant une nature infiniment parfaite, ne peut agir que
„ conformément à ses perfections ; car ce seroit en déchoir, & par
„ conséquent être imparfait, que d'agir d'une maniere qui y fut op-
„ posée. C'est donc ce qui a déterminé Dieu à vouloir créer l'Uni-
„ vers, & il l'a fait parce que cela étoit conforme à ses perfections.
„ C'est-là la regle unique de la conduite de Dieu, qui est tout-à-fait
„ immuable ; c'est-là le motif de toutes ses actions. Sa conduite peut
„ être diverse, parce qu'entre une infinité de manieres d'agir égale-
„ ment parfaites & conformes à sa nature, il peut choisir celle qu'il
„ veut ; mais elle ne peut pas être mauvaise, en sorte que Dieu
„ choisisse le mal & le bien indifféremment. Comme Dieu ne peut

agir feulement pour qu'il ne refte pas dans l'inaction, dans la crainte d'en faire un Dieu fainéant, c'eft le confondre avec l'homme. Celui-ci craignant les dangers de la molleffe peut agir uniquement pour s'occuper dans le moment actuel, fans autre but. C'eft ainfi que l'on nous dit que quelques folitaires faifoient des paniers d'ofier qu'ils défaifoient enfuite. Eft-ce fageffe ou folie? Quoi qu'il en foit, on ne me perfuadera jamais que Dieu agiffe pour agir. Si l'action eft au-deffus de l'inaction, ce n'eft qu'à l'égard de la créature tellement foumife à l'une & à l'autre, qu'il n'y a point de milieu pour elle, & non pour l'Etre infiniment au-deffus de tout exercice & de tout repos.

Il eft difficile de faire agir Dieu pour une fin qui lui convienne, quand il ne convient pas même à Dieu d'agir pour une fin.

CHAPITRE LXXII.

Suite.

Dieu fuppofé infiniment bon & fage ne peut encore faire éclater fa bonté & fa fageffe infinies dans l'univers.

JE viens de dire que les créatures ne fauroient porter l'empreinte d'une fageffe infinie (*) : j'en

---

„ pas pécher par ignorance, parce qu'il fait tout: il ne peut pas
„ agir par malignité, parce qu'il eft tout-bon.
„ Ainfi quand il a créé l'Univers, & dans cet Univers des Créa-
„ tures intelligentes, & capables de fentir la douleur & le plaifir, il
„ ne peut l'avoir fait que pour leur faire du bien, conformément à
„ fa Nature bienfaifante." Pourquoi donc font-elles fi malheureufes?
Leurs fouffrances font donc contre fes intentions. La peine paffe le
plaifir pour plufieurs: quelle qu'en foit la caufe, Dieu n'ignoroit pas
qu'elle auroit un effet fi contraire à fes vues; où eft la bienfaifance
d'avoir expofé fes créatures à être fi miférables, par un préfent auffi
dangereux que la liberté pour le mal?
(*) Ci-devant Chap. LXX. vers la fin.

puis dire autant d'une bonté suppofée infinie. On croit réfuter ce peu de mots : voici comment.

,, La bonté de Dieu, ou, fi l'on veut, fa béné-
,, ficence eft infinie, comme toutes les autres per-
,, fections: c'eft-à-dire qu'elle n'eft bornée par au-
,, cun défaut qui foit oppofé à la bonté, en forte
,, que l'on puiffe dire que Dieu prend plaifir à faire
,, mal, ou que s'il s'étoit conduit autrement, il au-
,, roit fait paroître plus de bonté. Ce feroit accu-
,, fer Dieu d'imperfection....
,, Mais il faut favoir que Dieu, pour faire éclater
,, cette bonté, a fait une infinité de créatures in-
,, telligentes, comme il paroît par ce que l'Ecri-
,, ture Sainte dit des Anges, dont elle marque di-
,, verfes fortes. Outre ce que l'Ecriture nous ap-
,, prend là-deffus, la Raifon nous conduit à affurer
,, la même chofe....
,, La bonté de Dieu paroît donc telle qu'elle eft,
,, c'eft-à-dire infinie, dans le nombre infini des
,, créatures fur lefquelles elle fe répand. Si nous ne
,, la voyons pas en cette vie auffi clairement que
,, nous le fouhaiterions, parce que nous fommes
,, attachés à cette Terre, nous la verrons dans
,, l'autre, & ce magnifique fpectacle nous remplira
,, d'admiration & d'amour pour la fuprême bonté de
,, celui qui a fait toutes chofes.
,, Elle paroîtra encore d'une autre maniere, c'eft-
,, à-dire, dans la durée éternelle des bienfaits
,, qu'elle répandra fans difcontinuation fur fes créa-
,, tures. J'avoue que comme notre durée a eu un
,, commencement & qu'elle eft fucceffive, nous ne
,, pourrons jamais jouir tout à la fois de l'éternité
,, de ces bienfaits; mais nous en jouirons en quel-
,, que forte par la certitude que nous aurons qu'ils
,, dureront toujours.
,, On ne doit pas objecter à cela, que Dieu a fait
,, des créatures à qui il auroit plus donné, s'il avoit
,, voulu, & dans qui fa bonté paroît par conféquent
,, bornée. La bonté divine, qui eft infinie, ne

CINQUIEME PARTIE.

,, peut pas paroître toute entiere dans une créa-
,, ture finie. Il la faut confidérer dans l'infinité
,, des créatures qu'elle a produites dans tout l'uni-
,, vers auquel on ne fauroit trouver de bornes. On
,, ne doit pas non plus objecter qu'elle ne fe fait
,, pas fentir auffi grande qu'il eft poffible, dans tous
,, les momens de la durée de chaque créature; il
,, fuffit qu'elle leur foit affurée pour l'éternité.

,, Il en eft de même des autres attributs de Dieu
,, qui ne paroiffent dans chaque créature, que felon
,, que la nature bornée des créatures le permet. Il
,, n'y a point de Chrétien, ni de Philofophe, qui
,, puiffe douter que la puiffance de Dieu ne foit
,, infinie. Cependant chaque ouvrage de Dieu n'a
,, pas tout ce qu'il pourroit avoir, à l'égard des
,, degrés de perfection; & en chaque moment Dieu
,, ne déploie pas fa Toute-puiffance à nos yeux,
,, dans toute fon étendue, en tout ce que nous
,, voyons. Mais quand on envifage le nombre
,, infini des créatures dans lefquelles Dieu fait pa-
,, roître fa puiffance, & que l'on penfe que cela
,, durera toujours, & fans difcontinuation; on con-
,, çoit facilement que la puiffance de Dieu n'a
,, point de bornes. On ne peut pas dire que Dieu
,, n'eft pas préfent par-tout, dans l'efpace infini où
,, fes ouvrages font placés, parce que l'on ne peut
,, voir à la fois qu'une très-petite partie de cet
,, efpace.

,, Il eft abfurde de juger du tout par quelques
,, parties feulement, il le faut envifager tout en-
,, tier, pour en faire un jugement folide. Il ne
,, faut donc pas juger de l'étendue de la bonté, ou
,, de la bénéficence de Dieu, par une feule créa-
,, ture, telle qu'eft l'homme, par exemple; ni par
,, le peu de temps que nous voyons la nature hu-
,, maine fur la terre. Il faut, autant qu'il eft pos-
,, fible, confidérer d'un coup d'œil le nombre infini
,, de créatures intelligentes qui jouiffent, chacune
,, à proportion de fa nature, de la bonté divine. Il

„ faut oublier notre courte durée, considérer l'éter-
„ nel avenir qui doit suivre le moment auquel nous
„ vivons, & les ressources infinies que Dieu a pour
„ combler de biens tous ceux qu'il voudra, pendant
„ une durée qui n'aura point de fin.
„ On voit une variété surprenante dans les créa-
„ tures sensibles qui sont sur notre terre, soit que
„ l'on considere celles qui sont destituées de vie,
„ comme les pierres & les minéraux, soit que l'on
„ tourne les yeux sur les plantes & les animaux,
„ depuis les moins parfaits tels que sont les huitres
„ & les autres qui vivent dans les coquilles, jus-
„ qu'aux plus excellens comme les hommes. Il n'est
„ pas difficile de comprendre que Dieu a voulu fai-
„ re connoître sa puissance à nos yeux par cette
„ étonnante variété; & il est certain qu'elle ne pa-
„ roîtroit pas, comme elle paroit, dans un petit
„ nombre de créatures.
„ Cela étant, il ne faut pas censurer chaque espe-
„ ce, comme si elle étoit imparfaite, parce que
„ l'on voit en d'autres quelques degrés de perfec-
„ tion, qu'elle ne renferme pas. Il ne faut pas,
„ par exemple, ne jetter les yeux que sur cette
„ seule terre qui est peut-être la moindre partie de
„ l'univers: ni censurer les plantes, parce qu'elles
„ ne sont pas douées de sentiment: ou les bêtes,
„ parce qu'elles n'ont pas la raison: ou les hom-
„ mes, parce qu'ils ne sont pas anges: ou les an-
„ ges, parce qu'ils ne sont pas Dieux. Si l'on rai-
„ sonnoit de cette maniere, Dieu ne pourroit rien
„ avoir créé, parce qu'il n'y a que lui seul qui soit
„ absolument parfait; ou tout au plus il ne pour-
„ roit avoir fait que des Etres du premier ordre. Si
„ cela étoit, on ne verroit pas dans l'univers la
„ variété infinie qui en fait le plus bel ornement.
„ Il y a des créatures intelligences au dessus de
„ l'homme, & il y a des créatures animées & ina-
„ nimées qui sont au dessous de lui. Les créatures
„ inanimées n'ont aucune action d'elles-mêmes,

,, elles font remuées par d'autres, & ne fe meuvent
,, & n'agiffent les unes fur les autres, que felon des
,, regles méchaniques, qu'elles ne violent jamais.
,, Les animaux ont du mouvement d'eux-mêmes,
,, mais ceux qui font deftitués de raifon, agiffent
,, toujours à peu près de la même maniere, & de-
,, meurent dans le même état, qu'ils ne rendent ni
,, pire ni meilleur; par leur bonne, ou par leur
,, mauvaife conduite. Il y a au deffus de l'homme
,, des Etres de diverfes fortes, qui, felon toutes
,, les apparences, agiffent conftamment felon l'or-
,, dre que Dieu a établi, fans pouvoir s'en écarter,
,, parce qu'ils jouiffent de la fouveraine félicité.
,, L'homme a été créé, dans fon efpece, plus par-
,, fait que les autres animaux, puifque par fa bonne
,, conduite, il peut rendre fa condition beaucoup
,, meilleure; comme on voit qu'il le fait fur la terre
,, par le moyen des arts, des fciences & des focié-
,, tés qu'il a formées. Mais auffi il s'eft mis dans
,, un état pire que celui d'innocence, dans lequel il
,, a été créé, en négligeant les loix qu'il avoit re-
,, çues de Dieu, par la raifon & par la révéla-
,, tion. En ceci, il eft fans-doute inférieur aux an-
,, ges bien-heureux, comme d'un autre côté il eft
,, élevé au deffus des bêtes.
,, Si l'on demande pourquoi l'homme eft fujet à
,, cet inconvénient, il eft facile de répondre que
,, c'eft parce que Dieu l'a créé libre, c'eft-à-dire
,, dans un état, où il n'eft déterminé invincible-
,, ment ni à la vertu, ni au vice, & où il peut s'a-
,, donner à l'un, ou à l'autre. Dieu l'a créé tel,
,, parce qu'entre les créatures qui compofent l'uni-
,, vers, il en a voulu faire quelques-unes qui fuf-
,, fent foumifes à des loix accompagnées de pro-
,, meffes & de menaces, de récompenfes & de pei-
,, nes. On ne peut donner des loix qu'à des créa-
,, tures de cette forte, car pour celles qui agiffent
,, invinciblement d'une certaine maniere, on ne
,, peut leur rien commander, ni leur rien défendre;

„ parce que, quoi qu'on faſſe, elles agiront toujours
„ ſelon le penchant invincible de leur nature. Auſſi
„ ne peut-on ni les louer, ni les blâmer, ni les
„ récompenſer, ni les punir.

„ Si Dieu n'avoit fait aucune créature libre,
„ ç'auroit été une eſpece particuliere d'Etre très
„ remarquable, qu'il n'auroit pas produite, & ſa
„ puiſſance n'auroit pas ſi fort paru. Car enfin
„ plus grande eſt la variété des Etres, plus la puiſ-
„ ſance, qui les a produits, paroît grande & éten-
„ due.

„ Si Dieu, en faiſant l'homme, avoit cru faire
„ une intelligence impeccable, ou même qui ne
„ pécheroit point; il faudroit avouer qu'il ſe ſeroit
„ trompé, ou que ſa puiſſance ne ſeroit pas allée
„ juſques-là. Mais la toute-ſcience de Dieu ne
„ permet pas que nous doutions qu'il n'ait ſu quel
„ ſeroit le ſort de ſes ouvrages; comme ſa toute-
„ puiſſance & l'exemple des créatures plus relevées
„ nous convainquent qu'il a pu faire des intelligen-
„ ces qui ne fuſſent pas ſujettes au changement. Si
„ l'on demande pourquoi Dieu n'a pas empêché
„ que l'homme ne changeât en pis, puiſqu'il pou-
„ voit prévenir ce mal, & que cela ſembloit être
„ conforme à ſa bonté envers cette ſorte de créa-
„ tures, & même à ſa ſainteté, à qui les vices,
„ dans leſquels les hommes ſont tombés, & les
„ péchés qu'ils ont commis, doivent être deſagréa-
„ bles; je répondrai 1. que ſi Dieu avoit réſolu
„ d'empêcher le changement en pis, cela auroit été
„ contraire à la ſuppoſition que l'on a faite, que
„ Dieu, dans la prodigieuſe variété des créatures
„ intelligentes qu'il a tirées du néant, a voulu qu'il
„ y en eût une ſorte qui fût ſujette à changer; car
„ enfin dire qu'il l'avoit faite immuable de ſa natu-
„ re, ou dire qu'il avoit réſolu d'intervenir pour
„ l'empêcher de changer, c'eſt à peu près la même
„ choſe: 2. parce que le mal n'étoit pas grand, ou
„ plutôt très petit, eu égard à tout le reſte de

,l'étendue de l'univers, dans laquelle il ne change
,rien, & qu'il y remédieroit en un moment quand
,il lui plairoit (*)."

Ainsi l'homme s'égare dans ses pensées téméraires. Il ose assujettir la Divinité à ses raisonnemens, & substituer des conjectures à une économie de choses qu'il ignore. Examinons-les, ces conjectures, suivant une méthode que j'emploie volontiers à cause de sa simplicité. Je ne crains pas le reproche d'en user trop souvent. Lorsqu'on veut détruire un ancien préjugé, sur-tout lorsqu'il tient à un sujet aussi important que celui qui m'occupe, on ne sauroit trop se rendre attentif aux raisons dont ses partisans l'appuient. Je vais leur opposer les miennes: de plus savans que moi décideront.

„ La bonté de Dieu, ou, si l'on veut, sa bénéfi-
„ cence est infinie, comme toutes ses autres
„ perfections: c'est-à-dire qu'elle n'est bornée
„ par aucun défaut qui soit opposé à la bonté,
„ en sorte que l'on puisse dire que Dieu prend
„ plaisir à mal faire, ou que s'il s'étoit conduit
„ autrement, il auroit fait paroître plus de
„ bonté. Ce seroit accuser Dieu d'imperfec-
„ tion . . . ."

Sans doute on ne doit pas dire que Dieu prend plaisir à mal faire. Je ne pense pas non plus que l'on puisse dire que Dieu prend plaisir à bien faire. Ce plaisir est pour l'homme généreux & bienfaisant. Il a pour base la sensibilité qui est un appanage de la Nature humaine.

Dans la supposition que Dieu est bon, il fait paroître sa bonté dans la mesure précise du bien qu'il fait. Vous dites qu'il pourroit faire plus de bien qu'il n'en fait: il pourroit donc montrer plus de

---

(*) Bibliotheque choisie de J. le Clerc, T. XII. p. 331. & suiv.

bonté; & il en auroit montré davantage, s'il avoi fait ce qu'il a pu. Je ne vois pas qu'il y ait d'inconvénient à énoncer une conséquence nécessaire d'une supposition admise pour une vérité.

C'est accuser Dieu d'imperfection?.. Il est vrai, c'est affirmer que Dieu n'a pas fait paroître une bonté infinie. Cette assertion est-elle plus répréhensible, que cette autre-ci : Dieu peut faire plus de bien qu'il n'en fait? Le sens est le même, & l'une n'a pas plus de force que l'autre.

Un Etre qui agit par un motif pur de bonté, fait tout le bien qu'il peut. S'il a une puissance & une bonté infinies, il fera un bien infini. Mais un bien, tel que celui qui existe dans le système présent, en y comprenant ses suites, n'est point infini, s'il pourroit être plus grand; & il ne prouve point une bonté infinie, s'il n'est pas infini.

„ Il faut savoir que Dieu, pour faire éclater cette
„ bonté, a fait une infinité de créatures intel-
„ ligentes, comme il paroit par ce que l'Ecri-
„ ture Sainte dit des Anges, dont elle marque
„ diverses sortes. Outre ce que l'Ecriture nous
„ apprend là-dessus, la Raison nous conduit à
„ assurer la même chose...."

L'Ecriture marque diverses sortes d'Etres spirituels au-dessus de l'homme : la Raison porte à admettre une infinité de créatures intelligentes : soit. Cette infinité n'est pourtant pas du même ordre que celle de Dieu. Dès lors la création d'une telle infinité de créatures intelligentes ne prouve point encore l'infinité de la bonté divine. Voyons pourtant.

„ La bonté de Dieu paroît donc telle qu'elle est,
„ c'est-à-dire infinie, dans le nombre infini des
„ créatures sur lesquelles elle se répand. Si
„ nous ne la voyons pas en cette vie aussi clai-
„ rement que nous le souhaiterions, parce que

„ nous sommes attachés à cette terre, nous la
„ verrons dans l'autre, & ce magnifique spec-
„ tacle nous remplira d'admiration & d'amour
„ pour la suprême bonté de celui qui a fait
„ toutes choses."

La bonté de Dieu ne peut donc paroître telle qu'elle est, c'est-à-dire infinie, dans le nombre des créatures sur lesquelles elle se répand, quelque infini qu'on le suppose. Cette derniere infinité n'étant pas du même ordre que l'infinité de la bonté divine, elle ne sauroit en porter l'empreinte, ni en recevoir la plénitude. Ensuite la bonté ne sauroit éclater infiniment, même d'une infinité du second ordre, qu'autant que toutes les créatures sont heureuses. Le mal d'une seule suffit pour que l'étendue de la bonté du Créateur soit au-dessus du nombre des créatures sensibles. Puisque l'on prend le nombre des heureux pour mesure de la bonté divine, si le nombre des heureux est moindre que celui des Etres intelligens, les dégrés de la bonté le seront aussi, & dans l'hypothese d'une infinité de créatures, si une seule n'est pas heureuse, la bienfaisance divine ne se montrera point d'une maniere infinie. Que sera-ce si plus de la moitié de ces individus susceptibles de félicité, sont condamnés à un état de souffrance irremédiable?

Nous ne voyons pas, en cette vie, que la bonté de Dieu éclate infiniment. Se flatter de le voir dans l'autre, n'est-ce pas se repaître d'une vaine chimere? Ce spectacle fût-il aussi réel que magnifique, les yeux d'un esprit borné deviendront-ils capables d'en jouir. Cherchons des distractions à notre misere présente. Esperons un avenir meilleur. Mais ne nous figurons pas l'image d'un bonheur disproportionné à notre nature.

„ Elle paroîtra encore d'une autre maniere, c'est-
„ à-dire dans la durée éternelle des bienfaits

„ qu'elle répandra fans difcontinuation fur fes
„ créatures. J'avoue que comme notre durée
„ a eu un commencement, & qu'elle eft fuc-
„ ceffive, nous ne pourrons jamais jouir tout
„ à la fois de l'éternité de ces bienfaits ; mais
„ nous en jouirons en quelque forte par la cer-
„ titude que nous aurons qu'ils dureront tou-
„ jours."

La durée éternelle des bienfaits que Dieu répandra fans difcontinuation fur fes créatures, prouve uniquement la manifeftation éternelle de fa bonté, c'eft-à-dire une manifeftation qui n'aura point de fin, quoiqu'elle ait eu un commencement, femblable en cela à la durée des créatures. Dieu n'a pas toujours exercé cette bonté ; quelque chofe en arrêtoit les effets ; que ce foit fa liberté & fon indépendance, peu importe. Ces effets n'embraffent pas l'éternité *antérieure*, ils ne montrent donc pas une bonté infinie d'une infinité qui convienne à une perfection de Dieu.

L'exiftence des créatures n'aura point de fin, cette durée, dite éternelle, n'eft point une marque d'infinité. La durée des bienfaits de Dieu fur elle peut de même être éternelle : malgré cette éternité la bonté divine ne leur faifant qu'autant de bien que leur capacité le permet, & leur capacité n'admettant qu'un bien fini, elle éclatera toujours d'une maniere bornée.

Nous ne pourrons jouir tout à la fois de l'éternité des bontés divines : nous en jouirons *en quelque forte* par la certitude que nous aurons qu'ils dureront toujours.... Voudroit-on nous perfuader que nous jouirons *en quelque forte* de l'infinité de cette bonté en jouiffant *en quelque forte* de fon éternité par la certitude où nous ferons de fa perfévérance éternelle ? Je n'ai rien à répondre à cette fubtilité, finon que je n'entends pas de quelle *forte* on veut parler.

Nous jouirons succeſſivement des bienfaits de Dieu, à raiſon de notre durée ſucceſſive. Ainſi le temps devient la meſure de ce qui n'en peut pas avoir. La bonté infinie paſſe comme l'exiſtence des créatures, & eſt ſoumiſe aux mêmes viciſſitudes. Si rien ne s'anéantit, comme le monde ſenſible & intelligent acquiert à chaque inſtant des Etres par les nouvelles générations qui ſe forment, la bonté divine croît à chaque inſtant pour ſe répandre ſur un plus grand nombre de créatures. S'il en périt, elle ſe reſſerre. Elle paſſe des unes aux autres: car toutes ne ſont pas également heureuſes à chaque point de leur exiſtence: leur état varie ſans ceſſe, la bonté divine varie avec lui. Hier nous nous croyions heureux : aujourd'hui le malheur nous accable. Cet inſtant de félicité a paſſé comme un ſonge, la bonté divine s'eſt éclipſée avec lui... Je n'ai pas le courage de développer cette idée puérile.

„ On ne doit pas objecter à cela, que Dieu a fait
„ des créatures à qui il auroit plus donné, s'il
„ avoit voulu, & dans qui ſa bonté paroît par
„ conſéquent bornée. La bonté divine, qui eſt
„ infinie, ne peut pas paroître toute entière
„ dans une créature finie. Il la faut conſidérer
„ dans l'infinité des créatures qu'elle a produi-
„ tes dans tout l'univers, auquel on ne ſauroit
„ trouver de bornes."

Une perfection infinie par eſſence ſe reſſerre-t-elle à volonté, peut-elle être bornée dans les créatures priſes individuellement, plus étendue dans l'une, moindre dans l'autre, & infinie dans la totalité ? Et encore quelle infinité ! Dieu n'a pu créer l'infini ſemblable à lui: toutes les créatures ne ſont pas heureuſes : celles qui le ſont, ne le ſont pas autant qu'elles pourroient l'être. Comment les bienfaits qu'elles reçoivent de Dieu, repréſenteroientils une bonté infinie de l'infinité de Dieu ? Nous l'imaginons ainsi. Quelle foi mérite une imagination pareille ?

> „ On ne doit pas non plus objecter qu'elle ne se
> „ fait pas sentir aussi grande qu'il est possible,
> „ dans tous les momens de la durée de cha-
> „ que créature: il suffit qu'elle leur soit assu-
> „ rée pour l'éternité."

On le dit ; je crois avoir prouvé le contraire. Ajoutez que cette vie est le terme de la bonté divine pour ceux qui seront tourmentés éternellement.

> „ Il en est de même des autres attributs de Dieu
> „ qui ne paroissent dans chaque créature que
> „ selon que la nature bornée des créatures le
> „ permet. Il n'y a point de Chrétien ni de
> „ Philosophe qui puisse douter que la puissance
> „ de Dieu ne soit infinie. Cependant chaque
> „ ouvrage de Dieu n'a pas tout ce qu'il pour-
> „ roit avoir, à l'égard des degrés de perfec-
> „ tion, & en chaque moment Dieu ne déploie
> „ pas sa Toute-puissance à nos yeux, dans
> „ toute son étendue, en tout ce que nous
> „ voyons. Mais quand on envisage le nombre
> „ infini des créatures dans lesquelles Dieu fait
> „ paroître sa puissance, & que l'on pense que
> „ cela durera toujours, & sans discontinuation;
> „ on conçoit facilement que la puissance de
> „ Dieu n'a point de bornes."

D'autres, sans recourir à l'infinité des créatures, infinité contestée, infinité que notre vue n'embrasse point, infinité qui ne seroit en tout cas que secondaire, disent que „ quoique les ouvrages de Dieu
„ soient bornés, sa puissance ne laisse pas d'être
„ infinie ; que quand même au-lieu de ces globes
„ incomparables suspendus sur nos têtes, au-lieu de
„ ce

„ ce monde brillant le palais & l'empire de l'hom-
„ me, au-lieu de ces Etres intelligens presque égaux
„ à Dieu par la pensée, Dieu n'eût créé qu'un
„ seul atôme nageant & pour-ainsi-dire égaré dans
„ l'immensité de l'espace; cet atôme créé prouve-
„ roit encore une puissance infinie, parce qu'il n'y
„ a qu'une puissance infinie qui puisse tirer du néant
„ la plus petite chose."

Que l'infinité de la puissance créatrice consiste dans le pouvoir même de créer, c'est-à-dire de faire qu'une chose qui n'étoit pas soit, ou dans la faculté de donner l'existence à une infinité de choses; il est toujours sûr que nous ignorons ce que c'est que la vertu de faire exister ce qui n'est pas, & que d'ailleurs le spectacle de l'univers ne nous offre point une infinité de créatures. Il y en a une belle & grande variété, qui annonce une puissance proportionnée. Nous n'y appercevons du reste aucunes traces d'infinité: notre vue n'est point assez vaste, pour que Dieu nous manifeste l'infinité de sa puissance.

„ On ne peut pas dire que Dieu n'est pas présent
„ par-tout, dans l'espace infini où ses ouvrages
„ sont placés, parce que l'on ne peut voir à-la-
„ fois qu'une très petite partie de cet espace."

On dira pourtant avec raison, que cet espace paroît borné; que si on le juge infini, ce n'est point sur la connoissance visuelle de son infinité qui ne sauroit être apperçue. Quelque grand espace que l'on imagine, il n'est point l'image de l'immensité divine. Les biens, dont nous jouissons, n'annoncent pas mieux une bienveillance infinie.

„ Il est absurde de juger du tout par quelques
„ parties seulement, il le faut envisager tout
„ entier, pour en faire un jugement solide. Il

„ ne faut donc pas juger de la bonté, ou de la
„ bénéficence de Dieu, par une seule créature
„ telle qu'est l'homme, par exemple, ni par
„ le peu de temps que nous voyons la nature
„ humaine sur la terre. Il faut, autant qu'il
„ est possible, considérer d'un coup d'œil le
„ nombre infini des créatures intelligentes qui
„ jouissent, chacune à proportion de sa nature,
„ de la bonté divine. Il faut oublier notre
„ courte durée, considérer l'éternel avenir qui
„ doit suivre le moment auquel nous vivons,
„ & les ressources infinies que Dieu a pour
„ combler de biens tous ceux qu'il voudra,
„ pendant une durée qui n'aura point de fin."

Puisqu'il faut envisager l'ensemble & la totalité des perfections de Dieu pour en porter un jugement solide, renonçons tout-à-fait à ce jugement : car notre esprit s'efforceroit inutilement d'embrasser l'infinité divine.

En lisant ce que l'on dit ici du nombre infini des créatures intelligentes, de l'éternel avenir, & des ressources infinies de Dieu pour faire que cette éternité soit heureuse pour toutes, songeons combien de malheureux pour qui l'existence est un mal, & l sera peut-être toujours : la bonté qui les oublie ou les néglige, est-elle infinie ? Combien de tristes momens dans la courte durée de cette vie ! Ils abregent d'autant l'éternelle félicité : ne seront-ils comptés pour rien dans l'appréciation de la bonté d Dieu ? Combien de crimes mettront le plus grand nombre des hommes hors d'état de profiter de se miséricordes infinies, sinon pour toujours, au moin pour un temps ! Ou plutôt ses miséricordes sont-elles infinies, quand la foiblesse de l'homme peut en arrêter ou en empêcher les effets ?

„ On voit une variété surprenante dans les créa-
„ tures sensibles qui sont sur notre terre, soit

„ que l'on confidere celles qui font deftituées
„ de vie, comme les pierres & les mineraux;
„ foit que l'on tourne fes yeux fur les plantes
„ & les animaux, depuis les moins parfaits,
„ tels que font les huitres & les autres qui vi-
„ vent dans des coquilles, jufqu'aux plus ex-
„ cellens comme les hommes. Il n'eft pas dif-
„ ficile de comprendre que Dieu a voulu faire
„ connoître fa puiffance à nos yeux par cette
„ étonnante variété; & il eft certain qu'elle ne
„ paroîtroit pas comme elle paroît, dans un
„ petit nombre de créatures."

Il eft évident que la fécondité d'une caufe éclate par la multitude & la variété de fes effets. Il y a loin encore de la variété furprenante des créatures, telles que nous la pouvons connoître, jufqu'à l'infinité. L'homme frappé du fpectacle de la Nature s'écrie que Dieu eft grand, & qu'il a voulu nous paroître magnifique. L'homme au fein de la profpérité, qui ne confidere que le bonheur dont il jouit, célebre la bonté du Créateur qui prend plaifir à le combler de biens. L'homme qui fuccombe accablé de maux qu'il ne croit pas avoir mérités, demande fi l'auteur de fon exiftence eft un Etre malfaifant qui fe plaife à la lui rendre fi amere. Le fage qui les entend, admire combien la difpofition préfente de l'efprit humain influe fur fes raifonnemens: pour en reconnoître la valeur, il les détache de cette circonftance, & les trouve tous également vains. C'eft ici véritablement qu'il eft abfurde de juger du tout par quelque partie feulement, d'eftimer les deffeins de Dieu par ce qui nous affecte dans l'inftant préfent, fans faire attention à tout le refte.

„ Cela étant, il ne faut pas cenfurer chaque
„ efpece, comme fi elle étoit imparfaite, par-
„ ce que l'on voit en d'autres quelques degrés
„ de perfection qu'elle ne renferme pas. Il ne

„ faut pas, par exemple, ne jetter les yeux
„ que fur cette feule terre qui eft peut-être la
„ moindre partie de l'univers : ni cenfurer les
„ plantes, parce qu'elles ne font pas douées
„ de fentiment : ou les bêtes, parce qu'elles
„ n'ont pas la raifon : ou les hommes parce
„ qu'ils ne font pas anges : ou les anges parce
„ qu'ils ne font pas Dieux. Si l'on raifonnoit
„ de cette maniere, Dieu ne pourroit rien
„ avoir créé, parce qu'il n'y a que lui feul qui
„ foit abfolument parfait ; ou tout au plus il
„ ne pourroit avoir fait que des Etres du pre-
„ mier ordre. Si cela étoit, on ne verroit pas
„ dans l'univers la variété infinie qui en fait le
„ plus bel ornement."

Non : ne cenfurons point l'œuvre de Dieu : incapables d'en fentir les beautés réelles, nous y trouverons toujours des défauts, fi nous ofons en juger fur nos idées rétrécies. Mais fi Dieu feul abfolument parfait, ne peut rien créer qui ne foit encore infiniment au-deffous de lui, qu'il eft déraifonnable de foutenir que les créatures portent l'empreinte de fes perfections infinies !

„ Il y a des créatures intelligentes au-deffus de
„ l'homme, & il y a des créatures animées &
„ inanimées qui font au-deffous de lui. Les
„ créatures inanimées n'ont aucune action d'el-
„ les-mêmes, elles font remuées par d'autres,
„ & ne fe meuvent & n'agiffent les unes fur les
„ autres que felon des regles méchaniques
„ qu'elles ne violent jamais. Les animaux ont
„ du mouvement d'eux-mêmes, mais ceux qui
„ font deftitués de raifon agiffent toujours à
„ peu près de la même maniere, & demeurent
„ dans le même état qu'ils ne rendent ni pire
„ ni meilleur, par leur bonne ou par leur mau-
„ vaife conduite. Il y a au-deffus de l'homme

„ des Etres de diverses sortes, qui, selon tou-
„ tes les apparences, agissent constamment
„ selon l'ordre que Dieu a établi, sans pouvoir
„ s'en écarter, parce qu'ils jouissent de la sou-
„ veraine félicité. L'homme a été créé dans
„ son espece plus parfait que les autres ani-
„ maux, puisque par sa bonne conduite il peut
„ rendre sa condition beaucoup meilleure ;
„ comme on voit qu'il le fait sur la terre par
„ le moyen des arts, des sciences & des socié-
„ tés qu'il a formées. Mais aussi il s'est mis
„ dans un état pire que celui d'innocence, dans
„ lequel il a été créé en négligeant les loix
„ qu'il avoit reçues de Dieu, par la raison &
„ par la révélation. En ceci, il est sans-doute
„ inférieur aux anges bienheureux, comme
„ d'un autre côté il est élevé au-dessus des
„ bêtes."

En regardant la société avec tous ses avantages & desavantages, comme le produit de la perfectibilité humaine, il faut mettre les uns & les autres dans la balance, lorsque l'on veut peser l'excellence réelle de l'homme. Le séparer toujours du bien & du mal qui résulte naturellement du développement progressif de ses facultés, ou ne considérer que l'un sans égard à l'autre, c'est ne vouloir jamais en porter un jugement équitable. Ses facultés ne s'apprécient point en elles-mêmes, & abstraction faite des circonstances qui ont coutume d'en modifier l'usage. L'homme seul n'est qu'un animal comme les autres, & au-dessous des autres sous plusieurs rapports. Il n'est rien par ses facultés, s'il ne s'en sert pas. Leur usage le rend bon ou mauvais, heureux ou misérable. C'est par le bien & le mal qu'il en tire, qu'on doit juger de sa condition réelle. Qu'est-ce que la plus excellente qualité, si, docile à se plier à toutes les circonstances, elle conduit plus souvent au mal qu'au bien ? Comment nommerions-nous une cauſe qui produiroit plus de méchans effets que de bons, ou qui en produiroit autant des uns que des autres? Il ſemble qu'une choſe faite pour l'uſage, & qui n'eſt rien ſans lui, doit être eſtimée par ce qui en réſulte. Quant aux propriétés de la nature de l'homme en particulier, elles doivent être réputées bonnes ſelon la force qu'elles ont pour le bien dans l'application, & le moins de facilité qu'elles ont à ſe prêter au mal. Je laiſſe mon Lecteur en juger d'après cette regle.

„ Si l'on demande pourquoi l'homme eſt ſujet à
„ cet inconvénient, il eſt facile de répondre
„ que c'eſt parce que Dieu l'a créé libre; c'eſt-
„ à-dire dans un état où il n'eſt déterminé in-
„ vinciblement, ni à la vertu, ni au vice, &
„ où il peut s'adonner à l'un, ou à l'autre.
„ Dieu l'a créé tel parce qu'entre les créatures
„ qui compoſent l'univers, il en a voulu faire
„ quelques-unes qui fuſſent ſoumiſes à des loix
„ accompagnées de promeſſes & de menaces,
„ de récompenſes & de peines. On ne peut
„ donner des loix qu'à des créatures de cette
„ ſorte; car, pour celles qui agiſſent invinci-
„ blement d'une certaine maniere, on ne peut
„ leur rien commander, ni leur rien défendre;
„ parce que, quoi qu'on faſſe, elles agiront
„ toujours ſelon le penchant invincible de leur
„ nature. Auſſi ne peut-on ni les louer, ni les
„ blâmer, ni les récompenſer, ni les punir."

L'homme ſe ſert auſſi ſouvent de ſa liberté à faire le mal qu'à bien faire. Pourquoi Dieu l'a-t-il créé libre? Parce qu'il a voulu faire des créatures qui ne fuſſent déterminées invinciblement ni au bien, ni au mal, & qui puſſent s'adonner à l'un ou à l'autre. Et pourquoi Dieu a-t-il jugé à propos de produire de telles créatures? Pour avoir occaſion d'établir des loix accompagnées de promeſſes & de menaces,

CINQUIEME PARTIE. 307

de récompenses & de peines? Ces loix elles-mêmes, pour quelle fin sont-elles établies? Pour satisfaire la volonté que Dieu a de promettre & de menacer, de récompenser & de punir.... Si l'on ne donne que de pareilles réponses, les *pourquoi* se multiplieront à bon droit, sans que l'on avance d'un pas dans la connoissance des fins.

„ Si Dieu n'avoit fait aucune créature libre, ç'au-
„ roit été une espece particuliere d'Etre très-
„ remarquable qu'il n'auroit pas produite, & sa
„ puissance n'auroit pas si fort paru. Car enfin
„ plus grande est la variété des Etres, plus la
„ puissance, qui les a produits, est grande &
„ étendue."

On s'éloigne de l'objet proposé, qui est de montrer que cette variété des Etres annonce une puissance & une bonté infinies. La tâche est difficile : on le sent à la maniere dont on s'en acquitte.

„ Si Dieu, en faisant l'homme, avoit cru faire
„ une intelligence impeccable, ou même qui
„ ne pécheroit point; il faudroit avouer qu'il
„ se seroit trompé, ou que sa puissance ne se-
„ roit pas allée jusques-là. Mais la toute-puis-
„ sance de Dieu ne permet pas que nous dou-
„ tions qu'il n'ait su quel seroit le sort de ses
„ ouvrages; comme la toute-puissance & l'ex-
„ emple des créatures plus relevées nous con-
„ vainquent qu'il a pu faire des intelligences
„ qui ne fussent point sujettes au changement."

J'ai dit (*) : „ Le fini n'est pas susceptible de persévérance. S'il pouvoit rester deux momens de suite dans un même état, il n'y auroit point de ré-

---

(*) T. I. premiere Partie, Chap. IX. au commencement.

V 4

pugnance à fuppofer qu'il y reftât auſſi trois & quatre momens fucceſſifs & davantage. Alors on confondroit la durée du temps avec l'éternité. L'un cependant eſt auſſi eſſentiellement mobile, que l'autre eſt conſtante."

Je vais développer ma penſée: il en réfultera que Dieu n'a pu faire des intelligences qui ne fuſſent pas fujettes au changement. Je prends ce mot dans toute fon étendue, fans le reſtraindre au changement en pis.

Reſter dans un même état fans changer en aucune forte, c'eſt perſévérer dans toutes fes relations, ni plus ni moins, fans qu'elles fouffrent aucune variation quelconque. Or paſſer d'un moment à l'autre, n'eſt-ce pas varier au moins dans une de fes relations?

On objectera peut-être que l'on ne voit de changement que d'un moment à l'autre; mais que chaque moment eſt diviſible à l'infini, & que dès lors voilà une infinité d'inſtans où la créature conſerve le même état.

La créature ne conſerve point le même état pendant ce moment dit infiniment diviſible. En épuiſant la durée de ce moment, elle paſſe par tous les termes de fa diviſion, & ce paſſage eſt un changement perpétuel. Il eſt évident que lorfqu'elle eſt parvenue au fecond terme, elle a perdu l'exiſtence qu'elle avoit au premier, elle n'eſt donc plus dans le même état précis. L'immobilité tient à l'infini: le changement eſt l'appanage néceſſaire du fini.

„ Si l'on demande pourquoi Dieu n'a pas empê-
„ ché que l'homme ne changeât en pis, puif-
„ qu'il pouvoit prévenir ce mal, & que cela
„ fembloit être conforme à fa bonté envers
„ cette forte de créatures, & même à fa fain-
„ teté, à qui les vices dans lefquels les hom-
„ mes font tombés, & les péchés qu'ils ont
„ commis, doivent être defagréables; je ré-

,, pondrai 1. que si Dieu avoit résolu d'empê-
,, cher le changement en pis, cela auroit été
,, contraire à la supposition que l'on a faite,
,, que Dieu dans la prodigieuse variété des
,, créatures intelligentes qu'il a tirées du néant,
,, a voulu qu'il y en eût une sorte qui fût su-
,, jette à changer; car enfin dire qu'il l'avoit
,, faite immuable de sa nature, ou dire qu'il
,, avoit résolu d'intervenir pour l'empêcher de
,, changer, c'est à peu près la même chose:
,, 2. parce que le mal n'étoit pas grand, ou
,, plutôt très petit, eu égard à tout le reste de
,, l'étendue de l'univers, dans lequel il ne
,, change rien, & qu'il y remédieroit en un
,, moment quand il lui plairoit."

Quant à la premiere réponse, elle suppose que la puissance de Dieu s'est exercée aux dépens de sa bonté & de sa sainteté, (ce qui est borner celles-ci), puisqu'il a voulu faire une sorte de créature intelligente, sujette à changer en pis, qui se livrât librement au vice, & qui méritât d'en être punie sévérement, quoique sa bonté & sa sainteté exigeassent qu'il prévînt l'un & l'autre malheur. Et l'on appelle cela prouver que Dieu fait paroître sa bonté telle qu'elle est, c'est-à-dire infinie, dans le bien qu'il fait à l'espece humaine prise en totalité?

La seconde réponse est aussi peu solide: quelque petit que soit le mal, il empêche toujours que le bien ne soit infini, & conséquemment que celui-ci n'annonce une bonté infinie.

CHAPITRE LXXIII.

Suite.

Examen d'un dernier argument que l'on fait beaucoup valoir pour prouver que Dieu se montre infiniment bon envers les créatures, quels que soient ses bienfaits.

JE ne saurois quitter cette matiere sans faire mention d'un dernier argument que l'on fait beaucoup valoir pour prouver que Dieu se montre infiniment bon envers les créatures, quels que soient les biens dont il les comble: le voici.

,, *Les bienfaits les plus bornés du Créateur envers un*
,, *Etre créé, marquent une bonté infinie: car, plus*
,, *celui qui reçoit un bienfait est indigne de le rece-*
,, *voir, plus la bonté du bienfaiteur est grande. Si*
,, *donc l'indignité du premier est infinie, il faut*
,, *nécessairement que la bonté du bienfaiteur soit*
,, *aussi infinie. Or Dieu est infiniment élevé au-*
,, *dessus de l'homme; l'indignité peut venir de la*
,, *simple bassesse; l'indignité de l'homme est donc*
,, *sans bornes. La bonté qui surmonte cet obstacle*
,, *infini est donc infinie elle-même* (*).

Que de fausses suppositions dans ce paralogisme! 1. Il n'y a point d'obstacle infini pour une bonté infinie. 2. Un obstacle infini ne sauroit être surmonté par une cause quelconque: il ne pourroit l'être que par une force majeure, une force plus grande que la résistance qu'il lui opposeroit: donc cette résistance ne seroit pas infinie: donc ce ne seroit pas un obstacle infini. 3. Il répugne qu'un Etre créé &

(*) Réflexions sur le Poëme de la Religion Naturelle.

fini oppose un obstacle infini aux intentions de Dieu. 4. La distance du Créateur à la créature, la différence de l'ordre où ils sont, leur disproportion en un mot, font que l'homme ne peut être ni *digne* ni *indigne* des bienfaits de Dieu : ces mots expriment des relations d'homme à homme. 5. Supposons l'indignité de l'homme sans bornes, & la bonté qui surmonte cet obstacle infini, infinie elle-même ; que sera-ce que cette infinité ? Une infinité purement relative, par rapport à l'indignité infinie de la créature qu'elle surmontera. Il s'agit ici d'une autre infinité, de l'étendue infinie de la bonté divine.

CHAPITRE LXXIV.

Suite.

Dieu n'agit point au hazard, quoiqu'il n'agisse point pour une fin.

Genies, profonds, s'écrie-t-on, sages philosophes, cessez vos recherches laborieuses : à quoi bon tant de veilles ? Vous voulez nous dévoiler les desseins & les pensées secretes de la Divinité. Vous vous flattez en vain de rendre raison des beautés, de la symmétrie & des proportions dont vous découvrez des traces dans ce vaste univers. Vous nous débitez des fables ; & vos systêmes imaginaires ne sont que des contes faits à plaisir. Ecoutez Epicure & Spinoza, les maîtres de nos philosophes modernes. Ce que vous admirez n'est que l'effet du hazard, ou d'une aveugle nécessité. Vous croyez y appercevoir les traits d'une intelligence éternelle. C'est la foiblesse de votre esprit qui vous abuse, ou sa vaine subtilité qui vous fait illusion. La voix éloquente de la Nature, ce concert merveilleux de tous les Etres qui célebrent la sagesse du Créateur, n'est qu'une brillante chimere.

Au moins, ajoute-t-on, il faut accorder à Dieu ce qu'on ne refuse pas aux hommes, de la sagesse, un motif, une fin, une raison suffisante de ses opérations. Les hommes n'agissent point sans quelque vue, sans un but qui les détermine : croira-t-on que Dieu agisse au hazard & sans dessein?...

Il est vrai : si Dieu agit au hazard, il est au-dessous de l'homme ; s'il agit pour une fin, il est au niveau de l'homme. Mais il doit être au-dessus. La créature intelligente qui a toujours quelque chose à acquérir, soit en bonheur ou en connoissance, qui a des desirs & des passions, qui en un mot n'est jamais dans un état de plein contentement, & de félicité immuable, doit se proposer quelque objet dans ses entreprises. La sagesse exige que ses moindres actions aient une fin. Plaçons un Etre dans une condition si heureuse en tout point, qu'il ne puisse rien acquérir, ni perdre, qu'il n'ait ni besoins, ni craintes, ni desirs : quelle fin se proposera-t-il? Rien de tout ce qui est hors de sa condition, ne l'affecte. Rien n'a le pouvoir d'améliorer ni de détériorer son existence. Rien n'est capable de le déterminer à agir. Je suppose pourtant qu'il agisse. Alors il faut dire qu'il est de sa nature d'agir. Toute fin lui est indifférente.

Je ne dis pas seulement que toute fin est indifférente à Dieu. Je le crois au-dessus de toute fin. La peine que l'on a à en assigner une qui ne soit pas indigne de lui, les tours & détours qu'il faut prendre

---

(*ff*) Dieu n'est-on donc point sensible à l'amour de ses créatures, à leur reconnoissance, à leurs adorations?

Dieu peut-il être agréablement affecté de tout cela, en ressentir du plaisir, sans concevoir de la douleur des choses contraires, c'est-à-dire de tout ce qui est compris sous le nom de mal moral? Il me semble que l'un ne va pas sans l'autre ; & par conséquent que la sensibilité dans ces deux circonstances, comme dans toutes les autres, est une affection humaine indigne de la Divinité. Ma raison me le dit

pour la lui faire convenir, quelle que soit celle à laquelle on se fixe, l'impossibilité où l'on se trouve toujours de prendre un parti à cet égard, qui n'entraîne de très grands inconvéniens, en font une excellente preuve. Dieu a plus que ce qu'il pourroit se proposer. S'il n'a pas tout, il a dans sa nature le supplément de tout, qui vaut beaucoup mieux que ce tout. Quel objet est proportionné à la sublimité de son essence ? Quel objet peut le toucher (*ff*) ?

Si Dieu agit sans dessein, il agit donc au hazard...

Nous sommes d'étranges raisonneurs : nous voulons à toute force que Dieu soit une espece d'homme. Il faut, selon nous, qu'il ait notre sagesse ou notre folie, nos perfections ou nos imperfections. Ne concevrons-nous donc jamais une bonne fois qu'il est infiniment au-dessus de tout cela ? Je serois fort étonné qu'en me voyant refuser à Dieu toute fin dans ses opérations, on me soupçonnât de le faire agir au hazard. On m'auroit bien mal compris. S'il est supérieur à la sagesse qui consiste à se proposer un objet louable dans ses démarches, combien l'est-il davantage à l'étourderie qui agit inconsidérément, & à une nécessité aveugle qui agit sans savoir ce qu'elle fait !

Nous donnons une volonté à Dieu, nous lui supposons des regles de conduite, nous lui prêtons des vues, sur quoi tout cela est-il fondé ? Sur la foiblesse de nos conceptions. Cette volonté, ces regles de conduite, ces fins, tout s'évanouit à un examen réfléchi, lequel nous apprend que Dieu n'est sujet a rien d'humain.

Je ne puis la convaincre de mensonge. Ceci au reste n'infirme en rien la certitude des récompenses de la vertu & des peines du crime. Elle porte sur un fondement plus solide que la prétendue sensibilité de Dieu. Dieu aime le bien comme il hait le mal. On ne peut pas dire que Dieu soit capable de haine qui est une passion humaine. L'amour est également une passion de l'homme, à laquelle il ne convient pas de soumettre la Divinité.

CHAPITRE LXXV.

Suite.

L'ingénieux systéme des molécules organiques apporté en preuve des causes finales. Réflexions sur la force de cette preuve.

Le silence du Créateur sur ses desseins & le but de son ouvrage n'est point une raison de les rejetter, diront encore les partisans des causes finales: sa sagesse & ses intentions y sont empreintes d'une maniere si vive & si convaincante que ce n'est pas deviner & conjecturer, que de les y reconnoître: c'est plutôt se rendre à la vérité qui se manifeste si divinement. Qu'étoit-il besoin que le Créateur parlât lui-même à ses créatures, & leur dévoilât ses desseins & ses volontés, puisque ses ouvrages les leur marquent plus que suffisamment? Nous connoissons la bonté de l'ouvrier à la perfection de son ouvrage; & ses desseins à l'ordre & à l'arrangement des pieces, à l'effet qu'elles doivent naturellement produire, à l'usage auquel elles sont le plus propres, & où elles se rapportent d'elles-mêmes. Nous voyons un vaisseau sur le chantier: est-il nécessaire que l'ouvrier nous dise qu'il fait une machine pour aller sur l'eau? &c.

Le cours des événemens semble attaché à certaines loix constamment observées au moins dans l'ordre physique. Ces loix & leur observation constante prouvent que la Nature n'est point livrée au hazard. Elles ne prouvent point que Dieu se soit proposé une fin dans l'établissement de ces loix, de quelque façon qu'on l'entende. De toutes les fins que l'on assigne, il n'en est aucune qui soit pleinement remplie, d'où il s'enfuivroit que les vues de Dieu pourroient être trompées; il n'en est encore aucune qui soit digne de lui. De plus c'est le propre de l'homme sage d'agir pour une fin, & de ne se laisser déterminer que par les motifs du bien moral. Dieu est si élevé au-dessus de la sagesse humaine, & de tous les rapports moraux, qu'il y a de la témérité à instituer quelque comparaison entre le sage & l'Etre plus que sage, & plus encore à les ranger dans le même ordre à aucun égard. Combien y en a-t-il donc à imaginer un système, ou à en supposer un tout imaginé, à en exaggérer les vues pour y multiplier les causes finales, & à argumenter delà au plan de l'univers, comme l'a fait un moderne, à peu près en ces termes?

Le système des molécules organiques est ingénieux, dit cet Auteur; & l'empressement avec lequel on y a applaudi fait honneur à Mr. Buffon. Tout est rempli de particules organiques vivantes, c'est-à-dire douées d'un principe intérieur de mouvement. Tous les corps sont de même un assemblage de petits moules tellement façonnés qu'ils sont propres à recevoir ces molécules organiques: ces moules ont encore la propriété de s'accroître, de s'étendre, non pas en tout sens & indifféremment; mais d'une façon proportionnée & analogue à chaque espece d'animal. Ces moules sont comme l'étui des molécules: chacune a le sien qui lui est propre, & elle ne s'arrête que dans celui-là. Il y a des loix d'affinité, d'analogie, une vertu d'amitié, de sympathie, selon laquelle les molécules vont se loger dans les moules intérieurs, & par leur accession, leur accroissement, leur extension, nourrir & accroître le corps de l'animal. Ces moules & ces parties organiques sont spécifiques selon leur destination. Il y en a qui doivent servir à former le sang, d'autres la tissure des nerfs, d'autres sont propres à former des os. Ces particules ont donc chacune leurs moules qui leur conviennent; & si par malheur les molécules propres à former la chair s'arrêtoient dans les moules offeux, tout iroit mal, les os feroient flafques & mous, au-lieu d'avoir la dureté qui leur convient.

Or il n'y a peut-être point de fyftème, pourfuit-on, qui demande une plus grande intelligence de la part de fon Auteur, comme il a fallu un grand efprit & beaucoup de fubtilité pour le découvrir. Car chaque piece a fon ufage, & fes loix particulieres qui la font agir. Mais ces loix prouvent du deffein & une fin dans celui qui les a établies; & la Nature en faifant telles molécules propres à s'aller loger dans tels moules, a voulu qu'elles ferviffent ou à former des os, ou à former la peau; & autant il y a d'efpeces de molécules, autant il y a de vues particulieres, autant le defleins formés, autant de caufes finales.

Car que les molécules, en circulant felon les loix du mouvement, rencontrent leurs moules, leurs places, par les loix d'une attraction particuliere, & s'y fixent à demeure, c'eft une chofe préméditée. La Nature, en établiffant ces loix en vertu defquelles tel moule attire & arrête telle molécule qui lui eft analogue, a voulu que l'une s'emboëtât, s'enchaffât dans l'autre, pour qu'enfuite il en réfultât un os, un pied, un œil, ou l'accroiffement de l'un & de l'autre. Elle a voulu encore que chaque molécule entrât à peu près dans le même temps dans chaque moule, afin que les accroiffemens des parties de l'animal fuffent toujours en même progreffion. Voilà des deffeins, ajoute-t-on, des vues, des caufes finales, une providence. Il feroit fingulier d'attribuer tout cela au hazard, ou à une néceffité aveugle: car dans l'une ou l'autre de ces deux hypothefes, il ne faut point admettre de loix ni générales ni particulieres, encore moins ftables & uniformes, parce que la fatalité eft une puiffance abfolue, aveugle, qui agit fans raifon, fans deffein, par cela feul qu'elle ne peut agir autrement: de même

le

le hazard agit par caprice, à l'aventure, sans qu'on puisse rien statuer sur lui, ni sur ses productions.

Content d'avoir mis ce détail sous les yeux du Lecteur, je le laisse considérer quelle est la force d'un pareil argument pour ou contre les causes finales.

CHAPITRE LXXVI.

Suite.

Dieu n'agit point par des moyens.

La seconde chose en quoi l'on fait consister la sagesse, c'est le choix & l'emploi des moyens propres au but que l'on se propose.

Qui peut tout par soi-même n'a garde d'agir par des moyens qui sont toujours une marque de l'impuissance intrinsèque de celui qui les emploie. L'usage qu'il en tire, en même temps qu'il montre son habileté à s'en servir, & sa prudence dans le choix qu'il en fait, est aussi un aveu de sa foiblesse. L'enfant qui ne peut atteindre aux branches d'un arbre, se sert d'un bâton pour en abbattre les fruits. La méchanique nous offre ses machines pour suppléer à la force qui nous manque. Le langage & l'écriture prouvent l'impossibilité où nous sommes de nous entre-communiquer immédiatement nos pensées. Si le peintre pouvoit ordonner aux couleurs de venir s'arranger sur la toile de la maniere qu'il conçoit pour faire un tableau, & qu'elles obéissent à sa voix, prendroit-il la peine de les y coucher lui-même avec le pinceau ? Enfin incapables d'agir sans intermede sur les esprits des hommes, lorsque nous voulons les amener à nos fins, nous mettons en usage ce que nous croyons le plus efficace à les faire entrer dans nos vues : nous épuisons les ressources de l'éloquence ; nous employons certains principes dont l'étude de la nature humaine nous a constaté l'ascendant. Mais nous ne mettrions pas en jeu tant de ressorts, si nous pouvions, sans leur secours, tourner les esprits à notre gré.

Nous ne pouvons rien opérer par nous-mêmes: nous observons le cours des choses, nous étudions leur liaison autant qu'elle se manifeste par la procession des effets, pour en faire ensuite la regle de nos opérations. S'agit-il d'obtenir un effet éloigné: il faut l'amener par ses intermédiaires qui pour lors sont les moyens que l'on emploie pour l'obtenir. Ces moyens peuvent être de plusieurs sortes : le choix n'en est pas indifférent. D'un point à un autre, il n'y a qu'une ligne droite, & une infinité de courbes. La ligne droite est le chemin le plus court & le plus expéditif, tout le reste égal, pour aller de l'un à l'autre. Toutes les lignes courbes sont des voyes plus ou moins détournées. Peut-être le chemin droit est barré par un obstacle insurmontable, ou traversé par des embarras qui, sans être absolument invincibles, sont néanmoins si grands qu'il est plus à propos de prendre une des routes écartées. La sagesse consiste à connoître & combiner tous les moyens qui conduisent à une fin, à balancer l'efficacité & la rapidité de leur action, & à se déterminer sur cette comparaison au plus sûr & au plus expéditif.

Ces opérations du reste décelent en tout l'imbécillité de la nature de l'homme. On les examinera avec toute la sagacité du génie le plus pénétrant; la recherche la plus exacte n'y marquera rien qui puisse convenir à l'Etre tout-puissant & indépendant. Où seroit sa puissance & son indépendance, si le succès de ses opérations étoit subordonné à un choix de moyens? Les moyens sont pour des natures défectueuses : ils aident l'exercice de leurs facultés qui ne sauroient se déployer par elles seules, sans instrument : notre ame n'a-t-elle pas besoin d'un moyen de penser? De quoi serviroient-ils à un Etre qui n'a point de ces facultés incompletes. Si Dieu agit, il agit par lui-même: son activité n'est point empruntée: elle opere immédiatement.

Qu'un ouvrier humain ait besoin d'instrumens pour faire les ouvrages de son métier: que celui qui fit ces instrumens ait eu besoin d'autres outils pour les façonner: que ceux-ci n'aient pas encore été faits sans d'autres, & ainsi en remontant jusqu'à des instrumens donnés par le hazard, tels que des pierres coupantes ou des dents d'animaux, ou au moins jusqu'à des outils si grossiers que l'homme ait pu les faire de ses propres mains : que ce soit-là l'image fidele de ce qui se passe dans l'ordre moral, où nous n'operons également que par des moyens; je conçois comment l'homme naturellement enclin à rapporter tout à lui, & incapable de se représenter les actions d'aucun Etre, que sous une forme analogue aux siennes, s'est figuré que Dieu agissoit par des moyens, & qu'à raison de sa toute-science, il ne pouvoit que choisir & employer les plus convenables à ses desseins. J'y vois en même temps la réfutation de cette idée : il me suffit qu'une telle façon d'agir ressemble pour le fonds à celle de l'homme, pour la refuser à Dieu dans qui je n'admets rien d'humain.

CHAPITRE LXXVII.

Conclusion des huit Chapitres précédens.

DIEU N'EST POINT UN ETRE SAGE.

LE propre de la sagesse est de se proposer en tout un but honnête & utile, & de choisir & employer les moyens les plus surs pour y parvenir. Dieu ne se propose point de but : Dieu n'agit point pour une fin. La théorie des causes finales est un système d'imagination, qui décele l'ignorance des hommes & leur vanité: leur ignorance à l'égard de tout ce qui est de Dieu, & leur vanité à s'efforcer d'expliquer ce qu'ils ignorent, par analogie à ce qui se passe en eux, tandis qu'il n'est permis d'instituer aucune comparaison entre le Créateur & la créature. L'examen des différentes fins attribuées à Dieu dans la formation de l'univers, & de ce que c'est qu'agir pour une fin, ce qui annonce toujours un desir, un besoin, un manquement quelconque, en fourniffent des preuves sensibles à tout homme judicieux. Dieu n'a donc pas cette premiere partie de la sagesse. On vient de voir dans le Chapitre précédent, que la seconde partie de cette même vertu, ne lui convenoit pas davantage. Dieu n'a donc rien de ce qui constitue la sagesse. Dieu n'est pas un Etre sage. Il est infiniment plus que ce titre n'exprime.

CHAPITRE LXXVIII.

Question.

Dieu agit-il?

LEs questions se préparent les unes les autres. Après nous être convaincus que Dieu n'agit point pour une fin, ni par des moyens, parce qu'une Nature complete n'a rien à se proposer, & qu'elle opere immédiatement par elle-même, il ne sera peut-être pas hors de propos de rechercher si Dieu agit, ou si le mot *agir* n'a aucune acception connue qui lui convienne. J'en ai déja touché quelque chose au commencement de cette cinquieme partie. (*) Je n'ajouterai que l'essentiel.

(*) Voyez Chapitre IV. vers la fin, & la Note (*).

Toutes les significations du mot *agir*, se tirent de ce que nous savons de l'action des corps & de celle de l'ame humaine. Ce que nous savons de l'une & l'autre action ne pouvant convenir à Dieu, aucunes significations du mot *agir* ne lui sont applicables. Dieu n'agit point comme la matiere & l'ame humaine sont dites agir. Ne sachant rien de l'action de Dieu, en quel sens lui appliquer cette expression ?

Dieu est la cause premiere, Dieu est Créateur, par Dieu tout existe. Dieu, en ce sens-là, est le premier & seul agent. Mais c'est encore s'exprimer très improprement : car nous n'avons point de notion de causalité, ni de puissance créatrice. Tout ce que nous en savons, c'est qu'elle est quelque chose par quoi tout est. Je ne pense par que faire exister ce qui n'étoit pas, puisse s'appeller agir, ou ce mot ne peut plus signifier rien d'humain. Il y a de l'abus à donner le même nom aux deux contradictoires, au compréhensible & à l'incompréhensible.

CHAPITRE LXXIX.

De la liberté.

Les définitions ordinaires de la liberté ne sont point applicables à Dieu.

Je n'ai pas dessein de reprendre une controverse agitée dès la naissance de la philosophie. Elle étoit difficile alors ; combien ne l'est-elle pas davantage aujourd'hui qu'elle se trouve égarée & comme perdue dans le labyrinthe du sophisme ? J'adopterai pour un moment les notions les plus ordinaires de la liberté, & je montrerai qu'aucune n'est légitimement transportée à la Divinité.

La liberté, selon plusieurs, est le pouvoir de faire ce que l'on ne fait pas, ou de ne pas faire ce que l'on fait: selon d'autres, c'est la faculté de vouloir, ou de ne pas vouloir: quelques-uns la définissent aussi le pouvoir d'agir, ou de faire ce que l'on veut. Bornons-nous à ces trois sentimens.

D'abord ils posent tous sur une base commune, la volonté. Le second sentiment semble identifier la volonté & la liberté: le troisieme subordonne la liberté à la volonté: quant au premier, ceux qui se sentent le pouvoir de faire ce qu'ils ne font pas, & de ne pas faire ce qu'ils font, supposent toujours qu'ils veulent faire ce qu'ils font, & qu'ils ne le font même que parce qu'ils le veulent, c'est-à-dire en conséquence de leur volonté. Voilà trois définitions différentes de la liberté, qui s'accordent à lui donner une même origine, le vouloir, sans quoi elle ne peut être.

Vouloir, dans un Etre qui sent ou qui pense, c'est préférer entre diverses manieres d'être celle qu'il juge la meilleure, soit qu'il s'agisse de se fixer entre deux biens en se déterminant au plus grand, ou de prendre le moindre de deux maux, sous quelque aspect que ce soit. La volonté a nécessairement un objet: l'Etre ne veut point sans une raison de vouloir. L'objet de la volonté est un état préférable à l'état actuel, & la raison de vouloir le motif du mieux. Il ne sauroit se vouloir du mal. Ces premieres vérités nous conduisent à juger, sans beaucoup de peine, si un Etre fixé par la nécessité de sa nature à l'état le meilleur, qui non seulement n'en voit point de préférable au sien, mais qui sait qu'il n'y en a point & qu'il ne sauroit y en avoir, peut avoir une volonté, ou non. S'il en avoit une, elle seroit sans objet & sans motif. S'il pouvoit en avoir une, elle pourroit être sans objet & sans motif; cela répugne à ce que l'on connoît de la faculté de vouloir. Celui pour qui il ne peut y avoir qu'une seule maniere d'être, celle qu'il a, ne peut choisir entre plusieurs, encore moins exécuter un choix impossible.

La simplicité de cette confidération annonce favorablement ce qui doit fuivre. Où il n'y a point de volonté, il n'y a point aufli de liberté. Dieu n'a pas la premiere, donc il n'a pas l'autre. C'eft ce que vont appuyer les notions plus précifes de la liberté.

La liberté eft le pouvoir de faire ce que l'on ne fait pas, ou de ne pas faire ce que l'on fait. Elle confifte donc dans la non-action, & elle ne s'exerce jamais, foit que l'on agiffe, ou que l'on n'agiffe pas. Dans l'action, la liberté eft le pouvoir de ne pas agir; dans la non-action, c'eft le pouvoir d'agir. J'ai promis de le fuppofer: je le fuppofe. Pour faire convenir cette liberté à Dieu, on nous affure qu'il a pu ne pas faire le monde qu'il a fait, & qu'il peut faire une infinité de chofes qu'il ne fait pas. Sur quoi cette affention eft-elle fondée? Sur la fouveraine liberté de Dieu. C'eft précifément ce qu'il faut prouver, favoir que Dieu a cette liberté d'indifférence qui confifte à pouvoir faire ce qu'il ne fait pas, & à pouvoir ne pas faire ce qu'il fait. Dire que Dieu eft fouverainement libre parce qu'il a rendu actuel l'univers poffible, & qu'il a rendu actuel l'univers poffible, parce qu'il eft fouverainement libre; on conçoit qu'une pareille façon de raifonner ne décide rien. En admettant dans Dieu la liberté d'indifférence, il fuit que ce qui ne peut être, eft pourtant. Cette liberté en foi indéterminée, fe trouve déterminée fans raifon, fans motif, fans volonté.

Toute détermination fuppofe une dépendance quelconque de l'objet déterminant. Une telle dépendance ne peut convenir à Dieu, dès lors il ne fauroit être déterminé à faire ce qu'il a le pouvoir de ne pas faire, ni à ne pas faire ce qu'il a le pouvoir de faire. Dira-t-on que Dieu fe détermine réellement lui-même, fans être foumis à l'action d'aucun objet ou motif extérieur? Alors Dieu ainfi déterminé à agir par la néceffité de fa nature, n'a point de liberté. Mais cette détermination qui part de l'intérieur de la substance de Dieu, n'est pas, à proprement parler, une contrainte. Je ne le pense pas. C'est encore moins un acte libre, sur-tout de cette liberté d'indifférence dont nous parlons à présent. Je ne presserai point ici cette grande question: savoir, si Dieu a pu ne pas créer le monde qu'il a fait. Je me propose de l'approfondir dans un autre volume, autant que mes foibles lumieres me le permettront: elle demande de nouvelles recherches & de nouvelles méditations de ma part; & j'avoue que je ne l'ai point encore assez méditée pour la traiter dans cet instant. Tout ce que je puis dire aujourd'hui, c'est qu'une alternative, telle que d'agir & de ne pas agir, de pouvoir faire ce qu'on ne fait pas, & ne pas faire ce qu'on fait, me semble inconciliable avec une essence toute-parfaite.

La même disjonctive, dans le sentiment des philosophes qui définissent la liberté, la faculté de vouloir, ou de ne pas vouloir, est tout aussi peu conforme à cette unité & simplicité divine qui n'admet ni choix, ni diversité de partis à prendre. De plus est-il possible que Dieu ne veuille pas ce qu'il peut? l'état le plus excellent d'un Etre est dans l'exercice plein de toutes ses puissances. C'est alors seulement que son existence est complete. Dieu peut-il préférer un état d'incomplétion, à une maniere d'être plus étendue? Ou dira-t-on que l'exercice plein de toutes les puissances d'un Etre, n'est pas pour lui une maniere d'exister plus grande, que celle où elles restent oisives? Cet état d'incomplétion ne convient point à la Divinité; que l'on ne soutienne donc pas qu'il a la faculté de suspendre les effets de sa puissance, en ne voulant pas faire ce qu'il peut faire.

Dieu fait ce qu'il veut. Faire ce que l'on veut, c'est agir librement. La liberté est le pouvoir d'exécuter ses volontés...

La liberté est le pouvoir de faire ce que l'on veut. Dieu ne veut rien: je l'ai prouvé dans l'instant.

Dieu n'a donc pas le pouvoir de faire ce qu'il veut. Dieu n'eſt donc pas libre. On convient aſſez unanimement que la volonté & ſes déterminations ſuppoſent l'Etre déterminé dans une ſorte de dépendance de l'objet déterminant, ainſi que je viens de le dire. Or Dieu n'eſt ſoumis en aucune maniere à l'action d'aucun Etre, ſoit phyſique, moral ou métaphyſique. Sa nature eſt trop ſublime pour être affectée ou atteinte par quoi que ce ſoit.

Tous les ſyſtêmes imaginés pour expliquer la liberté des actions humaines, loin de pouvoir s'accommoder à la Nature Divine pour montrer qu'elle eſt libre, prouvent invinciblement qu'elle ne l'eſt pas.

CHAPITRE LXXX.

Dieu n'eſt ni libre, ni néceſſité.

Il y a un milieu entre la liberté & la néceſſité. Quel eſt-il ? Je n'entreprends pas de l'aſſigner. Je le conçois comme l'affranchiſſement, ou l'exemption de l'une & de l'autre. C'eſt une imperfection d'agir néceſſairement, de ſuivre forcément une impulſion étrangere. C'eſt une imperfection auſſi d'agir librement, de vouloir, d'avoir des deſirs, de tendre à un but, d'être déterminé à agir par l'amour du bien, ou la crainte du mal. La liberté eſt ſubordonnée à la volonté, la volonté à la ſenſibilité, & cette derniere faculté à l'action que les objets lui impriment. Cette gradation ſur laquelle il y a peu de différend, ne conviendra jamais à la Nature Divine. Les ſyſtêmes de fatalité & de néceſſité, lui ſont tout auſſi peu applicables. Aucun Etre ne ſe néceſſite ſoi-même, & Dieu ne peut être néceſſité par aucun.

L'exemption de toute liberté & de toute néceſſité n'eſt rien de poſitif. Je puis bien dire & prouver que Dieu n'eſt ni un agent libre, ni un agent néceſſaire ; mais j'avoue qu'il faudroit connoître la Nature de Dieu pour qualifier ſon action, ſuppoſé qu'il agiſſe. Je n'entends pas ſeulement avec Burnet qu'agir néceſſairement eſt une contradiction dans les termes, car alors ce ne ſeroit pas action, mais paſſion ; qu'il n'y a ni acte, ni agent néceſſaire ; & que par conſéquent il répugne que Dieu agiſſe néceſſairement. Je n'entends pas non plus avec Collins qu'il n'y a point d'agent libre, puiſque la prétendue liberté eſt exercée par la volonté en conſéquence d'une détermination morale ou phyſique, provenant de l'action des objets qui n'eſt rien moins que libre ; de ſorte que, quand la volonté ſe détermine, c'eſt toujours par un motif qui l'entraîne, & qui ne dépend pas plus d'elle, que le cours des événemens qui l'amene, ou ſa conſtitution intrinſeque qui la rend propre à ſuivre de telles impreſſions. Je prends la liberté & la néceſſité dans tous les ſens raiſonnables qu'on peut leur donner, & je n'en trouve aucun que j'oſe appliquer à Dieu.

Dieu exiſte par la néceſſité de ſa Nature. Mais nous ne comprenons pas ce que c'eſt qu'exiſter par la néceſſité de ſon être : nous l'oppoſons à notre exiſtence contingente, reſſource qui n'éclaircit rien, qui nous empêche néanmoins de confondre l'être de Dieu avec le nôtre, & c'eſt tout ce que nous pouvons. Dès lors, quand je dirai que Dieu agit, comme il exiſte, par la néceſſité de ſa Nature, on ne m'accuſera pas, il eſt vrai, de le ſoumettre à aucune fatalité, la néceſſité de ſon action n'étant pas plus l'effet d'un deſtin fatal, que la néceſſité de ſon exiſtence. En ſerai-je plus avancé ? Aurai-je mieux déterminé le principe de l'action divine. Je ne conçois l'exiſtence néceſſaire que comme l'oppoſé de mon exiſtence contingente, je ne concevrai donc auſſi les qualités de l'action divine, que comme la négation des qualités de celle de la créature libre ou néceſſaire, c'eſt-à-dire comme la négation de la liberté & de la nécessité. Et si une réflexion ultérieure m'apprend que Dieu n'agit point, de quelles ténèbres bien plus épaisses mon esprit ne sera-t-il pas tout-à-coup enveloppé?

Je ne croirai pourtant pas avoir perdu mon tems & ma peine, pourvu que je fasse bien comprendre aux hommes combien il y a de faux dans leurs spéculations sur la Divinité, ou qu'ils m'en fassent sentir le vrai.

CHAPITRE LXXXI.

Réponse à cette question:

,, *En accordant que ce que nous appellons intelligence*
,, *divine; bonté & sainteté infinies, sagesse souve-*
,, *raine, justice, liberté, action incompréhensibles,*
,, *ne sont réellement dans Dieu, ni intelligence, ni*
,, *bonté, ni sainteté, ni sagesse, ni justice, ni li-*
,, *berté, ni action, dans le sens propre de ces mots;*
,, *ne pourroit-on pas croire que Dieu a des perfec-*
,, *tions infiniment plus relevées que celles-là, qui sont*
,, *dans lui & à son égard, ce que l'intelligence, la*
,, *bonté, la sainteté, la justice, la liberté sont dans*
,, *nous & pour nous? Ensorte, par exemple, que*
,, *comme l'intelligence nous sert à connoître quelques*
,, *qualités sensibles des Etres, à comprendre un petit*
,, *nombre de vérités, à raisonner sur ce qui est à*
,, *notre portée; il y ait de même dans Dieu, une*
,, *perfection que nous ne saurions connoître, d'une*
,, *essence plus parfaite que l'intelligence, en vertu*
,, *de laquelle il connoisse tout ce qui est de son or-*
,, *dre, sans que nous puissions nous faire une idée*
,, *de ce qu'est une telle perfection, ni de ce que*
,, *c'est que connoître par rapport à Dieu, ni de*
,, *l'ordre infini qu'il remplit seul, par son immen-*

„ sité; & que manquant de terme convenable pour
„ l'exprimer, nous nous servions du nom de l'intel-
„ ligence qui est son analogue, en ce sens que cette
„ perfection inconnue est par rapport à Dieu ce
„ que l'intelligence est par rapport à nous : & ain-
„ si des autres."

Vous me demandez si, en accordant que les attributs divins appellés vulgairement intelligence,
bonté, sainteté, justice, liberté, &c. ne sont réellement ni intelligence, ni bonté, ni sainteté, ni
justice, ni liberté, dans le sens propre de ces mots,
on ne pourroit pas croire cependant que Dieu a des
perfections infiniment plus relevées que celles-là,
qui sont dans lui & à son égard, ce que l'intelligence, la bonté, la sainteté, la justice & la liberté
sont dans nous & pour nous. Ensorte, par exemple, que, comme l'intelligence nous sert à connoître quelques qualités sensibles des Etres, à comprendre un petit nombre de vérités, à raisonner
sur ce qui est à notre portée; il y ait de même dans
Dieu une perfection d'une essence inconnue, mais
bien plus parfaite que l'intelligence proprement dite, en vertu de laquelle il connoisse tout ce qui est
de son ordre, sans que nous puissions nous faire une
idée de ce qu'est une telle perfection, ni de ce que
c'est que connoître par rapport à Dieu, ni de l'ordre infini qu'il remplit seul par son infinité ; & que
manquant de terme convenable, pour l'exprimer,
nous nous servions du nom de l'intelligence qui est
son analogue, en ce sens que cette perfection inconnue est par rapport à Dieu ce que l'intelligence
est par rapport à nous : & ainsi des autres.

Après y avoir murement réfléchi, je n'oserois instituer une pareille comparaison entre aucune perfection de Dieu & l'intelligence humaine, entre aucune perfection de Dieu & la sagesse humaine, entre aucune perfection de Dieu & la bonté humai-

CINQUIEME PARTIE.

ne, &c. Quelque sublime que soit l'ordre d'une substance immatérielle créée, & quelle que soit son élévation au-dessus de notre ame, c'est toujours une créature, & sous ce rapport on pourroit établir de l'analogie entre elles, entre leurs facultés respectives, & leurs manieres d'exister chacune dans son ordre. Du reste quand il y auroit une telle sorte de correspondance mutuelle entre les facultés spécifiques de chaque ordre des substances diverses qui composent le monde intellectuel; quand toutes, tant celles qui sont au-dessus de l'homme, que les autres qui se trouvent placées plus bas, auroient des propriétés analogues aux siennes, c'est-à-dire qui, sans leur ressembler, seroient pour elles, ce que les facultés humaines sont pour lui; quand l'analogie se soutiendroit dans toute la gradation des Etres créés, elle n'iroit pas plus loin. Dieu est au-dessus de tout, & hors de tout parallele; elle n'auroit point lieu à son égard. J'estime une très grande témérité, de soupçonner qu'il y ait dans Dieu des perfections correspondantes aux nôtres. Qu'est-ce que de l'affirmer?

Non seulement il n'y a rien dans Dieu de ce qu'il a mis dans la créature: il ne peut dépouiller son essence, ni en faire part à aucun Etre; mais de plus Dieu est tel, qu'il ne sauroit y avoir rien dans lui de la maniere, ni sous le même rapport, que les facultés de la créature sont dans elle: ce qu'on va voir plus au long dans les Chapitres suivans.

CHAPITRE LXXXII.

Examen d'un nouveau système concernant la nature des Etres spirituels, en ce qu'il établit de l'analogie entre Dieu & la créature.

Un partisan zélé de ce système me l'a plusieurs fois objecté, & en a mis divers points en opposition avec quelques-unes de mes idées. Ainsi je me trouve engagé à l'examiner. Ce que j'en dis néanmoins doit plutôt être regardé comme quelques notes ou remarques détachées, que comme un examen suivi. J'abrégerai pour éviter les redites. Je sens qu'il me sera difficile de les supprimer toutes. Peut-être ne seront-elles pas tout-à-fait inutiles: quand il s'agit d'accoutumer les esprits à de nouvelles pensées, il faut les leur présenter souvent, pour que les traces s'en gravent mieux dans le cerveau.

Un célebre médecin anglois, comparant le monde intellectuel avec le monde corporel, avoit dit qu'il n'étoit pas impossible qu'une substance immatérielle eût une existence, ou maniere d'être, analogue à l'étendue des corps, quoique nous n'en ayions pas d'idée, ni conséquemment de mot propre à l'exprimer (*). Ainsi il n'étoit pas éloigné d'admettre, sinon de l'étendue & de la solidité dans la substance immatérielle, au moins des modes analogues à l'étendue & à la solidité de la matiere. Un Auteur plus moderne a dit plus décidément que tout Etre réel est étendu & solide, que l'existence réelle & la non-étendue absolue sont des idées con-

---

(*) *Cosmologia sacra*, or a discourse of the Universe, as it is the Creature and Kingdom of God; Chiefly written to demonstrate the truth and excellency of the Bible, wich contains the Laws of this Kingdom in this lower World. In five Books. By Dr. Nehemiah Grew, Fellow of the College of Physicians, and of the Royal Society. London 1701. Voyez le second Livre. Le mot que je traduis par

tradictoires ; qu'un Etre non étendu & purement spirituel dans le sens des Cartésiens & des Leibnitiens, est un Etre purement imaginaire (†). La plume habile du métaphysicien en a fait un nouveau système sur la nature des Etres spirituels. Au reste l'étendue & la solidité que l'on attribue à l'ame humaine, à Dieu même, ne sont point une étendue & une solidité matérielles; mais d'une espece différente. De quelle espece? On convient qu'elle est entiérement inconnue. On la désigne seulement comme l'opposé de la non-étendue absolue. Enfin on assure que toute substance est étendue & solide à sa façon, que Dieu est étendu & solide dans sa divine maniere d'être; & que quoique l'étendue de la matiere, & celle de Dieu ne soient pas d'une même nature, elles ont néanmoins de l'analogie: celle de Dieu est l'archétype de l'autre. L'Auteur n'a rien négligé de ce qui pouvoit donner du relief à son système. Il a approfondi plusieurs questions qui y avoient du rapport. Il est entré dans de très subtiles méditations. Mais s'il m'est permis de dire mon sentiment avec cette liberté qui sied toujours à quiconque l'approuve dans les autres, je crois qu'il a adopté un peu légérement certains préjugés philosophiques dont l'examen l'auroit peut-être fait changer de sentiment. J'en indiquerai quelques-uns sur lesquels le nouveau système me semble appuyé.

Quoi qu'il en soit, si Dieu est réellement étendu & solide dans sa maniere incompréhensible d'être, à plus forte raison sera-t-il intelligent, sage, & bon d'une maniere conforme à sa Nature?

---

existence, Mr. le Clerc l'a rendu par celui d'*essence*; apparemment qu'il n'entendoit pas bien la pensée de Mr. Grew.

(†) Essai d'un nouveau système concernant la nature des Etres spirituels, fondé en partie sur les principes du célebre Mr. Locke, &c. T. I. p. 6. T. IV. p. 112. & ailleurs.

Extrait de l'Essai d'un nouveau système concernant la nature des Etres spirituels. (T. I. p. 61. & suiv. Remarques pour servir d'explication au Plan abrégé du nouveau système).

„ On peut dire,
„ Qu'il y a une certaine *Analogie* entre la Nature
„ de Dieu & celle de l'Home *. Cette proposition
„ est fondée sur différens passages de l'Ecriture
„ sainte où il est dit que Dieu a formé l'Home à
„ son Image, ou à sa Ressemblance **.
„ Sur ce pied-là, la différence qu'il y a entre
„ Dieu & l'Home, ne seroit pas proprement une
„ différence de Nature; mais une différence selon
„ le plus & le moins par rapport aux *premieres &*
„ *secondes qualités*, qui, au moins dans notre façon
„ de penser & de concevoir les choses, constituent
„ l'Etre Divin & l'Etre Humain. Il est vrai que
„ cette différence est, pour-ainsi-dire, du tout au
„ tout: elle est immense, inconcevable, inexpri-
„ mable. Mais on peut dire, que la baze des pre-
„ mieres qualités, qu'on peut attribuer à Dieu, en
„ vertu de ce principe d'analogie, est la Simpli-
„ cité † & l'Immutabilité; au lieu que dans
„ l'Homme, c'est un composé passible, corruptible
„ & divisible. „ L'Au-

---

* „ *L'Auteur ne dit pas qu'il y a analogie entre la Nature Divine*
„ *& l'Humaine, absolument & à prendre ces termes à rigueur méta-*
„ *physique. Il convient qu'il n'y a point d'analogie entre l'Infini & le*
„ *Fini, entre le Parfait de l'Imparfait; Mais il croit, que l'on peut*
„ *dire sans déroger aux idées que nous devons avoir des Perfections &*
„ *de la Nature de l'Etre suprême, qu'il y en a par rapport à l'Eten-*
„ *due qu'il attribue également à Dieu & à l'Ame humaine, & par rap-*
„ *port aux premieres & secondes qualités, qui résultent de cette Eten-*
„ *due, au moins dans notre maniere d'envisager un sujet environné de*
„ *tant de difficultés, insurmontables à la foiblesse de l'Esprit humain.*"
** „ Voyez Gen. I. 26, 27. Ibid. V. 1. Ibid. IX. 6. Sap. II. 23.
„ Eccles. XVII. 3. 1 Cor. XI. 7. Eph. IV. 24. Col. III. 10." (Note marginale).
† „ *Le terme* simple, *relativement aux Etres qui existent, est sus-*
„ *ceptible de deux sens, l'un est celui de* Descartes & de Leibnitz, *qui*

CINQUIEME PARTIE.

„ L'Auteur voudroit bien savoir comment on
, peut concevoir dans un *Point Mathématique*, dans
, un Etre absolument non étendu, celui que les
, Cieux & les Cieux des Cieux ne peuvent conte-
, nir ? Comment on y peut concevoir la Toute-
, Puissance Active, l'Omni-présence, & l'Immen-
, sité qui sont des attributs universellement recon-
„ nus dans la Nature Divine? La contradiction ne
„ saute-t-elle pas aux yeux? ...

„ L'Auteur a déjà expliqué, dans quel sens on
„ peut prendre le terme *simple*, par raport à cette
„ partie de l'Home qui doit exister éternellement
„ après sa séparation par la mort du Corps grossier.

„ Il est certain que nous ne connoissons DIEU †,
„ que par ce que Mr. *Locke* appelle *secondes qualités*,
„ que nous admirons dans cet Etre adorable; c'est-
„ à-dire par sa Puissance Active, qui est entre au-
„ tres la cause de la Création de l'Univers, & celle
„ du Mouvement que Dieu lui a doné, & qu'il y
„ maintient; comme nous ne le connoissons, à l'é-
„ gard de ses Attributs moraux, que par sa Bonté,
„ sa Sagesse, sa Justice, &c.

„ Or nous écarterions-nous beaucoup du vrai,
„ ou au moins du vraisemblable, si dans notre ma-
„ niere foible & imparfaite d'envisager les choses,
„ & conformément aux principes de Mr. *Locke*,

„ expliquent la Spiritualité par la Non-étendue; *en supposant que dans*
„ *ce sens, les Etres par eux prétendus spirituels, sont tellement sim-*
„ *ples & non étendus, que la Divisibilité de ces Etres ne peut pas seu-*
„ *lement être conçue par l'Entendement. Mais il est aisé d'appercevoir*
„ *que dans ce sens, ces Etres ne sont que ce qu'on apelle le Point Ma-*
„ *thématique, des Etres de raison. On peut dire hardiment que l'Exi-*
„ *stence réelle & la Non-Etendue absolue sont des idées contradictoires,*
„ *& qui ne peuvent pas compatir dans un même sujet.*

„ *On peut dire, dans un autre sens, que la simplicité est l'Attribut*
„ *par excellence de l'Etre des Etres, qui existe par lui-même, & qui*
„ *par conséquent est un Etre non composé, immuable, inaltérable,*
„ *incorruptible & indivisible.*"

†. *On comprendra aisément qu'il n'est pas question ici de ces con-*
noissances surnaturelles de Dieu, que nous acquérons par la Révé-
lation."

„ qu'on vient de rapporter, nous difions que cette
„ Puiſſance a ſa ſource dans les qualités premieres
„ originales & réelles, qui conſtituent l'Eſſence,
„ la Subſtance réelle de la Nature Divine, à nous
„ entiérement inconnue ; & que par conſéquent
„ Dieu eſt, non un Etre non étendu & ſpirituel, à
„ prendre ces termes dans le ſens de *Deſcartes* & d
„ *Leibnitz*; mais un Etre réel, mais ſimple, mai
„ immuable, ſolide & étendu, dans ſa maniere in-
„ compréhenſible d'être, en toutes ſortes de per-
„ fections, infiniment au-deſſus de toutes les ſub-
„ ſtances à nous conues ou inconues.

„ C'eſt un ſentiment, que l'Auteur ſoumet avec
„ docilité, aux lumieres ſupérieures de ceux qu
„ ſont plus capables que lui d'aprofondir un ſujet,
„ qui eſt ſi fort au-deſſus de la portée du commun
„ des Homes. On comprendra facilement, que dan
„ ce que l'on vient d'expoſer dans ce Paragraphe,
„ on ne fait que comenter ce texte de Mr. *Newton*.
„ *Virtus* (qui n'eſt autre choſe que Puiſſance) *ſn*.
„ *Subſtantiâ ſubſiſtere non poteſt*.

„ Par tout ce qu'on vient de dire on appercevr
„ ſans peine, qu'on ne prend pas ici les terme
„ *Solide* *, *Etendu*, dans le même ſens dans leque
„ nous les apliquons à la Matiere, ou au Corps à
„ nous conus. L'Auteur eſtime au ſurplus que c'eſ
„ un *Axiome*, que tout ce qui eſt réellement éten-
„ du ** ne peut pas manquer d'avoir une certaine
„ ſolidité.

„ L'Auteur ne ſauroit s'empêcher de citer ici Mr
„ l'Abbé *de Houteville*, vu la conformité du ſenti-
„ ment de cet Auteur ſur la Nature de Dieu, avec

---

* „ *Dans l'Eſprit de l'Auteur, Solide, ou Réel ſont ici des termes
„ ſinonimes, opoſés à la Non-étendue abſolue ; mais indéfiniſſables. C'eſt-
„ à-dire que l'intrinſeque, ou la nature de cette ſolidité, & de cette
„ réalité, nous eſt entiérement inconnue.*"
** „ *On dit réellement étendu, afin qu'on n'objecte pas l'Eſpace im-
„ menſe, qui n'eſt pas proprement un Etre réel ; mais comme le dit le
„ Docteur Clark une propriété de la Subſtance qui eſt éternelle & in-*

CINQUIEME PARTIE. 335

„ celui de Mr. Newton & le sien; „ *Dieu*, dit ce
„ savant †, *n'est point Corps à la maniere des substan-*
„ *ces étendues, cependant il en a tout le positif* ‡, *toute*
„ *la Vérité, toute la Perfection, toute la Bonté, & s'il*
„ *n'est point Corps, c'est qu'il ne peut avoir la borne*
„ *inséparable des Corps. Il n'est point Esprit seulement,*
„ *parce qu'il seroit contenu sous une idée particuliere ex-*
„ *clusive de toute autre; mais il contient éminemment la*
„ *perfection de l'intelligence. Il jouit éternellement en*
„ *propre de ce qu'il y a de réel dans ce qui peut être; il*
„ *est tout* § *enfin en retranchant la borne qui resserreroit*
„ *son Etre & le rendroit imparfait.*

„ Qu'il soit permis à l'Auteur de faire ici encore
„ une Remarque. La même *Analogie*, qui se trouve
„ entre la Nature de l'Etre Divin, & celle de
„ l'Home, se rencontre aussi entre la Nature de
„ l'Home, & celle des autres Etres sensibles; des
„ Végétaux & des Mineraux mêmes, tous doués de
„ ce que Mr. *Locke* appelle premieres & secondes
„ qualités; de sorte qu'on peut dire que tout est
„ Analogique dans la Nature de l'Etre en général,
„ avec cette différence, que la réalité & la puissan-
„ ce résident *originairement & éminemment* en Dieu,
„ comme dans la source de tout ce qu'on peut apel-
„ ler *réalité & puissance*; au lieu que les Créatures
„ ne participent à l'une & à l'autre, que par *créa-*
„ *tion* & par *communication*, & cela dans des degrés
„ d'étendue & de force proportionés aux différentes
„ fins auxquelles Dieu les a destinées respective-
„ ment, en les plaçant dans cet Univers qu'elles
„ composent.

„ On sentira aisément que cette Remarque répand

„ *mense, ou une suite de l'existence de l'Etre infini & éternel, ou com-*
„ *me l'Auteur supose, un Domaine éternel de cet Etre Suprême.*"
† „ *Essai philosophique sur la Providence p. 53.*" Note marginale.
‡ „ Comment pourroit-on accorder ce positif avec la Non-étendue
„ absolue, qui dans le fond n'est qu'un néant."
§ „ *Mr. de* Houteville veut être apparemment, ce que les Idées
„ Corps, Esprit, peuvent nous représenter de plus essentiel."

,, un nouveau jour fur le fyftême de l'Auteur, &
,, qu'elle prouve la fimplicité, & le rapport naturel
,, qu'il y a entre fes différentes parties. Au furplus
,, il y a trois manieres d'envifager ce qu'on appelle
,, *fubftance* en général. 1º. On peut confidérer la
,, fubftance *in abftracto*, come ce que les Philofophes
,, apellent *fubftratum* ou le foutien des différentes
,, idées fimples, que nous y envifageons. 2º. On
,, peut fe la repréfenter par raport à ces idées fim-
,, ples ou à fes qualités, comme le *Contenu* au *Con-*
,, *tenant*. On peut dire 3º. felon la définition de
,, Mr. *Locke*, qu'elle eft un Tout, ou une Collec-
,, tion d'un certain nombre d'Idées fimples confidé-
,, rées comme unies dans ce Tout, ou comme fai-
,, fant ce Tout. Mais de quelque manière qu'on
,, l'envifage, il femble que nous ne faurions lui
,, refufer la *Localité*, la *Solidité* & l'*Etendue*, qui
,, font des notions toutes différentes de celles que
,, *Defcartes* & Mr. *de Leibnitz* ont des fubftances non
,, étendues & purement fpirituelles.

,, Au lieu de diftinguer, come on fait, les Etres
,, en *fpirituels* & *corporels*: ils convient mieux de les
,, diftinguer en *vifibles* & *palpables*, & en *invifibles* &
,, *impalpables* à nos fens groffiers. L'Auteur prou-
,, vera ce principe par plufieurs paffages de l'Ecri-
,, ture fainte *. Sur ce pié-là on peut dire que ce
,, que N. S. apelle *Efprit* (S. Luc. XXIV. 31. &
,, S. Jean IV. 24.), eft à notre égard un Etre invi-
,, fible & impalpable, fans qu'il s'enfuive pour ce-
,, la, que cet Etre foit abfolument non-étendu dans
,, le fens que l'on combat ici."

A confidérer le nouveau fyftême dans fon application feule à l'ame humaine, il offre peut-être des avantages fur ceux de Defcartes & de Leibnitz. En donnant à l'ame une étendue réelle, non pas matérielle,

---

* ,, *Voyés par Exemple Nomb.* XXII. 30, 31. S. *Luc* XXIV. 31."
Note marginale.

comme l'étendue des corps grossiers que nous voyons & touchons, mais d'une espece telle que la nature de l'ame le comporte, qui soit une maniere d'être analogue à l'étendue du corps qu'elle habite, on satisfait assez bien à quantité de difficultés, telles que l'union de l'ame au corps, l'action réciproque de l'un sur l'autre, l'origine des idées dans l'ame, & celle des mouvemens volontaires dans le corps, &c. Au moins l'Auteur croit les prévenir toutes. Quand on le lui accorderoit, ces prétendus avantages sont balancés par de plus grands inconvéniens : je veux dire ceux qu'il y a à appliquer cette hypothese à Dieu. Je vais avoir occasion de les développer en reprenant les propres paroles de l'Auteur. Il sera mieux de rapprocher chaque remarque de l'article qu'elle concerne, que de les rassembler confusément.

„ On peut dire qu'il y a une certaine Analogie
„ entre la Nature de Dieu & celle de l'Home."

Lorsqu'il s'agit de distinguer Dieu de tout le reste, on peut fort bien y réussir sans dire positivement ce que Dieu est. Si l'on entreprend de prouver qu'il y a de l'analogie entre Dieu & l'homme, est-ce assez de la désigner par un terme aussi vague que celui d'une *certaine analogie* ? Que doit-on penser de cette certaine analogie, quand celui qui en soutient la réalité, comme une découverte qui lui appartient, commence par avouer que cette analogie est nulle en rigueur métaphysique ? Cette matiere me semble assez délicate, & assez importante, pour être traitée avec toute l'exactitude métaphysique.

„ L'Auteur ne dit pas qu'il y a analogie entre la
„ Nature Divine & l'Humaine, absolument & à
„ prendre ces termes à rigueur métaphysique (*).

(*) Comparez ceci avec ce qui a été dit ci-devant, p. 223.

,, Il convient qu'il n'y a point d'analogie en-
,, tre l'Infini & le Fini, entre le Parfait de
,, l'Imparfait."

Cet aveu ruine toute cette partie du fyftême qui regarde Dieu, & en particulier ce qu'on ajoute.

,, Mais il croit que l'on peut dire, fans déroger
,, aux idées que nous devons avoir des Perfec-
,, tions & de la Nature de l'Etre fuprême, qu'il
,, y en a (de l'analogie) par raport à l'éten-
,, due qu'il attribue également à Dieu & à
,, l'Ame humaine, & par raport aux premieres
,, & fecondes qualités, qui réfultent de cette
,, étendue, au moins dans notre maniere d'en-
,, vifager un fujet environné de tant de diffi-
,, cultés, infurmontables à la foibleffe de l'Efprit
,, humain."

Il n'y a point d'analogie entre l'infini & le fini, entre le parfait & l'imparfait: Dieu eft l'infini & le parfait, l'ame humaine eft le fini & l'imparfait: donc il n'y a point d'analogie entre Dieu & l'ame humaine, ni analogie d'intelligence, ni analogie de bonté, ni analogie de fageffe, ni analogie d'éten-due. Eft-on fondé à faire une exception en faveur de cette derniere qualité, celle qui conviendroit le moins à Dieu, fi elles n'étoient pas toutes des imperfections également incompatibles avec l'Ef-fence toute-parfaite? Ce que l'on peut conclure du raifonnement de l'Auteur, c'eft qu'il ne parle pas en rigueur métaphyfique, quoique affurément la ma-tiere en vaille bien la peine. Ceci annonce ce qui fera expliqué plus au long dans la fuite, favoir que le nouveau fyftême donne trop à certains préjugés philofophiques, fur-tout à l'opinion de ceux qui cherchent à ramener l'univers entier, y compris le Créateur, à l'uniformité tant pour les premieres que pour les fecondes qualités, par rapport à la fubstance & à ses modes. L'uniformité que l'Auteur admet n'est qu'analogique, & il ne croit pas qu'elle déroge à la perfection de Dieu. Je me fais un devoir de lui rendre justice à cet égard. Au moins elle déroge à l'exactitude métaphysique. On en convient assez ouvertement. Cette exactitude est cependant la pierre de touche des discussions de cette nature. Comment les savans accueilleront-ils un système qui n'en supporte pas l'épreuve, au jugement même de son Auteur?

„ Cette proposition est fondée sur différens pas-
„ sages de l'Ecriture sainte, où il est dit que
„ Dieu a formé l'Home à son Image, ou à sa
„ Ressemblance."

Je répondrai ailleurs à ce passage & aux autres que l'on cite dans une note marginale. Il ne s'agit point encore de l'autorité, mais de la raison qui est avant l'Ecriture sainte.

„ Sur ce pied-là, la différence qu'il y a entre
„ Dieu & l'Home, ne seroit pas à proprement
„ une différence de nature; mais une diffé-
„ rence selon le plus & le moins, par raport
„ aux premieres & secondes qualités, qui, au
„ moins dans notre façon de penser & de con-
„ cevoir les choses, constituent l'Etre divin &
„ l'Etre humain."

Comme j'ai suffisamment établi la contradictoire, savoir qu'il y a une différence de nature entre le fini & l'infini, & non pas une simple différence selon le plus & le moins par rapport aux premieres & secondes qualités, je ne m'y arrêterai pas ici, pour éviter les répétitions. Dans l'infini tout est infini, & aucunes qualités du fini ne sont susceptibles de l'infinité. Au cas que le Lecteur ne se rappelle pas ce que j'ai dit à ce sujet, je le prie de relire les Chapitres XXVI. & XXVII.

Si l'on se figuroit l'échelle des Etres comme un cône renversé, plaçant le dernier à la pointe, faisant occuper la base par la Nature Divine, remplissant l'entre-deux de toutes les autres substances mitoyennes, & mettant l'homme à quelque hauteur que ce soit, sa place est ici indifférente ; cette image seroit-elle bien propre à nous donner une juste idée de la grandeur de Dieu ? Ceux qui n'admettent, entre Dieu & la créature, qu'une différence selon le plus & le moins, ne m'en donnent pas une idée plus sublime. Toutes les portions du cône supposé ne different point en nature, mais seulement du plus au moins, comme on fait différer Dieu des Etres qu'il a créés. Je n'impute rien au nouveau systême : j'expose simplement la maniere dont il m'affecte.

L'Auteur fort de l'autorité de Locke, a beaucoup de confiance dans la maniere commune de penser & de concevoir les choses ; ce qui s'entend de la notion ordinaire de la Divinité, la meilleure que l'on puisse s'en former, selon le philosophe anglois, laquelle consiste, comme on l'a vu, à rassembler les idées simples d'existence, d'intelligence, de bonté, de puissance, en un mot des premieres & secondes qualités qui existent d'une maniere finie dans les créatures, & à les appliquer à Dieu dans un dégré infini. Il est vrai que l'on enchérit ici sur le sentiment de Locke : aux qualités applicables à Dieu, selon lui, on ajoute l'étendue qu'il refuse à l'Etre

---

(gg) ,, Qu'il soit permis à l'Auteur de citer ici un autre passage de ,, Locke (*Entendement Humain*, Liv. II Chap. XXIII. § 28). *Ce n'est* ,, *pas une chose indigne de notre recherche*, dit-il, *de voir si la Puis-* ,, *sance active est l'attribut propre des Esprits, & la Puissance passive* ,, *celui des Corps ; d'où l'on pourroit conjecturer que les Esprits créés,* ,, *étant actifs & passifs, ne sont pas totalement séparés de la Matiere.* ,, *Car l'Esprit pur, c'est-à-dire* DIEU, *étant seulement actif, & la pure* ,, *Matiere simplement passive ; on peut croire, que ces autres Etres qui* ,, *sont actifs & passifs, tout ensemble, participent de l'une & de l'autre.*
,, Mr. Locke fait entrevoir, qu'il ne sauroit concevoir ce qu'on ,, appelle Esprit créé, comme purement immatériel ; en quoi l'Auteur ,, adhere au sentiment de cet illustre & pieux Philosophe. Mais s'il

CINQUIEME PARTIE. 341

suprême. L'on croit en adoptant le principe de Locke, raisonner plus conséquemment qu'il n'a fait (gg). Que cette prétention soit bien ou mal fondée, c'est ce que je n'examinerai pas. Je me contente d'avoir ruiné le principe. La notion vulgaire de la Divinité & de ses attributs, est abusive. Tout système appuyé sur ce fondement, doit tomber.

„ Il est vrai que cette différence est, pour ainsi
„ dire, du tout au tout : elle est immense, in-
„ concevable, inexprimable."

La différence de Dieu à l'homme doit réellement être immense, infinie, si grande qu'on ne puisse pas en imaginer une plus grande. Il s'en faut bien qu'elle soit telle dans le nouveau système qui n'admet entre eux qu'une différence selon le plus & le moins, puisqu'on en imagine une plus grande, savoir une différence de nature, ainsi que l'on en convient & que je l'ai expliqué ailleurs. Une différence où celle de nature n'est pas comprise, est-elle véritablement du tout au tout?

„ Mais on peut dire que la base des premieres
„ qualités, qu'on peut attribuer à Dieu, en
„ vertu de ce principe d'analogie, est la simpli-
„ cité & l'immutabilité, au-lieu que dans
„ l'homme, c'est un composé passible, corrup-
„ tible & divisible."

„ s'agit de raisonner conséquemment à son principe, l'Auteur ne sau-
„ roit être entiérement d'accord avec lui, sur ce qu'il rapporte de
„ l'Etre suprême. DIEU, dit-il, *est Esprit pur, parce qu'il est seule-*
„ *ment actif, ou il est seulement actif, parce qu'il et esprit pur.* Il
„ paroit à l'Auteur, que, à prendre la chose à rigueur métaphysique,
„ cette maniere d'argumenter n'est pas sans réplique, &c." *Essai d'un Nouveau Systême &c. T. I. p. 36.*
L'Auteur prouve ensuite contre Locke que Dieu est, d'une maniere digne de lui, passif à lui-même, parce qu'il sent qu'il est & qu'il jouit de son bonheur infini & de toutes ses perfections divines. En quoi on remarquera l'influence de la notion vulgaire de la Divinité qui en fait un Etre sentant.

Voilà un premier échantillon d'analogie, la simplicité & l'immutabilité de Dieu, la composition & la corruptibilité de l'homme. On ne devoit pas s'attendre à une pareille solution.

„ Le terme, *simple*, relativement aux Etres qui
„ exiftent, eft fusceptible de deux fens, l'un
„ eft celui de Defcartes & de Leibnitz qui ex-
„ pliquent la fpiritualité par la non-étendue,
„ en fuppofant que dans ce fens, les Etres par
„ eux prétendus fpirituels, font tellement fim-
„ ples & non étendus, que la divifibilité de ces
„ Etres ne peut pas feulement être conçue par
„ l'Entendement. Mais il eft aifé d'appercevoir
„ que dans ce fens, ces Etres ne font que ce
„ qu'on appelle le *Point mathématique*, des
„ Etres de raifon."

On fera ici une queftion à l'Auteur. L'Effence Divine eft-elle divifible, ou non? Si elle ne l'eft pas, il fe trouve d'accord avec Defcartes & Leibnitz, il entend le terme fimplicité au même fens qu'eux, felon ce qu'il en dit. S'il veut que Dieu très fimple, foit pourtant divifible dans fa divine manière d'être; cette affertion demande des preuves, & où en prendre? Il vient d'oppofer lui-même la fimplicité à la compofition, à la divifibilité.

„ On peut dire hardiment que l'Exiftence réelle
„ & la Non-étendue abfolue, font des idées
„ contradictoires, & qui ne peuvent pas com-
„ patir dans un même fujet."

Gardons-nous de l'illufion des mots. La non-étendue comme telle, n'eft pas un Etre réel, c'eft une négation précife de l'étendue. Mais un Etre d'une nature différente de celle d'un Etre étendu, eft-il un Etre chimérique, & tout-à-fait contradictoire? Si l'on répond affirmativement, il n'y a plus qu'une feule & même nature par-tout, favoir une nature étendue, par-tout un même fond de fubftance. Je ne fuis pas furpris que tous les fyftêmes métaphyfiques modernes aient une teinte plus ou moins forte de Spinofifme, j'entends d'un Spinofifme raffiné. Ils fe modelent en cela fur le fyftême théologique qui donne à Dieu toutes les vertus de l'homme, & une nature fpirituelle femblable pour le fonds à celle de notre ame.

„ On peut dire, dans un autre fens, que la fim-
„ plicité eft l'attribut par excellence de l'Etre
„ des Etres qui exifte par lui-même, & qui par
„ conféquent eft un Etre non-compofé, im-
„ muable, inaltérable, incorruptible & indi-
„ vifible."

C'eft pourtant un Etre étendu, & en voici la preuve, on verra enfuite ce que c'eft que cette étendue.

„ L'Auteur voudroit bien favoir comment on peut
„ concevoir dans un Point Mathématique, dans
„ un Etre abfolument non-étendu, celui que
„ les Cieux & les Cieux des Cieux ne peuvent
„ contenir? Comment on y peut concevoir la
„ Toute-Puiffance Active, l'Omni-préfence
„ & l'Immenfité qui font des attributs univer-
„ fellement reconnus dans la Nature Divi-
„ ne? La contradiction ne faute-t-elle pas
„ aux yeux?"

Autre mauvais principe qui ne mérite aucune confiance: la manie de vouloir tout comprendre. Je ne fais lequel eft le plus dangereux, le fcepticifme outré, ou la fureur de la toute-fcience. Pour moi, s'il me falloit abfolument donner dans l'un ou l'autre excès, j'eftimerois le fcepticifme un moindre mal. Ce n'eft pas ici le lieu d'en expofer les raifons.

Quant à préfent je me crois fort éloigné des deux extrêmes, & je travaille à me tenir à une égale diſtance de l'un & de l'autre.

Dans les ſyſtêmes qui ont pour objet un Etre incompréhenſible, je me défie de ce qui eſt ſi facile à comprendre. Loin donc que la facilité prétendue de concevoir la toute-puiſſance, l'omni-préſence & l'immenſité divines dans le nouveau ſyſtême, & la difficulté de les accorder avec l'autre, me faſſent donner la préférence à celui-là; ſur ce préjugé j'en déciderois tout autrement. Car le vrai, dans cette matiere, eſt ſurement ce qu'il y a de plus au-deſſus de notre intellection.

Pour croire que Dieu ſoit un Etre inétendu, qu'eſt-il beſoin de concevoir la toute-puiſſance & l'omni-préſence dans un Etre abſolument inétendu? Ne ſuffit-il pas que l'étendue ſoit une perfection de la créature? S'imagine-t-on bonnement que l'on conçoit mieux la toute-puiſſance & l'omni-préſence dans un Etre étendu? Tout ce que l'on y conçoit, c'eſt une action ſemblable à celle des corps, & une préſence locale. Du reſte on ne conçoit point l'étendue infinie: l'immenſité ne pouvant être dans une étendue bornée, comment ſe repréſenter l'immenſité dans un Etre étendu?

Jamais on n'a donné l'inétendue abſolue pour le poſitif de la Nature Divine, ni d'aucun eſprit. La non-étendue n'eſt point un Etre que l'on puiſſe concevoir comme le ſujet ou ſoutien de quelque mode, ſoit premiere ou ſeconde qualité. Elle n'eſt pas même une qualité, c'eſt un négation précife de l'étendue, un néant d'étendue, dans lequel il n'y a rien à concevoir, puiſqu'il n'eſt abſolument rien. L'Auteur ſe ſouvient d'avoir répété pluſieurs fois que dire Dieu inétendu, c'eſt dire ce qu'il n'eſt pas, & non ce qu'il eſt. Tous les bons philoſophes l'ont remarqué avant lui, & n'ont jamais penſé que la non-étendue fût la baſe de la toute-puiſſance & de l'immenſité.

CINQUIEME PARTIE.

La méprife n'étoit pas difficile à éviter. On auroit dû fentir la différence qu'il y a entre nier que la Subftance de Dieu, ou le fujet d'inhérence de fes perfections, foit un Etre étendu, ou affurer que ce fujet d'inhérence eft la non-étendue. Si quelqu'un le difoit, il ne mériteroit pas même d'être écouté. On pouvoit donc fe difpenfer de faire voir que la non-étendue abfolue, en quelque fens qu'on la prenne, eft égale au néant; que la non-étendue abfolue ne peut être le *fubftratum*, ou la bafe, de l'immutabilité de Dieu, de fon immenfité, de fon omniprésence, de fa toute-puiffance active, de fa fainteté, de fa juftice, de fa fageffe, de fa bonté ; qu'elle n'eft, ni une propriété collatérale de fes perfections, & encore moins une propriété identifiée avec elles. On en convient fans peine. Il ne s'enfuit pas pour cela, que l'étendue doive être attribuée à la Nature Divine, foit comme le foutien, ou *fubftratum*, des perfections divines qu'on ne peut pas dire étendues, ou comme collatérale à ces perfections, ou comme identifiée avec elles, ou en toute autre maniere.

„ La contradiction ne faute-t-elle pas aux yeux ?.'

Oui, elle eft très fenfible, quand on foutient en même temps qu'il n'y a point d'analogie entre le fini & l'infini, & qu'il y a une analogie entre eux par rapport à l'étendue.

„ Il eft certain que nous ne connoiffons Dieu,
„ que parce que Mr. *Locke* appelle *fecondes qua-*
„ *lités*, que nous admirons dans cet Etre ado-
„ rable ; c'eft-à-dire par fa Puiffance Active,
„ qui eft entre autres la Caufe de la Création
„ de l'Univers, & celle du Mouvement que
„ Dieu lui a doné & qu'il y maintient ; comme
„ nous ne le connoiffons, à l'égard de fes Attri-
„ buts moraux, que par fa Bonté, fa Sageffe,
„ fa Juftice, &c."

Locke a sacrifié au préjugé en adoptant la notion vulgaire de la Divinité. L'Auteur du nouveau système y sacrifie de même sur la foi de Locke. Mais il pousse les principes de son maître, jusqu'au point qui en doit montrer le défaut. Il a dit : Si Dieu est infiniment bon, juste, puissant & sage, pourquoi ne seroit-il pas infiniment étendu ? Les idées d'étendue & de solidité, comme celles d'intelligence & de sagesse, sont prises de la contemplation des créatures, & s'il suffit d'élever les unes à l'infinité pour les faire convenir à Dieu, j'y puis bien élever aussi les autres, & dès lors elles ne dérogeront plus à la perfection divine. Le métaphysicien anglois, s'il eût prévu les conséquences qui semblent couler assez naturellement de ses principes, ou s'il eut cru qu'elles en pussent être légitimement déduites, eût dit peut-être : Ce que j'avance de la bonté, de l'intelligence, & des autres perfections, dont on compose ordinairement l'idée complexe de l'Etre suprême, pourroit se dire de l'étendue, de la solidité, & encore de la matérialité, & je ne vois pas moyen d'accorder ces qualités avec l'Essence Divine : revenons donc sur le principe, examinons-le de plus près.

C'est ce que j'ai fait, & j'en ai reconnu la foiblesse.

„ Or nous écarterions-nous beaucoup du vrai, ou
„ au moins du vraisemblable, si dans notre manière foible & imparfaite d'envisager les cho-
„ ses, & conformément aux principes de Mr.
„ *Locke*, qu'on vient de rapporter, nous di-
„ sions que cette Puissance a sa source dans les
„ qualités premieres originales & réelles, qui
„ constituent l'Essence, la Substance réelle de
„ la Nature Divine à nous entiérement incon-
„ nue ; & que par conséquent Dieu est, non
„ un Etre non-étendu & spirituel, à prendre
„ ces termes dans le sens de Descartes & de

„ Leibnitz; mais un Etre réel, mâis simple,
„ mais immuable, solide & étendu, dans sa
„ maniere incompréhensible d'être, en toutes
„ sortes de perfections, infiniment au-dessus
„ de toutes les substances à nous conues ou
„ inconues."

Il est difficile de débrouiller ce cahos: je m'attache à un seul point. On reconnoît l'incompréhensibilité de Dieu, dans sa divine maniere d'être. On ne lui attribue donc l'étendue que dans un sens incompréhensible, & qu'est-ce que cela? Est-ce à tort que les Commissaires nommés par la Société de Londres, pour examiner le nouveau systême, ont dit qu'il ne consistoit que dans des généralités qui n'établissoient aucune maniere particuliere déterminée de concevoir les choses en question (*). Je mets l'étendue de Dieu à la tête de ces choses. L'Auteur va en convenir bientôt d'une maniere encore plus expresse, & achever de ruiner son hypothese. Ce n'étoit pas la peine de faire une si grande dépense d'esprit, pour feindre une étendue qui n'est pas étendue. Or telle est sans contredit celle qu'il donne à Dieu, puisqu'elle est infiniment au-dessus de celle que nous connoissons, & de tout autre que nous pourrions ne pas connoître. Il n'y a point d'étendue infiniment au-dessus de l'étendue.

„ C'est un sentiment que l'Auteur soumet avec
„ docilité, aux lumieres supérieures de ceux
„ qui sont plus capables que lui d'approfondir
„ un sujet qui est si fort au-dessus de la portée
„ du comun des Homes."

(*) Quæ hic apparent, generalia sunt, quæ modum specialem & determinatum nullum produnt, adeò que nec illam ab Autore propositam, &c. Ibid. T. I. P. II. p. 17.

La modéſtie ſied bien au ſavoir. On trouvera peu de philoſophes, parmi ceux qui ont propoſé des ſentimens particuliers, qui ne l'aient fait avec cette défiance convenable à quiconque connoît la foibleſſe de l'eſprit humain. Combien en nommera-t-on auſſi qui, par quelque erreur, n'aient payé le tribut à l'humanité? L'Auteur du nouveau ſyſtême n'a pas été heureux dans la pourſuite de l'objet qu'il avoit en vue. Ses veilles n'en ſont pas moins précieuſes. En s'attachant à la ſolution d'un problême imaginaire qu'il s'étoit propoſé, il a fait des recherches importantes dans la métaphyſique. Tout ce qu'il dit au ſujet de l'ame & de ſes opérations, mérite la plus grande attention de la part des ſavans; & quant à l'étendue qu'il n'a pu accommoder à la Nature Divine, il l'a eſſayé avec une force propre à montrer que ce qu'il n'a pas fait, d'autres le tenteroient en vain. Il a ruiné l'eſpece d'antropomorphiſme la plus délicate, en la pouſſant juſqu'à l'écueil où elle devoit néceſſairement échouer.

„ On comprendra facilement, que dans ce que
„ l'on vient d'expoſer dans ce Paragraphe, on
„ ne fait que comenter ce texte de Mr.
„ Newton: *Virtus* (qui n'eſt autre choſe que
„ Puiſſance) *ſine Subſtantia ſubſiſtere non poteſt.*"

Voici le texte de Newton tel que l'Auteur le rapporte & le traduit enſuite (*).

Omni-præſens eſt DEUS *non per Virtutem ſolam, ſed etiam per Subſtantiam, nam Virtus ſine Subſtantia ſubſiſtere non poteſt... Deitas eſt dominatio Dei, non in corpus proprium, ſed in ſervos.... In ipſo continentur & moventur omnia, ſed abſque mutua paſſione.* DEUS *nihil patitur ex corporum motibus; illa nunquam ſentiunt*

___

(*) Même Eſſai T. I. P. I. p. 25-28.

CINQUIEME PARTIE.

esistentiam ex omni-Præsentia Divina.... Deus totus st sui similis; totus Oculus, totus Auris; totus Cerebrum; totus Brachium; totus vis sentiendi, intelligendi & agendi; sed more minime humano, minime corporeo, more nobis prorsus incognito.... Non est Æternitas vel infinitas; sed æternus & infinitus: Non est duratio vel spatium; sed durat & adest, durat semper, adest ubique, & existendo semper & ubique, durationem & spatium, æternitatem & infinitatem constituit.... Ideam habemus attributorum ejus; sed quæ sit rei alicujus substantia minime cognoscimus. Intimas corporum substantias nullo sensu, nulla actione reflexa cognoscimus, multò minus ideam habemus substantiæ Dei.

„ Dieu, est non seulement présent par-tout, en
, vertu de sa Puissance, mais encore par sa Sub-
, stance, car la Puissance ne peut exister sans une
, Substance réelle.... La *Divinité* dénote l'Empire
, de Dieu, non pas sur sa propre Substance, mais
, sur les Créatures qui lui sont sujettes... En lui est
, contenu & mu tout ce qui existe; mais sans pas-
, sion réciproque: Dieu n'est point affecté par les
, mouvemens des corps, & ils ne sentent aucune
, résistance de l'Omni-présence de cet Etre suprê-
, me... Dieu est tout semblable à lui-même: Il est
, tout œil, tout oreille, tout bras, tout cerveau
, & puissance sensitive, intelligente & active; mais
, d'une maniere nullement humaine, nullement
, corporelle (c'est-à-dire qu'il n'y a rien dans la *Sub-*
, *stance Divine qui soit composé, passible, corruptible,*
, *ou divisible,*) d'une maniere qui nous est absolu-
, ment inconnue.... Il n'est ni l'Eternité, ni l'In-
, finité; mais il est éternel & infini: Il n'est ni la
, durée ni l'espace; mais il dure & est présent; il
dure toujours, il est présent par-tout: son Existence éternelle, & son Omni-présence constituent
la durée & l'espace, l'éternité & l'infinité... Nous
avons des idées de ses divins attributs, mais la
Substance qui en est le sujet d'inhérence, nous
est entièrement inconue. On peut dire en géné-

Tome II. Z

,, ral que nous ne connoiſſons la nature des ſubſtan-
,, ces corporelles en aucune manière, ni par nos
,, ſens, ni par aucun acte réfléchi de notre enten-
,, dement, encore moins avons-nous aucune idée
,, de la Subſtance de l'Etre Suprême."

Tout ce texte de Nèwton auquel l'Auteur du nouveau ſyſtême proteſte de ſouſcrire avec *beaucoup d'édification*, peut ſervir de pendant à cet autre de Mr. le Clerc rapporté ci-devant, ſavoir que Dieu n'eſt rien formellement de ce que nous voyons & connoiſſons; mais qu'il eſt tout d'une manière infiniment plus excellente que tout ce que nous connoiſſons; & comme dit Denys l'Aréopagite, il eſt tous les Etres & pas un des Etres. De même, ſelon Newton, Dieu eſt tout œil, tout oreille, tout bras, tout pied, tout cerveau, &c. mais d'une manière nullement humaine, nullement corporelle, comme s'il pouvoit y avoir un œil, un bras, une oreille, un pied incorporels, ou que la forme ſeule de l'œil, de l'oreille & du bras humains ne fût pas convenable à Dieu, puiſqu'il eſt tout cela ſous une autre forme. Peut-être veut-on dire encore qu'il eſt œil, oreille, bras & cerveau ſous une forme différente de l'œil, de l'oreille, du bras & du cerveau, ou même ſous une forme qui n'eſt pas forme ? Le même philoſophe jugeoit encore que Dieu avoit beſoin d'un organe pour ſentir les choſes, & d'un moyen pour les connoître : c'eſt pour cela ſans doute qu'il le faiſoit tout œil pour voir, tout oreille pour entendre, tout bras pour déployer ſa puiſſance, tout cerveau pour exercer ſon intelligence, comme le Clerc prétendoit que Dieu voyoit tout & entendoit tout, ſans avoir ni œil, ni oreille. Ces idées, qui n'ont pas beſoin d'une réfutation plus ſérieuſe, n'annoncent guère le profond Auteur des *Principes Mathématiques*; mais Newton a commenté l'Apoca-

---

(*) Voyez ci-devant p. 47.

CINQUIEME PARTIE. 351

lypse. Que d'abfurdités s'accréditent à la faveur d'un grand nom!

„ Par tout ce qu'on vient de dire on appercevra
„ fans peine qu'on ne prend pas ici les termes
„ *folide, étendu*, dans le même fens dans lequel
„ nous les appliquons à la matiere, ou aux
„ Corps à nous conus.

On foutient donc que la maniere dont Dieu eft étendu, n'eft pas la même dont nous concevons la matiere étendue ; ainfi quelques autres ont dit que la maniere d'entendre de Dieu n'étoit pas la même que la nôtre (*). La prétention de ceux-ci prouve que Dieu n'entend pas (†). En changeant les termes, il en réfultera que, puifque Dieu n'eft point étendu à la maniere des corps, il ne l'eft point du tout.

„ ... *Solide* ou *réel* font ici des termes finonimes,
„ opofés à la Non-Etendue abfolue, mais indé-
„ finiffables. C'eft-à-dire que l'intrinfeque,
„ ou la nature de cette folidité, & de cette
„ réalité nous eft entiérement inconue."

Ces termes font donc vuides de fens, ne pouvant être des fignes de chofes inconnues & incompréhenfibles. La métaphyfique fera t-elle toujours un pays rempli de chimeres ? N'y va-t-on détruire les anciennes, que pour la peupler de nouvelles ?

„ Dieu, dit Mr. l'Abbé de Houteville, n'eft point
„ Corps à la maniere des fubftances étendues,
„ cependant il en a tout le pofitif, toute la
„ vérité, toute la perfection, toute la bonté,
„ & s'il n'eft point corps, c'eft qu'il ne peut

(†) Chap. LIII-LXIV.

,, avoir la borne inséparable des corps. Il n'eſt
,, point Eſprit ſeulement, parce qu'il ſeroit
,, contenu ſous une idée particuliere excluſive
,, de tout autre ; il contient éminemment la
,, perfection de l'intelligence. Il jouit éternel-
,, lement en propre de ce qu'il y a de réel dans
,, ce qui peut être ; il eſt tout enfin en retran-
,, chant la borne qui reſſerreroit ſon Etre & le
,, rendroit imparfait."

Je renvoie le Lecteur au Chapitre LXIII. Du reſte on groſſira le nombre des autorités, tant que l'on voudra. Elles ſont toutes réfutées dans une.

,, Qu'il ſoit permis à l'Auteur de faire ici une
,, Remarque. La même Analogie qui ſe trouve
,, entre la Nature de l'Etre Divin, & celle de
,, l'Home, ſe rencontre auſſi entre la Nature
,, de l'Home, & celle des autres Etres ſenſi-
,, bles ; des végétaux & des mineraux mêmes,
,, tous doués de ce que Mr. *Locke* appelle pre-
,, mieres & ſecondes qualités, de ſorte qu'on
,, peut dire que tout eſt Analogique dans la Na-
,, ture de l'Etre en général, avec cette diffé-
,, rence que la réalité & la puiſſance réſident
,, *originairement* & *éminemment* en Dieu, comme
,, dans la ſource de tout ce qu'on peut appeller
,, *réalité* & *puiſſance* ; au-lieu que les créatures
,, ne participent à l'une & à l'autre, que par
,, création, par communication, & cela dans des
,, degrés d'étendue & de force proportionnés
,, aux différentes fins auxquelles Dieu les a
,, deſtinées, en les plaçant dans cet univers
,, qu'elles compoſent."

Voilà la gloſe de la gloſe. Dieu n'eſt pas corps à la maniere des corps, il n'eſt pas étendu à la maniere de ce que nous appellons du nom d'éten-due ; mais il a tout le poſitif du corps, toute la

CINQUIEME PARTIE.

éalité de l'étendue : comme si le positif du corps pouvoit être sans la maniere dont le corps est corps, sans ce qui constitue le corps ; ou l'étendue sans la maniere dont elle est l'étendue, sans ce qui fait qu'elle est ce qu'elle est. Delà résulte une analogie non seulement entre la Nature de Dieu & celle de l'homme, mais aussi entre celle-ci & celle de tous les Etres sensibles, les végétaux & les minéraux mêmes. Ainsi toutes les Natures sont analogues depuis la divine, jusqu'à celle du moindre atôme. Toutes les secondes & premieres qualités sont originairement & éminemment dans Dieu : il en faut dire autant de toutes les substances représentées par les premieres & secondes qualités ; Dieu les possede donc toutes originairement & éminemment : il en possede tout le positif & toute la réalité. Elles sont émanées de lui : elles sont des fragmens ou des écoulemens de sa Nature, ainsi que les facultés qu'il leur a communiquées à différentes doses, selon leur destination. Plus de création. Par le développement successif de l'Essence Divine, les Etres qui étoient primitivement dans Dieu, sans aucune forme, d'une maniere invisible & parfaite, en sont sortis, ont revêtu différentes formes, ont emporté en sortant des portions plus ou moins grandes de la réalité & de la puissance de Dieu, sont devenus visibles, bornés & imparfaits : ce qui n'empêche pourtant pas sans-doute, que Dieu ne soit encore tout ce qu'il a été, & n'ait tout ce qu'il a éternellement eu.

Je suis les principes de l'Auteur, comme il a suivi ceux de Locke & de Newton. On voit à quelle cosmogonie ils me conduisent.

„ On sentira aisément que cette remarque répand
„ un nouveau jour sur le nouveau système, &
„ qu'elle prouve la simplicité & le rapport na-
„ turel de ses différentes parties."

Ce nouveau jour ne feroit-il point une fauffe lumiere? Cette fimplicité & ce rapport ne feroient-il point des fictions?

„ Au furplus il y a trois manieres d'envifager ce
„ qu'on appelle fubftance en général. 1°. On
„ peut confidérer la fubftance *in abftracto*, com-
„ me ce que les Philofophes appellent *fubftra-*
„ *tum*, ou le foutien, des différentes idées fimpl.
„ que nous y envifageons. 2°. On peut fe la re-
„ préfenter par rapport à ces idées fimples, où
„ fes qualités, comme le *Contenu* au *Contenant*.
„ On peut dire 3°. felon la définition de Mr.
„ Locke, qu'elle eft un Tout, ou une Collection
„ d'un certain nombre d'Idées fimples confidé-
„ rées comme unies dans ce Tout, ou comme
„ faifant ce Tout. Mais de quelque maniere
„ qu'on l'envifage, il femble que nous ne fau-
„ rions lui refufer la *Localité*, la *Solidité* & l'*E-*
„ *tendue*, qui font des notions toutes différen-
„ tes de celles que Defcartes & Mr. de Leib-
„ nitz ont des fubftances non-étendues & pure-
„ ment fpirituelles."

On regarde l'étendue en général, la folidité en général, la localité en général, comme des élémens de l'Etre en général: autant d'abftractions pures. On ne veut rien admettre pour réel que ce qui a la localité, la folidité & l'étendue. Quelle localité entend-on? quelle folidité, quelle étendue? Ce ne font pas celles de la matiere. Dieu n'eft point préfent, folide, & étendu à la maniere des corps. Mais les mots *localité*, *folidité*, *étendue*, n'expriment que ces propriétés des corps: nous n'avons point d'idées qui puiffent les dénaturer & leur faire changer de fignification. Si nous leur ôtons par abftraction tout le fens qu'ils ont, que leur refte-t-il de réel? Ce ne font plus qu'un vain fon qui frappe l'oreille, fans rien préfenter à l'efprit.

CINQUIEME PARTIE.

Une substance différente de la substance étendue solide & présente dans le lieu, peut fort bien avoir autant de réalité que la matiere : on n'y voit point de contradiction. L'étendue qui n'a rien de l'étendue, répugne.

„ Au lieu de distinguer, comme on fait, les Etres
„ en *spirituels & corporels*; il convient mieux
„ de les distinguer en *visibles & palpables*, & en
„ *invisibles* & *impalpables* à nos sens grossiers."

Les matérialistes admettront sans peine cette derniere conclusion. Dieu n'est point absolument incorporel : il est invisible & impalpable à nos sens grossiers, mais il est pourtant corporel dans sa divine maniere d'être. Les Etres spirituels, au sens de Descartes & de Leibnitz, sont des Etres purement imaginaires. Il n'y a que des corps, les uns visibles & palpables, les autres invisibles & impalpables à nos sens grossiers, mais visibles & palpables sans-doute à des sens plus subtils dans un degré proportionné. De la matiere brute jusqu'à l'homme, il y a une gradation de corporéité qui va toujours en croissant de finesse. Il y en a une de l'ame humaine jusqu'à Dieu qui est le corps le plus délié, même d'une subtilité infinie, comme celui dans qui réside originairement & éminemment toute puissance & toute réalité, comme la source en un mot de toute corporéité & de toute subtilité. Dieu est donc corps solide & étendu, non comme les corps grossiers, mais infiniment plus subtil que tous les autres; & voilà l'analogie universelle de tous les Etres, tous matériels, avec la seule différence en plus & en moins, qu'y apportent les divers degrés de subtilité.

Parvenus à ce terme, tournons la tête, regardons derriere nous pour considérer le chemin qui nous y a conduit.

1. *Il y a une certaine analogie entre la Nature de Dieu & celle de l'Home. Il n'y a point d'analogie entre*

la Nature Divine & l'Humaine, absolument & à prendre ces termes à rigueur métaphysique. C'est le premier pas.

2. La différence qu'il y a entre Dieu & l'Home n'est point proprement une différence de Nature, mais une différence selon le plus & le moins. Cependant elle est pour-ainsi-dire du tout au tout, à la différence de nature près.

3. La base des premieres qualités qu'on peut attribuer à Dieu, en vertu de ce principe d'analogie, est la simplicité & l'immutabilité ; au-lieu que dans l'Home, c'est un composé passible, corruptible & divisible. Quelle analogie que celle qui résulte de deux principes contraires !

4. L'omni-présence & l'immensité ne se conçoivent que dans un Etre étendu : sur-tout dans un Etre étendu d'une maniere inconnue, indéfinissable, inconcevable, car l'inconnu & l'inconcevable répandent beaucoup de jour sur les matieres hors de notre portée.

5. Dieu n'est point corps à la maniere des substances étendues : c'est néanmoins une substance étendue, mais autrement étendue que tout ce qui est étendu. Car il y a d'autre sorte d'étendue, que ce que nous nommons ainsi, une sorte dont nous n'avons point d'idée, quoique ce mot n'exprime que notre idée de l'étendue.

6. Une excellente preuve d'analogie entre la nature de Dieu & celle de l'homme, c'est que *Dieu est tout œil, tout bras, tout oreille, tout cerveau, non pas d'une maniere corporelle, mais d'une maniere qui nous est inconnue*. Newton l'a dit ; au-lieu que nous avons, nous, avec un cerveau humain, des yeux, des bras, & des oreilles de chair & d'os.

7. Enfin, comme tous les Etres que nous concevons sont solides & étendus, il faut bien aussi que les Etres inconcevables soient solides & étendus : de sorte qu'il y a une analogie d'étendue entre tous, depuis & compris Dieu jusqu'au dernier terme de la matiere.

CINQUIEME PARTIE.

8. Point d'Etre spirituel & absolument in-étendu.

„ L'Auteur prouvera ce principe par plusieurs
„ passages de l'Ecriture sainte. Sur ce pié-là on
„ peut dire que ce que N. S. appelle Esprit
„ (S. Luc XXIV. 31. & S. Jean IV. 24), est à
„ notre égard un Etre invisible & impalpable,
„ sans qu'il s'ensuive pour cela, que cet Etre
„ soit absolument non-étendu dans le sens que
„ l'on combat ici."

Je m'expliquerai bientôt sur l'autorité que certains passages de l'Ecriture sainte peuvent avoir dans les matieres de la Théologie naturelle. En attendant le Lecteur comptera, s'il en a la patience, les contradictions dont fourmille tout système qui tend à rapprocher le fini de l'infini : elles se comptent par les points d'analogie que l'on assigne.

CHAPITRE LXXXIII.

Suite de l'examen du nouveau Système concernant la Nature des Etres spirituels.

IL n'est pas nécessaire que l'Etre supérieur qui a fait homme intelligent, soit intelligent lui-même. Il n'est pas plus nécessaire que le Créateur de l'étendue, soit lui-même étendu. L'intelligence de l'ame humaine ne pourroit prouver celle de Dieu, qu'autant que la Nature Divine & l'humaine auroient la même maniere d'intelligence, laquelle auroit été communiquée de l'une à l'autre. Le premier point est faux de l'aveu même des défenseurs de l'intelligence de Dieu, qui conviennent que sa maniere de concevoir & de connoître n'est pas la même que la nôtre. Le second l'est aussi selon eux, puisqu'ils admettent la création qu'on ne peut

confondre avec la communication ou l'émanation (*). La raifon de parité fait dire que l'étendue corporelle ne prouvera jamais celle de Dieu
qu'autant qu'on le fuppofera étendu à la maniere
des corps, comme la fource d'où l'étendue corporelle eft émanée. Par la premiere fuppofition, Dieu
eft femblable au corps le plus groffier: par la feconde, la matiere la plus vile eft une portion détachée
de la Subftance Divine. On ne fera difparoître ce
qu'une telle conféquence a de dur, qu'en affoiblif-
fant d'autant l'argument de l'effet à la caufe, du
produit au principe producteur: argument fur lequel
on fait tant de fonds. On fubtilifera beaucoup fur
la maniere dont la matiere eft contenue dans Dieu,
afin d'éviter de dire qu'elle en fait partie, on dé-
pouillera la matiere de toute réalité, on fubftituera
des mots aux idées: tout ce travail fera une démon-
ftration fenfible que ni la matiere, ni fon étendue,
ni toute autre créature n'eft dans Dieu, puifqu'il
faut les réduire à rien, avant d'imaginer qu'elles
puiffent y être.

*Extrait d'une Lettre de l'Auteur du Nouveau Syftême
concernant la Nature des Etres fpirituels, à Mr.
l'Abbé F.*** à M.*

,, Il eft indubitable, *nous dit le P. Mallebran-*
,, *che,* ** qu'il n'y avoit que Dieu feul avant que
,, le monde fût créé, & qu'il n'a pu le produire
,, fans connoiffance & fans idée; que par confé-
,, quent ces idées que Dieu en a eues ne font point
,, différentes de lui-même, & qu'ainfi toutes les
,, créatures, même les plus matérielles & les plus
,, terreftres, font en Dieu, quoique d'une maniere
,, fpirituelle, & que nous ne pouvons comprendre.

(*) Ci-devant Chap. LXIII.
** ,, *Recherche de la Vérité. T. II. L. III. Seconde Partie Chap. V.*
,, *vers la fin.*" N. M.

„ *Dieu voit donc au dedans de lui-même tous les Etres,*
„ *en confidérant fes propres perfections qui les lui repré-*
„ *fentent.* Ce Philofophe pour donner du poids à
„ ce fentiment, cite un paſſage du Docteur Angéli-
„ que que vous me permettrez, Monfieur, de rap-
„ porter ici. *Cum Eſſentia Dei habeat in fe, quidquid*
„ *perfectionis habet Eſſentia cujuſque rei alterius, &*
„ *adhuc amplius, Deus in fe ipfo poteſt omnia propria*
„ *cognitione cognoſcere. Propria enim Natura cujuſque*
„ *conſiſtit ſecundum quod per aliquem modum Naturam*
„ *Dei participat.*

„ Il faut fe reſſouvenir, *dit ce R. P. dans un autre*
„ *endroit* †, qu'il eſt abſolument néceſſaire que
„ Dieu ait en lui-même, les idées de tous les
„ Etres qu'il a créés, puiſqu'autrement il n'auroit
„ pu les produire, & qu'ainſi il voit tous les Etres
„ en confidérant les Perfections qu'il renferme,
„ auxquelles ils ont rapport.

„ Les Etres qui exiſtent, & en particulier les
„ Etres doués d'intelligence, participent donc de la
„ Nature Divine : S. Paul l'a déjà dit de ſon tems ‡ :
„ *Il n'y a point de perfection,* dit le P. Mallebran-
„ che, *dans ces Etres qui ne foit en Dieu. Cet Etre*
„ *ſuprême, confidérant fes propres perfections, contem-*
„ *ple celles qu'il a donné aux Créatures.* Dieu a créé
„ les Etres intelligens à ſon image, ou ſelon l'idée
„ qu'il s'en étoit formé : En faut-il davantage pour
„ conclure que Dieu étoit lui-même l'archetype de
„ cette idée ? Il eſt certain au moins que Dieu ne
„ pouvoit avoir pris que de lui-même l'idée de la
„ puiſſance de ſentir, de penſer, & d'agir, qu'il a
„ communiquée à ces Etres doués d'intelligence :
„ Pourquoi ne voudroit-on donc pas que Dieu eût
„ pris de même l'idée de leur exiſtence réelle, de
„ la ſienne propre ? Cette exiſtence ne peut ſuppo-

---

† „ *Au commencement du Chap. VI.*" Note Marginale.
‡ „ *Voyez Actes XVIII.* 28, 29." Note Marginale.

„ fer la non-étendue abfolue, qui n'eft qu'un néant;
„ elle fuppofe donc l'étendue réelle, puifqu'il n'y
„ a point de milieu entre l'une & l'autre. Et j'ai
„ déjà fait voir que l'étendue eft une perfection en
„ elle-même. Elle eft donc un Attribut de l'Etre
„ fuprême, qui eft la fource de toute perfection.
„ Dieu eft donc un Etre réellement étendu.

„ Si l'on m'objectoit que c'eft tomber dans l'An-
„ tropomorphifme, & faire pis encore, que d'at-
„ tribuer à Dieu l'étendue, propriété de la matiere
„ le plus vil des Etres, & de nous repréfenter cet
„ Etre fuprême, comme nous fentons que nous
„ fommes faits nous-mêmes, qui ne-faurions rien
„ faire fans idées, ni avoir des idées fans Archety-
„ pes. Je répondrois que Dieu, Etre étendu,
„ fource de l'étendue la plus parfaite, ayant l'idée
„ de l'étendue dont l'Archetype eft la fienne même,
„ & voulant la donner à la matiere ou au corps pof-
„ fible; on peut dire qu'il l'affortit à la fin pour la-
„ laquelle il a voulu les créer. Dans ce fens cette
„ étendue, relativement à la deftination de ces
„ corps, a, comme je l'ai déjà remarqué, toute la
„ perfection qui convenoit à fa nature. Mais com-
„ parée à l'étendue de Dieu, elle eft infiniment
„ imparfaite. Cela eft dans l'ordre des chofes: Il
„ eft naturel qu'il y ait incomparablement plus de
„ perfection dans la Source de cette étendue, qu'il
„ n'y en a dans fes Emanations, ou dans chacune
„ de fes Emanations. Cela étant, on ne peut pas
„ dire, en quelque fens même qu'on prenne la
„ chofe, qu'en attribuant une Etendue réelle à
„ Dieu, c'eft ravaler cet Etre fuprême, ou penfer
„ d'une maniere peu digne de fes perfections ado-
„ rables. C'eft d'ailleurs me faire une difficulté
„ mal-à-propos que de m'imputer que je mets Dieu
„ au niveau de l'homme en lui attribuant des idées
„ femblables à celles de cette Créature. Il convient
„ de renverfer cette propofition: Dieu n'a pas des
„ Idées femblables à celles de l'homme; mais

„ l'homme par un effet de la Volonté, de la Tou-
„ te-puissance, & de la Bonté Divines, a des Idées
„ semblables à celles de Dieu, avec cette différen-
„ ce que les idées primitives de l'homme, ces idées
„ qui font la base de toutes celles qu'il est capable
„ de produire, sont occasionnées fortuitement par
„ des objets qui existent hors de lui, & formées
„ par un méchanisme qui lui est totalement incon-
„ nu & auquel il est totalement passif, & que ce
„ sont des idées qui ne représentent qu'imparfaite-
„ ment leurs Archetypes, & que le moindre acci-
„ dent peut effacer de la mémoire de celui où elles
„ sont placées. En joignant & en séparant ces idées,
„ & en formant celles dont son Entendement est
„ capable, il peut à la vérité, par ce moyen arran-
„ ger un grand nombre d'opérations tant physiques
„ que morales. Mais cette puissance est très bor-
„ née & l'homme est sujet à en faire plus souvent
„ un mauvais usage qu'un bon. Au-lieu que les
„ idées en Dieu qui ont pour Archetype l'Essence
„ de sa Divine Nature propre, sont toutes parfai-
„ tes, éternelles, immuables. On peut dire qu'el-
„ les existent dans l'Entendement Divin, d'une
„ maniere toute différente de celle qui est cause
„ de leur existence, dans les Etres créés; d'une
„ maniere qui n'est connue qu'à Dieu seul; mais
„ qui lui est parfaitement connue. Au moyen de
„ ces idées, Dieu connoît tout ce qu'il veut con-
„ noître: Il fait tout ce qu'il veut faire: Il permet
„ tout ce qu'il veut permettre: Il empêche tout
„ ce qu'il veut empêcher; & tout cela avec une
„ Puissance absolue & sans bornes, avec une Bonté
„ & une Sagesse infinies, & en tout sens dignes de
„ sa Nature Divine toute-parfaite. Voilà des dispa-
„ rités, qui font voir la différence infinie qu'il y a
„ entre les idées du Créateur, & celles de la Créa-
„ ture, & par conséquent le peu de solidité de l'ob-
„ jection à laquelle il s'agissoit de répondre.
„ Au surplus, je vous demande, Monsieur, peut-

„ on raisonner ainsi: L'homme est doué d'Etendue:
„ Il a la puissance de sentir, de penser & d'agir:
„ Il a des idées, mais les unes & les autres sont
„ imparfaites. L'Etre suprême est étendu. Il a la
„ puissance de sentir, de penser & d'agir: Il a des
„ idées de ce qu'il est, de ce qu'il fait, & de ce
„ qu'il veut faire ; Donc c'est un Etre imparfait
„ comme la créature. Quant à moi, je crois qu'il
„ y a de la témérité à faire des comparaisons entre
„ le Créateur & la créature dans quelque occasion
„ & dans quelque intention que ce soit, qui ten-
„ dent à avilir & à deshonorer la Divinité; & sur-
„ tout quand on ne les emploie que pour soutenir
„ des opinions chimériques, ou que l'on s'en sert
„ faute de meilleures armes, pour combattre des
„ sentimens qu'on ne sauroit réfuter autrement (*)."
 Quelquefois on s'affecte trop d'un sentiment. Les
raisons les plus foibles en elles-mêmes ont alors une
très grande force sur l'esprit préoccupé. La crainte d'une pareille prévention me fait donner une
attention toute particuliere à ce qui peut m'être
défavorable. Il est bien plus court & plus commode
de condamner tout ce qui choque notre façon de
penser, que d'examiner si ce que l'on condamne,
mérite véritablement d'être blâmé, ou si on ne le
blâme que parce qu'il nous contredit. Si j'ose taxer
d'antropomorphisme tout système qui admet de l'a-
nalogie entre Dieu & l'homme, & d'un Spinosisme
raffiné, celui qui étend l'analogie jusqu'à la matiere
brute, ce n'est point une imputation, mais un doute
dont je donne les raisons en les développant, selon
qu'elles se présentent à mon esprit, sans les déguiser en aucune maniere, sans les exaggérer, mais
aussi sans les affoiblir au moins volontairement. Si
elles ne prouvent pas que la vérité soit de mon côté, elles prouveront toujours que je la cherche,

---

(*) Essai d'un Nouveau Système &c. T. IV. P. I. p. 118--123.

CINQUIEME PARTIE.

que j'ai longtems médité & combiné ce que j'avance, & que de quelque côté qu'elle se trouve, mon livre tournera à son avantage d'une façon ou d'autre. J'ai une seconde vue que je crois très légitime; Je veux, par mon attention à ne rien blâmer qu'en forme de doutes motivés & confirmés par un si grand nombre de raisons toutes tirées de l'analyse la plus exacte des choses, mériter la même discrétion de la part des personnes éclairées.

„ Il est indubitable, *nous dit le P. Mallebranche*,
„ qu'il n'y avoit que Dieu seul avant que le
„ monde fût créé, & qu'il n'a pu le produire
„ sans connoissance & sans idée; que par con-
„ séquent ces idées que Dieu en a eues, ne
„ sont point différentes de lui-même, & qu'ain-
„ si toutes les créatures, même les plus maté-
„ rielles & les plus terrestres sont en Dieu,
„ quoique d'une maniere spirituelle, & que
„ nous ne pouvons comprendre."

Au contraire, il est pour le moins très douteux que Dieu ait jamais eu des idées de tous les Etres qu'il a faits. L'origine de l'idée, les élémens qui la constituent, toutes les appartenances de l'idée, nous ont démontré qu'elle ne pouvoit appartenir à Dieu.

Admettre des idées dans Dieu! Y pense-t-on? Celui qui par sa Nature ne peut rien ignorer, a-t-il besoin d'un pareil moyen de connoître? A-t-il besoin de connoissance? A-t-il besoin d'entendement? A-t-il besoin d'images qui lui présentent les choses? sur-tout d'images telles que des idées, qui sont des types intellectuels que nous nous formons des objets d'après l'impression que nous en avons reçue?

On veut que les idées de Dieu ne soient pas différentes de lui-même. C'est dire que la substance de Dieu n'a aucune analogie avec la nôtre, que cet Etre tout-parfait n'a ni entendement, ni idée: car l'acte n'est pas la faculté, comme celle-ci n'est pas la substance.

L'homme ne fait rien que sur un modele présent à ses yeux, ou à son esprit, parce que toutes ses facultés sont intrinséquement imparfaites, parce que toutes ses facultés accommodées les unes aux autres doivent s'entre-aider. Si la puissance créatrice n'agit point au hazard, ni aveuglément, elle n'a point aussi besoin de la direction d'un entendement. Elle constitue le possible, ce n'est donc pas le possible qui lui est présenté dans une idée pour qu'elle l'actualise.

Toutes les créatures, même les plus matérielles & les plus terrestres, sont en Dieu!.. Il ne les a donc pas créées: il n'a donc jamais été seul: elles ont toujours été dans lui & avec lui. Mais comment y sont-elles ? D'une maniere spirituelle, & que nous ne comprenons pas. Quoi! la matiere peut exister quelque part d'une maniere immatérielle! Nous ne pouvons pas comprendre Dieu. Distinguons le donc de tout ce que nous comprenons; du corps & de l'ame, de l'étendue de l'un & de l'intelligence de l'autre.

Leibnitz disoit aussi que cette substance simple primative, qui est Dieu, devoit renfermer éminemment les perfections contenues dans les substances dérivatives; qu'ainsi elle avoit la puissance, la connoissance & la volonté parfaites, c'est-à-dire une toute-puissance, une omni-science, & une bonté souveraine (*). Mais les mots de *substance primative* & de *substances dérivatives*, font voir que Leibnitz supposoit l'univers plutôt comme émané ou dérivé de Dieu, que véritablement créé par lui: son raisonnement se détruit par la fausseté du principe.

„ Dieu

(*) Principes de la Nature & de la Grace fondés en raison.

„ Dieu voit au dedans de lui-même tous les Etres
„ en confidérant fes propres perfections qui les
„ lui repréfentent.... Il n'y a point de per-
„ fection dans les Etres qui ne foit en Dieu,
„ cet Etre fuprême confidérant fes perfections,
„ contemple celles qu'il a donné aux créatures."

Les perfections de Dieu toutes parfaites & infinies peuvent-elles fe refferrer & fe détériorer pour repréfenter des Etres finis & des qualités imparfaites de leur nature? Car enfin les perfections divines repréfentent les Etres créés tels qu'ils font, auffi défectueux & auffi méchans qu'ils font: le peuvent-elles fans avoir des défauts & une malice du même genre? Si Dieu ne voit dans fes perfections que ce que la créature a de compatible avec elles, il n'y voit rien du créé : le fini eft incompatible en tout avec l'infini. D'ailleurs où verroit-il l'imperfection intrinfeque des créatures & de leurs qualités, que fes perfections ne peuvent lui offrir?

„ *Cum Essentia Dei habeat in se quidquid perfectionis*
„ *habet Essentia cujusque rei alterius, & adhuc*
„ *amplius, Deus in se ipso potest omnia propria*
„ *cognoscere. Propria enim natura cujusque rei*
„ *consistit secundum quod per aliquem modum Na-*
„ *turam Dei participat.*"

C'eft-à-dire : L'Effence de Dieu contenant tout ce que les autres Effences ont de perfection, & encore plus. Dieu peut connoître tous les Etres réels par la connoiffance qu'il a de lui-même. Car la nature réelle de chaque chofe confifte en ce par quoi elle participe en quelque forte de la Nature Divine.

Qu'eft-ce que des effences finies peuvent tirer d'une Nature fimple, infinie, & conféquemment incommunicable, qui ne peut rien perdre, rien

Tome II.   A a

acquérir, rien détacher d'elle-même pour le donner à d'autres ? Comment allier l'infini avec le fini, le parfait avec l'imparfait, dont l'un exclut nécessairement l'autre ? Si tout ce que les Etres ont d'essentiel participe de la Nature Divine, tous les essences sont divines en soi : nous sommes des Dieux, les corps les plus grossiers sont des Dieux. Au moins tous les Etres sont des parties de la Divinité. Dieu a pu communiquer une portion quelconque de sa Nature, il a pu communiquer de même toute autre portion, & finalement sa Nature entière avec toutes ses perfections. Il a donc pu faire le monde semblable à lui, & le monde peut être Dieu. Que dis-je ? Ce que Dieu a pu faire, il l'a fait : l'Etre tend naturellement à s'aggrandir selon son pouvoir. Il a donc fait le monde semblable à lui, & l'univers est Dieu.

Tout ce que l'on a jamais objecté de raisonnable contre le système de l'ame du monde, qui est dans le fond celui Spinosa, se tourne avec une force égale contre ceux qui disent que Dieu est tous les Etres ; que son Essence contient tout ce que les autres essences ont de perfection, ou de réel ; que la Nature propre de chaque chose consiste en ce par quoi elle participe en quelque sorte de la Nature Divine ; que les Etres réels, & en particulier les Etres doués d'intelligence, participent de la Nature Divine. Le Spinosisme n'est que le système commun poussé à l'extrême. L'acte de la généralisation, dit un moderne (*), est pour les hypothèses du métaphysicien, ce que les observations & les expériences réitérées sont pour les conjectures du physicien. Les conjectures sont-elles justes ? Plus on fait d'ex-

---

(*) Pensées sur l'interprétation de la Nature.

(*bb*) Je le répete, je n'ai garde de taxer de Spinosisme Clarke ni les autres qui ont soutenu que notre intelligence ne pouvoit venir que d'un Etre intelligent lui-même qui nous l'avoit communiquée. Je dis seulement que ce principe me semble conduire au Spinosisme. Pour être Spinosiste, il ne suffit pas d'admettre un principe qui favorise cette erreur, il faut de plus reconnoître & avouer les conséquences qui la

périences, plus les conjectures se vérifient. Les hypothèses sont-elles vraies ? Plus on étend les conséquences, plus elles embrassent de vérités, plus elles acquierent d'évidence & de force. Au contraire si les conjectures & les hypothèses sont frêles & mal fondées, ou l'on découvre un fait, ou l'on aboutit à une vérité où elles échouent. Spinoza ne mériteroit point les noms odieux dont on le diffama de son vivant & dont sa mémoire reste flétrie, s'il n'avoit eu d'autre intention que de faire voir combien il étoit faux & dangereux de faire Dieu intelligent, bon & sage, parce qu'il y a de la bonté, de la sagesse, & de l'intelligence dans le monde. Ne suit-il pas de ce principe, sans trop forcer la conclusion, que Dieu est pierre, plante, bête, homme, puisqu'il y a des pierres, des plantes, des bêtes & des hommes; que par conséquent Dieu est tout & que tout est Dieu; que comme il ne sauroit y avoir plusieurs Dieux, il n'y a point d'autre Dieu que ce tout; & surement le tout est une substance infinie & unique, puisqu'elle ne peut être bornée, & qu'il n'y a rien plus que le tout? Ainsi en généralisant un système on en montre l'absurdité *(bb)*. Si Dieu est tous les Etres, tous les Etres sont Dieu, la nature de chaque chose consiste dans un extrait de la nature de Dieu, nous sommes tous des parties de la Divinité, des émanations de ce grand Etre. Spinosa a-t-il rien dit de plus hardi?

„ Dieu a créé les Etres intelligens à son image,
„ ou selon l'idée qu'il s'en étoit formée. En
„ faut-il davantage pour conclure que Dieu

---

constituent formellement ; mais l'on ne peut, sans injustice, imputer à un Auteur que les conséquences qu'il avoue. Il est téméraire de le rendre responsable de celles qu'il ne voit pas, & absolument inique de le charger de celles qu'il nie. Il n'en est pas moins permis à chacun de dire l'impression que les mêmes hypothèses font sur son esprit, surtout quand on ne trouve pas mauvais que les autres pensent autrement: *Nec mihi, si aliter sensias, molestum.*

„ étoit lui-même l'Archetype de cette idée ? Il
„ est certain au moins que Dieu ne pouvoit
„ avoir pris que de lui-même l'idée de la puis-
„ sance de sentir, de penser & d'agir, qu'il a
„ communiquée à ces Etres doués d'intelligen-
„ ce : Pourquoi ne voudroit-on pas que Dieu
„ eût pris de même l'idée de leur existence
„ réelle de la sienne propre ?

Pourquoi ne voudroit-on pas que Dieu eût pris de même l'idée de la matiere de sa propre matérialité ? Voilà la demande ultérieure & celle qui fait sentir l'inconvénient de la premiere. Dieu n'a pu rien créer sans idée. Il n'a pu faire l'intelligence, sans en avoir l'idée : il n'a pu en avoir l'idée sans archétype, cet archétype ne pourroit être que dans lui, ou plutôt il ne pourroit être que lui-même : donc Dieu est intelligent, d'une intelligence telle que celle qu'il a donnée à l'homme ; autrement tout le raisonnement tombe à faux. De même, Dieu n'a pu faire la matiere, sans en avoir l'idée, il n'a pu en avoir l'idée sans archétype ; cet archétype n'a pu être que Dieu même : donc Dieu est matériel, comme le corps le plus grossier.

„ Cette existence ne peut supposer la non-éten-
„ due absolue, qui n'est qu'un néant, elle sup-
„ pose donc l'étendue réelle, puisqu'il n'y a
„ point de milieu entre l'une & l'autre."

L'auteur montre évidemment ici qu'il a donné dans la méprise dont je viens de parler tout-à-heure. Tout Etre est incontestablement, ou étendu, ou non-étendu. Mais quand on dit qu'il y a des Etres inétendus, on ne prétend pas pour cela que l'inétendue absolue soit le soutien de leur existence réelle, comme quelque chose de substantiel. On prétend seulement que leur nature est distinguée de celle des corps : ce qui suffit pour faire appercevoir com-

CINQUIEME PARTIE.

bien il est peu juste de dire que tout Etre réel est étendu, parce que l'inétendue n'est rien.

> „ L'Etendue est une perfection en elle-même.
> „ Elle est donc un Attribut de l'Etre suprême
> „ qui est la source de toute perfection, Dieu
> „ est donc un Etre réellement étendu."

Dieu est la source de toute perfection, en tant que Créateur: titre qui, loin de supposer qu'il renferme toutes les perfections des Etres créés, tant des ames, que des corps, prouve invinciblement qu'il ne les a pas, puisqu'il les crée. On peut relire ce que j'en ai dit plus haut.

> „ Si l'on m'objectoit que c'est tomber dans l'An-
> „ tropomorphisme, & faire pis encore, que
> „ d'attribuer à Dieu l'étendue, propriété de la
> „ matiere le plus vil des Etres, & de nous
> „ représenter cet Etre suprême, comme nous
> „ sentons que nous sommes faits nous-mêmes,
> „ qui ne saurions rien faire sans idées, ni avoir
> „ d'idées sans archétypes."

Nous voici au vrai point de la difficulté : rendons nous attentifs à la solution.

> „ Je répondrois que Dieu, Etre étendu, source
> „ de l'Etendue la plus parfaite, ayant l'idée de
> „ l'étendue dont l'Archétype est la sienne mê-
> „ me, & voulant la donner à la matiere ou au
> „ corps possible; on peut dire qu'il l'assortit à
> „ la fin pour laquelle il a voulu les créer."

Mauvaise réponse assurément qui, au lieu de résoudre la difficulté, y en ajoute une plus grande. Il s'ensuivroit que Dieu pourroit restraindre son étendue infinie, & en altérer la perfection pour l'accommoder à la nature imparfaite des créatures. Cet aſſortiment eſt un myſtere auſſi inconcevable que celui qu'il devroit éclaircir.

„ Dans ce ſens cette étendue, relativement à la
„ deſtination des corps, a, comme je l'ai déjà
„ remarqué, toute la perfection qui convenoit
„ à ſa nature. Mais comparée à l'étendue de
„ Dieu, elle eſt infiniment imparfaite."

Il faudroit le prouver, que l'étendue eſt infinie & infiniment parfaite dans Dieu : & qu'elle eſt finie & infiniment imparfaite dans la créature; mais rien que des paroles, comme ſi l'on cherchoit à ſe faire illuſion. Nous prend-on pour des enfans? On devroit faire un peu plus de cas de notre ſiecle philoſophique.

„ Cela eſt dans l'ordre des choſes : Il eſt naturel
„ qu'il y ait incomparablement plus de perfec-
„ tion dans la Source de cette étendue, qu'il
„ n'y en a dans ſes Emanations, ou dans cha-
„ cune de ſes Emanations."

En ſuppoſant que la Nature procede de Dieu par voie d'émanation, où a-t-on vu qu'il eſt naturel que tout ce qui eſt dans l'effet ſoit plus parfaitement dans ſa cauſe? Les plus grands fleuves ne ſont preſque rien à leur ſource: l'homme n'eſt dans ſon principe qu'un atôme ſpermatique: le plus grand arbre vient d'une graine, où aſſurément il n'exiſtoit pas d'une maniere auſſi parfaite que dans ſon état d'accroiſſement. L'effet eſt la manifeſtation de l'énergie de la cauſe, qui n'éclate que par lui. L'avantage de la perfection eſt tout entier du côté de l'effet qui eſt formellement & dans le plus haut degré de développement, ce que la cauſe n'eſt qu'en puiſſance. Quel eſt le plus parfait, de l'homme mûr, ou du ver dont il provient?

CINQUIEME PARTIE. 371

„ Cela étant, on ne peut pas dire, en quelque
„ fens même qu'on prenne la chofe, qu'en at-
„ tribuant une étendue réelle à Dieu, c'eft
„ ravaler cet Etre fuprême, ou penfer d'une
„ maniere peu digne de fes perfections ado-
„ rables."

On le dira avec raifon, tant qu'on ne prouvera pas mieux le contraire.

„ C'eft d'ailleurs me faire une difficulté mal-à-
„ propos que de m'imputer que je mets Dieu
„ au niveau de l'homme en lui attribuant des
„ idées femblables à celles de la créature."

C'eft toujours mal-à-propos qu'on objecte à un Auteur une difficulté à laquelle il n'a point de réponfe.

„ Il convient de renverfer cette propofition :
„ Dieu n'a pas des idées femblables à celles de
„ l'homme; mais l'homme, par un effet de la
„ Volonté, de la Toute-puiffance, & de la
„ Bonté Divines, a des idées femblables à cel-
„ les de Dieu…"

Cela s'appelle profiter adroitement de l'Ecriture fainte : car il n'eft pas dit que Dieu reffemble à l'homme, mais que Dieu a fait l'homme à fa reffemblance ; tout comme une perfonne ne reffemble pas à fon portrait, quoique fon portrait lui reffemble.

„ … Avec cette différence que les idées primiti-
„ ves de l'homme, ces idées qui font la bafe
„ de toutes celles qu'il eft capable de produire,
„ font occafionnées fortuitement par des objets
„ qui exiftent hors de lui, & formées par un
„ mécanifme qui lui eft totalement inconnu &
„ auquel il eft totalement paffif, & que ce font

„ des idées qui ne repréfentent qu'imparfaite-
„ ment leurs Archetypes, & que le moindre
„ accident peut effacer de la mémoire de celui
„ où elles font placées. En joignant & en fé-
„ parant ces idées & en formant celles dont
„ fon entendement eft capable, il peut, à la
„ vérité, par ce moyen arranger un très grand
„ nombre d'opérations tant phyfiques que mo-
„ rales. Mais cette puiffance eft très bornée,
„ & l'homme eft fujet à en faire plus fouvent
„ un mauvais ufage qu'un bon. Au lieu que
„ les idées en Dieu qui ont pour Archetype
„ l'Effence de fa Divine Nature propre, font
„ toutes parfaites, éternelles, immuables. On
„ peut dire qu'elles exiftent dans l'entende-
„ ment divin, d'une maniere toute différente
„ de celle qui eft caufe de leur exiftence dans
„ les Etres créés, d'une maniere qui n'eft con-
„ nue que de Dieu feul, mais qui lui eft par-
„ faitement connue."

Je me contenterai de rappeller en paffant que la maniere dont les idées exiftent & font produites dans les Etres créés, eft précifément ce qui les conftitue idées. Elles repréfentent toujours leur objet qui eft l'impreffion que l'ame reçoit des chofes. Ces images repréfentatives font ce que nous appellons des idées. S'il y a quelque chofe dans Dieu qui y exifte d'une maniere toute différente de celle qui conftitue l'exiftence de l'idée dans l'ame, cet inconnu ne peut être l'idée.

Dieu a des idées: ces idées ont un archétype: cet archétype eft l'Effence de Dieu & fes perfections adorables. Dieu reffemble donc à l'ame humaine, qui ne fe connoît point immédiatement, mais feulement par les idées qu'elle a de fes facultés. Si l'on ne veut pas admettre une pareille imperfection dans Dieu, à quoi lui fervent donc les Idées & l'entendement qu'on lui donne?

„ Au moyen de ces idées Dieu connoît tout ce
„ qu'il veut connoître: Il fait tout ce qu'il veut
„ faire: Il permet tout ce qu'il veut permet-
„ tre : Il empêche tout ce qu'il veut empê-
„ cher ; & tout cela avec une puissance absolue
„ & sans bornes, avec une bonté & une sagesse
„ infinies, & en tout sens dignes de sa Nature
„ Divine toute-parfaite."

Si Dieu opere, il opere immédiatement & par lui-même, sans intermede quelconque, sans modele, sans moyen, sans motif; & sans que son acte puisse recevoir aucune des dénominations qui caractérisent les actions de la créature. Si l'on dit que ce n'est pas là agir, j'en suis d'accord, je ne vois point de sens au mot *agir*, qui convienne à Dieu.

„ Voilà des disparités qui font voir la différence
„ infinie qu'il y a entre les idées du Créateur
„ & celles des créatures."

Une différence infinie entre des idées & des idées! Non, il ne sauroit y en avoir; ce sont toujours des especes appartenantes au même genre: on en convient avec de la bonne foi (*). Or peut-il y avoir une différence infinie entre deux especes du même genre? N'y en auroit-il pas une plus grande entre deux especes de divers genre? On ne donne que des disparités en plus & en moins : ce qui ne met point assez de distinction entre la Nature & son Auteur.

„ Peut-on raisonner ainsi : L'homme est doué
„ d'Etendue: Il a la puissance de sentir, de
„ penser & d'agir: Il a des idées, mais les unes
„ & les autres sont imparfaites. L'Etre su-

(*) Voyez ci-devant Chap. XXXV.

„ prême eſt Etendu : Il a la puiſſance de ſen-
„ tir, de penſer & d'agir : Il a des idées de ce
„ qu'il eſt, de ce qu'il fait, & de ce qu'il veut
„ faire : donc c'eſt un Etre imparfait comme
„ la créature."

Pourquoi non ? Si Dieu a les mêmes facultés que la créature au même degré, il eſt auſſi parfait, ou auſſi imparfait qu'elle. S'il les a dans un degré plus éminent, il eſt plus parfait à proportion. S'il les avoit dans un degré de perfection infinie... Mais il répugne que le corps ou l'ame, l'intelligence ou l'étendue, eſſences créées & intrinſéquement bornées, ſe trouvent élevées à l'infinité. En un mot, s'il les a, de quelque maniere que ce ſoit, il reſſemble toujours à l'homme ; & il y a de l'antropomorphiſme à les lui attribuer.

„ Quant à moi, je crois qu'il y a de la témérité
„ à faire des comparaiſons entre le Créateur &
„ la créature, dans quelque occaſion & dans
„ quelque intention que ce ſoit, qui tendent à
„ avilir & à deshonorer la Divinité ; & ſur-tout
„ quand on ne les employe que pour ſoutenir
„ des opinions chimériques, ou que l'on s'en
„ ſert faute de meilleures armes, pour com-
„ battre des ſentimens qu'on ne ſauroit réfuter
„ autrement."

L'avis eſt bon : le Lecteur ne manquera pas de l'appliquer au nouveau ſyſtême. Quelle comparaiſon plus propre à avilir & à deshonorer la Divinité, que celle qui met de l'analogie entre Dieu & l'homme, entre Dieu & la matiere, quoique l'on convienne que cette analogie n'eſt pas recevable en rigueur ? Quelle opinion plus chimérique que l'hypotheſe d'une étendue ſans étendue, d'une intelligence ſans intelligence ? S'en tiendroit-on à des choſes auſſi vagues & auſſi contradictoires, ſi l'on avoit de meilleures raiſons à apporter ?

CINQUIEME PARTIE.

CHAPITRE LXXXIV.

Il n'y a point plusieurs attributs en Dieu.

J'AI déja obfervé qu'il y avoit de l'inexactitude à diftinguer plufieurs attributs dans l'Etre fuprême. Cette diftinction eft groffiérement calquée fur ce que nous avons obfervé dans nous & dans les autres. Nous fommes naturellement antropomorphiftes. N'ayant que des idées humaines, nous devons nous trouver inclinés à rapporter tout à ces idées, à expliquer tout par elles, & particuliérement ce que nous comprenons le moins. L'expérience journaliere nous dit que les hommes agiffent en conféquence de certaines lumieres, ou fentimens, par des vices, ou des vertus, que l'on s'accoutume à regarder comme les principes raifonnés de leur conduite. Nous avons tranfporté ces idées à Dieu, comme les feules capables de mettre à notre portée, des opérations incompréhenfibles. Ce que nous appellons attributs de Dieu, ne font donc que différens rapports fous lefquels nous envifageons humainement ce que la Nature Divine opere hors d'elle, dans la Nature créée, felon notre maniere d'imaginer fon action fuppofée. J'ofe dire que ces rapports n'ont point de fondement réel en Dieu, ainfi que nous nous le figurons; elles n'en ont que dans la témérité de notre efprit qui veut tout foumettre à fes lumieres, & qui n'eft point rebuté par les difficultés à jamais infurmontables qu'il rencontre à chaque pas dans cette carriere qui furpaffe fes forces.

Il y a plufieurs facultés dans l'homme; il ne fauroit y avoir qu'une perfection infinie dans Dieu, qui eft tout ce qui convient à l'Etre ineffable, que nous ne pouvons exprimer par aucun nom. Si incapables d'en faifir l'efpece, nous la confidérons fous certains rapports de notre invention qui n'existent que dans l'imbécillité de notre entendement, nous avons tort de décomposer ainsi ce qui est essentiellement un & simple : nous avons tort de comprendre sous des idées tout-à-fait humaines, ce qui n'a rien d'humain : nous avons tort d'appeller intelligence, bonté, sagesse, ce qui est infiniment plus que tout cela. Cette opération répugne autant à l'Essence Divine, qu'elle est conforme à la foiblesse de notre imagination. Oui, nous avons fait nous-mêmes l'intelligence, la justice, la sagesse & la bonté de Dieu, en imaginant ce que nous ne comprenons pas, par analogie à ce qui est en nous. Nous ne pouvions nous contenter d'un Dieu incompréhensible : il nous falloit un Dieu qui fût à la portée de notre intellection. Si nous n'avons pas desiré un Dieu visible & palpable, plusieurs au moins en ont fait un étendu & corporel qui ne peut être rejetté de ceux qui ne l'ont fait qu'intelligent & bon, s'ils veulent être conséquens.

CHAPITRE LXXXV.

Objection & réponse.

OBJECTION.

,, *Dieu n'est pas en tout incompréhensible, par rap-*
,, *port à nous. S'il en étoit ainsi, nous n'aurions de*
,, *lui nulle idée, & nous n'en aurions rien à dire;*
,, *mais nous pouvons & nous devons affirmer de*
,, *Dieu, qu'il existe, qu'il a de l'intelligence, de*
,, *la sagesse, de la puissance, de la force, puisqu'il*
,, *a donné de ces prérogatives à ses ouvrages; &*
,, *qu'il a ces qualités dans un dégré qui passe ce*
,, *que nous en pouvons concevoir : 1º. les ayant par*
,, *sa nature, & par la nécessité de son être, non*

„ *par communication & par emprunt:* 2°. *les ayant*
„ *toutes ensemble, & réunies dans un seul être,*
„ *très-simple & indivisible; & non par parties, &*
„ *dispersées, telles qu'elles sont dans les créatures:*
„ 3°. *les ayant enfin comme dans leur source; au*
„ *lieu que nous ne les avons que par des ruisseaux,*
„ *& comme des goutes émanées de son être infini,*
„ *éternel, ineffable.*"

RÉPONSE

Pour servir de récapitulation.

Dieu est incompréhensible en tout par rapport à nous. Il est Dieu en tout, infini en tout, & notre idée n'atteint pas l'infini. Nous n'avons nulle idée positive de Dieu. Tout ce que nous en pouvons dire se réduit à le distinguer de tout ce que nous connoissons & concevons. S'il étoit quelque chose de concevable à nos foibles esprits, il ne seroit pas Dieu. Nous pouvons & nous devons assurer que Dieu est par lui-même, puisque quelque chose existe; son aséité ne nous en est pas moins incompréhensible; nous ne la connoissons que comme l'opposé de l'existence contingente. Dieu n'a aucune des prérogatives qu'il a données à ses ouvrages. Les perfections des créatures sont créées comme elles, & Dieu est incréé. Il n'a pas ces qualités dans un dégré infini dont elles ne sont pas capables. Il ne les a point du tout; ni par sa nature, ni par la nécessité de son Etre qui est incompatible avec des essences si basses; ni toutes ensemble & réunies dans une seule perfection: cela ne peut être: elles sont nécessairement distinguées les unes des autres; ni enfin comme la source d'où elles émanent: elles nous viennent de Dieu en vertu de la création, & non par voie d'émanation, de communication, ni de génération. Peut-être ne l'aurai-je pas encore assez souvent répété?

CHAPITRE LXXXVI.

Dieu n'est ni bon, ni sage, ni intelligent, suivant les principes & de l'aveu implicite de ceux qui le prétendent bon, sage, & intelligent.

Que je demande à chacun de ceux qui me blâment de refuser à Dieu les titres d'intelligent, de bon, de sage, &c. que je leur demande s'il y a de l'analogie entre le fini & l'infini, à parler strictement & en rigueur, comme il convient; ils m'ont déja répondu unanimement qu'il ne sauroit y en avoir, vu que l'un exclut l'autre & en est pareillement exclu. Que je leur demande en second lieu s'il existe une intelligence finie, une bonté finie, une sagesse finie; ils n'auront garde de le nier. N'est-ce pas convenir tacitement qu'il ne peut y avoir ni intelligence infinie, ni bonté infinie, ni sagesse infinie? S'il y en avoit, il y auroit une analogie marquée entre le fini & l'infini par rapport à l'intelligence, à la bonté, à la sagesse. Le plus & le moins de perfection dans ces qualités n'en change point la nature: dès lors la bonté, la sagesse & l'intelligence resteroient bonté, sagesse & intelligence dans le fini & l'infini, dans le parfait & l'imparfait: donc il y auroit analogie entre eux: donc il ne peut y avoir une intelligence infinie, une bonté infinie, une sagesse infinie: donc Dieu n'est ni bon, ni sage, ni intelligent, suivant les principes & de l'aveu implicite de ceux qui le prétendent sage, bon, & intelligent, ce qu'ils ne peuvent soutenir que par la contradiction la plus évidente. Qu'ils s'accordent donc avec eux-mêmes; & selon qu'ils prendont ou l'affirmative ou la négative, ils se trouveront insensiblement amenés à mon sentiment, ou entraînés vers le Spinosisme. Je ne vois que cette alternative.

CHAPITRE LXXXVII.

Si l'être est univoque entre Dieu & la créature.

Examen de cette proposition :

Dieu est, la créature est : donc il y a analogie entre eux par rapport à l'existence.

En traitant de la généralisation & universalisation de nos idées, j'ai reconnu que l'idée de l'Etre en général, dite la plus féconde & la plus vaste, étoit au fond la plus vaine & la plus chimérique. L'Etre en général est l'Etre considéré abstractivement à toute différence substantielle ou modale, c'est-à-dire l'Etre exclusivement à tous les Etres existans ou possibles, la négation précise de tout ce qui est & de ce qui n'est pas (*).

On dit néanmoins que l'existence est une perfection, & par-là on entend une réalité : on la range parmi les propriétés qui constituent la nature d'une chose. Quand on parle ainsi, il s'agit sans-doute de l'existence actuelle, laquelle peut être considérée ou comme distincte & séparée de la chose existante, ou comme n'en étant pas distinguée. Sous ce dernier aspect, l'existence est la chose même existante avec tous ses attributs, selon toutes ses manieres d'être. L'existence considérée comme distincte de la chose qui existe, n'est plus qu'une abstraction, une chimere, une vision de notre esprit qui n'a point la puissance de donner de la réalité aux phantômes qu'il imagine. Quelle erreur grossiere, que de regarder une telle abstraction comme une premiere perfection commune à tout ce qui existe !

(*) Chapitre XIX.

Ces principes, tout simples qu'ils sont, suffisent pour nous convaincre que l'être n'est point univoque entre Dieu & la créature ; & que bien qu'il soit vrai de dire que Dieu est & que la créature est, il n'y a pourtant point d'analogie entre eux par rapport à l'existence.

Quand on demande si l'être est univoque entre Dieu & la créature, entend-on l'être en général, ou quelque maniere d'être particuliere ? Si l'on entend l'être en général, je réponds que l'être en général n'étant rien, il ne peut pas être dit univoque entre Dieu & la créature. Si l'on entend quelque maniere d'être particuliere, je suis dispensé de répondre ; il est évident qu'aucune maniere d'être particuliere ne peut devenir commune à Dieu & à la créature, à l'infini & au fini, au parfait & à l'imparfait. La question est donc résolue par la façon dont elle est proposée. Quoi que l'on entende par l'être, il n'est point univoque entre Dieu & la créature.

Dieu est, & la créature est aussi. Ils existent réellement & substantiellement tous deux. Il est vrai, mais ôtons toute ambiguité des termes. Veut-on parler de l'existence en général, abstraction faite de la chose existente ? Alors elle n'est rien & ne sauroit servir de fondement à aucune sorte d'analogie. Non, il ne s'agit point de l'existence en général, puisque ni Dieu, ni l'homme n'existe en général. L'existence de l'un & de l'autre n'est point aussi la même, ni semblable, sous aucun rapport particulier. Ceux qui ont tant d'attachement pour certains mots, ne sont-ils pas obligés de nier de Dieu tout ce qui appartient ou convient à la créature ?

Les mots *être*, *exister*, employés en général, sans détermination d'aucun sens particulier, & sans aucun adjoint, se disent par opposition au néant, dont ils signifient la négation & rien de plus. Que pourroient-ils signifier autre chose, qui ne fut une

CINQUIEME PARTIE.

particularité ? Et dès lors ils ne seroient plus employés en général. Or opposer Dieu au néant, opposer la créature au néant, ce n'est point du tout établir de l'analogie entre eux, suivant cet axiome : De ce que deux choses ne ressemblent point à une troisieme, il n'en suit rien ni pour ni contre leur ressemblance, ou analogie réciproque.

Je ne pense pas que personne ait jamais prétendu autre chose, en disant que Dieu est, & que la créature est, sinon de les opposer au néant (*), ou d'exprimer leur existence particuliere. La derniere prétention est vaine quant à l'être de Dieu, en ce qu'il a de positif : il n'est exprimé ni par ce mot, ni par aucun autre : il est inconcevable & ineffable. Les manieres d'être de la créature s'expriment par des adjoints, ou épithetes, signes des idées que nous en avons ; mais lorsqu'on s'en tient au mot simple *être*, *exister*, on ne désigne que l'opposition au néant, laquelle n'est rien de positif : au-lieu qu'il faut quelque chose de positif pour fonder une analogie.

Après avoir opposé le Créateur & la créature au néant, après avoir détaillé pour ainsi dire l'existence de celle-ci par l'exposition des propriétés que nous lui connoissons, nous devons dire : L'homme est intelligent, Dieu n'est pas intelligent : La matiere est étendue, Dieu n'est pas étendu, &c. nous trouverons toujours que, Dieu n'étant rien de ce que la créature est, il n'y a aucune sorte d'analogie entre l'existence de l'un & celle de l'autre.

(*) Voyez ci-devant page 72.

CHAPITRE LXXXVIII.

D'un reproche fait à Mallebranche.

On reprochoit à Mallebranche de n'admettre pour Divinité, que l'Etre en général, l'Etre vague & indéterminé, l'Etre abstractivement & précisément (*ii*). Sans juger ici de l'équité de ce reproche, n'est-il pas sensible que ceux qui font Dieu intelligent & étendu, ne lui accordent que des perfections vagues & indéterminées ? Ils nient de l'intelligence & de l'étendue de Dieu, tout ce qu'ils conçoivent de l'intelligence & de l'étendue des substances connues : ils affirment que l'intelligence & l'étendue de Dieu font incompréhensibles ; que Dieu est intelligent & étendu, non à la maniere des ames & des corps, mais d'une façon infiniment différente & qui passe notre portée. Quand on a ainsi abstrait l'intelligence de tout ce qu'elle a, de tout ce que nous en savons, de tout ce que nous en concevons, que reste-t-il ? L'intelligence en général, l'étendue en général, une précision métaphysique, une abstraction déréglée de notre esprit, une

---

(*ii*) Voyez *la Réfutation d'un Nouveau Système de Métaphysique proposé par le P. M. &c.* ,, On y a recueilli les expressions qu'employe
,, le P. M. à faire entendre ce qu'il pense de la Nature de Dieu, &
,, on en a formé une espece de catéchisme. Premiere Demande.
,, Qu'est-ce que Dieu ? Rep. C'est l'Etre en général & indéterminé :
,, l'Etre universel : l'Etre précisément. II. D. *Mais qu'entendez-vous*
,, *par cet Etre en général & indéterminé, cet Etre universel ?* R. J'en-
,, tends cette idée vague & générale de l'Etre, dont notre esprit est
,, nécessairement plein dans le tems qu'il croit ne penser à rien : ou
,, si vous voulez, cette idée vague de la cause en général, dont la
,, présence ineffaçable est la source de toutes les abstractions déréglées
,, de l'esprit, & de toutes les chimeres de la Philosophie ordinaire :
,, ou enfin pour m'expliquer encore davantage, Dieu ou l'Etre en

CINQUIEME PARTIE.

chimere logique. Voilà ce qu'on nous donne pour des perfections de Dieu. Et voilà comme notre esprit faussement subtil a enfanté tous les attributs dont est formée l'idée complexe de la Divinité. Si l'on ne savoit pas jusqu'où peut aller l'illusion de l'esprit, on s'étonneroit avec raison de voir des personnes respectables d'ailleurs par leur savoir & par la plus haute piété, si fortement attachées à des mots dont elles ont ôté toute la substance & le sens, & se prosterner devant les idoles de leur imagination, croyant adorer l'Auteur de la Nature.

CHAPITRE LXXXIX.

Conclusion générale.

Dieu ne nous est connu que sous la notion de cause, c'est-à-dire, comme Créateur, comme celui qui fait que les choses soient : car c'est-là tout ce que nous savons & pouvons savoir de la puissance créatrice, ou de la cause proprement dite, dont la vertu intrinseque nous sera éternellement cachée.

„ général est cette idée de la généralité même, que notre esprit répand sur les idées confuses des choses particulieres qu'il imagine, pour s'en former par ce moyen des idées générales; telles que sont, par exemple, l'idée du cercle en général, après avoir vu trois ou quatre cercles particuliers: ou l'idée d'arbre en général, après avoir vu un pommier, un poirier, un prunier." *Journal des Savans* an. 1716.
Voyez de plus une Lettre de Mr. Leibnitz à Mr. Remond, où le Philosophe Allemand justifie le Philosophe François en disant qu'il croit que le P. M. a entendu non pas un Etre vague & indéterminé, mais l'Etre absolu qui differe des Etres particuliers bornés, comme l'espace absolu & sans bornes differe d'un cercle ou d'un quarré.

Quelque chose a été faite: donc quelque autre chose n'a pas été faite: donc celle-ci a fait l'autre. C'est à quoi l'on devroit réduire toute la théologie naturelle.

Fin de la cinquieme Partie.

APPENDICE
À LA
CINQUIEME PARTIE,

Où l'Auteur fait voir que son sentiment n'a rien de contraire à l'Ecriture Sainte.

I. J'AI employé un temps considérable à examiner mon sentiment, comme s'il me fût étranger. Je l'ai envisagé sous toutes les faces que j'ai pu imaginer : j'ai conféré chaque objet, l'un après l'autre, avec les dogmes & la morale de l'Evangile ; & je ne me suis déterminé à publier cet ouvrage qu'après m'être convaincu, autant que mes foibles lumieres ont pu m'en assurer, qu'il ne contenoit rien d'opposé aux Livres Saints. Si je ne l'avois pas jugé à l'épreuve de cet examen de la part de tout autre, il n'auroit jamais vu le jour. Plein de respect pour la parole de Dieu, je n'hésiterois pas à lui sacrifier un sentiment qui me sembleroit la contredire. Je vais donc exposer les raisons qui m'ont persuadé que le mien ne lui étoit pas contraire.

II. JE soutiens que Dieu n'est ni intelligent, ni bon, ni juste, ni saint. Cependant l'Ecriture Sainte autorise l'application de ces termes à la Divinité. C'est la premiere réflexion qui s'est présentée à mon esprit, & elle ne m'a point arrêté.

L'Ecriture est remplie des plus sublimes descriptions de la grandeur de Dieu & de ses attributs. On y trouve à chaque page les expressions les plus magnifiques pour exalter sa force, sa toute-puissance, sa sagesse, sa sainteté, sa justice, sa bonté, sa miséricorde, sa gratuité, son intelligence & sa toute-science.

Dieu est Esprit.
Spiritus est Deus. JOAN. IV. 24.

L'Eternel, votre Dieu, est le Dieu des Dieux, le Seigneur des Seigneurs, le Fort, le Grand, le Puissant & le Terrible.

Dominus Deus vester, ipse est Deus Deorum, & Dominus Dominantium, Deus magnus, & potens, & terribilis. DEUT. X. 17.

Quelqu'un pourra-t-il se cacher dans quelque retraite, où je ne le voie pas, a dit l'Eternel? Ne remplis-je pas, moi, les cieux & la terre, a dit l'Eternel?

Si occultabitur vir in absconditis, & ego non videbo eum, dicit Dominus? Numquid non cœlum & terram ego impleo, dicit Dominus? JEREM. XXIII. 23.

C'est Dieu qui a fait la terre par sa puissance, qui a arrangé tout ce monde habitable par sa sagesse, & qui a étendu les cieux par son intelligence.

Qui facit terram in fortitudine sua, preparat orbem in sapientia sua, & prudentia sua extendit cœlos. JEREM. X. 12.

A Dieu seul sage, &c.

Soli sapienti Deo, &c. ROM. XVI. 27.

Qui est comme toi entre les forts, ô Eternel? Qui est comme toi, magnifique en sainteté, terrible & louable faisant des merveilles?

Quis similis tui in fortibus, Domine? Quis similis tui, magnificus in sanctitate, terribilis atque laudabilis faciens mirabilia? EXOD. XV. 11.

Car je suis saint, moi l'Eternel qui vous sanctifie.

Quia & ego sanctus sum, Dominus, qui sanctifico eos. LEVIT. XXI. 8.

Dieu est fidele & sans iniquité, il est juste & droit.

Deus fidelis & absque ulla iniquitate, justus & rectus. DEUT. XXXII. 4.

L'Eternel notre Dieu est juste en toutes ses œuvres qu'il a faites.

Justus Dominus Deus noster in omnibus operibus suis, quæ fecit. DAN. IX. 14.

Rendez graces à l'Eternel, car il est bon, & sa gratuité demeure à toujours. Ps. CXXXVI. 1.

Confitemini Domino quoniam bonus: quoniam in éternum misericordia ejus. Ps. CXXXV. 1.

Tous ces textes sont formels. Si j'en savois de plus forts, je les rapporterois avec la même exactitude. Au reste on pourroit y en ajouter un très grand nombre d'autres qui s'offriront d'abord à la mémoire des personnes versées dans la lecture des Livres Saints.

III. Un théologien opposeroit ici l'Ecriture à elle-même: il recueilleroit une infinité de passages où l'incompréhensibilité de Dieu est fortement prononcée, sans aucune modification quelconque: il diroit avec Job, Voici le Dieu fort est grand & nous ne le connoissons point (*a*). Trouveras-tu le fond de Dieu en le sondant? Connoitras-tu le tout-puissant (*b*)? C'est le tout-puissant, on ne sauroit le comprendre (*c*): ou avec le Prophete Royal, Ta voie a été par la mer, ô Eternel! & tes sentiers dans les grosses eaux, & néanmoins tes traces n'ont point été connues (*d*). L'Eternel est grand, il n'est pas possible de sonder sa grandeur (*e*): ou avec Paul, Que ses jugemens sont incompréhensibles & ses voies impossibles à trouver (*f*)! &c. Il en concluroit très bien que puisque Dieu nous est inconcevable, il n'est ni bon, ni saint, ni intelligent, parce que ces mots expriment des choses que nous comprenons, dont nous avons des idées, ou ils n'expriment rien. Expliquant les premiers textes par ceux-ci, il ajouteroit qu'il faut que ce qui est appellé bonté, sagesse, intelligence, dans les Livres Saints, soit quelque chose de bien plus sublime que l'intelligence,

---

(*a*) Job XXXVI. 26.
(*b*) Ibid. XI. 7.
(*c*) XXXVII. 5, 23.
(*d*) Ps. LXXVII. 20. selon l'Hébreu.
(*e*) Ps. CXLV. 3.
(*f*) Rom. XI.

la sagesse & la bonté. C'est un inconvénient inévitable : si Dieu parle aux hommes, il faut qu'il emprunte leur langage pour s'en faire entendre ; & le langage humain n'a point de termes qui expriment les perfections de Dieu. De-là la nécessité de les désigner par les noms de ce que nous connoissons de plus excellent, sans qu'il faille pour cela les prendre dans leur sens naturel.

IV. Si je voulois faire usage de cette méthode, je ne m'en tiendrois pas là. Je ferois voir de plus que dans plusieurs endroits de l'Ecriture, la sagesse, la bonté, la sainteté & l'être sont attribués à Dieu seul exclusivement à tout le reste (g) : attribution absolument fausse au moins en ce qu'elle est exclusive, si ces mots appliqués à Dieu avoient le même sens qu'ils ont lorsqu'on les applique à la créature. Et puisque dans cette derniere appellation, ils signifient ce que nous comprenons naturellement de la sagesse, de la bonté, de la sainteté & de l'existence, il faut bien que dans l'autre, ils ne désignent rien de ces propriétés, sans quoi elles nous seroient communes avec Dieu, & les titres ne pourroient en être réservés à lui seul.

V. Je ne manquerois pas de m'autoriser encore d'un sentiment particulier de quelques interprêtes, qui n'est pas dépourvu de raisons. Moyse élevé parmi les Egyptiens qui avoient donné des noms à leurs Dieux, & prévenu de leurs coutumes, crut que lorsqu'il parleroit aux Israëlites du Dieu qui l'envoyoit, ils ne manqueroient pas de lui en demander le nom ; dans cette pensée il s'adressa à Dieu, afin qu'il le mît en état de satisfaire à leurs demandes. Mais Dieu lui répondit, *Je suis qui je suis*, ou

---

(g) Rom XVI. 27. Math. XIX. 27. 1 Sam. II. 2. &c.

Je ſerai celui que je ferai (b). On penſe que ce n'eſt pas là un nom de Dieu, comme il eſt évident, quoi qu'en diſent les Rabbins; que Dieu témoignoit au contraire par ces mots, qu'il étoit ineffable, qu'il n'avoit point beſoin de nom, qu'aucun titre ne lui convenoit, qu'il étoit celui qu'il étoit, ſans qu'aucun nom pût exprimer ce qu'il étoit; que cependant pour s'accommoder à la foibleſſe des hommes, & pour ne pas laiſſer Moyſe hors d'état de répondre aux Iſraëlites, il prit le nom de *Jehovah* (i). N'en pourrois-je pas dire autant de tous les autres noms & titres que Dieu a pris, ou qu'il a inſpiré aux hommes de lui donner, moins pour exprimer ſes perfections divines, que pour s'accommoder à l'imbécillité de nôtre conception? En conſéquence ils ne devroient pas être pris à la lettre.

Je ferois remarquer que la véritable ſignification du mot que nous prononçons aujourd'hui *Jehovah* par une ſubſtitution de points, ſemble avoir été *Jahwoh* (*) qui ne veut pas dire proprement *l'Eternel*, mais plutôt *celui qui fait que les choſes ſoient*, le Créateur. Voilà donc le nom de Dieu par excellence, celui qu'il s'eſt donné d'une maniere plus ſolemnelle, le ſeul ſous lequel il vouloit être annoncé & connu. Rien de plus conforme à la concluſion de la cinquieme partie de cet ouvrage.

VI. Je ne lis point l'Ecriture pour y trouver des textes qui me ſoient favorables: je n'ai point la coupable envie de la faire cadrer avec mes ſentimens. Je ſuis perſuadé au contraire que c'eſt une marque très équivoque de la vérité d'une opinion, que ſa conformité avec quelques paſſages des Livres Saints; comme auſſi ſon oppoſition avec d'autres n'en prou-

---

(*h*) Exod. III. 14.
(*i*) Ibid. III. 15 & VI. 3.
(*) Voyez le Clerc ſur Exod. VI. 3.

ve point la fausseté. Il est incontestable que le sys-tême de l'étendue & de la corporéité de Dieu, est beaucoup plus conforme à l'Ecriture prise à la lettre, que celui de la spiritualité pure. Il est dit une ou deux fois que Dieu est esprit : mot équivoque, ainsi que tant de savans l'on démontré. Il est dit encore que personne ne peut voir Dieu ; mais l'invisible n'est pas l'immatériel. Au-lieu que depuis le premier chapitre de la Genese jusqu'à l'Apocalypse, une infinité de textes les plus formels, établissent l'antropomorphisme le plus grossier, & concourent à nous faire donner à Dieu un corps & une ame, l'un avec des membres semblables aux nôtres, & l'autre avec toutes les passions de l'homme. Il est dit que Dieu a fait l'homme à son image : il est souvent parlé de la main forte de Dieu qui terrasse l'ennemi, du creux de sa main avec quoi il mesure les eaux, de la paume avec quoi il compasse les cieux ; du souffle de ses narrines qui souleve les eaux, & d'où monte une grande fumée ; de son bras étendu, de son bras qui n'a point d'égal en force & en puissance ; de sa bouche d'où sort un feu dévorant ; de sa voix qui parle du milieu du feu, ou dont les éclats brisent les cedres ; de ses yeux auxquels rien n'est caché ; de sa marche & de sa descente majestueuse qui fait trembler le mont Sinaï. Dieu est assis, il se leve, il marche, il monte, il descend, il va, il vient, il travaille, il se repose ; les cieux lui servent de trône, la terre est son marche-pied ; il se montre aux hommes, il converse avec eux, il fait paroitre des affections pareilles aux leurs, de l'amour, de la haine, de la colere, du repentir, de la jalousie : il endurcit le cœur des Rois, il se rit & se moque d'eux : il met les juges hors du sens : il rend insensés les devins & les sages : il détruit pour ne point rebâtir : il frappe, blesse & fait mourir (*). Pour

---

(*) Tous ces passages sont trop connus pour charger cette page de citations.

completter la ressemblance de Dieu avec l'homme, comme il en a quelques foiblesses, il en a aussi les vertus: il est intelligent & sage, puissant & magnifique, juste & saint, bon & miséricordieux, &c. Tant de textes qui favorisent le matérialisme, ne sont-ils pas contre la spiritualité de Dieu? Il est donc vrai de dire que l'Ecriture prise dans le sens propre des mots, est plus favorable au mensonge qu'à la vérité.

VII. Les théologiens ne sont point arrêtés par cette foule de passages. Tous les ortodoxes conviennent d'un commun accord que ce sont des comparaisons, des métaphores, ou manieres de parler figurées, qu'on ne doit point prendre à la lettre; que si les Ecrivains inspirés nous représentent Dieu agissant par des organes & des membres, & lui attribuent diverses fonctions corporelles, comme s'il avoit un corps, ils s'accommodent en cela à la foiblesse de l'homme & à son langage, sans qu'on doive néanmoins s'attacher au sens littéral, & sans qu'il aient prétendu par ces expressions prises de la nature humaine, nous donner Dieu pour un Etre corporel. Les signes matériels par lesquels Dieu semble s'être manifesté, comme le buisson ardent, la colonne lumineuse, le son d'une voix, sont de même des figures choisies de Dieu arbitrairement pour notifier ses volontés aux hommes, qui ne représentoient pourtant en aucune façon la Divinité, & n'avoient aucune analogie quelconque avec sa Nature. On entend ainsi tout ce que les mêmes Ecrivains disent de la fureur de Dieu, de sa jalousie, de son repentir : ce sont des façons de parler empruntées de ce qui se passe chez les hommes, & qu'il ne faut point presser, parce qu'elles expriment moins une telle passion de Dieu, qu'un événement que nous interprétons par les passions qui reglent ordinairement la conduite des hommes. Ainsi quand Dieu dit qu'il endurcira Pharaon, cela ne signifie pas une action réelle de Dieu sur le cœur de ce prince pour l'endurcir, mais seulement que l'obstination de ce monarque à vouloir retenir les Israëlites, sera aussi forte que si Dieu l'avoit endurci. Dieu ne se repent point proprement d'avoir créé l'homme, mais il nous semble faire à l'égard de l'homme, ce que font les hommes eux-mêmes quand ils se repentent des mesures qu'ils ont prises: ils en prennent de nouvelles propres à réparer leurs premieres démarches.

Je ne me permettrai aucune remarque sur la solidité de ces explications : je n'examinerai point si l'on est fondé à soutenir que Dieu ne se met point en colere, qu'il n'est point jaloux, qu'il ne se repent point, lorsque Dieu dit lui-même expressément qu'il est irrité, qu'il est jaloux, qu'il se repent. Il semble qu'il faut croire à la parole de Dieu, ou dire qu'il ment. On aime mieux se convaincre par de bonnes raisons que son langage est figuré; qu'il ne veut pas dire ce qu'il dit. C'est à bon droit. Dieu n'a point d'yeux, ni de bras, ni de mains: il ne hait point: il ne se courrouce point: il n'est point jaloux. Les raisons qui m'en assurent, me disent aussi qu'il n'est ni bon, ni sage, ni juste, ni intelligent, &c.

VIII. Les Ecrivains sacrés, qui pour nous donner quelque idée de la puissance & de la force de Dieu nous l'ont peint mesurant les eaux avec le creux de sa main, compassant les cieux avec la paume, pesant au crochet les montagnes, & les côteaux à la balance, assis au dessus du globe de la terre, jettant çà & là les isles comme de la poudre; lui ont supposé de même de la sagesse, de la bonté & de la justice, pour mettre en quelque sorte à la portée de notre esprit, sa divine maniere de gouverner le monde moral. Les premieres comparaisons ont été prises des actions corporelles de l'homme, de l'usage qu'il fait de ses membres: les secondes le sont

es facultés de son ame & de leur exercice; mais
es unes & les autres ne sont que des figures accommodées à notre foiblesse, qu'il ne faut pas pren-
re dans le sens littéral qui n'exprime que des choes humaines & inapplicables à la Divinité. L'ame
est au dessus du corps. Si donc quelque chose doit
nous surprendre, ce ne sont pas les métaphores empruntées de la partie la plus noble de l'homme : elles sont peut-être moins grossieres que les autres,
quoique aussi peu expressives : elles sont toutes
égales en un point, toutes prises de la Nature, &
toutes également insuffisantes à représenter la Divinité.

Toute créature est à une distance infinie de Dieu :
cet Etre s'éleve au dessus de tout. L'intelligence
humaine ne le représente pas mieux qu'une voix
humaine, une lumiere éclatante, ou telle autre image corporelle.

Dieu (car c'est lui qui parle par les Auteurs qu'il
inspira) s'attribue la bonté, la justice & la sainteté,
comme il se donne des organes & des membres corporels, comme il se dit jaloux, furieux ou repen-
tant. Il faut entendre toutes ces expressions les
unes comme les autres. On s'efforceroit en vain
d'établir quelque disparité entre elles.

Sur quoi l'appuyer, cette disparité? Est-elle clairement marquée dans l'Ecriture? Nous y avertit-on
de prendre les unes à la lettre, & les autres dans un
sens métaphorique? Celles-ci sont-elles prononcées
d'une maniere moins formelle & moins affirmative
que les autres? Y sont-elles moins souvent répé-
tées, avec une disproportion capable d'établir de la
ifférence? Non : tout est égal de part & d'autre.
n ne trouve rien dans l'Ecriture, qui annonce que
ieu y parle plus ou moins strictement dans l'une
e ces deux circonstances.

Et que nous en dit la raison? La raison nous ap-
rend que l'ame & ses facultés sont créées, ainsi que
e corps & ses organes : la raison nous apprend que

toutes propriétés de la Nature considérée, soit dans les modes de la matiere, ou dans les puissances de l'ame humaine, sont également incompatibles avec l'Essence de l'Etre incréé ; que l'infini ne sauroit avoir rien de commun, ni d'analogue, avec le fini ; que toute similitude naturelle est impropre & sans proportion entre le parfait par essence & l'intrinsèquement imparfait. Elle nous apprend que toute figure prise de la substance qui pense est aussi peu représentative de la Divinité, que toute image corporelle, parce que Dieu qui a fait la substance pensante & la substance matérielle, est également au dessus de l'une & de l'autre. Elle nous apprend qu'il n'y a pas plus de ressemblance entre la Divinité & une ame pure, sainte & toute brillante des connoissances les plus lumineuses, qu'entre la Divinité & un beau corps enrichi de toutes les graces & dons naturels, parce que tout esprit & toute chair est à une distance infinie de Dieu, & qu'une distance infinie n'a point de degrés. Ainsi la raison loin de nous porter à appliquer à Dieu dans un sens naturel des mots dont le propre est d'énoncer des vertus de l'homme, nous presse instamment de ne prendre ces expressions que pour des figures que la nature de notre ame a fournies, comme d'autres ont été tirées de la nature corporelle.

IX. Tant de docteurs néanmoins admettent la distinction que je rejette ! ils en font un point essentiel. Leur autorité est-elle aussi forte qu'on le prétend ? Ils sont tous les échos les uns des autres, & par-là cette foule de témoignages se réduit à un ou deux. Leur sentiment n'est point fondé en raison, il ne l'est pas sur l'Ecriture : on vient de le voir. Sur quoi pose-t-il donc ? A suivre de près ceux qui ont traité particuliérement des attributs de Dieu, on les voit hésiter & varier, soutenir le pour & le contre : on les voit fort en peine à éviter certaines conséquences dures qui découlent de leurs principes,

& qu'ils n'éludent qu'à force de contradictions : j'ai eu plus d'une occasion de le faire remarquer dans le cours de cet ouvrage. Leurs explications encore ne sont point uniformes, & quand elles ne tombent pas d'elles-mêmes par leur propre inconséquence, elles sont réfutées les unes par les autres dès qu'on les met en parallele.

Mr. King, par exemple, ne vouloit pas que l'on dît que Dieu avoit créé toutes choses pour sa gloire, parce qu'on ne peut attribuer à Dieu un defir de gloire que fort improprement, & *de la même maniere qu'on lui attribue de la colere, de l'amour, de la vengeance, des yeux & des mains*. Selon lui : on ne doit attribuer à Dieu, *l'amour* pour les créatures intelligentes, ou autrement, l'envie de leur faire du bien, & conféquemment la bonté, que comme on lui attribue de la colere, de la vengeance, un cœur, des yeux & des mains. Il ajoutoit que, si l'Ecriture dit que le monde a été créé pour la gloire de Dieu, il faut entendre par-là que les attributs divins, sa puissance, sa bonté & sa sagesse éclatent dans ses ouvrages, comme s'il n'avoit eu d'autre dessein que de les exposer à l'admiration des créatures ; sans que cette apparence doive être prise pour une réalité.

Après cette interprétation, étoit-il fondé à soutenir que la principale intention de Dieu dans la création avoit été de communiquer sa bonté aux créatures intelligentes, & de leur faire du bien, cet amour pour les Etres capables de bonheur, & cette envie de leur en procurer ne devant être attribués à Dieu, que comme on lui donne des yeux & des mains ? Il ne pouvoit réclamer le langage de l'Ecriture qui, suivant son explication, n'exprimoit que l'apparence des choses, ou la maniere dont nous pouvons en juger, & non leur réalité.

Que d'autres sentimens, outre celui de cet illustre Prélat, réputés contraires à celui que je propose, se trouveroient en approcher de très près, si un examen réfléchi en écartoit toute contradiction, en quoi ils lui sont seulement opposés!

X. Les savans qui ont étudié la langue des Hébreux, reconnoissent que le style & le génie de cette langue se ressentent beaucoup des mœurs grossieres d'une nation toute livrée aux choses sensibles. Son penchant violent pour l'idolâtrie, fortifié par son ignorance, & ses longues captivités chez des peuples idolâtres, passa jusques dans le langage de ses conducteurs & de ses prophetes, sous la direction même de Dieu qui les inspira, jugeant à propos de se prêter à la foiblesse de son peuple. De-là cette multitude de figures sensibles, de comparaisons grossieres & empruntées indifféremment du corps & de l'ame de l'homme, qui, prises à la lettre, formeroient un systême complet de l'antropomorphisme le plus monstrueux. Qui n'eût parlé aux Hébreux que de la spiritualité de Dieu, de son invisibilité, de son incorporéité en un mot, n'en eût point été entendu. Ces mots qui ne sont que des négations de ce qui frappoit leurs sens, ne présentant rien à l'imagination, n'auroient pas fait assès d'impression sur eux pour les détourner de l'idolâtrie des gentils. Un tel objet n'eût point été capable de fixer leurs hommages. N'est-il pas remarquable que lorsque Moyse rappelle aux Israëlites que Dieu n'a aucune figure au moins visible, il le leur peint sous une forme corporelle? *Quand l'Eternel votre Dieu vous parla en Horeb, souvenez-vous que vous entendîtes bien une voix, mais que vous ne vîtes aucune figure.* Le culte qu'il leur prescrivit, consistant presque tout en cérémonies extérieures où le corps avoit plus de part que l'esprit, y étoit bien analogue. Qui leur eût dit encore que leur Dieu étoit infiniment au dessus de toute bonté, de toute sagesse, & de toute justice; qu'il étoit incompréhensible en tout; qu'il n'étoit pas plus légitime de le peindre sous l'idée des vertus de l'homme, que sous les traits de sa figure; ce langage n'eût point été à leur portée: il eût glissé sur leur esprit, sans y trouver de prise. Et il en faut dire autant du peuple de tous les âges; jusques dans ce siecle éclairé, le peuple, quand il lit l'Ecriture, est bien plus affecté des figures qui l'éloignent de Dieu pour le rapprocher des choses sensibles, que du langage simple qui distingue la Divinité de tout le reste. Il falloit à des hommes terrestres, un Dieu grand, fort, puissant & terrible, un Dieu qui marchât devant eux sous la forme d'une nuée, ou d'une colomne lumineuse, qui annonçât sa présence par le bruit de la foudre & le feu des éclairs, qui eût les cieux pour trône & la terre pour marchepied, dont la droite froissât l'ennemi, dont la colere consumât comme du chaume, ceux qui s'élevoient contre lui, &c. Il leur falloit un Dieu qui les protégeât & les gouvernât comme un Roi magnifique, bon, sage & juste. Ces images réveilloient dans les esprits des idées humaines à la vérité, mais plus propres à les affecter, que toutes autres moins sensibles. La raison qui les introduisit dans le langage de l'Ecriture, les fit adopter d'âges en âges sous le sceau de la révélation: l'impression s'en est fortifiée. Combien de Docteurs dans le Christianisme les prenant toutes également à la lettre, n'ont pu s'empêcher de croire Dieu corporel, moins sans-doute par conviction que par un respect mal étendu, & par un préjugé religieux également illusoire. La vérité se découvre lentement. Est-ce un secret réservé pour les derniers tems, que les hommes doivent acheter au prix des erreurs de leurs peres? Ou est-il du fort de l'humanité de tenir toujours au mensonge par quelque endroit? Aujourd'hui on sait apprécier ces figures & ces comparaisons matérielles qui supposent à Dieu des organes corporels. Ce n'est là que le premier pas vers la plus importante des vérités. On tient encore à une foule d'autres expressions qui donnent à Dieu les facultés de notre

Tome II.   C c

ame, fans que les Ecrivains facrés nous ayent averti de prendre celles-ci plus à la lettre que celles-là, & contre la raifon qui nous affure que tout le créé, de quelque efpece qu'il foit, eft infiniment au deffous de Dieu. Peut-être nous en détacherons-nous enfin quelque jour, nous, ou nos defcendans. Alors Dieu fera mieux diftingué, qu'il ne l'a jamais été, du corps & de l'efprit & de toutes leurs puiffances. Alors la notion de la Divinité ne fera plus défiguréc par des idées terreftres & humaines qui la deshonorent; & fi ces idées ne font point remplacécs par d'autres, on n'en pourra accufer que l'incompréhenfibilité de Dieu, & la foibleffe de l'entendement humain, entre lefquels il n'y a point de proportion. Alors enfin ce que dit l'Ecriture de l'intelligence, de la bonté, de la fageffe, de la juftice qu'elle attribue à Dieu, fera entendu comme ce qu'elle dit de fa colere, & de fa jaloufie, des mains, des yeux & du cœur qu'elle lui donne pareillement, quoiqu'il n'en ait point. J'y aurai contribué, A confidérer la grandeur de l'objet, c'eft un des plus importans fervices qu'un homme puiffe rendre à fes femblables.

Fin de l'Appendice & du Tome fecond.

TABLE

TABLE ANALYTIQUE DES CHAPITRES DU TOME SECOND.

PRÉFACE. . . . *page* v

CINQUIEME PARTIE.

DE L'AUTEUR DE LA NATURE ET DE SES ATTRIBUTS.

Pour servir d'éclaircissement & de développement au Chapitre troisieme de la premiere Partie.

CHAPITRE I. *Extrait de ce qui a été dit dans le Chapitre troisieme de la premiere partie, sur la nature des Attributs de Dieu, & sur l'impossibilité où nous sommes de les exprimer par des termes qui leur conviennent.* page 1

Pourquoi, avant que de parler de la Nature, on a parlé de son Auteur, en insistant sur la différence qu'il y a entre les perfections de l'infini & les qualités du fini, d'où l'on a conclu que les termes usités pour désigner les attributs de Dieu, n'avoient aucun sens dans la bouche de l'homme, parce qu'ils ne présentoient aucune idée à son esprit. Passage de Locke sur la signification immédiate & l'usage des mots. On n'entend point des termes auxquels on fait signifier des choses incompréhensibles; & des termes que l'on comprend n'expriment point des perfections que l'on ne comprend pas. Quel est le sens réel d'un discours, ou d'un mot.

Extrait du Chapitre troisieme de la premiere partie. Antropomorphisme subtil qui consiste à attribuer à Dieu une bonté, une sagesse, une justice, une intelligence semblables, à l'extension près, à celles qui se rencontre dans les hommes.

De la sagesse. De l'intelligence. De la Justice. De la bonté. La liberté qui rehausse le mérite des vertus humaines, est une imperfection qui ne se trouve point dans Dieu. Incompréhensibilité de Dieu. Les peintres sont les apôtres de la superstition en peignant la Divinité sous une forme humaine, & quelques théologiens le font aussi en la faisant agir selon les vues & les caprices de l'homme. Ciceron, Michel de Montaigne, St. Augustin, & Mr. Rousseau de Geneve cités moins pour confirmer la Doctrine de ce Chapitre, que pour l'éclaircir, car la force de la raison seule en fournit les preuves.

Dans quel esprit on entreprend de donner des éclaircissemens sur une matiere si délicate & si difficile, & dans quel esprit il faut les lire & en juger.

CHAPITRE II. *A quoi se réduit la notion que l'on a communément des attributs de Dieu, & de quelle maniere cette notion se forme.* page 10

Les idées simples d'existence, de puissance, de connoissances, &c. sont les élémens de la notion la plus parfaite de l'Etre suprême qu'il nous soit possible d'imaginer. Cette notion se forme en élevant ces idées simples à l'infinité, c'est-à-dire, pour parler plus exactement, en supposant les qualités qui en sont l'objet, infinies & illimitées, quoiqu'il ne nous soit pas possible de les concevoir telles. On examinera dans la suite l'espece d'une pareille notion de la Divinité.

CHAPITRE III. *Suite du Chapitre précédent.* 13

Dans le Chapitre précédent on a rapporté le sentiment de Locke sur l'origine véritable de l'idée que nous pouvons avoir de Dieu. On y joint dans celui-ci le sentiment d'autres métaphysiciens; mais on releve en même temps une inexactitude dans le passage rapporté à ce sujet, en faisant voir qu'il n'y a point de différence entre se représenter l'infinité d'une perfection, & la concevoir infinie.

CHAPITRE IV. *Application particuliere des principes exposés ci-dessus à la notion de la sagesse divine.* 15

Idée de la sagesse divine extraite du Traité de l'existence & des Attributs de Dieu, par le Docteur Clarke. En adoptant l'exposé de cet illustre théologien, & lui appliquant les principes développés ci-devant, on reconnoît 1. que cette connoissance illimitée & cette vue distincte & parfaite de tout ce qui existe, lesquelles on regarde comme le fondement de la sagesse divine, sont tirées de l'idée de notre science affranchie par imagination de toute limite; 2. que cette autre partie de la sagesse divine que l'on fait consister dans la puissance d'apprécier au juste & sans crainte de méprise, la vraie portée de chaque chose & de ses propriétés, se forme de même de la connoissance que les hommes ont des ouvrages de leurs mains & du parti qu'ils en peuvent tirer; 3. qu'enfin le choix des moyens que nous supposons dans Dieu, choix toujours infaillible, est encore une idée calquée sur la maniere d'agir des hommes.

Sentiment du Docteur Harris sur la toute-science & la toute-sagesse, extrait de son examen des difficultés que l'on forme contre la nature & les attributs de Dieu.

L'homme agit par des moyens. Dieu agit par lui-même. Le mot *agir* est indéfinissable, si l'on prétend faire entrer dans sa définition, le principe d'agir que nous ne comprenons pas. Il l'est encore si l'on veut que sa définition convienne également à Dieu & à la créature. Foule de questions à ce sujet toutes insolubles à la raison. Examen particulier d'une définition d'agir donnée par un philosophe moderne qui la dit également convenable à Dieu, à l'ame & à la matiere: on montre le peu de solidité d'une telle prétention.

CHAPITRE V. *Qu'il est impossible à l'homme, dans l'économie présente, d'avoir d'autre notion des perfections divines, que celle qu'il s'en forme d'après les facultés des créatures.* - page 21

Dans la Nature seule est le type de tout ce que nous pouvons concevoir positivement, clairement & distinctement, notre expérience n'étant que de choses naturelles. Nous ne pouvons avoir aucune notion qui n'ait pour principe, une idée simple acquise, ou à la faveur des sens, ou par la méditation de notre propre esprit qui se réplie sur lui-même pour contempler ses opérations. Dès lors si nous voulons donner de la sagesse, de l'intelligence, de la bonté, ou telle autre puissance à un Etre quelconque, l'idée de ces perfections à quelque degré que nous les portions, aura toujours pour base l'idée de la sagesse, de l'intelligence, de la bonté, de la justice telles quant au fonds que nous les avons reconnues parmi les hommes; & il est impossible que nous parvenions à en avoir d'autre idée. Il est donc impossible à l'homme dans l'économie présente, d'avoir d'autre notion des perfections qu'il attribue à Dieu, que celles qu'il se forme d'après les facultés des créatures. C'est-à-dire que l'homme ne peut attribuer à Dieu que des perfections humaines; & voilà l'antropomorphisme que l'on combat dans ce livre.

CHAPITRE VI. *Imcompréhensibilité de la Nature Divine. Nouvelles réflexions propres à confirmer l'impossibilité où nous sommes d'avoir des notions convenables des attributs de Dieu.* 24

Gregoire de Naziance cité par Mr. de Beausobre, sur l'incompréhensibilité de la Nature Divine: impossibilité où l'homme est de parler de Dieu, sans se servir de termes qui ne conviennent qu'aux substances corporelles. Dieu représenté sous une image corporelle par plusieurs philosophes & docteurs. Dieu fait absolument inétendu & incorporel par Platon & ses disciples. Dieu cru immatériel & néanmoins étendu dans sa divine maniere d'être. Examen d'un passage de Tertullien, & de la maniere dont un philosophe moderne l'a interprété. Contradictions inévitables lorsqu'on se sert de termes humains pour exprimer ce que Dieu est, ou comment il est. St. Augustin a donné dans cet écueil avec une infinité d'autres.

CHAPITRE VII. ANTROPOMORPHISME SPIRITUEL. *En quoi consiste cette erreur générale, ou presque générale.* - - page 28

On a déja vu en quoi consiste l'antropomorphisme spirituel, mais il n'est pas inutile de le rappeller au Lecteur. Il consiste à admettre de l'analogie entre les perfections de Dieu & les vertus de l'homme; à ne mettre de différence entre les unes & les autres que selon le plus & le moins; en un mot à attribuer à Dieu les vertus morales de l'homme, bien qu'on les suppose infinies dans Dieu. Cette erreur apperçue par le célebre Guillaume King, théologien Anglois. Plan abregé de la discussion que l'on propose à l'examen des savans dans un esprit droit & pacifique.

CHAPITRE VIII. PREMIERE SOURCE DE CETTE ERREUR. *La foiblesse de l'entendement humain.* - - - 30

Presque toutes les erreurs philosophiques découlent de cette source féconde des opinions humaines: on le prouve par divers exemples. Nécessité de recourir à une premiere cause. Imperscrutabilité de Dieu. Comment de ce que l'esprit ne peut rien concevoir de plus relevé que l'intelligence, la sagesse, la justice, la bonté, &c. on conclut avec confiance que ces vertus résident dans l'Auteur de la Nature. Combien il est déraisonnable de donner à Dieu des qualités de la même espece que celles de l'homme, parce qu'on n'en peut pas concevoir d'une espece plus excellente pour les lui attribuer.

CHAPITRE IX. SECONDE SOURCE DE LA MEME ERREUR. *L'abus des abstractions.* 35

Abstraction utile au progrès de nos connoissances: celle qui consiste à décomposer idéalement un tout, pour se mettre en état de mieux connoître les parties dont il résulte. Abus des abstractions. Discussion de ce que dit Locke de l'abstraction. Intelligence abstractive. Comment on en fait une attribut divin, en l'élevant par supposition, jusqu'à l'infinité: supposition chimérique!

DES CHAPITRES.

CHAPITRE X. EXAMEN DE CETTE PROPOSITION: *Les esprits finis & créés conviennent avec l'esprit infini & incréé qui est Dieu, par l'attribut commun de la pensée.* - page 38

On se propose de développer, en examinant cette assertion, ce qui a été dit dans le chapitre précédent de l'abus des abstractions. Ni la pensée, ni la faculté de penser ne peuvent être communes à l'esprit créé & à l'esprit incréé. A force d'abstractions on dépouille la pensée & la faculté de penser de ce qu'elles ont de réel pour les faire convenir à Dieu. Dieu n'est point un Etre pensant, ni conséquemment un esprit, si l'on entend par ce mot une intelligence. On accorde peut-être plus qu'on ne devroit dans ce chapitre, pour se prêter un instant au préjugé, & ne se pas rendre absolument in-intelligible; mais on rectifiera le tout quand une multiplicité d'inductions enchaînées les unes aux autres auront instruit le Lecteur de ce qu'il est nécessaire de bien comprendre, pour juger qu'il ne sauroit y avoir dans Dieu aucun des attributs qu'on lui donne vulgairement.

CHAPITRE XI. TROISIEME SOURCE DE LA MEME ERREUR. *L'imperfection du langage & son influence sur les opinions.* - 43

Obligés de nous servir des mêmes mots pour désigner certains attributs de la Divinité & certaines facultés de l'homme, nous nous accoutumons indiscrétement à y attacher la même idée dans l'une & l'autre circonstance, comprenant sous la même appréhension ce qui est de Dieu & ce qui est de l'homme. Mais nous n'avons que des idées humaines, & un langage humain proportionné aux choses qui sont à notre portée, & conséquemment incapable de rien exprimer de surnaturel. Quelle folie d'appliquer à Dieu des termes que l'on entend pour désigner ce qui est incompréhensible dans lui! Les qualités exprimées par ces mots *bonté, justice, intelligence*, &c. sont propres de la Nature humaine seule, hors de laquelle elles ne peuvent être. Ces mots ne peuvent convenir à Dieu, de quelque manière qu'on les emploie, simplement ou avec une épithete privative. Des mots *voir* & *connoître* appliqués à Dieu. Abus de cette application. Explication singulière du mystere de la Trinité, par Mr. Grew, refutée par Mr. le Clerc. Cette exemple prouve avec quelle facilité les plus habiles gens transportent gratuitement à Dieu, la maniere dont ils conçoivent les opérations de leur ame.

C'est une nécessité pour les savans & pour les ignorans, de ne pouvoir discourir de Dieu sans mettre des mots à la place des idées qui leur manquent; & il semble que ce soit un malheur attaché à cette substitution, de n'avoir plus d'autre notion de la Divinité que celle que présentent les mots.

Cc 4

CHAPITRE XII. Quatrieme source de la
meme erreur. *La doctrine des idées éternelles
& univerfelles de vérité, de vertu, de juftice,
d'ordre, &c.* - - page 48

On traite fur-tout de la vérité, & ce qu'on en dit s'applique
de foi-même à la vertu, à la juftice, à l'ordre, &c. Les métaphyficiens s'imaginent confidérer la vérité abftractivement
à la penfée, à l'objet de la penfée, & à la fubftance penfante, la contempler comme la conformité d'une penfée quelconque avec un objet quelconque, dans une intelligence
quelconque; & ils appellent cette contemplation, ou la notion
qu'ils prétendent en recueillir, une idée éternelle de la vérité, idée néceffaire, immuable, indépendante de tout
efprit créé & incréé, de toute exiftence des chofes. Réfutation.

La vérité abftraite n'eft que la négation de toute vérité réelle,
& la négation de toute vérité réelle n'eft point l'idée univerfelle de la vérité. Nouvelles réflexions fur l'abus des abftractions.

CHAPITRE XIII. *Expofition du fentiment ordinaire fur la néceffité & l'éternité des idées de
la juftice & de la vérité.* - - 50

Cette expofition extraite d'un livre, fruit de ma premiere jeuneffe, que j'ai condamné à un éternel oubli, eft le réfultat
de ce que Platon, Wollafton, Clarke, Montefquieu & d'autres philofophes ont dit de plus fublime fur la nature de la
juftice & de la vérité. Tout n'eft pas également faux dans
ce qu'on allegue en faveur de la néceffité & de l'éternité
des idées de la juftice & de la vérité. Mais prefque tout ce
qu'il y a de vrai, eft pris dans un fens illufoire, & qui
prouve tout le contraire de ce qu'on en conclut.

CHAPITRE XIV. *Faux principe de ce fyftême.* 54

Ce principe peut être ainfi énoncé & développé: Quand je détruirois dans ma penfée toutes les intelligences du monde,
je pourrois toujours imaginer la vérité: quand j'anéantirois
dans ma penfée tous les Etres, je pourrois toujours imaginer leurs rapports: quand toutes les penfées & tous les objets feroient détruits, je pourrois toujours imaginer la conformité de la penfée avec fon objet: quand il n'y auroit ni
Créateur ni créature, il feroit toujours jufte que la créature
dépendit du Créateur.

Voilà une contradiction perpétuelle. Les idées ne font que
des repréfentations des chofes: point d'objets, point d'idées.
Les idées n'exiftent que dans les entendemens: point d'entendemens, point d'idées. S'il n'y a ni objets ni intelligences,
rien ne fera imaginé. S'il n'y avoit ni Créateur, ni créature
par conféquent, comment feroit-il jufte que la créature dé-

pendit du Créateur fuppofé qu'ils fuffent, vu que c'est une double fuppofition qui implique? Car s'il n'y avoit ni Créateur ni créature, rien ne feroit même poffible.

CHAPITRE XV. *Sentiment de Locke fur la maniere dont nos idées s'univerfalifent.* page 56

Ce philofophe Anglois prétend que tout objet qui frappe nos yeux, ou qui nous eft prefenté par le fens intime, eft un type auquel nous comparons tout objet reconnu ou imaginé femblable; & que cette comparaifon en fait une idée univerfelle, cette idée ne repréfentant plus tel objet numérique, mais tous les objets femblables tant les actuels que les poffibles. Cette comparaifon peut généralifer notre idée, mais elle ne la rend point univerfelle. Il n'y a, par exemple, d'idée univerfelle du cercle, que celle qui comprendroit tous les cercles actuels ou poffibles, c'eft-à-dire qui repréfenteroit l'effence du cercle répétée dans une infinité d'individus; car la notion des poffibles n'a point de bornes. Or un efprit fini ne peut avoir une idée qui lui repréfente une infinité de figures circulaires.

CHAPITRE XVI. *Sentiment de Mallebranche fur l'univerfalité de nos idées.* 58

En fuppofant avec Mallebranche que nous voyons dans Dieu tout ce que nous voyons, nous n'y verrions pourtant que ce que l'étendue de notre vue pourroit y découvrir. Notre vue bornée comme elle l'eft, y découvrira-t-elle l'immenfité des poffibles. La néceffité, l'éternité, l'univerfalité ne réfident que dans Dieu; mais nos idées font dans nous, & non dans Dieu, hors de nous: l'éternité, la néceffité, l'univerfalité ne font donc pas des qualités propres de nos idées. Ce n'eft pas notre idée qui eft un type univerfel. C'eft l'effence des chofes qu'une force inépuifable peut répéter infiniment, & qui par là eft en foi le modele de tous les individus poffibles de la même efpece. Notre idée n'eft pour nous que l'image du nombre précis d'Etres femblables qu'elle comprend.

CHAPITRE XVII. *De la raifon univerfelle dite commune à toutes les intelligences.* 60

Cette raifon univerfelle, immuable, infaillible, néceffaire, qui éclaire tous les efprits, qui regle toutes les intelligences, que Dieu même eft contraint de fuivre: ce bien commun à toutes les fubftances intelligentes, à Dieu qui connoit toutes les vérités, à l'homme qui en connoit quelques-unes, eft encore une chimere puifée dans l'abyme des abftractions.
Tableau de cette raifon univerfelle, extrait des deux premiers chapitres du Traité de Morale par l'Auteur de la Recherche de la Vérité.

On prouve contre Mallebranche, que les bornes de chaque espece d'Etres la rendent inhabile à participer aux facultés d'une autre espece; que la raison est le propre de l'homme seul; qu'il ne sauroit y avoir de regles de conduite communes à Dieu & à l'homme; que la raison telle qu'elle est dans l'homme, est quelque chose de réel, & n'est que la raison humaine, qui ne sauroit être éternelle, nécessaire, universelle; que la raison hors des Etres raisonnables n'est rien; que supposé qu'il y eût une raison nécessaire, éternelle, universelle, cette raison-là ne seroit pas celle de l'homme absolument incapable d'y participer.

CHAPITRE XVIII. *Troisieme système sur ce qui constitue l'universalité de nos idées.* page 65

L'universalité de l'idée n'est point notre ouvrage: elle ne réside point dans une figure individuelle: elle ne résulte point de la comparaison de plusieurs objets semblables. Nous ne la voyons pas dans Dieu, mais dans le rapport de l'effet à sa cause, par exemple dans le rapport de telle figure avec la cause créatrice qui peut en multiplier les copies à l'infini. Tel est le sentiment de Mr. l'Abbé de Lignac qu'il développe dans ses *Elemens de métaphysique*, ou *Lettres à un matérialiste*, & dans *le témoignage du sens intime & de l'expérience, opposé à la foi profane & ridicule des fatalistes modernes*.

Tout objet numérique, considéré comme modele, peut être répété à l'infini par la cause souveraine. Cette imitabilité à l'infini n'est ni dans l'objet numérique, ni dans nous, mais uniquement dans la puissance infinie de la cause, puisque sans la notion de la toute-puissance, la possibilité d'une infinité d'objets semblables à celui-là, n'est qu'une chimere. Dès lors si l'imitabilité du cercle à l'infini, est l'idée universelle du cercle, cette idée n'est pas dans nous: nous ne la pouvons avoir, nous qui ne pouvons pas avoir la perception de cette imitabilité à l'infini, & qui ne saurions mesurer toute l'étendue de la puissance souveraine. Aucune de nos perceptions ne nous représentera jamais une infinité de copies de quelque type que ce soit: le rapport de l'effet à la cause ne sera jamais perçu infiniment, mais seulement selon les bornes de notre esprit.

CHAPITRE XIX. *Nouvelles preuves de la futilité des idées universelles, prises de la raison même qui porte les métaphysiciens à universaliser leurs idées.*   70

On ne généralise ses idées que pour les faire convenir à un plus grand nombre d'individus: on ne les universalise que pour les faire convenir à tous les individus de la même espece. Pour rendre l'idée d'un individu applicable à tous les autres de la même espece, on exclut successivement toutes les différences individuelles. Or rien n'existe qu'individuellement. C'est-à-dire qu'on dépouille cette idée de tout ce qu'elle a de réel; on la réduit à rien, & l'on appelle ce rien une idée universelle.

L'idée décroît en se généralisant; elle se dépouille successivement de toutes les idées différentielles qu'elle contient, jusqu'à ce qu'elle en soit épuisée. Dans cet état elle ne représente plus rien, elle est la négation de toutes les idées qu'elle a perdues par une suite d'abstractions. On apporte en exemple l'idée de l'Etre en général, dite vulgairement la plus féconde & la plus vaste, mais véritablement la plus vaine de toutes.

CHAPITRE XX. *Réponse à une objection.* page 73

OBJECTION. „*Dire que la bonté, la justice, la sagesse, ne sont pas en Dieu de la même nature qu'elles sont dans l'homme, n'est-ce pas détruire ces idées éternelles de vertu qui doivent subsister indépendamment de l'ordre & des relations des choses?*"

RÉPONSE. *Dire que la bonté, la justice, la sagesse, ne sont pas en Dieu de la même nature qu'elles sont dans l'homme, ce n'est pas détruire ces idées éternelles de vertu qui doivent subsister indépendamment de l'ordre & des relations des choses*

CHAPITRE XXI. D'UNE CINQUIEME SOURCE DE L'ANTROPOMORPHISME SPIRITUEL. *L'Autorité des Livres Saints mal entendus.* 76

Voyez l'Appendice qui est à la fin de cette cinquieme partie, où je fais voir que l'Ecriture sainte prise à la lettre établiroit le système le plus complet d'antropomorphisme, tant pour ce qui regarde les organes & membres corporels, que pour les qualités de l'ame humaine, qui y sont indifféremment attribués à Dieu. Dans l'une & l'autre circonstance le langage de l'Ecriture est figuré & métaphorique; ensorte que l'on ne peut pas plus s'autoriser des passages qui disent Dieu bon & intelligent pour lui attribuer la bonté & l'intelligence dans la signification propre de ces mots, qu'il n'est légitime de donner à Dieu des yeux, des mains, & une face, parce que d'autres passages parlent de la face de Dieu, de ses yeux, & de ses mains.

CHAPITRE XXII. *Conclusion des chapitres précédens.* - - - page 77

CHAPITRE XXIII. *De l'infini & de l'idée de l'infini.* - - - 80

DIALOGUE ENTRE UN MÉTAPHYSICIEN ET L'AUTEUR. Premiere définition de l'infini : L'infini est ce qui n'a point de bornes.
Seconde définition : L'infini est ce à quoi l'on ne peut rien ajouter.
Troisieme définition : L'infini est une grandeur, ou quantité, si grande qu'il ne peut pas y en avoir une plus grande.
Quatrieme définition : L'infini est tout ce qui est : car s'il y avoit quelque chose de plus que l'infini, l'infini seroit borné par ce surplus, & ne seroit pas l'infini.
Après l'examen de ces définitions, on conclut que l'infini est pour nous l'incompréhensible, & qu'il nous est aussi impossibilité de le définir, que de le concevoir.

CHAPITRE XXIV. *De l'idée de l'infini.* 84

SUITE DU DIALOGUE PRÉCÉDENT. Si Locke a pensé que nous avions la faculté d'élargir nos idées jusqu'à cette prodigieuse étendue où l'infinité peut les porter ? Passage du philosophe Anglois qui semble prouver l'affirmative, & dont on ne peut conclure néanmoins autre chose, sinon que Locke entend par la puissance de répéter sans fin nos idées, ou de les étendre jusqu'à l'infinité, comme il s'explique, la faculté de pouvoir encore les agrandir & les multiplier, quelque extension que nous leur ayons déja donnée, & quelque multiplication que nous en ayons déja faite. Lorsqu'il dit que notre idée de l'espace, du nombre, & de la durée, est sans bornes; cette expression signifie que notre idée de l'espace, du nombre & de la durée, n'a point de bornes nécessaires qui nous obligent de nous arrêter, autrement que ces idées ne sont jamais si grandes que nous n'ayons encore la faculté d'y ajouter, même de les doubler, tripler, &c. ce qui prouve très bien que l'objet de notre idée est toujours le fini, & non l'infini puisqu'il est toujours susceptible de plus.
Examen d'un autre endroit du Traité concernant l'entendement humain, qui confirme pleinement la maniere dont on vient d'expliquer l'autre. Selon Locke, quelque degré de bonté, de sagesse, & de connoissance que je conçoive, je puis toujours me former l'idée d'un Etre qui en a deux fois autant, que je puis doubler encore aussi souvent que je puis ajouter au nombre, & comme jamais je ne parviendrai à un nombre que je ne puisse doubler, je pourrai toujours augmenter mon idée de connoissance, de bonté & de sagesse; ainsi donc je n'aurai jamais l'idée d'une connoissance infinie, ni d'une bonté, ni d'une sagesse infinie : ces facultés auront toujours des bornes dans mon esprit, puisque j'y pourrai toujours ajouter.

CHAPITRE XXV. *De la vraie signification de ces mots* infini, immense, éternel, *& autres semblables. De l'idée négative de l'infini.* page 93

SUITE DU MEME DIALOGUE. Les mots, *immense*, *éternel*, *infini*, & autres semblables, ne sont que des négations de choses ou qualités dont nous avons l'idée. Nous connoissons des Etres limités, des Etres dont l'existence a eu un commencement. Nous nions que Dieu soit borné comme eux, que son existence ait eu un commencement & doive avoir une fin: c'est précisément ce que nous exprimons en appellant Dieu un Etre infini & éternel. Ces mots purement négatifs n'exigent d'autre idée que celle de la chose niée. Un mot ne peut pas exprimer plus qu'il n'y a dans la pensée de celui qui le prononce. Si donc quand nous nous efforçons de penser à l'infini, il n'y a dans notre esprit, que la négation du fini, ce mot *infini*, ne peut exprimer autre chose. Il n'y a pourtant rien de négatif dans l'infini: tout est absolu & positif dans l'infini en lui-même ; c'est pourquoi nous n'en pouvons avoir qu'une idée négative, parce que ce qu'il est en lui-même ne peut pas entrer dans notre idée trop étroite pour le contenir, de sorte qu'il ne peut nous être connu que comme quelque chose de distingué de tout ce qui a des bornes. Eh comment ce qui n'a pas de bornes pourroit-il être contenu dans un entendement qui en a? L'infinité absolue & positive ne peut donc être représentée par le positif de notre idée : elle est au delà de tout ce que nous concevons; & pour conclusion ultérieure, de quelque façon qu'on l'entende, l'infini n'est point dans notre idée, & dans notre bouche il n'a qu'une signification purement négative.

CHAPITRE XXVI. *Si l'infinité peut convenir à l'intelligence, à la bonté, à la sagesse, à la justice, &c. selon l'idée simple que nous avons de ces qualités?* - - - 98

La notion de ces qualités nous est fournie par les créatures: ce sont donc des facultés créées, & par tant incapables de l'infinité.

L'idée que nous avons de ce qui constitue ces qualités, nous les représente comme des vertus d'une nature toute humaine, comme des appartenances de notre constitution intérieure, comme des facultés faites pour nous & uniquement pour nous, qui ont leur raison dans la nature de notre être, dans nos besoins, nos relations & notre fin: donc elles sont intrinsèquement incompatibles avec l'infini.

Nous concevons ces qualités comme finies, & nous ne pouvons les concevoir que finies ; elles sont susceptibles de plus & de moins: donc elles ne sont pas susceptibles de l'infinité.

D d

Pour élever ces qualités jufqu'à l'infinité, on les dépouille de toute leur imperfection, & de tout ce qu'elles ont d'humain. Mais elles n'ont rien que d'humain. On les dépouille donc de tout ce qu'elles ont, de tout ce qu'elles font. Ce n'eft donc pas la bonté & l'intelligence qu'on éleve à l'infinité, mais un néant de bonté & d'intelligence: quel procédé!

CHAPITRE XXVII. *De la perfection. Si l'idée que nous avons de la perfection eft applicable à Dieu?* - - page 102

Le fens unique que nous puiffions donner au mot *parfait*, eft d'exprimer que la chofe dite parfaite a tout ce que nous fuppofons qu'elle doit avoir en égard à la fin pour laquelle nous fuppofons qu'elle a été faite: cette idée de la perfection ne convient point à l'Etre qui n'ayant point été fait, n'a ni deftination ni fin. En raifonnant felon les idées les plus ordinaires, rien de tout ce qui eft dans la Nature, n'eft dit & conçu bon, ou parfait, que relativement, en vue d'une fin à laquelle chaque chofe nous femble propre, au-lieu que Dieu doit avoir une perfection abfolue, qui eft juftement l'oppofé de la feule perfection que nous concevons. La perfection abfolue n'eft point l'amas de toutes les autres perfections: quatre raifons qui le prouvent. Combien il eft inexact & téméraire de détailler pour-ainfi-dire la perfection abfolue de Dieu, en lui fuppofant divers attributs. Cette diftinction formée d'après ce que l'on obferve dans l'homme, eft une branche de l'Antropomorphifme. On fait voir qu'il ne fauroit y avoir plufieurs perfections dans Dieu. Erreur de ceux qui s'imaginent que Dieu ne fe feroit pas communiqué fuffifamment aux hommes, s'ils n'avoient l'idée de fa perfection. Ces mots, *perfection abfolue*, *perfection infinie*, ne font que des négations de la perfection relative & finie.

CHAPITRE XXVIII. *Addition au Chapitre précédent.* - - - 109

Pour affurer que la perfection de Dieu eft abfolue, c'eft-à-dire non relative comme celle des créatures, il fuffit que le mot *relatif*, porte avec lui une idée de borne & d'imperfection inalliable avec l'infinité de Dieu. De même fans concevoir l'infinité & l'aféité de Dieu, nous ne rifquons rien de les lui attribuer: par cette attribution nous ne faifons autre chofe que nier qu'il foit contingent & fini: ce que nous nions très légitimement fur cela feul que la contingence & la finité font des imperfections.

Ce Chapitre eft terminé par une difcuffion d'où l'on conclut que manquant de mots pour exprimer pofitivement la perfection de Dieu & la grandeur de fon être, comme nous manquons d'intelligence pour les concevoir; nous fommes réduits à les défigner, fans les connoître, par la négation précife de la perfection & de l'être fini des créatures. De-là nous difons que Dieu est infini & absolument parfait: appellations qui ne sont qu'une négation pure de la finité & de la perfection relative des Etres créés.

Lorsque nous connoissons une relation de l'Etre, il nous est aisé d'assigner tout de suite son contraire, en joignant une négation au mot dont nous nous sommes servis à exprimer cette relation. Cette opération logique ne nous fait pas connoître pour cela le contraire de ce que nous connoissons; & le nouveau mot qu'elle occasionne n'explique que la négation pure de l'objet connu, sans offrir rien de plus à l'entendement. Tels sont quantité de mots dans la langue des philosophes, & tous ceux en particulier qu'ils appliquent à la Divinité, pour nous faire comprendre qu'elle n'a aucune de nos imperfections, mais dont ils ne peuvent tirer aucun avantage pour nous apprendre ce que c'est que sa perfection infinie & absolue.

CHAPITRE XXIX. *Si nous connoissons des qualités qu'il soit réellement plus avantageux d'avoir que de n'avoir pas?* - - page 112

Il n'y a rien dans l'ordre naturel, qui vaille mieux que son contraire. Dans une collection d'Etres qui n'ont rien d'intrinsèquement nécessaire, rien ne peut être perfection de soi & de sa nature, mais seulement sous certains rapports qui donnent & ôtent le prix aux choses. Locke a proposé l'existence, la durée, la puissance, la connoissance, le plaisir & le bonheur, pour des qualités ou perfections qu'il vaut mieux avoir que de n'avoir pas. On se borne à l'examen de celles-là: on prouve qu'elles ne sont bonnes qu'à certains égards; & que sous d'autres rapports il seroit plus avantageux de ne les avoir pas. Le bonheur même, dans tous les degrés que nous connoissons, n'est point une qualité absolue.

CHAPITRE XXX. *Objection & Réponses.* 116

OBJECTION. ,, *Soutenir que nous n'avons aucune*
,, *idée de la perfection, n'est-ce pas ou la refuser*
,, *à Dieu, ou décider que les créatures sorties*
,, *de ses mains sont d'une nature entiérement*
,, *différente de la sienne? Si Dieu nous a donné*
,, *par rapport à la perfection des idées que lui-*
,, *même n'a pas, il nous trompe. Si en suivant*
,, *les idées de perfection qu'il nous a données,*
,, *nous nous écartons de ce modéle, il nous*
,, *veut du mal.*"

PREMIERE RÉPONSE. *Soutenir que nous n'avons aucune idée de la perfection* (absolue), *ce n'est* pas la refuser à Dieu ; c'est décider plutôt que les créatures dont nous concevons la perfection (relative), sont d'une nature entièrement différente de celle de Dieu : décision fondée sur la distance infinie qu'il y a du créé à l'incréé.

COROLLAIRE. *Il n'y a aucune sorte d'analogie entre les attributs de Dieu, & les facultés des créatures.*

SECONDE RÉPONSE. *Si Dieu nous a donné par rapport à la perfection des idées que lui-même n'a pas, il ne nous trompe pas pour cela.*

TROISIEME RÉPONSE. *En suivant les idées de perfection que Dieu nous a données (qu'il nous a donné le pouvoir d'acquérir), nous agissons conformément à notre nature, nous remplissons notre fin : nous ne nous écartons pas de la perfection de Dieu, nous n'en approchons pas non plus : nous restons toujours à une distance infinie d'elle ; & cet Etre qui nous a faits tels que nous sommes, ne peut ni s'en offenser, ni nous en vouloir du mal.*

CHAPITRE XXXI. *De la nature des Esprits : quelle notion nous avons de ce qui constitue la spiritualité.* - - page 119

Il résulte de ce Chapitre que la nature de l'esprit nous est tout-à-fait inconnue, & que la doctrine de la spiritualité bien appréciée se réduit à ce seul énoncé : Que l'esprit est un Etre immatériel ; une substance incorporelle.

CHAPITRE XXXII. *Où l'on recherche le véritable sens de ce raisonnement : ,, Dieu est un ,, esprit, l'Ange est un esprit, l'Ame humaine ,, est un esprit. Ainsi la spiritualité peut être ,, regardée comme quelque chose de commun à ,, Dieu, à l'Ange & à l'Ame humaine".* 120

Quand on dit que Dieu est un esprit, que l'ange est un esprit, que l'ame humaine est un esprit ; cela signifie seulement : que ces trois sortes de substances sont immatérielles, c'est-à-dire d'une nature différente de celle de la matiere. De ce que trois substances n'ont rien de commun avec une quatrieme, s'enfuit-il qu'elles aient quelque chose de commun entre elles. L'immatérialité pure n'est qu'un néant de matiere, & le rien ne peut être regardé comme une base commune à la substance de Dieu, à celle des anges, & à celle de l'ame.

CHAPITRE XXXIII. *Qu'il peut y avoir plusieurs sortes d'Etres spirituels, c'est-à-dire immatériels, aussi différens en nature, que l'Etre matériel differe de la substance immatérielle.* page 121

On revient sur cette proposition, savoir, Que toutes les substances spirituelles ont une analogie essentielle par la nature de leur spiritualité. Etre spirituel, ou n'être pas matiere, ce n'est rien en soi; quelle analogie le rien peut-il fonder? De ce que deux Etres ne sont pas matiere, s'enfuit-il qu'ils ne puissent encore être aussi différens entre eux, que le matériel differe de l'immatériel. Toute substance est matérielle ou immatérielle. Toute substance matérielle ressemble en nature aux autres substances matérielles. On ne démontrera jamais que toutes les substances qui ne sont pas matérielles, doivent être semblables en nature. Comment le prouveroit-on? Quel point de similitude assigner dans la spiritualité qui n'est conçue que comme la négation précise de la matérialité?

CHAPITRE XXXIV. *Si l'on peut raisonner des Etres spirituels, comme des animaux, en les divisant tous en especes rangées sous un même genre?* - - - 126

Il est incontestable que la spiritualité, conçue comme l'opposé de la corporéité, (seule maniere pour nous de la concevoir), n'est pas plus capables de degrés que le néant pur, ni plus propre à fonder une multiplicité d'especes. Il faut quelque chose de plus que du négatif pour constituer un genre qui ait sous lui des especes. Ces especes doivent avoir le caractere du genre diversement modifié; & la négation ne peut être modifiée. Quand on admet l'animalité comme un genre qui a sous lui des especes, & ces especes sous elles des individus, cette animalité est supposée être quelque chose de positif. On la juge telle, sans quoi on bâtiroit sur rien. On établit une économie animale, un plan d'organisation tant intérieure qu'extérieure, qui est comme un fonds subsistant dans toutes les especes. Où est ce fonds, ce plan, ce caractere, dans l'immatérialité pure qui n'est rien?

CHAPITRE XXXV. *Systême de ceux qui prennent la faculté de penser pour une propriété générique commune à tous les Etres immatériels.* 129

L'exposé que l'on offre de ce systême est extrait presque mot pour mot de l'Eſſai philoſophique ſur l'ame des bêtes, où le miniſtre Boullier non content de reconnoître des attributs communs à tous les Eſprits, ou Etres immatériels, fait entrer les bêtes dans cette ſociété, comme une eſpèce appartenante à un même genre avec Dieu.

CHAPITRE XXXVI. *Aucune raiſon plauſible ne nous porte à croire l'intelligence une propriété générique eſſentielle à tous les Etres immatériels.* • • • page 132

Nous ne connoiſſons qu'un Etre immatériel: encore ne le connoiſſons-nous pas par l'idée, mais par la conſcience, non en lui-même, mais parce que nous en indiquent ſes opérations. Nous argumentons de cet Etre & de ſes facultés à toutes les autres ſubſtances immatérielles poſſibles, & à toutes leurs facultés. Nous diſons: Je ſais un Etre qui n'eſt pas matiere, au moins que je ne crois pas matiere, & qui penſe, donc il eſt eſſentiel à tous les Etres diſtingués de la matiere, de penſer. Je ſais un Etre fini qui penſe, donc l'Etre infini penſe auſſi. Ce raiſonnement n'eſt pas fondé.

CHAPITRE XXXVII. QUESTION. *D'où vient donc que nous ſuppoſons dans tous les Etres immatériels, la même nature, ou plutôt les mêmes qualités que nous ſentons dans notre ame, ſi aucune raiſon bonne & valable ne nous y porte?* 133

RÉPONSE. *D'une précipitation de jugement impardonnable à des hommes ſenſés ; d'un enchaînement de propoſitions gratuites admiſes inconſidérément.*

Par l'impoſſibilité où nous ſommes tous d'étendre nos conjectures au-delà des idées qui nous viennent des ſens & de la réflexion, & par conſéquent d'imaginer quelles peuvent être les facultés des eſprits purs, nous paſſons facilement de la contemplation de nos propres facultés à la ſuppoſition des mêmes facultés dans toutes les autres ſubſtances diſtinctes de de la matiere. Voyant que toute la matiere eſt d'une nature homogene, que tous les corps ſont étendus, ſolides, diviſibles, capables de mouvement, nous en concluons une même homogénéité de nature dans tout ce qui n'eſt pas matiere, & nous voulons que tous les Etres ſpirituels aient les facultés de notre ame, ſans avoir même examiné ſi cela eſt poſſible.

CHAPITRE XXXVIII. *Si la penſée eſt à l'eſprit en général, comme l'étendue eſt au corps?* 138

Le mot *eſprit* pris généralement, c'eſt-à-dire lorſqu'il ne déſigne pas en particulier l'idée complexe de notre ame, signifie seulement ce qui n'est pas corps. Je conçois très bien qu'il ne peut pas y avoir de corps sans étendue, puisque l'idée de l'étendue fait partie de l'idée complexe du corps. Tant s'en faut que je conçoive que ce qui n'est pas corps, soit nécessairement pensant, que je suis certain au contraire que la pensée n'entre point dans la négation du corps. Et, tout bien considéré, il vaudroit autant dire que le néant pense, que de soutenir que tout ce qui n'est pas corps, doit penser.

De ce qu'un Etre particulier incorporel pense, il ne s'ensuit pas que tous les autres Etres incorporels pensent aussi : l'incorporéité n'est rien & ne peut pas constituer la pensée.

Nous ne connoissons que deux sortes d'Etres, l'Etre étendu, & l'Etre qui pense : donc tout Etre qui n'est pas étendu, pense. Chacun sent le vice de la conclusion. Il peut y avoir beaucoup d'Etres d'une nature très différente de celles de l'Etre étendu & de l'Etre pensant.

On prouve mathématiquement que cette proportion est inadmissible : Comme l'étendue est au corps, ainsi la pensée est à tout ce qui n'est pas corps. Elle n'est pas plus exacte que cette autre : Comme 2 est à 4, ainsi 8 est à tout ce qui n'est pas 4.

CHAPITRE XXXIX. ,, *Supposant que, comme* ,, *la propriété de l'étendue est au corps, ainsi* ,, *la faculté de penser soit à l'ame: supposition* ,, *admise par un très grand nombre d'habiles* ,, *gens ; ne pourroit-on pas supposer encore* ,, *que comme la faculté de penser est à l'ame,* ,, *ainsi quelque attribut est aux autres substan-* ,, *ces immatérielles supérieures à l'ame, & en* ,, *inférer que cet attribut est une sorte de* ,, *pensée ?"* - - page 142

On répond négativement. Quand même quelque attribut seroit aux substances immatérielles supérieures à l'ame, ce que la faculté de penser est à l'ame, on manqueroit encore de raison suffisante pour en inférer que cet attribut fût une sorte de pensée.

CHAPITRE XL. *Des Natures Plastiques.* 143

Ces Natures plastiques sont un exemple d'Etres immatériels non-pensans.

CHAPITRE XLI. *Que les différens dégrés de la pensée sont insuffisans à établir des différences spécifiques entre les esprits.* - - 144

Les botanistes, lorsqu'ils ont imaginé de distribuer les plantes en genres & en especes, ne se sont pas arrêtés à de simples accidens de grandeur, comme sont les différens degrés de la pensée par rapport aux Etres pensans: ils n'ont pas cru que les variations de grandeur dans les parties des plantes pussent en différencier les genres & les especes: ils les ont établis sur des variations plus essentielles. Méthode de Mr. Guettard fondée sur les parties les plus fines des plantes, leurs glandes, & leurs poils ou filets.

Si la diverse étendue de la faculté de penser constituoit des especes différentes, comme l'intelligence de chacun de nous passe par différens degrés, il s'ensuivroit que nous serions tantôt d'une espece & tantôt d'une autre. Quelle confusion dans l'échelle des esprits! Cette différence est une variation individuelle & non spécifique. Il ne faut donc pas se figurer l'échelle des substances immatérielles, graduée de telle maniere que chaque espece ait tout ce qu'a l'espece inférieure, & quelque chose de plus. Les especes sont des incommensurables. Une différence spécifique est une différence essentielle, & invariable: c'est pourquoi les especes ne se confondent point. Mais une différence qui n'a pour fondement que plus ou moins de force & d'étendue dans la faculté de penser, est accidentelle, beaucoup plus organique qu'intrinseque à l'ame. Elle n'est pas même concevable dans des Etres qui penseroient par eux-mêmes, sans intermede: car la variation de nos pensées est légitimement attribuée au tempérament des organes.

On ne s'entend pas quand on dit qu'il peut y avoir des Etres qui pensent dans un autre ordre & d'une autre maniere que nous. Ce mot *penser* est une copie verbale d'une idée que notre esprit se forme d'après telle opération ou modification de lui-même. Il n'exprime que la pensée de l'ordre & de la façon de la nôtre. Dire qu'il peut y avoir des Etres immatériels qui pensent dans un autre ordre & d'une autre maniere que nous, c'est dire qu'il peut y avoir des Etres immatériels qui ne pensent point.

CHAPITRE XLII. *Que la faculté de penser est une propriété spécifique & propre de notre ame seule.* - - - page 153

Résultat: La notion que j'ai de la pensée me la représente comme le produit d'un esprit uni à un corps, en d'autres termes, comme la modification d'un esprit opérée par l'entremise d'une portion de matiere qu'il anime. Donc cette notion, la seule que je puisse avoir de la pensée, ne convient qu'à l'ame humaine, & n'est en aucune façon, applicable à des Etres qui n'ont point de corps. Les esprits purs ne peuvent être modifiés d'une façon humaine: or la pensée est une modification de l'homme.

CHAPITRE XLIII. *Suite. Recherches particulieres sur l'idée que nous avons de l'intelligence, & les élémens dont elle est formée.* 157

Origine de l'idée que nous avons de l'intelligence:

Nous n'aurions aucune idée de l'intelligence, si nous n'avions jamais pensé. Nous connoissons donc cette faculté par ses actes, & seulement autant que l'étendue, la proportion & la nature de ses actes nous la manifestent.

Elémens dont l'idée de l'intelligence se forme.

Nous ne penserions pas sans organes. Séparez l'ame de l'appareil organique, elle ne recevra plus d'impressions des objets, elle ne réagira plus sur ces objets, elle ne pensera plus. Les élémens qui constituent notre idée de l'intelligence sont donc l'action des objets sur les sens, l'action des organes sur l'ame, la réaction de l'ame sur cette impression: ou bien: les actes de la faculté de penser, & leur dépendance entiere & nécessaire de l'organique du corps.

Ce que notre idée d'intelligence présente réellement à l'esprit.

La pensée nous est plus connue comme dépendance du corps, que comme une appartenance de l'esprit. Dans cette expression *la faculté de penser*, le mot *penser* est plus clair que celui de *faculté*, parce que nous pensons & que nous avons le sentiment de notre pensée, au-lieu que nous n'avons pas celui de la vertu par laquelle nous pensons. Si cette vertu se laisse saisir par quelque endroit, c'est moins assurément par la maniere dont elle est dans l'ame, que par ce qui l'asservit au corps pour la production de ses effets. Toutes ses opérations portent la marque de cette servitude, mieux empreinte que le caractere de l'Etre immatériel de qui elles sont. Ainsi, quoique l'on ne confonde pas l'impression organique avec ce qui lui correspond dans l'ame, quoique l'on ne prenne pas le jeu de l'organe pour la pensée de l'ame, tout ce que la notion de la pensée a de réel & positif, tient beaucoup plus au jeu de l'organe, qu'à la vertu de l'Etre spirituel. Voyez les développemens.

Conclusion.

L'intelligence telle que nous la concevons dépend nécessairement du corps quant à son exercice. Une faculté qui dans un Etre quelconque se déploye sans organes corporels, n'est donc pas ce que nous comprenons par intelligence; & il y a un abus sensible à lui donner ce nom.

CHAPITRE XLIV. *Suite. Qu'il n'y a ni pensée pure, ni intelligence purement spirituelle, c'est-à-dire une intelligence qui se déploie indépendamment d'un corps.* - - page 163

Dès que la pensée est conçue sous la forme d'une modification d'un esprit par un corps, & que l'examen le plus exact de cette conception en a montré la justesse incontestable, c'est une nécessité d'avouer qu'il ne sauroit y avoir de pensée pure, de pensée qui soit la modification d'un esprit seul sans l'intervention d'un corps. Dès que l'intelligence est conçue comme le pouvoir de penser par la médiation d'un corps, il est évident qu'il ne peut y avoir d'intelligence qui se déploie indépendamment de tout organe corporel. Une pensée pure, une pensée inconnue, une pensée inconcevable n'est pas une pensée : ou bien la pensée de notre ame, pensée connue & concevable, n'en est pas une. Il en faut dire autant de l'intelligence. Le même terme peut-il signifier le connu & l'inconnu, le concevable & l'inconcevable ?

CHAPITRE XLV. *Suite. L'illusion des abstractions tournée en preuve contre ceux qui s'imaginent que l'intelligence abstractive est l'intelligence pure.* — page 166

La pensée conçue sans aucun rapport avec le corps, n'est plus la pensée. Une telle précision métaphysique dépouille la pensée de ce qu'elle a de réel, de ce qui la constitue ce qu'elle est. Tout ce procédé prouve que la pensée & l'intelligence doivent cesser d'être la pensée & l'intelligence avant que de pouvoir se trouver dans des substances dégagées de toute matiere.

CHAPITRE XLVI. *Suite. Si les esprits purs n'ont que des perceptions immédiates, ils ne pensent point. S'ils n'en ont que de médiates, ils ne pensent point. S'ils ont des unes & des autres, ils ne pensent point encore.* 169

L'imperfection du langage humain, ou plutôt son incapacité à exprimer ce que nous ne concevons pas, nous oblige à employer le mot de *perception* pour désigner une maniere quelconque dont les substances immatérielles pourroient être affectées par les objets externes. Si elles en sont affectées immédiatement, le résultat de ces affections n'est pas une pensée, car la pensée n'est pas une perception immédiate des objets. Si elles en sont affectées médiatement, c'est-à-dire au moyen d'un intermede . ce moyen n'est pas un organe corporel, dès lors ces affections ne porteront pas le caractere de la pensée, qui est la dépendance d'un corps. Si les esprits purs sont susceptibles de ces deux sortes d'affections, ni l'une ni l'autre sorte ne pourra être appellée une espece de pensée : elles n'auront jamais rien de ce qui fait la pensée.

CHAPITRE XLVII. *Nouvelle preuve que la faculté de penser est propre de l'ame seule, tirée*

de l'espece particuliere des objets soumis à sa connoissance. - • page 172

Après ce que l'analyse des opérations de notre ame nous a appris de l'origine de ses pensées, & de l'exercice de son intelligence, l'espece particuliere des objets de notre connoissance ne doit pas être négligé dans l'appréciation de nos facultés. Les esprits purs n'ont pas plus de commerce avec le monde sensible qui nous n'en avons avec le leur. Comment connoitroient-ils les qualités sensibles, eux qui n'ont point de sens? Si nous faisons ensuite attention que nous ne connoissons que des qualités sensibles & rien de plus, nous serons portés à faire entrer l'espece des choses soumises à notre intelligence, comme un troisieme élément dans l'idée réelle de cette faculté & à en inférer que les objets de la pensée sont à la portée de l'homme seul pour l'affecter d'une maniere propre à le faire penser, que les Etres qui n'en sont pas affectés comme lui ne pensent pas, enfin que les objets relevés au dessus des ces qualités sensibles surpassent la faculté pensante. Donc l'homme seul pense.

CHAPITRE XLVIII. *De la spiritualité de Dieu.* 178

Le mot *esprit* ne signifiant qu'une substance distincte de la matiere, on peut dire que Dieu est esprit, ou immatériel. Si l'on entend par esprit l'amas des facultés & puissances dont il nous plait de composer l'idée complexe de l'Etre spirituel, parce que nous les observons dans une seule sorte particuliere de substance immatérielle qui est notre ame ; Dieu n'est point esprit, n'ayant aucune de ces facultés. Il ne s'agit encore que de la faculté de penser. La pensée par elle-même est un type, une image intellectuelle qui se forme d'après une impression de l'objet qu'elle représente, & il n'y a point de telle image dans Dieu. Par rapport à la maniere dont la pensée s'exerce, le corps est un moyen nécessaire pour penser, & Dieu n'est point uni à un corps. Quant aux objets de la pensée, elle est bornée à la sphere des choses sensibles, & Dieu ne sent point. La spiritualité de Dieu n'est donc que l'immatérialité, qui en soi n'est rien de positif.

CHAPITRE XLIX. *Des attributs métaphysiques de la Divinité.* - - • 181

Les attributs métaphysiques de Dieu, l'aséité, l'immensité, la simplicité, l'éternité, l'absolue perfection, & toutes sortes d'infinité sont des négations précises des perfections reconnues dans la créature. Ils ne disent rien de ce que Dieu est, mais ils sont justement appliqués à cet Etre ineffable, comme des titres par lesquels nous reconnoissons que son essense, infiniment au-dessus des choses naturelles, n'est limitée en en aucune maniere.

CHAPITRE L. *Des perfections morales attribuées à Dieu.* - - - page 182

En étudiant & combinant les sentimens des philosophes sur ce qui fait la moralité tant des actions que des caracteres, on les trouve fort partagés sur les principes qui la constituent, & fort d'accord à chercher ces principes, quels qu'ils soient, dans la Nature. Il résulte de cette unanimité que l'état moral est réputé une appartenance de la Nature, & conséquemment tout-à-fait au dessous de son Auteur: c'est une marque de dépendance & d'imperfection, une maniere d'être de la créature absolument incompatible avec l'indépendance & l'infinie-perfection de Dieu. Cette moralité est fondée sur des rapports qui ne sont qu'entre les créatures.

CHAPITRE LI. *Différence entre les attributs métaphysiques & les attributions morales.* 184

Les attributs métaphysiques sont purement négatifs, au lieu que les attributions morales expriment des qualités, & l'on a vu que l'infinité ne signifioit dans notre bouche que la négation du fini. Les attributs métaphysiques qui sans rien exprimer de positif, distinguent Dieu le tout le reste, lui sont justement appliqués: les attributions morales qui le confondent avec la créature ne sauroient convenir à cet Etre suprême.

CHAPITRE LII. *Conséquence nécessaire de cette différence.* - - - - 185

Les attributs métaphysiques excluent les attributions morales: de sorte que Dieu ne sauroit avoir les uns & les autres, sans être un amas de contradictions.

CHAPITRE LIII. DIEU N'EST POINT UN ETRE INTELLIGENT. - - - 187

De la logique de ceux qui admettent dans Dieu une intelligence semblable en nature à la nôtre.

CHAPITRE LIV. *Suite.* - - - 188

Où va prouver que Dieu n'est point un Etre intelligent, par les données seules de ceux qui soutiennent le contraire.

Dieu ne pense pas comme nous: donc il ne pense pas. Sa maniere de comprendre n'est pas la nôtre: donc il ne comprend point.

Il n'y a qu'une maniere de penser qui est la nôtre. Le mot *penser* n'exprime rien, s'il n'exprime pas notre maniere de penser. Car il n'a été inventé, que d'après les observations que les hommes ont faites sur les opérations de leur intelligence, & pour en exprimer l'espece. L'idée de la pensée s'est formée uniquement sur la maniere dont nous pensons, & le figne de cette idée ne défigne que cette unique maniere de penfer. Donc il ne peut pas défigner des penfées fpécifiquement différentes des nôtres: ou plutôt il n'y a point de penfées fpécifiquement différentes des nôtres; & tout ce qui ne penfe pas comme nous, ne penfe point du tout.

CHAPITRE LV. *Suite.*   -   -   page 190

Nous ignorons la maniere dont fe fait l'intellection de Dieu: donc il n'y a point d'intelligence dans Dieu.

Le mot *intelligence* ne peut pas défigner une chofe inconnue & incompréhenfible, puifqu'il eft le figne de l'idée que nous avons de notre intelligence, d'après fes opérations: dès lors l'intelligence qui nous eft inconnue n'eft pas l'intelligence. Tout ce qui eft dans Dieu nous eft inconnu & incompréhenfible.

CHAPITRE LVI. *Suite.*   -   -   -   192

Nier de l'intelligence divine tout ce que l'on fait de l'intelligence, ce n'eft pas démontrer que Dieu a une intelligence infinie.

On commence par fuppofer que Dieu a une intelligence foncérement femblable à la nôtre: puis on nie de l'intelligence divine tout ce que l'on fait de l'intelligence de l'homme; & l'on appelle cela prouver que Dieu a une intelligence infinie. Voilà certes une plaifante logique. Elle eft tout auffi concluante à démontrer que Dieu eft une matiere infinie. De même qu'après être entré dans l'énumération de tous les vices de l'intelligence humaine, & après avoir prouvé que Dieu eft exempt de tous ces défauts, on fe croit en droit de conclure que Dieu a une intelligence infinie; on n'a qu'à détailler de la même façon toutes les imperfections de la matiere; après avoir prouvé qu'elles ne peuvent fe trouver dans Dieu, on aura tout auffi bien prouvé que Dieu eft une matiere infinie, exempte des vices de la fubftance matérielle que nous connoiffons. Tout ce que l'on alléguera pour faire fentir le défaut du dernier argument, fe retorquera toujours avec raifon contre le premier.

CHAPITRE LVII. *Suite.*   -   -   193

Nier de l'intelligence divine tout ce que l'on fait de l'intelligence, c'eft affirmer qu'il n'y a point d'intelligence dans Dieu.

Une intelligence ne peut pas différer d'une autre intelligence en ce qui conftitue l'intelligence. Cela étant, une faculté quelconque dont on eft forcé de nier tout ce que l'on fait de l'intelligence, n'est pas l'intelligence. Or on doit nécessairement nier de l'intelligence divine tout ce que l'on conçoit de l'intelligence de l'homme : sans quoi Dieu auroit quelque chose d'humain. Ce qu'on appelle l'intelligence divine n'est donc pas une telle faculté, puisqu'elle n'a [rien de l'intelligence; & ce mot appliqué à Dieu est] vuide de sens, puisqu'on lui ôte tous ceux dont il est susceptible.

CHAPITRE LVIII. Suite. — — page 195

S'il y a une intelligence infinie, il n'y a point d'autres intelligences qu'elle : s'il y a des intelligences finies, il n'y a point d'intelligence infinie.

Cette proportion est fondée sur ce principe, que l'infini remplit seul son ordre. D'ailleurs la finité & l'infinité sont des choses trop dissemblables, pour que l'intelligence sont susceptible indifféremment de l'une ou de l'autre.

CHAPITRE LIX. Suite. — — 197

Comparaison dont on peut s'aider à imaginer une différence de nature entre l'intelligence humaine & ce que l'on appelle l'intelligence divine

OBJECTION. ,, *Vous avez souvent employé vous-,, même ces expressions : L'intelligence divine...,, L'Intelligence infinie... L'Etre infiniment in-,, telligent... &c. Etoient-elles donc vuides de ,, sens dans votre bouche ?*

RE'PONSE.

CHAPITRE LX. Suite. — — 200

Des vains efforts que l'on fait pour expliquer ce que l'on entend par l'intelligence divine.

Il est prouvé que Dieu n'a ni intelligence ni connoissance, par la maniere même dont on croit expliquer l'intelligence & la connoissance infinies.

,, *Dieu fait tout, parce qu'il a tout fait.*''

L'intelligence n'embrasse par l'universalité des choses : & celui qui fait tout, ne le fait pas en vertu d'une faculté semblable à l'intelligence. Savoir tout en vertu de la force productrice qui a tout créé, ce n'est pas le propre de l'intelligence, mais de quelque chose d'infiniment relevé au dessus de l'intelligence.

,, *Dieu voit tout dans lui par la nécessité de son être.*"

Voir tout dans soi par la nécessité de son être ? Cela n'appartient pas à l'intelligence.

,, *Le passé, le présent, le futur sont à découvert de-*
,, *vant Lui.*"

L'intelligence n'est pas une faculté qui offre à l'esprit tous les temps dans l'instant présent.

,, *Dieu remplit tous les temps & tous les lieux: ou*
,, *plutôt, tous les temps ne sont pour lui qu'un*
,, *seul instant: tous les lieux un seul point: la*
,, *connoissance de toutes les choses une seule idée,*
,, *&c.*"

Voilà bien des contradictions. Quand on les passeroit, il n'en seroit pas moins vrai que l'entendement ne conçoit pas tous les temps comme un seul instant, tous les lieux comme un point; & qu'il ne comprend pas la connoissance de toutes choses dans une seule idée, puisque même il y a bien des choses que l'idée ne peut atteindre, comme on l'a démontré dans les Chapitres XXXVII & XLVII.

CHAPITRE LXI. *Suite.*   -   -   page 205

De la différence qu'il y a entre ces deux expressions:
  Ne rien ignorer & savoir tout.

L'ignorance est une imperfection. Ne rien ignorer, c'est être exempt de cette imperfection. Savoir tout seroit posséder dans un degré infini une faculté nécessairement bornée. L'ignorance étant une imperfection, elle ne peut être dans Dieu, & il est juste de dire que Dieu n'ignore rien. Il y auroit de la contradiction à soutenir qu'il sait tout, puisque c'est lui attribuer, dans un degré infini, la connoissance qui est une propriété de notre être, une entité créée, nécessairement finie, & imparfaite d'une imperfection métaphysique.

CHAPITRE LXII. *Suite.*   -   -   207

Dieu n'ignore rien & ne sait rien.

L'ignorance est une imperfection de l'homme : donc Dieu n'ignore rien. Savoir, comprendre, connoître, est une perfection de l'homme : donc Dieu ne sait rien, ne comprend rien, ne connoît rien.

Depuis le Chapitre LVI. on s'est attaché à prouver que Dieu n'étoit pas intelligent, par les données seules de ceux qui prétendent qu'il l'est, & particuliérement par tout ce qu'ils disent de l'intelligence divine, on va entrer dans de nouvelles considérations, qui le prouveront également bien.

CHAPITRE LXIII. *Suite.* - - page 207

S'il est nécessaire que l'Etre qui a fait l'homme intelligent, soit intelligent lui-même?

Il n'est pas plus nécessaire que l'Etre qui a fait l'homme intelligent, soit intelligent lui-même, qu'il ne l'est que le Créateur qui a fait la matière, soit lui-même matériel.

„ *Il n'y a rien dans l'effet qui ne soit ou formellement, ou éminemment, dans sa cause. Il faut savoir que cela se dit d'une cause efficiente & totale qui est la cause proprement dite.*"

Rien de ce qui est dans l'effet n'existe *formellement* dans sa cause, ni à l'égard de la cause créatrice, efficiente & totale qui est la cause proprement dite, ni par rapport à la cause génératrice, ni dans les causes simplement instrumentales. A quoi revient donc la distinction *formellement* ou *éminemment*? L'effet n'est formellement que l'effet, & il n'est tel en tout & en parties, que hors de la cause.

Il n'est pas nécessaire que la cause créatrice, efficiente, totale & proprement dite, qui est Dieu, possède *éminemment* toutes les perfections de tous les Etres créés; 1°. parce que l'existence *éminente* est moins parfaite que l'existence formelle, ce qui n'existe qu'éminemment n'a point la complétion qui lui convient selon son espèce: cette plénitude ou perfection de son être ne se trouve que dans l'existence formelle; d'où il s'ensuivroit que les perfections des créatures existeroient moins parfaitement dans Dieu que dans les créatures, & beaucoup d'autres absurdités que celle-ci entraîne; 2°. parce que ces perfections sont créées: par conséquent elles n'existoient en aucune façon avant leur création, ou bien il n'y a point eu de création: Dieu n'a pas seulement créé la forme de ces perfections, il en a créé l'entité réelle: il les a totalement créées, ou bien elles contiennent quelque chose d'incréé.

Par la puissance créatrice, nous entendons, je crois, le pouvoir de faire exister ce qui n'est pas: dès lors pour créer l'intelligence, non seulement il n'est pas nécessaire qu'il la possède, il faut au contraire qu'elle n'existe ni dans lui ni ailleurs. S'il la crée, il ne la tire de nulle part. Il fait qu'elle soit: elle n'étoit donc pas auparavant.

Sans nous arrêter aux vaines & subtiles distinctions de scolatiques, posons pour principe, que Dieu n'a rien de ce qui est dans la créature, esprit ni corps, intelligence ni étendue, sagesse ni folie, vice ni vertu; Dieu a créé tout ce qui est dans la créature.

CHA-

DES CHAPITRES.

CHAPITRE LXIV. *Dieu est un Etre plus qu'intelligent.* - - - page 225

Je me suis déjà déclaré, & je le répete encore librement, sans peine, sans detour, parce que mon ame est libre, tranquille & droite. Si je propose mes doutes sur les notions communes de la Divinité, & sur les idées que l'on se forme ordinairement de ses attributs, ce n'est ni par envie de contrarier, je suis au-dessus de ces puérilités ; ni à dessein d'affoiblir encore le peu de connoissance que nous avons de l'Auteur de la Nature : quel est le plus ardent de mes vœux, sinon de connoître mon Dieu, & de le faire connoître autant qu'il veut être connu ? Je m'en explique assez clairement pour ôter toute sorte de prétexte à ceux qui seroient tentés de me supposer des vues contraires. Qu'ils ne jugent donc pas de mes sentimens par ce qu'ils croiroient appercevoir de repréhensible dans mon livre : qu'ils apprécient plutôt ce qui pourroit m'être échappé d'inexact par la pureté de mes intentions que je leur déclare. Mon but est d'épurer l'idée trop humaine que nous nous faisons de la Nature divine, de la dégager de tout ce qu'elle a d'indigne de Dieu. Si nous ne pouvons rien penser, ni concevoir qui approche de cet Etre infini en tout, respectons son incompréhensibilité, plutôt que de nous reposer dans des chimeres déraisonnables, en nous faisant un Dieu tel qu'il n'est pas possible qu'il soit. Quand je dis que Dieu est un Etre plus que pensant & plus qu'intelligent, je ne prétends pas faire concevoir ce qu'il est, au moins je le place infiniment au dessus de tout ce que nous concevons, & je ne risque plus de le confondre avec la créature. Nous ne serons pas punis pour n'avoir pas conçu l'inconcevable : nous pourrions l'être pour n'avoir pas assez distingué cet Etre suprême des Etres qu'il a faits.

CHAPITRE LXV. S<small>I</small> D<small>IEU</small> <small>EST</small> <small>UN</small> E<small>TRE</small> <small>BON ET SAINT.</small> - - - 229

Grande dispute sur cette question entre Bayle d'un côté & de puissans adversaires de l'autre.

Bayle ne pouvant accorder les objections des Manichéens contre la bonté & la sainteté de Dieu, avec les idées que la raison nous donne de ces vertus, nioit qu'elles fussent des perfections de Dieu dans le sens ordinaire de ces mots *bonté* & *sainteté*, quoique, comme tout-parfait, il fût bon & saint d'une bonté & d'une sainteté dont nous n'avions aucune idée. Bayle avoit tort dans ce dernier point, & il auroit beaucoup mieux fait de refuser entièrement ces vertus humaines à Dieu, que de se contredire. Il n'y a point de bonté & de sainteté inconnues & incompréhensibles, puisque ces mots n'expriment que notre idée de la bonté & de la sainteté, selon ce que nous en connoissons & concevons.

E e

N'être bon & faint dans aucun fens réel, connu & affignable de ces mots, c'eft n'être abfolument ni bon ni faint. Les adverfaires de Bayle ne raifonnoient pas mieux, varioient beaucoup, & fe contredifoient prefque toujours. Ils foutenoient que fi Dieu étoit bon & faint, il falloit qu'il le fût au fens propre de ces mots, ou bien ces mots appliqués à Dieu ne fignifieroient rien, mais que cependant l'exercice de ces vertus étoit différent dans Dieu, de l'exercice des mêmes vertus dans l'homme ; que Dieu étoit bon & faint parce qu'il devoit avoir toutes les perfections; que fi Dieu n'étoit ni bon ni faint, felon les idées communes de la bonté & de la fainteté, puifées dans la lumiere naturelle, il feroit mauvais & mal-faifant felon la même lumiere naturelle. A quoi on oppofe les deux propofitions fuivantes.

1°. Dieu n'eft ni bon ni faint, parce qu'il eft un Etre tout-parfait, infiniment parfait.

2°. Dieu, quoiqu'il ne foit ni bon ni faint, felon les idées que nous avons de la bonté & de la fainteté, fondées fur les plus claires lumieres de la raifon, n'eft pourtant auffi ni mauvais ni mal-faifant, felon les mêmes lumieres.

CHAPITRE LXVI. *Dieu n'eft ni bon ni faint, parce qu'il eft un Etre tout-parfait, infiniment parfait.* - - - page 234

I. En établiffant, comme on a fait dans plufieurs des chapitres précédens, que la bonté & la fainteté, qualités humaines, ne font pas fufceptibles de l'infinité, felon l'idée que nous en avons, & que cette idée préfente à l'efprit tout le fens réel & pofitif des mots *bonté* & *fainteté*, puifqu'elle en eft l'original, dont ils font des copies verbales, très fideles, fans plus ni moins; on a fuffifamment prouvé qu'un Etre infini & tout-parfait ne pourroit être dit bon ni faint en aucun fens. Notre idée de la bonté & de la fainteté ne nous repréfente point ces vertus comme toutes parfaites, & infinies : au contraire, elle nous les offre toujours dans un degré fini. Point de bonté infinie, point de fainteté infiniment parfaite. Donc la bonté & la fainteté ne conviennent point à l'Etre infini & tout-parfait.

II. La bonté eft une inclination à faire du bien : elle a pour premier élément la fenfibilité de notre nature. C'eft une difpofition de notre ame qui par le fentiment du plaifir & de la douleur qu'elle a éprouvé à la préfence de certains objets, l'intéreffe vivement au bien-être de fes femblables, la porte naturellement à leur procurer des fenfations agréables, & lui donne une répugnance pareille à les faire fouffrir. La raifon & le principe de cette inclination font dans la conftitution de notre être, dans fes rapports, fes devoirs, fon imperfection même. Rien de tout cela n'eft dans Dieu: aura-t-il la bonté, fans avoir les principes qui la conftituent. Le Docteur Harris foutient dans fa *Reponfe aux Athées*, que

Dieu est extrêmement & infiniment sensible, & après avoir prouvé tout le contraire, il avoue forcément que la sensibilité ne convient pas exactement à Dieu, mais qu'il emploie ce terme, comme plus propre à expliquer sa pensée: quel raisonnement! Dieu est incorporel, & la sensibilité est une aptitude de notre ame à ressentir du plaisir ou de la douleur par l'intermede du corps qu'elle anime.

N'est-ce pas assez que notre idée de la bonté soit extraite de la maniere dont cette vertu est dans nous, pour croire qu'elle n'est point applicable à l'Etre tout-parfait qui n'a rien d'humain?

III. De ces deux propositions: Dieu est bon, l'homme est bon; l'une ou l'autre est fausse. Si Dieu est bon, la bonté est une perfection divine. Si l'homme est bon, la bonté est une perfection humaine. La même perfection, prise au même sens, comme on le veut, ne peut être divine & humaine. Dieu passe toutes les catégories. L'Essence Divine exclut toute autre essence. Il faut se former la plus grande idée de Dieu, qu'il soit possible d'avoir. On n'y parviendra, qu'en distinguant Dieu de tout ce que l'on conçoit, tant des Etres que de leurs facultés, & conséquemment de la bonté & de la sainteté. Après avoir bien médité l'espece de ces qualités, loin de se croire en droit de les attribuer à Dieu sans les défauts qu'elles ont dans l'homme, on reconnoît qu'elles sont constitutives de la nature humaine, que leur imperfection intrinseque ne peut les quitter, qu'elles ne peuvent être supposées nulle part sans ce qui fait qu'elles sont des qualités humaines, n'ayant rien qui ne soit tout humain, rien qui convienne à l'Etre tout-parfait.

IV. Une perfection qui n'est point assujettie aux loix de la bonté, n'est point la bonté: car l'observation de ces loix est ce qui constitue formellement la bonté, elle en est la mesure, c'est par elle seule que l'on est bon, plus on y est exact, meilleur on est. Or l'on n'est pas bon sans ce qu'il faut pour l'être. Si donc Dieu n'est soumis à aucune des loix de la bonté, il n'est pas possible qu'il soit bon. 1. Le premier devoir de la bonté est de ne faire de mal à personne, d'épargner plutôt aux autres tous les maux dont on peut aisément les préserver. Tous les livres théologiques nous disent pourtant que Dieu peut empêcher tout le mal qui arrive aux créatures: il ne le fait pas, il n'agit donc pas par un principe de bonté. 2. La perfection de la bonté consiste à faire du bien à tous ceux à qui on peut en faire, & de leur faire le plus grand bien possible. On nous dit encore que Dieu est le maître de donner plus ou moins de perfection, plus ou moins de bonheur à ses créatures, qu'il ne leur fait pourtant pas tout le bien possible: il ne suit donc pas les regles de la bonté. 3. On nous assure que Dieu auroit pu ne rien créer, qu'il pourroit augmenter le nombre des Etres capables de félicité. N'est-il pas contraire à la bonté de ne faire du bien à personne, quand on peut en faire à tout le monde? 4. La bonté n'a point de lendemain ; Dieu auroit pu créer le monde un million d'années plutôt qu'il ne l'a fait, à ce qu'on dit. Est-ce par bonté qu'il a différé si tard? 5. La bonté est patiente & miséricordieuse. Dieu pourtant ne pardonnera point à ceux qui habiteront éternellement le lieu de ses vengeances.

N'est-il pas contradictoire qu'un Etre infiniment bon puisse ne rien faire de ce qu'exigent les loix constitutives de la bonté, tandis qu'on ne peut être bon qu'autant qu'on les observe? Les opérations du Très-haut portent un caractere infiniment plus relevé que celui de la bonté.

V. Des variations de ceux qui veulent que Dieu soit bon & saint. On appelle mêmes facultés, ou facultés semblables, celles qui ont même objet, qui operent mêmes effets, qui s'exercent de la même maniere : & facultés différentes celles qui ont des objets, des effets & un exercice différens. En appliquant ce principe à ce qui vient d'être développé dans le paragraphe précédent, il résultera que ce qu'on appelle bonté divine, doit être quelque chose de tout-à-fait différent de la bonté.

On prouve contre Bayle & en même temps contre ses adversaires, qu'il ne peut pas y avoir de bonté & de sainteté d'un autre ordre & d'une autre nature que la bonté & la sainteté humaine. Ces mots ont été inventés pour exprimer ce que nous concevons par bonté & sainteté : dès lors toute vertu ou perfection qui ne sera point représentée par l'idée que nous avons de ces qualités, ne sera ni la bonté ni la sainteté.

VI. De la sainteté en particulier. Dieu est plus que bon & plus que saint.

CHAPITRE LXVII. *Dieu, quoiqu'il ne soit ni bon, ni saint, selon les idées que nous avons de la bonté & de la sainteté fondées sur les plus pures lumieres de la raison, n'est pourtant aussi ni mauvais, ni malfaisant, selon les mêmes lumieres.*   page 258

Il faut qu'une action, pour être dite bonne ou mauvaise, soit susceptible de moralité. Si elle est au-dessus ou au-dessous de la regle du juste & de l'injuste, & qu'elle ne puisse lui être comparée, alors elle n'est ni bonne ni mauvaise. Or la conduite de Dieu n'est point de l'ordre moral, elle est infiniment au dessus.

„ *Après s'être formé une idée juste de la bonté*
„ *& de la sainteté, on ne peut admettre pour*
„ *actions saintes & bonnes que celles qui sont*
„ *conformes à cette idée ; & si on en propose*
„ *qui la détruisent clairement, ces actions ne*

,, *sont assurément ni bonnes ni saintes. Il n'est
,, pas en notre pouvoir de penser autrement, il
,, faut que nous jugions qu'elles sont mauvaises.*"

On répond : Les actions de Dieu (puisque l'on se sert de ce mot) ne sont ni bonnes ni saintes, parce qu'elles ne sont point conformes à l'idée de la bonté & de la sainteté. Elles ne sont point aussi mauvaises, parce qu'elles ne détruisent point cette idée. Elles n'ont aucune force pour la détruire : elles ne lui sont point comparables : elles sont d'un ordre infiniment au dessus de toute regle de moralité. En un mot, elles ne lui sont ni conformes ni contraires, faute de rapport, de proportion, d'un point de comparaison, faute d'une application légitime.

Le Manichéisme ne peut tenir contre ce principe : La conduite de Dieu n'est point appréciable par les idées & les regles humaines. Il faut pourtant la soumettre à ces loix pour la dire bonne, & si on l'y soumet on ne peut s'empêcher de convenir qu'elle est mauvaise, & de faire triompher ainsi le Manichéisme.

CHAPITRE LXVIII. *Où l'on donne le vrai sens de ce principe.: Ce qui est réellement juste & bon, l'est à l'égard de Dieu comme à l'égard de l'homme ; & de même ce qui est réellement injuste & mauvais à l'égard de l'homme, l'est aussi à l'égard de Dieu.* - - page 265

Ce seroit fort mal prendre le sens de ce principe, que de prétendre qu'il y a des regles d'équité communes à Dieu & à l'homme, des loix de justice & de bonté obligatoires pour l'un & pour l'autre, auxquelles ils sont également tenus de se conformer, ainsi que quelques savans l'ont soutenu.

Dieu ayant créé des agens libres & raisonnables avec des rapports entre eux, a établi par ces rapports des loix morales, auxquelles il les a soumis. Suivant cette économie, l'Arbitre suprême ne se contredisant jamais, il approuve ce qui est bon, c'est-à-dire les actes humains conformes à ces loix, & les récompenses dont il les couronne, sont une suite de cette approbation. Il approuve aussi & punit ce qui est mauvais, ou ce qui est contraire aux loix qu'il a établies. Voilà comme ce qui est juste & bon, ou injuste & mauvais pour l'homme, l'est aussi à l'égard de Dieu, en ce sens qu'il ne peut pas estimer juste & bon ce qu'il a lui-même établi devoir être injuste & mauvais, ni desapprouver comme injuste & mauvais, ce qui est juste & bon par les loix qu'il a faites.

Développemens & preuves. Exemples tirés de l'histoire sainte. On conclut que s'il y a un sentiment dans lequel il n'y ait pas à craindre de confondre les idées du juste & de l'injuste, & d'où l'on ne puisse inférer en aucune façon que ce qui est injustice dans les hommes, soit justice dans Dieu, ni que ce qu'on appelle cruauté dans les créatures, soit miséricorde dans ce grand Etre, c'est assurément celui qui place la Divinité à une distance infinie de toute moralité, & de tout ce qui peut être juste ou injuste.

CHAPITRE LXIX. Corollaire. *Dieu n'est ni juste ni injuste.* page 269

La justice est une vertu de l'homme : l'injustice est un vice de l'homme. Dieu est au dessus de l'un & de l'autre.

CHAPITRE LXX. *Si la beauté, la variété, l'ordre & la symmétrie qui éclatent dans l'univers, & sur-tout la proportion merveilleuse avec laquelle chaque chose marche à sa fin, annoncent du dessein, & une sagesse infinie.* 270

On répond négativement. Point le plus séduisant de l'Antropomorphisme : il consiste dans la licence des conjectures auxquelles on se livre en contemplant l'ouvrage du Très-haut. Vanité de nos raisonnemens sur les causes finales, prouvée par les principes peu solides sur lesquels ils sont appuiés.

CHAPITRE LXXI. *Suite. Si Dieu agit toujours pour une fin.* 275

La sagesse humaine consiste en deux choses : à se proposer une fin honnête dans toutes ses actions, & à choisir les moyens les plus sûrs d'y parvenir. Si aucune de ces deux choses ne convient à Dieu, il n'est point un Etre sage, selon l'idée que nous avons de la sagesse.

Proposition. *Il est au dessous de Dieu d'agir pour une fin.*

Pourquoi l'homme doit toujours agir pour une fin. Toute fin annonce du défaut dans celui qui se la propose. Combien les savans sont peu d'accord sur la fin qu'ils supposent à Dieu dans la création. Leurs différens systêmes mis en contraste se détruisent les uns les autres. On peut les réduire à quatre. 1. Celui de ceux qui prétendent que Dieu ne travaille que pour sa gloire : 2. Celui qui donne à Dieu pour but dans ses ouvrages, de communiquer sa bonté, c'est-à-dire de faire des Etres heureux : 3. D'autres, réunissant ces deux sentimens en un, disent que la manifestation de toutes les perfections divines est la fin de la création : 4. D'autres enfin prétendent que Dieu agit, seulement parce qu'il est plus beau & plus parfait d'agir que de rester oisif.

Une remarque digne d'attention, c'est que chacun admet son sentiment comme seul vrai à l'exclusion de tous les autres ; ensorte que la fin que chacun suppose à l'Etre suprême, est, selon lui, la seule digne de la Divinité. Ainsi chaque sentiment en a trois autres contre lui. Tous ceux qui en embrassent un des quatre, réussissent très bien à refuter les autres, mais ils ne sont pas aussi heureux à bien prouver le leur. On accuse les premiers de faire Dieu un Etre vain & ambitieux qui sacrifie tout à l'envie de paroître grand en tout, en châtimens comme en récompenses, en bonté & en sévérité, par les biens & par les maux qu'il fait. On prouve contre les seconds, que si Dieu s'est proposé de faire du bien aux créatures intelligentes susceptibles de bonheur, il manque souvent son but, puisque le mal nous assiege de toutes parts. De plus comme tous les attributs de Dieu sont égaux & tous infinis, on ne voit pas pourquoi la bonté auroit assez d'empire sur tous les autres pour qu'ils lui fussent subordonnés. Si un Dieu infiniment bon doit tout faire par bonté, un Dieu infiniment sage doit tout faire par sagesse, un Dieu infiniment juste tout faire par justice, &c. D'où les troisiemes concluent que la manifestation de tous les attributs divins est la fin de la création. Mais sur quoi fondent-ils leur opinion? Sur la bonté, la sagesse, l'ordre qui brillent dans l'univers. Et sur quoi jugent-ils de cette bonté, de cette sagesse, de cet ordre? Suivant certaines idées qu'ils se sont faites. Mais ces idées toutes humaines ne sont point des regles applicables aux opérations de Dieu. Si elles montrent de l'ordre dans l'univers, elles y montrent aussi du desordre; & si l'ordre qu'elles y font appercevoir annonçoit un Etre sage, le desordre qu'elles y découvrent pareillement annonceroit de même un principe contraire. Le témoignage de la Nature doit être recevable en tout, ou en rien. Si l'on peut dire que Dieu nous veut du bien, parce que nous goûtons des instans de bonheur, il faut dire aussi qu'il nous veut du mal, parce que nous sommes souvent dans la douleur. Mais dans le vrai, ce témoignage que nous formons nous-mêmes selon la mesure de nos lumieres & la force de notre imagination, est très illusoire. Toutes nos observations nous découvrent des faits, sans rien nous dire du *pourquoi* des choses. Nos idées sur la manifestation des attributs de Dieu, dans l'univers, sont confuses, purement conjecturales, & souvent très contradictoires.

Ce que l'on allegue ordinairement pour prouver l'utilité des maux de cette vie, des revers de la fortune, des afflictions du juste, &c. tend directement à nous faire regarder les biens temporels comme des pieges tendus à l'innocence des hommes, pour lui faire faire un triste naufrage.

Il n'y a pour Dieu ni travail, ni repos; le faire agir seulement pour qu'il ne reste pas dans l'inaction, dans la crainte d'en faire un Dieu fainéant, c'est le confondre avec l'homme.

CHAPITRE LXXII. *Suite. Dieu supposé infiniment bon & sage ne peut encore faire éclater sa bonté & sa sagesse infinie dans l'Univers.* page 289

Si Dieu est bon & sage, il doit être infiniment bon & infiniment sage. L'argument que l'on tire du spectacle de l'univers ne prouve donc rien s'il ne prouve une bonté & une sagesse infinies; comment un Etre fini seroit-il capable de recevoir des biens infinis, & de porter l'empreinte d'une sagesse infinie?

„ *La bonté de Dieu paroît donc telle qu'elle est,*
„ *c'est-à-dire infinie, dans le nombre infini des*
„ *créatures sur lesquelles elle se répand. Si nous*
„ *ne la voyons pas en cette v.ᵉ aussi clairement*
„ *que nous le souhaiterions, parce que nous som-*
„ *mes attachés à cette terre, nous la verrons dans*
„ *l'autre, & ce magnifique spectacle nous rem-*
„ *plira d'admiration & d'amour pour la suprême*
„ *bonté de celui qui a fait toutes choses.*"

En supposant le nombre des créatures infini, la bonté de Dieu ne sauroit encore paroitre telle qu'elle est dans le bien qu'il leur fait. 1. Cette infinité prétendue des créatures ne seroit pas du même ordre que celle de Dieu, dès lors elle ne sauroit en porter l'empreinte, ni en recevoir la plénitude. Ensuite la bonté divine ne sauroit éclater infiniment, même d'une infinité du second ordre, qu'autant que toutes les créatures sont heureuses. Le mal d'une seule suffit pour que le nombre des heureux étant moindre que celui des Etres intelligens, les degrés de la bonté le soient aussi; dans l'hypothèse d'une infinité de créatures, si une seule n'est pas heureuse, la bienfaisance divine ne se montre pas d'une maniere infinie. Que sera-ce si plus de la moitié de ces individus susceptibles de félicité, sont condamnés à un état de souffrance irremédiable? Nous ne voyons pas en cette vie que la bonté de Dieu éclate infiniment dans l'univers. Nous ne le verrons pas non plus dans l'autre, les yeux d'un esprit fini n'étant pas capables de jouir d'un spectacle infini.

„ *Elle paroîtra encore d'une autre maniere, c'est-*
„ *à-dire dans la durée éternelle des bienfaits*
„ *qu'elle répandra sans discontinuation sur ses*
„ *créatures. J'avoue que comme notre durée a eu*
„ *un commencement, & qu'elle est successive,*
„ *nous ne pourrons jamais jouir tout-à-la fois*
„ *de l'éternité de ces bienfaits; mais nous en*
„ *jouirons en quelque sorte par la certitude que*
„ *nous aurons qu'ils dureront toujours.*"

La durée éternelle des bienfaits que Dieu répandra sans discontinuation sur ses créatures, prouve uniquement la manifestation éternelle de sa bonté, c'est-à-dire une manifestation qui n'aura point de fin, quoiqu'elle ait eu un commencement, semblable en cela à la durée des créatures. Dieu n'a pas toujours exercé cette bonté, ses effets n'embrassent pas l'éternité antérieure, ils ne montrent donc pas une bonté infinie, d'une infinité qui convienne à une perfection de Dieu. La bonté divine ne sera, pendant l'eternité, qu'autant de bien que la capacité des créatures finies le permettra, & cette capacité n'admettra jamais qu'un bien fini: la bonté divine éclatera donc toujours d'une manière bornée. L'étendue de la bonté divine mesurée par le bien que reçoivent les créatures, doit suivre toutes les vicissitudes de la somme du bonheur général qui est dans la nature, & encore toutes les vicissitudes du bonheur particulier de chaque créature. Quelle infinité que celle qui varie ainsi à chaque instant?

,, *Quoique les ouvrages de Dieu soient bornés, sa*
,, *puissance ne laisse pas d'étre infinie; quand*
,, *même au lieu de ces globes incomparables sus-*
,, *pendus sur nos têtes, au lieu de ce monde*
,, *brillant le palais & l'empire de l'homme, au*
,, *lieu de ces Etres intelligens presque égaux à*
,, *Dieu par la pensée, Dieu n'eut créé qu'un*
,, *seul atôme nageant & pour-ainsi-dire égaré*
,, *dans l'immensité de l'espace; cet atôme créé*
,, *prouveroit encore une puissance infinie, parce*
,, *qu'il n'y a qu'une puissance infinie qui puisse*
,, *tirer du néant la plus petite chose.*"

Que l'infinité de la puissance créatrice consiste dans le pouvoir même de créer, c'est-à-dire de faire qu'une chose qui n'étoit pas soit, ou dans la faculté de donner l'éxistence à une infinité de choses, il est toujours sûr que nous ne concevons pas la vertu de faire exister ce qui n'est pas, & que d'ailleurs le spectacle de l'univers ne nous offre point une infinité de créatures. Ainsi dans l'une & l'autre hypothese la puissance divine ne se manifeste point à nous d'une maniere infinie.

CHAPITRE LXXIII. *Suite. Examen d'un dernier argument que l'on fait beaucoup valoir pour prouver que Dieu se montre infiniment bon envers les créatures, quels que soient les bienfaits.* - - - page 310

,, *Les bienfaits les plus bornés du Créateur envers*
,, *un Etre créé, marquent une bonté infinie: car*
,, *plus celui qui reçoit un bienfait est indigne*
,, *de le recevoir, plus la bonté du bienfaiteur*

» est grande. Si donc l'indignité du premier est
» infinie, il faut nécessairement que la bonté du
» bienfaiteur soit aussi infinie. Or Dieu est in-
» finiment élevé au dessus de l'homme ; l'indi-
» gnité, peut venir de la simple bassesse ; l'in-
» dignité de l'homme est donc sans bornes. La
» bonté qui surmonte cet obstacle infini, est donc
» infinie elle-même."

Il y a au moins cinq contradictions manifestes dans ce raisonnement, dont une seule suffiroit pour en montrer la fausseté.

CHAPITRE LXXIV. *Suite. Dieu n'agit point au hazard, quoiqu'il n'agisse point pour une fin.* page 311

Si Dieu agit au hazard, il est au dessous de l'homme : s'il agit pour une fin, il est au niveau de l'homme ; mais il doit être au dessus. Nous sommes d'étranges raisonneurs : nous voulons à toute force que Dieu soit une espece d'homme. Il faut, selon nous, qu'il ait notre sagesse, ou notre folie. Ne concevrons-nous donc jamais une bonne fois qu'il est infiniment au dessus de tout cela ? Je serois fort étonné qu'en me voyant refuser à Dieu toute fin dans ses opérations, on me soupçonnât de le faire agir au hazard. On m'auroit bien mal compris. Si je le crois au dessus de nos perfections, à plus forte raison je le crois supérieur à tous nos vices, & à toutes nos imperfections, à notre étourderie & à nos caprices.

CHAPITRE LXXV. *Suite. L'ingénieux système des molécules organiques apporté en preuve des causes finales. Réflexions sur la force de cette preuve.*

Dieu est si élevé au dessus de la sagesse humaine, & de tous les rapports moraux, qu'il y a de la témérité à instituer quelque comparaison entre le sage & l'Etre plus que sage, & plus encore à les ranger dans le même ordre à aucun égard. Combien y en a-t-il donc à imaginer un système, ou à en supposer un tout imaginé, à en exaggérer les vues pour y multiplier les causes finales, & à argumenter delà au plan de l'univers, comme l'a fait un moderne, à l'égard du système des molécules organiques ?

CHAPITRE LXXVI. *Suite. Dieu n'agit point par des moyens.* 317

Qui peut tout par soi-même, n'a garde d'agir par des moyens qui sont toujours une marque de l'impuissance de celui qui les emploie. L'usage qu'il en tire en même temps qu'il montre son habileté à s'en servir, est aussi un aveu de sa foiblesse. Où seroit la toute-puissance de Dieu & son indépendance, si le succès de ses opérations étoit subordonné à un choix de moyens? Les moyens sont pour les natures défectueuses, pour aider leurs facultés qui ne sauroient se déployer par elles seules. Si Dieu agit, il agit immédiatement par lui-même.

CHAPITRE LXXVII. *Conclusion des huit chapitres précédens.* - - page 319

DIEU N'EST POINT UN ETRE SAGE. Nous avons vu que rien de ce qui constitue la sagesse ne convient à Dieu. La sagesse consiste à se proposer un but honnête & utile, & à employer les moyens les plus sûrs pour y parvenir. Dieu n'agit point pour une fin: Dieu n'agit point par des moyens.

CHAPITRE LXXVIII. QUESTION. *Dieu agit-il?* - - - - 320

En faisant attention que toutes les significations du mot *agir*, se tirent de ce que nous savons de l'action des corps & de celle de l'ame humaine, on en conclut avec raison que Dieu n'agissant ni comme la matiere, ni comme notre ame, aucune signification de ce mot ne lui est applicable.

CHAPITRE LXXIX. *De la Liberté. Les définitions ordinaires de la Liberté ne sont point applicables à Dieu.* - - 321

Trois définitions principales de la liberté. 1. La liberté est le pouvoir de faire ce que l'on ne fait pas, ou de ne pas faire ce que l'on fait. 2. La liberté est la faculté de vouloir, ou de ne pas vouloir. 3. La liberté est le pouvoir d'agir, ou de faire ce que l'on veut. Ces trois définitions posent sur une base commune qui est la volonté, sans laquelle il n'y a point de liberté. Où il n'y a point de volonté, il n'y a point de liberté. Or Dieu n'a point de volonté. Vouloir, c'est préférer entre diverses manieres d'être celle que l'on juge la meilleure, soit qu'il s'agisse de se fixer entre deux biens en se déterminant au plus grand, ou de prendre le moindre de deux maux, sous quelque aspect que ce soit. La volonté a nécessairement un objet: l'Etre ne veut point sans une raison de vouloir. L'objet de sa volonté est un état préférable à l'état actuel, & la raison de vouloir, le motif du mieux. Un Etre fixé par la nécessité de sa nature à l'état le meilleur, qui non seulement n'en voit point de préférable au sien, mais qui sait qu'il n'y en a point & qu'il ne sauroit y en avoir, ne peut avoir de volonté. S'il en avoit une, elle seroit sans objet & sans motif. Celui pour qui il ne peut y avoir qu'une seule maniere d'être, celle qu'il a, ne peut choisir entre plusieurs, encore moins exécuter un choix impossible.

Dieu n'a donc pas la faculté de vouloir: la faculté de ne pas vouloir, n'eſt rien. Venons aux deux autres définitions. La premiere fait conſiſter la liberté dans le pouvoir de faire ce que l'on ne fait pas, ou de ne pas faire ce que l'on fait. En admettant dans Dieu cette liberté d'indifférence, il s'enſuit que ce qui ne peut être, eſt pourtant; que cette liberté en ſoi indéterminée, ſe trouve déterminée ſans raiſon, ſans motif, ſans volonté. Elle ne peut être déterminée que par la puiſſance, ou l'empire de l'objet déterminant ſur l'Etre déterminé qui eſt Dieu. L'indépendance abſolue de Dieu ne permet pas de le dire ſoumis à l'action d'aucun objet ou motif extérieur. Le dira-t-on déterminé à agir par la néceſſité de ſa nature? Ce ſeroit une contradiction, car on veut que ſa liberté ſoit indéterminée en ſoi. De plus s'il eſt déterminé à agir par la néceſſité de ſa nature, il n'eſt pas libre. Quant à la derniere définition de la liberté, elle ne convient pas mieux à Dieu que les autres. La liberté eſt le pouvoir d'exécuter ſes volontés, ou autrement de faire ce que l'on veut. Dieu ne veut rien: on l'a prouvé dans l'inſtant. Dieu n'a donc pas le pouvoir de faire ce qu'il veut; le pouvoir d'exécuter des volontés qu'on ne peut avoir, eſt une contradiction.

CHAPITRE LXXX. *Dieu n'eſt ni libre, ni néceſſité.* - - - page 325

C'eſt une imperfection d'agir néceſſairement, de ſuivre forcément une impulſion étrangere. C'eſt auſſi une imperfection d'agir librement, de vouloir, d'avoir des deſirs, d'être déterminé à agir par l'amour du bien, ou la crainte du mal. Dieu eſt exempt de toute liberté & de toute néceſſité Les ſyſtêmes de fatalité lui ſont auſſi peu applicables que les définitions de la liberté.

CHAPITRE LXXXI. *Reponſe à cette queſtion:*
,, *En accordant que ce que nous appellons intelli-*
,, *gence divine, bonté & ſainteté infinies, ſageſſe*
,, *ſouveraine, juſtice. liberté, action incompré-*
,, *henſibles, ne ſont réellement dans Dieu, ni in-*
,, *telligence, ni bonté, ni ſainteté, ni ſageſſe,*
,, *ni juſtice, ni liberté, ni action, dans le ſens*
,, *propre de ces mots; ne pourroit-on pas croire*
,, *que Dieu a des perfections infiniment plus re-*
,, *levées que celles-là, qui ſont dans lui & à ſon*
,, *égard ce que l intelligence, la bonté, la ſain-*
,, *teté, la juſtice, la liberté ſont dans nous &*
,, *pour nous? Enſorte que, par exemple, comme*
,, *l'intelligence nous ſert à connoître quelques*

„ qualités *sensibles des Etres*, à *comprendre un
„ petit nombre de vérités*, à *raisonner sur ce
„ qui est à notre portée; il y ait de même dans
„ Dieu une perfection que nous ne saurions
„ connoître, d'une essence plus parfaite que l'in-
„ telligence*, *en vertu de laquelle il connoisse
„ tout ce qui est de son ordre*, *sans que nous
„ puissions nous faire une idée de ce qu'est une
„ telle perfection*, *ni de ce que c'est que con-
„ noître par rapport à Dieu*, *ni de l'ordre in-
„ fini qu'il remplit seul par son immensité; &
„ que manquant de terme convenable pour l'ex-
„ primer*, *nous nous servions du nom de l'intel-
„ ligence qui est son analogue en ce sens que
„ cette perfection inconnue est par rapport à
„ Dieu ce que l'intelligence est par rapport à
„ nous*, & *ainsi des autres.*" page 327

On répond qu'il est contre toute raison d'établir une pareille analogie entre Dieu & la créature; qu'il y a de la témérité à supposer dans Dieu des perfections correspondantes aux nôtres; que rien n'est dans lui de la maniere, ni sous le même rapport, que les facultés de la créature sont dans elle.

CHAPITRE LXXXII. *Examen d'un nouveau système concernant la nature des Etres spirituels, en ce qu'il établit de l'analogie entre Dieu & la créature.* 330

Extrait de ce nouveau système.

L'Auteur s'y est proposé de pouver que Dieu est réellement étendu & solide. Mais il est dans une perpétuelle contradiction. D'abord il veut qu'il y ait de l'analogie entre Dieu & l'homme par rapport à l'étendue, & il convient en même temps & en termes formels, qu'il n'y a pas d'analogie entre la Nature divine & l'humaine, absolument & en rigueur métaphysique. Il établit pour base de cette prétendue analogie, d'un côté, la simplicité & l'immutabilité de Dieu, & de l'autre côté la corruptibilité & la divisibilité de l'homme, comme s'il pouvoit résulter des propriétés analogues de deux principes aussi contraires. Il ne prétend pas que Dieu soit étendu & solide à la maniere des corps, quoiqu'il soit aussi réellement étendu & solide que les corps; il dit que l'étendue & la solidité de la substance divine nous sont inconnues & inconcevables: nouvelle contradiction, car il n'y a d'étendue & de folidité que celles des corps, puifque ces mots n'expriment que ces propriétés obfervées dans la matiere; d'où il réfulte que ce qu'on appelle étendue & folidité non matérielles, inconnues & inconcevables, ne font rien de femblable à ces propriétés de la matiere. L'Auteur du nouveau fyftême rapporte enfuite un texte de Newton qui fait bien voir que les plus grands génies font fujets à déraifonner comme les efprits les plus bornés. Le philofophe anglois y foutient que Dieu eft tout œil, tout oreille, tout bras, tout cerveau, & tout puiffance fenfitive, intelligente & active; mais d'une maniere qui nous eft abfolument inconnue. *Deus totus eft fui fimilis, totus oculus, totus auris, totus cerebrum, totus brachium; totus vis fentiendi, intelligendi & agendi; fed more minime humano, minime corporeo, more nobis prorfus ignoto.* Cela vaut bien autant que de dire avec J. le Clerc, que Dieu voit tout & entend tout, fans avoir ni œil ni oreille. On cite encore Mr. l'Abbé de Houteville qui dit que Dieu n'eft point corps à la maniere des fubftances étendues, que cependant il en a tout le pofitif, toute la vérité, toute la perfection, toute la bonté, qu'il contient éminemment auffi la perfection de l'intelligence, & qu'il jouit éternellement en propre de tout ce qu'il y a de réel dans ce qui peut être. Ces prétentions ont été fuffifamment difcutées dans la Chapitre LXIII. L'Auteur conclut par ces paroles remarquables: ,, Au lieu de diftinguer, ,, comme on fait, les Etres en *fpirituels* & *corporels*; il con- ,, vient mieux de les diftinguer en *vifibles* & *palpables* & en ,, *invifibles* & *impalpables* à nos fens groffiers." Il n'y a donc que des corps felon lui, les uns vifibles & palpables, les autres invifibles & impalpables à nos fens groffiers, mais vifibles & palpables fans-doute à des fens plus fubtils que les nôtres. Cette conclufion, toute finguliere qu'elle eft, n'eft point encore d'accord avec le refte du fyftême; car fi Dieu n'eft pas étendu à la maniere des corps, il n'eft point corps même invifible & impalpable à nos fens groffiers; ou s'il eft corps, quelque fubtil qu'il foit, il n'y a point d'inconvénient à le dire étendu à la maniere des corps. Au contraire un corps, s'il eft étendu, l'eft affurément à la maniere des corps. Il auroit donc été plus jufte de diftinguer les Etres, en Etres d'une étendue matérielle ou corporelle, & en Etres d'une étendue incorporelle. Cela paroît plus conforme aux principes du nouveau fyftême, & ne l'eft pas davantage à la raifon, puifque nous ne connoiffons l'étendue que comme une qualité de la matiere, & qu'il y a de la contradiction à admettre une étendue immatérielle.

CHAPITRE LXXXIII. *Suite de l'examen du nouveau fyftême concernant la Nature des Etres fpirituels.* - - - page 357

Extrait d'une Lettre de l'Auteur du nouveau fyftême

concernant la Nature des Etres spirituels à Mr. F.*** à M.

L'Auteur s'appuie de nouvelles autorités. Il cite d'abord le Pere Mallebranche qui enseignoit qu'il n'y avoit que Dieu seul avant que le monde fût créé, & qu'il n'a pu le produire sans connoissance & sans idée; que par conséquent ces idées que Dieu en a eues ne sont point différentes de lui-même, & qu'ainsi toutes les créatures, même les plus matérielles & les plus terrestres, sont en Dieu quoique d'une maniere spirituelle, & que nous ne pouvons comprendre. On infere delà que Dieu n'a pu créer l'étendue sans avoir l'idée de l'étendue; que Dieu n'a pu avoir cette idée sans archétype, & que cet archétype n'a pu être que l'étendue même de Dieu. Le même argument prouve que Dieu est un monstrueux assemblage de toutes les essences qu'il a créées. Aussi le Docteur Angelique dit-il que la nature réelle de chaque chose consiste en ce par quoi elle participe en quelque sorte de la Nature Divine. *Propria enim natura cujusque rei consistit secundum quod per aliquem modum Naturam Dei participat.* En examinant ces idées étranges, on fait voir à quelle cosmogonie elles conduisent, & combien elles inclinent vers le Spinosisme.

CHAPITRE LXXXIV. *Il n'y a point plusieurs attributs en Dieu.* - - page 375

Cette distinction de plusieurs attributs ou perfections dans Dieu, est grossièrement calquée sur ce que nous observons dans nous & dans nos semblables. Ces prétendus attributs de Dieu ne sont que différens rapports humains sous lesquels nous envisageons ce que la Nature divine opere hors d'elle dans la Nature créée, selon notre maniere d'imaginer son action supposée. Ces rapports n'ont point de fondement réel en Dieu: ils n'en ont que dans la témérité de notre esprit qui veut tout soumettre à ses lumieres. On sera convaincu, si l'on veut faire attention à l'impossibilité où l'on est d'accorder ces attributs entre eux, aux variations étonnantes & à l'incertitude des différentes théories que l'on en a données jusques ici. Tout cela prouve bien sensiblement que nous avons fait nous-mêmes l'intelligence, la sagesse, la justice & la bonté de Dieu, en imaginant ce que nous ne comprenions pas par analogie à ce que nous avons remarqué & reconnu en nous.

CHAPITRE LXXXV. *Objection & réponse.* 376

OBJECTION. ,, *Dieu n'est pas en tout incompré-*
,, *hensible, par rapport à nous. S'il en étoit ain-*
,, *si, nous n'aurions de lui nulle idée, & nous*
,, *n'en aurions rien à dire; mais nous pouvons*
,, *& nous devons affirmer de Dieu, qu'il exi-*
,, *ste, qu'il a de l'intelligence, de la sagesse,*

" de la puissance, de la force, puisqu'il a donné
" de ces prérogatives à ses ouvrages ; & qu'il
" a ces qualités dans un dégré qui passe ce que
" nous en pouvons concevoir : 1°. les ayant par
" sa nature, & par la nécessité de son être,
" non par communication & par emprunt : 2°. les
" ayant toutes ensemble & réunies dans un seul
" être, très-simple & indivisible ; & non par par-
" ties, & dispersées, telles qu'elles sont dans les
" créatures : 3°. les ayant enfin comme dans leur
" source ; au lieu que nous ne les avons que par
" des ruisseaux, & comme des goutes émanées de
" son être infini, éternel, ineffable."

RÉPONSE *pour servir de récapitulation.*

CHAPITRE LXXXVI. *Dieu n'est ni bon, ni sage, ni intelligent, suivant les principes & de
l'aveu implicite de ceux qui le prétendent bon, sage & intelligent.* - - page 378

Rien n'est plus évident, puisqu'ils conviennent qu'il n'y a point d'analogie entre Dieu & l'homme, entre l'infini & le fini, entre le parfait & l'imparfait, à parler strictement & en rigueur métaphysique ; & que d'ailleurs ils reconnoissent une intelligence finie, une bonté finie, une sagesse finie.

CHAPITRE LXXXVII. *Si l'être est univoque
entre Dieu & la créature.* - - 379

EXAMEN DE CETTE PROPOSITION : *Dieu est, la
créature est : donc il y a analogie entre eux par
rapport à l'existence.*

Quand on demande si l'être est univoque entre Dieu & la créature, il s'agit ou de l'être en général, ou de quelque maniere d'être particuliere. L'être en général, ou l'existence abstraite n'étant rien, ne peut être univoque entre Dieu & la créature. Du reste il est indubitable qu'aucune maniere d'être particuliere ne peut devenir commune à Dieu & à la créature, ni analogue entre eux.

CHAPITRE LXXXVIII. *D'un reproche fait à
Mallebranche.* - - - - 382

On lui a reproché de n'admettre d'autre Dieu que l'Etre en général, l'Etre vague & indéterminé, l'Etre abstractivement & précisément. Sans juger de l'équité de ce reproche, je crois avoir.

avoir démontré que la notion vulgaire de la Divinité n'étoit qu'un assemblage d'abstractions & de précisions métaphysiques que l'on nous donne pour des perfections divines. En effet on dit Dieu intelligent, bon, sage, même étendu & solide, non pas à la maniere des ames & des corps, mais d'une maniere tout-à-fait différente & qui passe notre intellection. Quand on a ainsi distrait des idées de l'intelligence, de la sagesse, de la bonté, de l'étendue & de la solidité, tout ce que l'on en conçoit de particulier, que reste-t-il? L'intelligence en général : c'est-à-dire rien que de vague & d'indéterminé, des chimeres.

CHAPITRE LXXXIX. *Conclusion générale.* page 383

J'ai commencée par établir l'état de la question, en considérant la notion vulgaire de la Divinité, à quoi elle se réduit, & comment elle s'est formée. Il ne m'a pas été difficile d'y appercevoir tous les traits d'un Antropomorphisme spirituel, aussi réel que l'Antropomorphisme le plus grossier. J'ai reconnu les sources de cette erreur, dont j'ai assigné cinq principales : la foiblesse de l'entendement humain, jointe à l'étrange démangeaison qu'il a de tout asservir à ses lumieres, jusqu'à l'incompréhensibilité de Dieu; l'abus des abstractions; l'imperfection du langage & son influence sur les opinions; la doctrine des idées éternelles & universelles de vérité, de vertu, de justice, d'ordre &c. enfin l'autorité des Livres Saints mal entendus. J'ai établi ensuite quelques principes généraux propres à faire sentir qu'aucune des perfections attribuées indifféremment à Dieu, ne pouvoient convenir à son Essence infinie; que l'idée même que nous avons de la perfection ne lui étoit pas applicable. Je suis entré dans le détail particulier des attributions divines, tant les métaphysiques comme l'aséité, l'éternité, & toute sorte d'infinité, que les morales, l'intelligence, la sagesse, la bonté, la liberté, la justice &c. Les attributs métaphysiques par lesquels nous distinguons Dieu de la créature, se sont trouvés convenir à cet Etre suprême qui est infiniment au dessus de tout le créé. Les perfections morales qui confondent Dieu avec l'homme, jusqu'à faire le Créateur d'une nature semblable à celle des Etres créés, quoique plus parfaite, ont été jugées tout à fait disproportionnées à la grandeur de l'Etre infini qui ne peut rien admettre de ce qui est dans une nature finie & intrinséquement imparfaite. J'ai donc fait voir que Dieu n'étoit ni intelligent, ni bon, ni sage, ni juste, ni libre, &c. Je l'ai prouvé non seulement par des principes généraux incontestables & applicables à toutes ces qualités; mais encore par un examen très détaillé de chacune de ces facultés, de ce qu'elle est, de l'idée que nous en avons, & des élémens qui la constituent. Tout m'a confirmé qu'aucune de ces perfections ne pouvoit être dans Dieu en aucune façon. Guidé par l'amour pur de la vérité, je me suis rendu attentif aux preuves du sentiment ordinaire qui les lui attribue. J'y ai cherché des raisonnemens solides, avec une envie sincere de m'y rendre selon l'équité. J'y ai reconnu beaucoup d'illusion, une contradiction presque perpétuelle, beaucoup de mots vuides de sens, une condescendance aveugle pour une autorité respectable que l'on interpretoit mal, & des principes d'où naissent des conséquences très dangereuses. J'ose dire que les savans se sont trop précipités & trop échauffés à expliquer l'intelligence, la sagesse, la bonté, la justice & la liberté divines ; qu'ils se sont trop tôt embarrassés des moyens d'accorder ces perfections dans Dieu. Ils devoient commencer par examiner de sens-froid si elles pouvoient même se trouver dans Dieu. J'y reviens peut-être un peu tard, lorsque le préjugé a jetté de profondes racines. Les droits de la vérité sont imprescriptibles ; mais me soupçonnera-t-on même d'avoir pu rencontrer le vrai, en combattant une opinion si universellement reçue ? Il en sera ce qu'il plaira aux hommes. S'ils sont justes, ils ne condamneront pas mes idées avant que de les avoir examinées avec droiture.

APPENDICE *à la cinquieme Partie.*

Où l'Auteur fait voir que son sentiment n'a rien de contraire à l'Ecriture Sainte. - page 385

I. Respect de l'Auteur pour les Livres Saints. Son sentiment n'a rien qui leur soit contraire.

II. Suite de passages de l'Ecriture Sainte qui exaltent les attributs de Dieu, sa force, sa toute-puissance, sa sagesse, sa sainteté, sa bonté, sa miséricorde, sa justice, son intelligence & sa toute-science.

III. Si l'on interprete ces passages par d'autres où l'incompréhensibilité de Dieu est fortement prononcée, sans aucune modification, on en inférera que Dieu n'est ni bon, ni sage, ni intelligent, puisque ces mots expriment des qualités que nous concevons. Il faut donc que ce qui est appellé bonté, sagesse, intelligence dans les Livres Saints, soit quelque chose de bien plus sublime que la bonté, la sagesse & l'intelligence, quelque chose en un mot d'inconcevable ; & ces termes appliqués à Dieu ne doivent point être pris dans leur sens naturel.

IV. Dans plusieurs endroits de l'Ecriture les titres de bon, sage, saint, même celui d'Etre, sont attribués à Dieu seul exclusivement : attribution fausse au moins en ce qu'elle est exclusive, si ces mots appliqués à Dieu avoient la même signification que lorsqu'on les applique à la créature.

V. Dieu en déclarant *qu'il est celui qu'il est*, semble témoigner à Moyse qu'il n'a point de nom, qu'il est ineffable, & qu'aucun titre ne peut exprimer ce qu'il est. Il prend néanmoins le nom de *Jehovah* pour condescendre à la foiblesse des hommes, & c'est par une semblable condescendance que d'autres noms & titres lui sont donnés, sans qu'on doive les regarder comme réellement expressifs des perfections de Dieu.

Quant au mot *Jehovah*, il ne signifie pas proprement *l'Eternel*, mais *celui qui fait que les choses soient*, c'est-à-dire le Créateur.

VI. L'Ecriture prise à la lettre favorise plus le mensonge à certains égards que la vérité : par exemple, elle est beaucoup plus favorable au systême de l'étendue & de la corporéité de Dieu, qu'à celui de la spiritualité pure.

VII. Accord unanime de tous les théologiens ortodoxes à prendre dans un sens métaphorique tous les passages des Livres Saints qui semblent supposer à Dieu des membres & des organes corporels, & tous ceux encore qui lui donnent des passions humaines.

VIII. Toutes les raisons qui autorisent cette interprétation, persuadent de même de prendre dans un sens figuré, tous les textes où il est parlé de la sagesse, de la bonté, de l'intelligence de Dieu, &c. Tout concourt à faire voir de la maniere la plus convaincante que l'Ecriture n'attribue à Dieu de la sagesse & de la bonté, que comme elle lui donne des yeux, des bras & des mains.

IX. On auroit tort d'alléguer contre ce sentiment l'autorité des docteurs qui ont pensé le contraire, puisque cette autorité n'est confirmée ni par la raison ni par l'Ecriture. On a montré ailleurs les sources de cet Antropomorphisme subtil presque universel, & comment les savans ont pu donner dans l'illusion sur ce point : on a fait remarquer combien la notion vulgaire de la Divinité & de ses attributs entraîne de contradictions, & combien on varie dans la maniere de l'expliquer & de la développer : variations qui doivent être reputées au moins des présomptions de la fausseté.

X. Il y a donc une espece d'idolâtrie apparente dans l'Ecriture inspirée par Dieu même. Cela est évident, puisqu'il y est dit que Dieu a des yeux, des bras & des mains, &c. La grossiéreté du peuple Hébreu, à laquelle ses conducteurs & ses prophetes se prêterent, sous la direction de Dieu qui les inspira, rendit nécessaires cette foule de symboles grossiers sous lesquels ils lui parlerent de la Divinité. Symboles de deux genres, les uns pris du corps de l'homme, les autres de l'ame humaine. Nous avons enfin appris à apprécier les premiers ; mettons aussi les autres à leur juste valeur. La lettre tue, & l'esprit vivifie.

Fin de la Table du Tome second.

www.ingramcontent.com/pod-product-compliance
Lightning Source LLC
Chambersburg PA
CBHW070534230426
43665CB00014B/1689